中国社会科学院

庆祝中华人民共和国成立70周年书系

国家发展建设史

总主编 谢伏瞻

新中国法治建设

70年

高培勇 / 主编

李 林 / 副主编

中国社会科学出版社

图书在版编目（CIP）数据

新中国法治建设 70 年／高培勇主编 . —北京：中国社会科学出版社，
2019.9

（庆祝中华人民共和国成立 70 周年书系）

ISBN 978 - 7 - 5203 - 4975 - 8

Ⅰ.①新…　Ⅱ.①高…　Ⅲ.①社会主义法治—建设—研究—中国—
1949 - 2019　Ⅳ.①D920.0

中国版本图书馆 CIP 数据核字（2019）第 188326 号

出 版 人	赵剑英
责任编辑	王　茵
特约编辑	李溪鹏
责任校对	杨　林
责任印制	王　超

出　　版	中国社会科学出版社
社　　址	北京鼓楼西大街甲 158 号
邮　　编	100720
网　　址	http://www.csspw.cn
发 行 部	010 - 84083685
门 市 部	010 - 84029450
经　　销	新华书店及其他书店

印刷装订	北京君升印刷有限公司
版　　次	2019 年 9 月第 1 版
印　　次	2019 年 9 月第 1 次印刷

开　　本	710×1000　1/16
印　　张	28
字　　数	390 千字
定　　价	159.00 元

凡购买中国社会科学出版社图书，如有质量问题请与本社营销中心联系调换
电话：010 - 84083683

中国社会科学院
《庆祝中华人民共和国成立 70 周年书系》
编撰工作领导小组及委员会名单

编撰工作领导小组：

    组　长　谢伏瞻

    成　员　王京清　蔡　昉　高　翔　高培勇　杨笑山

            姜　辉　赵　奇

编撰工作委员会：

    主　任　谢伏瞻

    成　员　（按姓氏笔画为序）

卜宪群	马　援	王　巍	王立民	王立胜
王立峰	王延中	王京清	王建朗	史　丹
邢广程	刘丹青	刘跃进	闫　坤	孙壮志
李　扬	李正华	李　平	李向阳	李国强
李培林	李新烽	杨伯江	杨笑山	吴白乙
汪朝光	张　翼	张车伟	张宇燕	陈　甦
陈光金	陈众议	陈星灿	周　弘	郑筱筠
房　宁	赵　奇	赵剑英	姜　辉	莫纪宏

夏春涛　高　翔　高培勇　唐绪军　黄　平
黄群慧　朝戈金　蔡　昉　樊建新　潘家华
魏后凯

协调工作小组：

组　长　蔡　昉

副组长　马　援　赵剑英

成　员　（按姓氏笔画为序）

王子豪　王宏伟　王　茵　云　帆　卢　娜
叶　涛　田　侃　曲建君　朱渊寿　刘大先
刘　伟　刘红敏　刘　杨　刘爱玲　吴　超
宋学立　张　骅　张　洁　张　旭　张崇宁
林　帆　金　香　郭建宏　博　悦　蒙　娃

总　序

与时代同发展　与人民齐奋进

谢伏瞻[*]

　　今年是新中国成立 70 周年。70 年来，中国共产党团结带领中国人民不懈奋斗，中华民族实现了从"东亚病夫"到站起来的伟大飞跃、从站起来到富起来的伟大飞跃，迎来了从富起来到强起来的伟大飞跃。70 年来，中国哲学社会科学与时代同发展，与人民齐奋进，繁荣中国学术，发展中国理论，传播中国思想，为党和国家事业发展作出重要贡献。在这重要的历史时刻，我们组织中国社会科学院多学科专家学者编撰了《庆祝中华人民共和国成立 70 周年书系》，旨在系统回顾总结中国特色社会主义建设的巨大成就，系统梳理中国特色哲学社会科学发展壮大的历史进程，为建设富强民主文明和谐美丽的社会主义现代化强国提供历史经验与理论支持。

壮丽篇章　辉煌成就

　　70 年来，中国共产党创造性地把马克思主义基本原理同中国具体实际相结合，领导全国各族人民进行社会主义革命、建设和改革，

---

* 中国社会科学院院长、党组书记，学部主席团主席。

战胜各种艰难曲折和风险考验，取得了举世瞩目的伟大成就，绘就了波澜壮阔、气势恢宏的历史画卷，谱写了感天动地、气壮山河的壮丽凯歌。中华民族正以崭新姿态巍然屹立于世界的东方，一个欣欣向荣的社会主义中国日益走向世界舞台的中央。

我们党团结带领人民，完成了新民主主义革命，建立了中华人民共和国，实现了从几千年封建专制向人民民主的伟大飞跃；完成了社会主义革命，确立社会主义基本制度，推进社会主义建设，实现了中华民族有史以来最为广泛而深刻的社会变革，为当代中国的发展进步奠定了根本政治前提和制度基础；进行改革开放新的伟大革命，破除阻碍国家和民族发展的一切思想和体制障碍，开辟了中国特色社会主义道路，使中国大踏步赶上时代，迎来了实现中华民族伟大复兴的光明前景。今天，我们比历史上任何时期都更接近、更有信心和能力实现中华民族伟大复兴的目标。

中国特色社会主义进入新时代。党的十八大以来，在以习近平同志为核心的党中央坚强领导下，我们党坚定不移地坚持和发展中国特色社会主义，统筹推进"五位一体"总体布局，协调推进"四个全面"战略布局，贯彻新发展理念，适应我国社会主要矛盾已经转化为人民日益增长的美好生活需要和不平衡不充分的发展之间的矛盾的深刻变化，推动我国经济由高速增长阶段向高质量发展阶段转变，综合国力和国际影响力大幅提升。中国特色社会主义道路、理论、制度、文化不断发展，拓展了发展中国家走向现代化的途径，给世界上那些既希望加快发展又希望保持自身独立性的国家和民族提供了全新选择，为解决人类问题贡献了中国智慧和中国方案，为人类发展、为世界社会主义发展做出了重大贡献。

70 年来，党领导人民攻坚克难、砥砺奋进，从封闭落后迈向开放进步，从温饱不足迈向全面小康，从积贫积弱迈向繁荣富强，取得了举世瞩目的伟大成就，创造了人类发展史上的伟大奇迹。

经济建设取得辉煌成就。70 年来，我国经济社会发生了翻天覆地的历史性变化，主要经济社会指标占世界的比重大幅提高，国际地位和国际影响力显著提升。经济总量大幅跃升，2018 年国内生产总值比 1952 年增长 175 倍，年均增长 8.1%。1960 年我国经济总量占全球经济的比重仅为 4.37%，2018 年已升至 16% 左右，稳居世界第二大经济体地位。我国经济增速明显高于世界平均水平，成为世界经济增长的第一引擎。1979—2012 年，我国经济快速增长，年平均增长率达到 9.9%，比同期世界经济平均增长率快 7 个百分点，也高于世界各主要经济体同期平均水平。1961—1978 年，中国对世界经济增长的年均贡献率为 1.1%。1979—2012 年，中国对世界经济增长的年均贡献率为 15.9%，仅次于美国，居世界第二位。2013—2018 年，中国对世界经济增长的年均贡献率为 28.1%，居世界第一位。人均收入不断增加，1952 年我国人均 GDP 仅为 119 元，2018 年达到 64644 元，高于中等收入国家平均水平。城镇化率快速提高，1949 年我国的城镇化率仅为 10.6%，2018 年我国常住人口城镇化率达到了 59.58%，经历了人类历史上规模最大、速度最快的城镇化进程，成为中国发展史上的一大奇迹。工业成就辉煌，2018 年，我国原煤产量为 36.8 亿吨，比 1949 年增长 114 倍；钢材产量为 11.1 亿吨，增长 8503 倍；水泥产量为 22.1 亿吨，增长 3344 倍。基础设施建设积极推进，2018 年年末，我国铁路营业里程达到 13.1 万公里，比 1949 年年末增长 5 倍，其中高速铁路达到 2.9 万公里，占世界高铁总量 60% 以上；公路里程为 485 万公里，增长 59 倍；定期航班航线里程为 838 万公里，比 1950 年年末增长 734 倍。开放型经济新体制逐步健全，对外贸易、对外投资、外汇储备稳居世界前列。

科技发展实现大跨越。70 年来，中国科技实力伴随着经济发展同步壮大，实现了从大幅落后到跟跑、并跑乃至部分领域领跑的历史性跨越。涌现出一批具有世界领先水平的重大科技成果。李四光等人提出"陆相生油"理论，王淦昌等人发现反西格玛负超子，第一颗原子弹装置爆炸成功，第一枚自行设计制造的运载火箭发射成功，在世界上首次人工合成牛胰岛素，第一颗氢弹空爆成功，陈景润证明了哥德巴赫猜想中的"1 + 2"，屠呦呦等人成功发现青蒿素，天宫、蛟龙、天眼、悟空、墨子、大飞机等重大科技成果相继问世。相继组织实施了一系列重大科技计划，如国家高技术研究发展（863）计划、国家重点基础研究发展（973）计划、集中解决重大问题的科技攻关（支撑）计划、推动高技术产业化的火炬计划、面向农村的星火计划以及国家自然科学基金、科技型中小企业技术创新基金等。研发人员总量稳居世界首位。我国研发经费投入持续快速增长，2018 年达 19657 亿元，是 1991 年的 138 倍，1992—2018 年年均增长 20.0%。研发经费投入强度更是屡创新高，2014 年首次突破 2%，2018 年提升至 2.18%，超过欧盟 15 国平均水平。按汇率折算，我国已成为仅次于美国的世界第二大研发经费投入国家，为科技事业发展提供了强大的资金保证。

人民生活显著改善。我们党始终把提高人民生活水平作为一切工作的出发点和落脚点，深入贯彻以人民为中心的发展思想，人民获得感显著增强。70 年来特别是改革开放以来，从温饱不足迈向全面小康，城乡居民生活发生了翻天覆地的变化。我国人均国民总收入（GNI）大幅提升。据世界银行统计，1962 年，我国人均 GNI 只有 70 美元，1978 年为 200 美元，2018 年达到 9470 美元，比 1962 年增长了 134.3 倍。人均 GNI 水平与世界平均水平的差距逐渐缩小，1962 年相当于世界平均水平的 14.6%，2018 年相当于世界平均水平的 85.3%，比 1962 年提高了 70.7 个百分点。在世界银行公布的人均 GNI 排名中，2018 年中国排名第 71 位（共计 192 个经济体），比 1978 年（共计 188 个经济体）提高 104 位。组织实施了一系列中长期扶贫规划，从救济式扶贫到开发式扶贫再到精准扶贫，探索出一条符合中国国情的农村扶贫开发道路，为全面建成小康社会奠定了坚实基础。脱贫攻坚战取得决定性进展，贫困人口大幅减少，为世界减贫事业作出了重大贡献。按照我国现行农村贫困标准测算，1978 年我国农村贫困人口为 7.7 亿人，贫困发生率为 97.5%。2018 年年末农村贫困人口为 1660 万人，比 1978 年减少 7.5 亿人；贫困发生率为 1.7%，比 1978 年下降 95.8 个百分点，平均每年下降 2.4 个百分点。我国是最早实现联合国千年发展目标中减贫目标的发展中国家。就业形势长期稳定，就业总量持续增长，从1949年的1.8亿人增加到2018年的7.8亿人，扩大了3.3倍，就业结构调整优化，就业质量显著提升，劳动力市场不断完善。教育事业获得跨越式发展。1970—2016年，我国高等教育毛入学率从0.1%提高到48.4%，2016年我国高等教育毛入学率比中等收入国家平均水平高出13.4个百分点，比世界平均水平高10.9个百分点；中等教育毛入学率从1970年的28.0%提高到2015年的94.3%，2015年我国中等教育毛入学率超过中等收入国家平均水平16.5个百分点，远高于世界平均水平。我国总人口由1949年的5.4亿人发展到2018年的近14亿人，年均增长率约为1.4%。人民身体素质日益改善，居民预期寿命由新中国成立初的35岁提高到2018年的77岁。居民环境卫生条件持续改善。2015年，我国享有基本环境卫生服务人口占总人口比重为75.0%，超过中等收入国家66.1%的平均水平。我国居民基本饮用水服务已基本实现全民覆盖，超过中等偏上收入国家平均水平。

思想文化建设取得重大进展。党对意识形态工作的领导不断加强，党的理论创新全面推进，马克思主义在意识形态领域的指导地位更加巩固，中国特色社会主义和中国梦深入人心，社会主义核心价值观和中华优秀传统文化广泛弘扬。文化事业繁荣兴盛，文化产业快速发展。文化投入力度明显加大。1953—1957年文化事业费总投入为4.97亿元，2018年达到928.33亿元。广播影视制播能力显著增强。新闻出版繁荣发展。2018年，图书品种51.9万种、总印数100.1亿册（张），分别为1950年的42.7倍和37.1倍；期刊品种10139种、总印数22.9亿册，分别为1950年的34.4倍和57.3倍；报纸品种1871种、总印数337.3亿份，分别为1950年的4.9倍和42.2倍。公共文化服务水平不断提高，文艺创作持续繁荣，文化事业和文化产业蓬勃发展，互联网建设管理运用不断完善，全民健身和竞技体育全面发展。主旋律更加响亮，正能量更加强劲，文化自信不断增强，全党全社会思想上的团结统一更加巩固。改革开放后，我国对外文化交流不断扩大和深化，已成为国家整体外交战略的重要组成部分。特别是党的十八大以来，文化交流、文化贸易和文化投资并举的"文化走出去"、推动中华文化走向世界的新格局已逐渐形成，国家文化软实力和中华文化影响力大幅提升。

生态文明建设成效显著。 70 年来特别是改革开放以来，生态文明建设扎实推进，走出了一条生态文明建设的中国特色道路。党的十八大以来，以习近平同志为核心的党中央高度重视生态文明建设，将其作为统筹推进"五位一体"总体布局的重要内容，形成了习近平生态文明思想，为新时代推进我国生态文明建设提供了根本遵循。国家不断加大自然生态系统建设和环境保护力度，开展水土流失综合治理，加大荒漠化治理力度，扩大森林、湖泊、湿地面积，加强自然保护区保护，实施重大生态修复工程，逐步健全主体功能区制度，推进生态保护红线工作，生态保护和建设不断取得新成效，环境保护投入跨越式增长。20 世纪 80 年代初期，全国环境污染治理投资每年为 25 亿—30 亿元，2017 年，投资总额达到 9539 亿元，比 2001 年增长 7.2 倍，年均增长 14.0%。污染防治强力推进，治理成效日益彰显。重大生态保护和修复工程进展顺利，森林覆盖率持续提高。生态环境治理明显加强，环境状况得到改善。引导应对气候变化国际合作，成为全球生态文明建设的重要参与者、贡献者、引领者。①

新中国 70 年的辉煌成就充分证明，只有社会主义才能救中国，只有改革开放才能发展中国、发展社会主义、发展马克思主义，只有坚持以人民为中心才能实现党的初心和使命，只有坚持党的全面领导才能确保中国这艘航船沿着正确航向破浪前行，不断开创中国特色社会主义事业新局面，谱写人民美好生活新篇章。

---

① 文中所引用数据皆来自国家统计局发布的《新中国成立 70 周年经济社会发展成就系列报告》。

繁荣中国学术　发展中国理论
传播中国思想

70 年来，我国哲学社会科学与时代同发展、与人民齐奋进，在革命、建设和改革的各个历史时期，为党和国家事业作出了独特贡献，积累了宝贵经验。

一　发展历程

——在马克思主义指导下奠基、开创哲学社会科学。新中国哲学社会科学事业，是在马克思主义指导下逐步发展起来的。新中国成立前，哲学社会科学基础薄弱，研究与教学机构规模很小，无法适应新中国经济和文化建设的需要。因此，新中国成立前夕通过的具有临时宪法性质的《中国人民政治协商会议共同纲领》明确提出："提倡用科学的历史观点，研究和解释历史、经济、政治、文化及国际事务，奖励优秀的社会科学著作。"新中国成立后，党中央明确要求："用马列主义的思想原则在全国范围内和全体规模上教育人民，是我们党的一项最基本的政治任务。"经过几年努力，确立了马克思主义在哲学社会科学领域的指导地位。国务院规划委员会制定了1956—1967 年哲学社会科学研究工作远景规划。1956 年，毛泽东同志提出"百花齐放、百家争鸣"，强调"百花齐放、百家争鸣"的方针，"是促进艺术发展和科学进步的方针，是促进中国的社会主义文化繁荣的方针。"在机构设置方面，1955 年中国社会科学院的前身——中国科学院哲学社会科学学部成立，并先后建立了 14 个研究所。马克思主义指导地位的确立，以及科研和教育体系的建立，为新中国哲学社会科学事业的兴起和发展奠定了坚实基础。

——在改革开放新时期恢复、发展壮大哲学社会科学。党的十一届三中全会开启了改革开放新时期，我国哲学社会科学从十年

"文革"的一片荒芜中迎来了繁荣发展的新阶段。邓小平同志强调"科学当然包括社会科学",重申要切实贯彻"双百"方针,强调政治学、法学、社会学以及世界政治的研究需要赶快补课。1977年,党中央决定在中国科学院哲学社会科学学部的基础上组建中国社会科学院。1982年,全国哲学社会科学规划座谈会召开,强调我国哲学社会科学事业今后必须有一个大的发展。此后,全国哲学社会科学规划领导小组成立,国家社会科学基金设立并逐年开展课题立项资助工作。进入21世纪,党中央始终将哲学社会科学置于重要位置,江泽民同志强调"在认识和改造世界的过程中,哲学社会科学和自然科学同样重要;培养高水平的哲学社会科学家,与培养高水平的自然科学家同样重要;提高全民族的哲学社会科学素质,与提高全民族的自然科学素质同样重要;任用好哲学社会科学人才并充分发挥他们的作用,与任用好自然科学人才并发挥他们的作用同样重要"。《中共中央关于进一步繁荣发展哲学社会科学的意见》等文件发布,有力地推动了哲学社会科学繁荣发展。

　　——在新时代加快构建中国特色哲学社会科学。党的十八大以来,以习近平同志为核心的党中央高度重视哲学社会科学。2016年5月17日,习近平总书记亲自主持哲学社会科学工作座谈会并发表重要讲话,提出加快构建中国特色哲学社会科学的战略任务。2017年3月5日,党中央印发《关于加快构建中国特色哲学社会科学的意见》,对加快构建中国特色哲学社会科学作出战略部署。2017年5月17日,习近平总书记专门就中国社会科学院建院40周年发来贺信,发出了"繁荣中国学术,发展中国理论,传播中国思想"的号召。2019年1月2日、4月9日,习近平总书记分别为中国社会科学院中国历史研究院和中国非洲研究院成立发来贺信,为加快构建中国特色哲学社会科学指明了方向,提供了重要遵循。不到两年的时间内,习近平总书记专门为一个研究单位三次发贺信,这充分说明党中央对哲学社会科学的重视前所未有,对哲学社会科学工作者的关怀前所未有。在党中央坚强领导下,广大哲学社会科学工作者增强"四个意识",坚定"四个自信",做到"两个维护",坚持以习近平新时代中国特色社会主义思想为指导,坚持"二为"方向和"双百"方针,以研究我国改革发展稳定重大理论和实践问题为主攻方向,哲学社会科学领域涌现出一批优秀人才和成果。经过不懈努力,我国哲学社会科学事业取得了历史性成就,发生了历史性变革。

二　主要成就

70 年来,在党中央坚强领导和亲切关怀下,我国哲学社会科学取得了重大成就。

马克思主义理论研究宣传不断深入。新中国成立后,党中央组织广大哲学社会科学工作者系统翻译了《马克思恩格斯全集》《列宁全集》《斯大林全集》等马克思主义经典作家的著作,参与编辑出版《毛泽东选集》《毛泽东文集》《邓小平文选》《江泽民文选》《胡锦涛文选》等一批党和国家重要领导人文选。党的十八大以来,参与编辑出版了《习近平谈治国理政》《干在实处　走在前列》《之江新语》,以及"习近平总书记重要论述摘编"等一批代表马克思主义中国化最新成果的重要文献。将《习近平谈治国理政》、"习近平总书记重要论述摘编"翻译成多国文字,积极对外宣传党的创新理论,为传播中国思想作出了重要贡献。先后成立了一批马克思主义研究院(学院)和"邓小平理论研究中心""中国特色社会主义理论体系研究中心",党的十九大以后成立了 10 家习近平新时代中国特色社会主义思想研究机构,哲学社会科学研究教学机构在研究阐释党的创新理论,深入研究阐释马克思主义中国化的最新成果,推动马克思主义中国化时代化大众化方面发挥了积极作用。

为党和国家服务能力不断增强。新中国成立初期,哲学社会科学工作者围绕国家的经济建设,对商品经济、价值规律等重大现实问题进行深入研讨,推出一批重要研究成果。1978 年,哲学社会科学界开展的关于真理标准问题大讨论,推动了全国性的思想解放,为我们党重新确立马克思主义思想路线、为党的十一届三中全会召开作了重要的思想和舆论准备。改革开放以来，哲学社会科学界积极探索中国特色社会主义发展道路，在社会主义市场经济理论、经济体制改革、依法治国、建设社会主义先进文化、生态文明建设等重大问题上，进行了深入研究，积极为党和国家制定政策提供决策咨询建议。党的十八大以来，广大哲学社会科学工作者辛勤耕耘，紧紧围绕统筹推进"五位一体"总体布局、协调推进"四个全面"战略布局，推进国家治理体系和治理能力现代化，构建人类命运共同体和"一带一路"建设等重大理论与实践问题，述学立论、建言献策，推出一批重要成果，很好地发挥了"思想库""智囊团"作用。

学科体系不断健全。新中国成立初期，哲学社会科学的学科设置以历史、语言、考古、经济等学科为主。70 年来，特别是改革开放以来，哲学社会科学的研究领域不断拓展和深化。到目前为止，已形成拥有马克思主义研究、历史学、考古学、哲学、文学、语言学、经济学、法学、社会学、人口学、民族学、宗教学、政治学、新闻学、军事学、教育学、艺术学等 20 多个一级学科、400 多个二级学科的较为完整的学科体系。进入新时代，哲学社会科学界深入贯彻落实习近平总书记"5·17"重要讲话精神，加快构建中国特色哲学社会科学学科体系、学术体系、话语体系。

学术研究成果丰硕。70 年来，广大哲学社会科学工作者辛勤耕耘、积极探索，推出了一批高水平成果，如《殷周金文集成》《中国历史地图集》《中国语言地图集》《中国史稿》《辩证唯物主义原理》《历史唯物主义原理》《政治经济学》《中华大藏经》《中国政治制度通史》《中华文学通史》《中国民族关系史纲要》《现代汉语词典》等。学术论文的数量逐年递增，质量也不断提升。这些学术成果对传承和弘扬中华民族优秀传统文化、推进社会主义先进文化建设、增强文化自信、提高中华文化的"软实力"发挥了重要作用。

对外交流长足发展。70 年来特别是改革开放以来，我国哲学社会科学界对外学术交流与合作的领域不断拓展，规模不断扩大，质量和水平不断提高。目前，我国哲学社会科学对外学术交流遍及世界100多个国家和地区，与国外主要研究机构、学术团体、高等院校等建立了经常性的双边交流关系。坚持"请进来"与"走出去"相结合，一方面将高水平的国外学术成果译介到国内，另一方面将能够代表中国哲学社会科学水平的成果推广到世界，讲好中国故事，传播中国声音，提高了我国哲学社会科学的国际影响力。

人才队伍不断壮大。70年来，我国哲学社会科学研究队伍实现了由少到多、由弱到强的飞跃。新中国成立之初，哲学社会科学人才队伍薄弱。为培养科研人才，中国社会科学院、中国人民大学等一批科研、教育机构相继成立，培养了一批又一批哲学社会科学人才。目前，形成了社会科学院、高等院校、国家政府部门研究机构、党校行政学院和军队五大教研系统，汇聚了60万多专业、多类型、多层次的人才。这样一支规模宏大的哲学社会科学人才队伍，为实现我国哲学社会科学建设目标和任务提供了有力人才支撑。

三　重要启示

70年来，我国哲学社会科学在取得巨大成绩的同时，也积累了宝贵经验，给我们以重要启示。

坚定不移地以马克思主义为指导。马克思主义是科学的理论、人民的理论、实践的理论、不断发展的开放的理论。坚持以马克思主义为指导，是当代中国哲学社会科学区别于其他哲学社会科学的根本标志。习近平新时代中国特色社会主义思想是马克思主义中国化的最新成果，是当代中国马克思主义、21世纪马克思主义，要将这一重要思想贯穿哲学社会科学各学科各领域，切实转化为广大哲学社会科学工作者清醒的理论自觉、坚定的政治信念、科学的思维方法。要不断推进马克思主义中国化时代化大众化，奋力书写研究阐发当代中国马克思主义、21世纪马克思主义的理论学术经典。

坚定不移地践行为人民做学问的理念。为什么人的问题是哲学社会科学研究的根本性、原则性问题。哲学社会科学研究必须搞清楚为谁著书、为谁立说，是为少数人服务还是为绝大多数人服务的问题。脱离了人民，哲学社会科学就不会有吸引力、感染力、影响力、生命力。我国广大哲学社会科学工作者要坚持人民是历史创造者的观点，树立为人民做学问的理想，尊重人民主体地位，聚焦人民实践创造，自觉把个人学术追求同国家和民族发展紧紧联系在一起，努力多出经得起实践、人民、历史检验的研究成果。

坚定不移地以研究回答新时代重大理论和现实问题为主攻方向。习近平总书记反复强调："当代中国的伟大社会变革，不是简单延续我国历史文化的母版，不是简单套用马克思主义经典作家设想的模板，不是其他国家社会主义实践的再版，也不是国外现代化发展的翻版，不可能找到现成的教科书。"哲学社会科学研究，必须立足中国实际，以我们正在做的事情为中心，把研究回答新时代重大理论和现实问题作为主攻方向，从当代中国伟大社会变革中挖掘新材料，发现新问题，提出新观点，构建有学理性的新理论，推出有思想穿透力的精品力作，更好服务于党和国家科学决策，服务于建设社会主义现代化强国，实现中华民族伟大复兴的伟大实践。

坚定不移地加快构建中国特色哲学社会科学"三大体系"。加快构建中国特色哲学社会科学学科体系、学术体系、话语体系，是习近平总书记和党中央提出的战略任务和要求，是新时代我国哲学社会科学事业的崇高使命。要按照立足中国、借鉴国外，挖掘历史、把握当代，关怀人类、面向未来的思路，体现继承性、民族性，原创性、时代性，系统性、专业性的要求，着力构建中国特色哲学社会科学。要着力提升原创能力和水平，立足中国特色社会主义伟大实践，坚持不忘本来、吸收外来、面向未来，善于融通古今中外各种资源，不断推进学科体系、学术体系、话语体系建设创新，构建一个全方位、全领域、全要素的哲学社会科学体系。

坚定不移地全面贯彻"百花齐放、百家争鸣"方针。"百花齐放、百家争鸣"是促进我国哲学社会科学发展的重要方针。贯彻"双百方针"，做到尊重差异、包容多样，鼓励探索、宽容失误，提倡开展平等、健康、活泼和充分说理的学术争鸣，提倡不同学术观点、不同风格学派的交流互鉴。正确区分学术问题和政治问题的界限，对政治原则问题，要旗帜鲜明、立场坚定，敢于斗争、善于交锋；对学术问题，要按照学术规律来对待，不能搞简单化，要发扬民主、相互切磋，营造良好的学术环境。

坚定不移地加强和改善党对哲学社会科学的全面领导。哲学社会科学事业是党和人民的重要事业，哲学社会科学战线是党和人民的重要战线。党对哲学社会科学的全面领导，是我国哲学社会科学事业不断发展壮大的根本保证。加快构建中国特色哲学社会科学，必须坚持和加强党的领导。只有加强和改善党的领导，才能确保哲学社会科学正确的政治方向、学术导向和价值取向；才能不断深化对共产党执政规律、社会主义建设规律、人类社会发展规律的认识，不断开辟当代中国马克思主义、21 世纪马克思主义新境界。

《庆祝中华人民共和国成立 70 周年书系》坚持正确的政治方向和学术导向，力求客观、详实，系统回顾总结新中国成立 70 年来在政治、经济、社会、法治、民族、生态、外交等方面所取得的巨大成就，系统梳理我国哲学社会科学重要学科发展的历程、成就和经验。书系秉持历史与现实、理论与实践相结合的原则，编撰内容丰富、覆盖面广，分设了国家建设和学科发展两个系列，前者侧重对新中国 70 年国家发展建设的主要领域进行研究总结；后者侧重对哲学社会科学若干主要学科 70 年的发展历史进行回顾梳理，结合中国社会科学院特点，学科选择主要按照学部进行划分，同一学部内学科差异较大者单列。书系为新中国成立 70 年而作，希望新中国成立80 年、90 年、100 年时能够接续编写下去，成为中国社会科学院学者向共和国生日献礼的精品工程。

是为序。

目　　录

第一章　新中国法治建设70年回顾 ……………………………（1）

第一节　中华民族站起来开创法治建设新纪元 ……………（1）

第二节　中华民族富起来开启法治建设新时期……………（11）

第三节　中华民族强起来开辟法治建设新时代……………（20）

第四节　新中国法治建设70年的基本规律与特点 …………（33）

第二章　中国共产党领导法治建设70年 ………………………（39）

第一节　党领导法治建设的体制演变……………………（40）

第二节　党领导法治建设的基本方式……………………（46）

第三节　党领导法治建设的重大实践……………………（57）

第四节　党领导法治建设的基本经验……………………（65）

第三章　新中国宪法70年 ………………………………………（71）

第一节　新中国宪法制度的创制…………………………（72）

第二节　新时期宪法的与时俱进…………………………（77）

第三节　新时代宪法实施的新发展………………………（83）

第四节　维护宪法权威,推进宪法实施 …………………（85）

第四章　新中国立法70年 ………………………………………（89）

第一节　新中国立法体制的演变发展……………………（89）

第二节　立法工作机制的建立与完善 ……………………（100）

　　第三节　法律体系的形成与完善 ……………………………………（108）

　　第四节　70 年立法经验总结 …………………………………………（117）

第五章　新中国行政法治 70 年 …………………………………………（122）

　　第一节　新中国行政法治建设主要阶段 ……………………………（122）

　　第二节　行政组织法治 ………………………………………………（128）

　　第三节　行政行为法治 ………………………………………………（131）

　　第四节　行政责任与救济法治 ………………………………………（139）

　　第五节　行政法治建设的展望 ………………………………………（146）

第六章　新中国司法建设 70 年 …………………………………………（152）

　　第一节　新中国司法建设发展历程 …………………………………（152）

　　第二节　司法建设与司法现代化 ……………………………………（162）

　　第三节　司法建设与人权保障 ………………………………………（166）

　　第四节　司法建设与依法治国 ………………………………………（172）

　　第五节　司法建设的未来展望 ………………………………………（179）

第七章　新中国民事法治 70 年 …………………………………………（183）

　　第一节　新中国民事法治的萌芽（1949—1978） …………………（184）

　　第二节　民事法治的形成（1978—1992） …………………………（187）

　　第三节　民事法治的发展（1992—2012） …………………………（192）

　　第四节　民事法治的繁荣（2012—2019） …………………………（204）

　　第五节　民事法治的展望 ……………………………………………（213）

第八章　新中国商事法治 70 年 …………………………………………（215）

　　第一节　新中国商事法治的孕育和萌芽 ……………………………（216）

　　第二节　商事法治的成长与壮大 ……………………………………（223）

　　第三节　商事法治的完善 ……………………………………………（229）

　　第四节　商事法治的总结与展望 ……………………………………（239）

第九章　新中国经济法治 70 年 ……………………………………（243）

　　第一节　新中国前 30 年的经济法治（1949—1978） ………（243）

　　第二节　新时期的经济法治（上）（1978—1992） …………（248）

　　第三节　新时期的经济法治（下）（1992—2012） …………（258）

　　第四节　新时代的经济法治（2012 年以来） ………………（265）

　　第五节　经济法治建设展望 …………………………………（273）

第十章　新中国社会法治 70 年 ……………………………………（280）

　　第一节　新中国劳动法治的建立与发展 ……………………（280）

　　第二节　社会保障法治的建立与发展 ………………………（292）

　　第三节　工会法治的建立与发展 ……………………………（309）

第十一章　新中国刑事法治 70 年 …………………………………（314）

　　第一节　新中国刑事法治的孕育与挫折（1949—1977） …（315）

　　第二节　刑事法治的新生与提高（1978—1996） …………（316）

　　第三节　刑事法治的转型与发展（1997—2011） …………（322）

　　第四节　刑事法治的挑战与未来（2012 年以来） …………（329）

第十二章　新中国国际法治 70 年 …………………………………（340）

　　第一节　新中国国际法理论与实践的探索

　　　　　　（1949—1978） …………………………………（340）

　　第二节　国际法治理念在中国的缘起与演进 ………………（348）

　　第三节　中国践行国际法治的路径 …………………………（355）

　　第四节　中国国际法治建设的展望 …………………………（366）

第十三章　70 年法治建设的中国经验 ……………………………（369）

　　第一节　坚持中国共产党的集中统一领导 …………………（369）

　　第二节　坚持以人民为中心，维护社会公平正义 …………（373）

第三节　坚持走中国特色社会主义法治道路 …………………（375）

第四节　坚持以正确思想理论引领法治建设 …………………（380）

第五节　坚持依法治国与以德治国相辅相成 …………………（383）

第六节　坚持重视法治作用,恪守法治原则…………………（387）

第七节　坚持统筹国内法治与国际法治两个大局 …………（393）

第十四章　开启新时代法治中国建设新征程 ………………（398）

第一节　新时代全面推进依法治国的思想指引 …………（398）

第二节　新时代全面推进依法治国的战略目标 …………（405）

第三节　新时代全面推进依法治国的决策部署 …………（411）

参考文献 ………………………………………………………（421）

后　记 …………………………………………………………（426）

第 一 章

新中国法治建设 70 年回顾

　　建立中国共产党、成立中华人民共和国、推进改革开放和中国特色社会主义事业，是五四运动以来我国发生的三大历史性事件，是近代以来实现中华民族伟大复兴的三大里程碑。

　　在中国共产党领导下，人民推翻了三座大山，建立了新中国。新中国法治在彻底摧毁国民党政权旧法统的基础上，根据马克思主义国家与法的普遍原理，从中国革命、建设和改革的具体国情和实际出发，汲取中华法治文明的优秀历史文化养分，学习借鉴人类法治文明的有益成果，经过艰难曲折的实践和理论探索，不断总结正反两方面的经验教训，终于找到和拓展了中国特色社会主义法治道路，在新时代开启了建设社会主义法治强国的新征程。

　　中华人民共和国成立后，伴随着中国政治、经济、文化和社会的曲折发展，新中国 70 年法治建设经历了从中华民族站起来、富起来迈向强起来三个大的历史发展阶段。

第一节　中华民族站起来开创
法治建设新纪元

　　中国是一个具有五千多年文明史的古国，中华法系源远流长。

中华民族在漫长的历史发展中，创造了悠久灿烂的中华文明，为人类作出了卓越贡献，成为世界上伟大的民族。[1] 我们的先人们早就开始探索如何驾驭人类自身这个重大课题，春秋战国时期就有了自成体系的成文法典，汉唐时期形成了比较完备的法典，并为以后历代封建王朝所传承和发展。中国古代法制蕴含着十分丰富的智慧和资源，中华法系在世界几大法系中独树一帜，[2] 深刻影响了亚洲诸国，古老的中国为人类法治文明作出了重要贡献。

然而，1840 年鸦片战争后，中国逐渐沦为半殖民地半封建的社会，中华法系的古老文明逐步走向衰落。1921 年，在中华民族内忧外患、社会危机空前深重的背景下，在马克思列宁主义同中国工人运动相结合的进程中，诞生了中国共产党。从此，中华民族的历史发生了翻天覆地的改变。中国共产党团结带领中国人民进行 28 年浴血奋战，完成新民主主义革命，建立中华人民共和国，开创了中华民族从此站起来、新中国法治建设的新纪元，实现了中国从几千年封建专制政治向人民民主的伟大飞跃。

一　建立人民民主新国家：共同纲领至"五四宪法"颁布

建立人民当家作主新国家的第一步，是人民夺取国家政权，争得民主，使自己上升为统治阶级。"如果没有政权，无论什么法律，无论什么选出的代表都等于零。"[3] 在中国共产党领导人民夺取国家政权、成为执政党之后，为了巩固和发展政权，必须制定新宪法，创立和实行新法治。"新中国成立初期，我们党在废除国民党旧法统的同时，积极运用新民主主义革命时期根据地法制建设的成功经验，抓紧建设社会主义法治，初步奠定了社会主义法

---

[1]　参见习近平《在庆祝中国共产党成立 95 周年大会上的讲话》，《人民日报》2016 年 7 月 2 日第 1 版。

[2]　参见习近平《加快建设社会主义法治国家》，《求是》2015 年第 1 期。

[3]　《列宁全集》第 13 卷，人民出版社 2017 年版，第 309 页。

治的基础。"①

1949 年 1 月，中共中央发布关于时局的声明，提出了惩办战犯和废除伪宪法、伪法统等和平谈判的条件。2 月，发布《关于废除国民党的六法全书与确定解放区的司法原则的指示》，宣布"在无产阶级领导的工农联盟为主体的人民民主专政的政权下，国民党的六法全书应该废除，人民的司法工作不能再以国民党的六法全书为依据，而应该以人民的新的法律为依据"。这些重要指示精神，为彻底废除国民党政权的伪法统、六法全书及其立法、执法、司法制度，确立中华人民共和国新生政权的合法性，创立新中国社会主义法治，廓清了宪制障碍，奠定了法理基础。董必武同志曾经指出："建立新的政权，自然要创建法律、法令、规章、制度。我们把旧的打碎了，一定要建立新的。否则就是无政府主义。如果没有法律、法令、规章、制度，那新的秩序怎样维持呢?"②

中国在世界上的地位，是在中华人民共和国成立以后才大大提高的。"只有中华人民共和国的成立，才使我们这个人口占世界总人口近 1/4 的大国，在世界上站起来，而且站住了。"③ 1949 年 9 月，中国人民政治协商会议第一届全体会议通过了《中国人民政治协商会议共同纲领》（以下简称《共同纲领》）。《共同纲领》总结了 1840 年鸦片战争以来，特别是中国共产党领导人民反对帝国主义、封建主义、官僚资本主义的革命斗争经验，宣告了中华人民共和国的成立，确定了新国家应当实行的各项基本制度和重大政策，是一部具有临时宪法作用的建国纲领。1949 年 10 月 1 日，

---

① 习近平：《在党的十八届四中全会第二次全体会议上的讲话》（2014 年 10 月 23 日），中共中央文献研究室编《习近平关于全面依法治国论述摘编》，中央文献出版社 2015 年版，第 8 页。

② 董必武：《论新民主主义政权问题》，《董必武选集》，人民出版社 1985 年版，第 218 页。

③ 习近平：《关于坚持和发展中国特色社会主义的几个问题》，《求是》2019 年第 7 期。

毛泽东主席宣读中华人民共和国中央人民政府公告，向全世界宣告中华人民共和国成立。《共同纲领》的颁布实施和中华人民共和国的建立，中国人民从此当家作主，成为新国家新社会的主人，开启了中华民族站起来和新中国法治建设的新纪元。

中华人民共和国的建立，彻底结束了旧中国半殖民地半封建社会的历史，彻底结束了旧中国一盘散沙的局面，彻底废除了列强强加给中国的不平等条约和帝国主义在中国的一切特权，彻底废除了国民党政权保护地主与官僚资产阶级反动统治的"六法全书""伪法统"和"伪宪法"，为建设新法治奠定了根本政治前提和制度基础。新中国高度重视以法治立国，除《共同纲领》外，还抓紧制定颁布了一系列法律、法令。在组织建立国家政权方面，制定了《中国人民政治协商会议组织法》《中央人民政府组织法》《各界人民代表会议组织通则》《大行政区人民政府委员会组织通则》《政务院及所属各机关组织通则》《人民法院暂行组织条例》《最高人民检察署暂行组织条例》等；在维护社会秩序方面，制定了《惩治反革命条例》《管制反革命暂行办法》《惩治土匪暂行条例》《城市治安条例》《农村治安条例》等；在恢复发展国民经济、稳定经济秩序方面，制定了《全国税政实施要则》《妨碍国家货币治罪条例》《禁止国家货币出入境暂行办法》《救济失业工人暂行办法》《劳动保险条例》《私营企业暂行条例》《惩治贪污条例》《暂行海关法》等；在土地和社会民主改革方面，制定了《土地改革法》《关于划分农村阶级成分的决定》《关于土地改革中对华侨土地财产的处理办法》《婚姻法》《工会法》等。《共同纲领》和新中国颁布的其他法律法令，对建立和巩固新生的共和国政权，确认中华民族站起来的革命成果，实现人民当家作主，维护社会秩序和恢复国民经济，起到了重要保障作用。

新中国成立伊始，中央人民政府委员会及时颁布《婚姻法》《工会法》《土地改革法》，为实现中华民族的主体力量——妇女、工人、农民从此"站起来"提供了重要的法律依据和法治保障，对确认和实现妇女这个"半边天"、工人阶级、农民阶级的翻身解放，具有重大政治和社会意义。

"妇女能顶半边天"，妇女解放是中华民族站起来的组成部分。没有妇女解放，中华民族就不可能真正站起来。《共同纲领》第六条规定：中华人民共和国废除束缚妇女的封建制度。妇女在政治的、经济的、文化教育的、社会的生活各方面，均有与男子平等的权利，实行男女婚姻自由。1950 年 4 月，中央人民政府委员会通过《中华人民共和国婚姻法》（以下简称《婚姻法》），确立了以男女婚姻自由、一夫一妻、男女权利平等、保护妇女和子女合法权益、取缔娼妓和童养媳为特征的新中国婚姻制度。毛泽东同志指出，《婚姻法》是关系到千家万户、男女老少切身利益的，是普遍性仅次于宪法的根本大法。它是全国范围内实行婚姻家庭制度改革的法律依据，是同封建主义家庭制度作斗争的有力武器，也是建立和发展新婚姻家庭关系、改造旧式婚姻家庭关系的重要工具。《婚姻法》的颁布施行，从根本上否定了中国几千年的封建婚姻制度，把妇女从专制的父权、夫权下解放出来，在中国历史上第一次赋予妇女和男性平等的作为人的资格和权利，标志着新中国婚姻家庭制度进入崭新阶段。

《共同纲领》序言规定，中国人民民主专政是中国工人阶级、农民阶级、小资产阶级、民族资产阶级及其他爱国民主分子的人民民主统一战线的政权，而以工农联盟为基础，以工人阶级为领导。为了使全国工人阶级更好地组织起来，发挥其在新民主主义建设中应有的作用，1950 年 6 月中央人民政府委员会通过《中华人民共和国工会法》（以下简称《工会法》），对工会的性质、权利与责任、基层组织、经费等作出规定，明确工会有代表工人同企业订立集体合同和维护工人切身利益的广泛权利；组织、教育工人拥护人民政府政策法令、积极搞好生产、发挥工人阶级领导作用的职责。《工会法》的颁布施行，对于巩固人民民主专政的政权，建立和发展工会组织，团结教育广大职工积极投身社会主义革命和建设，起了重要作用。

《共同纲领》第二十七条规定，土地改革为发展生产力和国家工业化的必要条件。1950 年 6 月，中央人民政府委员会通过的《中华人民共和国土地改革法》（以下简称《土地改革法》）明确规定，土地改革的目的是废除地主阶级封建剥削的土地所有制，实行农民的土地所有制，借以解放农村生产力，发展农业生产，为新中国的工业化开辟道路。《土地改革法》将中国历史上最大规模的土地改革运动纳入了法治轨道，从政治、法治和经济上极大地解放了千百年来备受压迫剥削的中国农民阶级，实现了农民阶级作为国家主人的人民当家作主，有效地巩固了人民民主专政工农联盟的阶级基础，为国家的工业化和农业的社会主义改造创造了有利条件。

从历史角度看，《婚姻法》《工会法》《土地改革法》这三部法律，不论是对新生的共和国而言，还是对普通百姓而言，都有着极为特殊的重要意义。如果说《婚姻法》让广大妇女获得了解放，《工会法》确立了工人阶级国家主人翁的地位，那么，《土地改革法》则让亿万农民从经济上翻了身。因此，新中国这三部重要法律的出台，改变了中华民族几千年的历史，从法律上保障中国人民真正站了起来，扬眉吐气，当家作主。①

二　社会主义法治创立："五四宪法"至 1957 年"反右"运动前

这一时期最重大的法治成就，是颁布了新中国第一部社会主义类型的宪法。1953 年年初，中央人民政府委员会决定成立中华人民共和国宪法起草委员会，毛泽东同志任委员会主席，朱德、宋庆龄等 32 人任委员。1954 年 9 月 20 日，第一届全国人民代表大会第一次会议通过了《中华人民共和国宪法》。这是新中国的第一部宪法，也是中国历史上第一部社会主义类型的宪法。1954 年宪法确认了中国共产党领导人民夺取新民主主义革命胜利、中国人民掌握国家权

---

① 参见汪铁民《毛泽东与新中国的法制建设》，《中国人大》2013 年第 24 期。

力的历史变革；总结了新中国社会改造与社会建设的经验，规定了
国家的国体和政体、公民的基本权利和义务，规定了国家在过渡时
期的总任务和建设社会主义的道路、目标，是中华民族站起来的最
高政治法律标志，是中国历史上第一部真正意义上的"人民的宪
法"。第一届全国人大第一次会议提出："现在国家已进入有计划的
建设时期，我们的宪法已经公布，今后不但可能而且必须逐步制定
比较完备的法律，以便有效地保障国家建设和保护人民的民主权
利。"①"为什么把立法问题摆在前面？因为立法工作特别是保卫经
济建设的立法工作，相应落后于客观需要，今后如果要按法制办事，
就必须着重搞立法工作。"②

1954 年宪法颁布实施后，我国各级政权按照宪法规定的轨道运
行。宪法规定的国家总任务以及各项经济政策的实施，有力推动了
社会主义改造和社会主义建设事业的发展。

这一时期，党的工作重心从阶级斗争转向经济建设。1956 年党
的八大政治报告提出："我们目前在国家工作中的迫切任务之一，是
着手系统地制定比较完备的法律，健全我们国家的法制"，"革命的
暴风雨时期已经过去了，新的生产关系已经建立起来，斗争的任务
已经变为保护社会生产力的顺利发展，因此社会主义革命的方法也
就必须跟着改变，完备的法制就是完全必要的了"。健全社会主义法
制，必须做到"有法可依，有法必依"，"更重要的还在于加强党对
法制工作的领导。各级党委必须把法制工作问题列入工作议程，党
委定期讨论和定期检查法制工作"。③

（一）开展立法工作

"五四宪法"明确全国人大为行使国家立法权的唯一机关

① 《董必武法学文集》，法律出版社 2001 年版，第 235 页。
② 同上书，第 166 页。
③ 董必武：《进一步加强人民民主法制，保障社会主义建设事业》，《董必武政治法律文集》，法律出版社 1986 年版，第 490 页。

（1955 年全国人大一届二次会议通过了《关于授权常务委员会制定
单行法规的决议》，使全国人大常委会获得了立法授权），立法权趋
于集中统一。据统计，从 1954 年到 1957 年"反右派"斗争前，全
国人大及其常委会、国务院制定的法律法规和国务院各部委制定的
较重要法规性文件共 731 件。这些立法为新中国成立之初的经济、
政治和社会建设步入法治轨道，提供了法律依据和法治保障。一些
重要的基本法律，如刑法、民法、刑事诉讼法等也在抓紧起草。刑
法到 1957 年已修改 22 稿，并发给人大代表征求意见；民法已完成
大部分起草任务，并开始向有关单位征求意见；刑事诉讼法开始起
草，并于 1957 年 6 月写出初稿。

（二）建立司法制度

第一届全国人大第一次会议重新制定了《人民法院组织法》
《人民检察院组织法》。根据新法院组织法，法院组织体系由三级
（县级、省级、最高人民法院）改为四级（基层、中级、省高级、
最高人民法院），并规定设立军事、铁路、水上运输等专门人民法
院，实行四级二审制。最高人民法院是国家最高审判机关，负责监
督地方各级人民法院和专门人民法院的审判工作。各级人民法院内
设审判委员会，其任务是总结审判经验，讨论重大或疑难案件和其
他有关审判工作的问题。

根据新检察院组织法，检察机关的领导体制由过去的"双重领
导"（上级检察署和同级人民政府委员会）改为"垂直领导"（地方
各级检察院和专门检察院在上级检察院的领导下，并且一律在最高
人民检察院的统一领导下，进行工作），从上至下设立四级检察院，
检察机关内部实行检察长领导下的检察委员会制。检察机关是国家
的法律监督机关，负责一般法律监督、侦查监督、审判监督和监所
监督等。

中国司法工作的一些基本原则和制度建立和发展起来。这些制
度包括：公安、检察和法院三机关分工负责、互相监督、互相制约
的制度，检察机关和审判机关依法独立行使职权的制度，法律面前

人人平等原则，人民陪审员制度，公开审判和辩护制定，合议庭制度和回避制度，两审终审制和死刑复核制，等等。这些制度至今仍是我国司法体制的重要基础。

加强公安建设。新中国成立初期公安队伍是由军队转制过来的。"五四宪法"颁布后，公安力量实现了普通警察与武装警察的分离，主要负责维护社会治安。1957 年全国人大常委会制定《人民警察条例》，对人民警察的性质、任务和职权作了明确规定，从而把人民警察建设纳入法治轨道。

（三）推进监察和法制工作

根据国务院组织法和地方人民代表大会、地方人民委员会组织法，在国务院设立监察部，在省、直辖市、设区的市人民委员会和专员公署设置监察机关，在工作特别需要的县和不设区的市由专署或省的监察机关重点派监察组，并受委派机关的垂直领导。1955 年11 月，国务院颁布《监察部组织简则》，对监察体制等作了具体规定，从而使国家监察工作开始走上程序化法制化轨道。

1954 年11 月，第一届全国人大常委会第二次会议批准设立国务院法制局。国务院颁布《国务院法制局组织简则》，对国务院法制局的任务、内部机构设置、体制、审议法规、会议制度等作了专门规定。

新中国的律师制度、公证制度相继建立起来。到 1957 年6 月，全国已建立 19 个律师协会，817 个法律顾问处，有 2500 多名专职律师和 300 多名兼职律师；到 1957 年年底，全国有 51 个市设立公证处，1200 多个市、县法院受理公证业务，有专职公证员近千名，共办理公证事项 29 万多件。国家仲裁制度初步建立，有关部门制定了《中国国际贸易仲裁委员会对外贸易仲裁委员会仲裁程序暂行规定》，对仲裁范围、仲裁员的产生、仲裁组织、裁决及执行等作了详尽规定。

三　社会主义法制受挫："反右运动"至"文化大革命"结束

1957—1976年是新中国法制由曲折走向挫折的20年。由于"党在指导思想上发生'左'的错误，逐渐对法制不那么重视了，特别是'文化大革命'十年内乱使法制遭到严重破坏，付出了沉重代价，教训十分惨痛！"①

主要表现为：其一，社会主义法治基本原则（如法律面前人人平等原则；公检法机关分工负责、互相制约原则；法院依法独立审判原则；检察院行使一般法律监督权，依法独立行使检察权原则；被告人有权获得辩护原则）遭到批判。其二，立法工作逐步趋于停滞。全国人大及其常委会、国务院及其所属部门发布的规范性文件，1958年为143件，1965年仅有14件。1958—1966年，不仅比较重要的法律一部都没有制定出来，而且刑法、刑事诉讼法、民法、民事诉讼法等基本法律的起草工作也停了下来。其三，一些法制机构被撤销。1959年撤销了司法部、监察部、国务院法制局；律师、公证队伍被解散。公检法三机关来分工负责互相监督的司法制度被取消。

发展到"文化大革命"，彻底砸烂公检法，国家宪法遭到粗暴践踏，新中国建立的民主法制设施几乎被全面摧毁，社会主义法制受到严重破坏，给我们留下了深刻教训。

虽然我们党在历史上，包括新中国成立以后的30年中，犯过一些错误，甚至犯过"文化大革命"这样的大错误，但是我们党终究把革命搞成功了。以毛泽东同志为主要代表的中国共产党人，把马克思列宁主义基本原理同中国革命具体实践结合起来，创立了毛泽东思想，团结带领全党全国各族人民，经过长期浴血奋斗，完成了

---

① 习近平：《在党的十八届四中全会第二次全体会议上的讲话》（2014年10月23日），中共中央文献研究室编《习近平关于全面依法治国论述摘编》，中央文献出版社2015年版，第8页。

新民主主义革命，建立了中华人民共和国，确立了社会主义基本制度，成功实现了中国历史上最深刻最伟大的社会变革，为当代中国一切发展进步奠定了根本政治前提和制度基础。如果没有 1949 年建立新中国并进行社会主义革命和建设，积累了重要的思想、物质、制度条件，积累了正反两方面经验，改革开放很难顺利推进，新时期中国特色社会主义法治建设也不可能有序开展。

第二节　中华民族富起来开启
法治建设新时期

1978 年召开具有重大历史意义的党的十一届三中全会，标志着中华民族伟大复兴进入了改革开放和社会主义现代化建设的新时期。在这个历史新时期，法治与改革相伴而生、相辅相成，法治通过保障改革开放顺利进行，推动中华民族富起来的成功实现。

一　社会主义法治恢复和重建："文化大革命"结束至"八二宪法"颁布前

改革开放以来，我们党一贯高度重视社会主义法治建设。党的十一届三中全会把发展社会主义民主、健全社会主义法治确定为党和国家坚定不移的基本方针，明确提出："从现在起，应当把立法工作摆到全国人民代表大会及其常务委员会的重要议程上来。检察机关和司法机关要保持应有的独立性；要忠实于法律和制度，忠实于人民利益，忠实于事实真相；要保证人民在自己的法律面前人人平等，不允许任何人有超于法律之上的特权。"邓小平同志深刻地指出："为了保障人民民主，必须加强法制。必须使民主制度化、法律化，使这种制度和法律不因领导人的改变而改变，不因领导人的看法和注意力的改变而改变"①；强调制度问题更带有根本性、全局性、稳定性和长期性；要加强检察机关和司法机关，做到有法可依，有法必依，执法必严，违法必究。这些重大决策和重要法治思想，引领和推动中国法治建设进入中华民族富起来的改革开放新时期。

新时期法治建设，首先要加强立法工作，着力解决无法可依的问题。1978年12月，邓小平同志指出："应该集中力量制定刑法、民法、诉讼法和其他各种必要的法律，例如工厂法、人民公社法、森林法、草原法、环境保护法、劳动法、外国人投资法等等，经过一定的民主程序讨论通过。"② 新时期法治建设开端最明显的标志，是1979年的大规模立法。1979年7月，五届全国人大二次会议审议通过了刑法、刑事诉讼法、地方各级人大和地方各级政府组织法、全国人大和地方各级人大选举法、法院组织法、检察院组织法、中外合资经营企业法等七个重要法律。"在一次会议上通过这样多的重要法律，这在我国社会主义立法史上还是第一次。"③ 邓小平同志指出："这次全国人大开会制定了七个法律……这是建立安定团结政治局面的必要保障。这次会议以后，要接着制定一系列的法律。我们的民法还没有，要制定；经济方面的很多法律，比如工厂法等等，也要制定。我们的法律是太少了，成百个法律总要有的……现在只是开端。"④

1979年9月，中共中央发出《关于坚决保证刑法、刑事诉讼法切实实施的指示》（中发〔1979〕64号），批评了过去长期存在的轻视法制、有了政策就不要法律、以言代法、以权压法等现象，对党委如何领导司法工作提出了明确要求；明确指出刑法和刑事诉讼法

---

① 邓小平：《解放思想，实事求是，团结一致向前看》，《邓小平文选》第2卷，人民出版社1994年版，第146页。

② 同上书，第146—147页。

③ 吴大英等：《中国社会主义立法问题》，群众出版社1984年版，第64页。

④ 邓小平：《民主和法制两手都不能削弱》，《邓小平文选》第2卷，人民出版社1994年版，第189页。

的颁布，对加强社会主义法治具有特别重要的意义。它们能否严格执行，是衡量中国是否实行社会主义法治的重要标志。

在不断加强立法工作的同时，社会主义法治的其他方面也得到恢复和重建。1978 年 3 月，第五届全国人大第一次会议通过的《宪法》第四十三条规定，重新设立人民检察院，同年 6 月 1 日最高人民检察院正式挂牌办公。根据宪法规定，第五届人大第二次会议于 1979 年 7 月通过了《人民检察院组织法》。1979 年第五届全国人大第十二次会议和 1983 年第六届全国人大常委会第二次会议，先后对人民法院组织法进行了补充和修改，人民法院组织得到进一步健全。

公安、司法行政和安全等机构得到恢复或者重建。1979 年 6 月中共中央政法小组向中共中央报送了《关于恢复司法机构的建议》。"为了适应社会主义法治建设的需要，加强司法行政工作"，1979 年 9 月第五届全国人大常委会第十一次会议决定重建司法部。司法部组建后，地方各级司法厅（局）也相继组建起来，司法行政工作得以恢复。

1979 年 7 月颁布的《刑事诉讼法》和《人民法院组织法》明确规定被告人可以委托律师辩护。截至 1980 年 10 月，全国已有河南、陕西、山东 3 省成立了律师协会；北京、天津、上海、辽宁、黑龙江、江苏、甘肃等 17 个省、直辖市成立了律师协会筹备会或筹备领导小组；全国共建立了 381 个法律顾问处，有专职律师人员 3000 多名。1980 年 8 月，第五届全国人大第十五次会议讨论通过了《律师暂行条例》。

1980 年 1 月，中央恢复成立了中央政法委员会。

1983 年 6 月，国务院提请六届全国人大一次会议批准成立国家安全部，以加强对国家安全工作的领导。7 月 1 日，国家安全部召开成立大会。国家安全部由原中共中央调查部整体、公安部政治保卫局以及中央统战部部分单位、国防科工委部分单位合并而成。

新时期法治建设开端的另一个重要标志，是对林彪、江青两个反革命集团的历史审判。"两案审判"对新中国法治建设具有重大意义，它给"文化大革命"画上了一个句号，表明不要法治的时代结束了，中国今后要走上依法办事的法治道路。正如邓小平同志指出的："继续发展社会主义民主，健全社会主义法制。这是三中全会以来中央坚定不移的基本方针，今后也决不允许有任何动摇。"

二　社会主义法治发展："八二宪法"颁布至党的十四大

党的十二大提出：把马克思主义的普遍真理同我国的具体实际结合起来，走自己的道路，建设有中国特色的社会主义，这就是我们总结长期历史经验得出的基本结论。新时期要大力推进社会主义物质文明和精神文明的建设，继续健全社会主义民主和法制。为了适应新时期建设社会主义现代化国家的需要，1980 年 9 月，全国人大成立以叶剑英为主任委员的宪法修改委员会。在充分发扬民主的基础上，1982 年 12 月 4 日，第五届全国人大第五次会议通过了现行宪法。"八二宪法"以国家根本法的形式，确立了中国特色社会主义道路、中国特色社会主义理论体系、中国特色社会主义制度的发展成果，反映了我国各族人民的共同意志和根本利益，成为历史新时期党和国家的中心工作、基本原则、重大方针、重要政策在国家法治上的最高体现。实践充分证明，现行宪法是符合国情、符合实际、符合时代发展要求的好宪法，是充分体现人民共同意志、充分保障人民民主权利、充分维护人民根本利益的好宪法，是推动国家发展进步、保证人民创造幸福生活、保障中华民族实现伟大复兴的好宪法，是我们国家和人民经受住各种困难和风险考验、始终沿着中国特色社会主义道路前进的根本法治保证。"八二宪法"是新中国法治史上的重要里程碑，为新时期法治建设的大厦立起了支柱，对新时期法治建设起到了极大的推动和保障作用。

1985 年 11 月，第六届全国人大常委会第十三次会议作出了《关于在公民中基本普及法律常识的决议》，把法律交给亿万人民，开启了史无前例的全民普法。

1987 年，党的十三大阐述了社会主义初级阶段的理论，制定了党的基本路线，明确提出必须加强社会主义法制建设，一手抓建设和改革，一手抓法制。法制建设必须贯穿于改革的全过程。一方面，应当加强立法工作，改善执法活动，保障司法机关依法独立行使职权，提高公民的法律意识；另一方面，法制建设又必须保障建设和改革的秩序，使改革的成果得以巩固。

1988 年 2 月，中共中央正式提出修改宪法的建议，承认私有制经济的合法性，肯定了土地可以依法实行转让。1988 年 4 月，第七届全国人大第一次会议审议通过《宪法修正案》，规定"国家允许私营经济在法律规定的范围内存在和发展"；"土地的使用权可以依照法律的规定转让"。随后，1990 年 5 月，由国务院 55 号令颁行的《城镇国有土地使用权出让和转让暂行条例》，则成为土地使用权上市交易的具体规则。

这一时期，为了保障社会主义现代化建设的顺利进行，全国人大和全国人大常委会把制定经济方面的法律作为立法工作的重点，先后制定了《经济合同法》《统计法》《环境保护法（试行）》《海洋环境保护法》《水污染防治法》《食品卫生法（试行）》《海上交通安全法》，并批准了《国家建设征用土地条例》。同时，为了适应对外开放的需要，有利于引进外国资本和技术，还制定了《中外合资经营企业法》《中外合资经营企业所得税法》《外国企业所得税法》《个人所得税法》《商标法》和《专利法》，并批准了《广东省经济特区条例》。彭冲副委员长在总结七届全国人大的立法工作时说，过去五年来，全国人大及其常委会通过了《宪法修正案》和 59 个法律，27 个关于法律问题的决定，共计 87 个。1988 年修改了宪法的个别条款，肯定了私营经济的地位，允许土地使用权依法转让，对中国改革开放和经济建设产生了积极的影响。

三　确立依法治国基本方略：党的十四大至党的十八大前

怎样治理社会主义社会这样全新的社会，在以往的世界社会主义中没有解决得很好。马克思、恩格斯没有遇到全面治理一个社会主义国家的实践，他们关于未来社会的原理很多是预测性的；列宁在俄国十月革命后不久就过世了，没来得及深入探索这个问题；苏联在这个问题上进行了探索，取得了一些实践经验，但也犯下了严重错误，没有解决这个问题。我们党在全国执政以后，不断探索这个问题，虽然也发生了严重曲折，但在国家治理体系和治理能力上积累了丰富经验、取得了重大成果，改革开放以来的进展尤为显著。[①] 1992 年邓小平同志南方谈话之后，在确立社会主义市场经济体制的改革目标和基本框架、确立社会主义初级阶段的基本经济制度和分配制度的历史进程中，中国特色社会主义法治建设不断向前推进。这个时期，有两大事件必将永载新中国法治史册。一是确立"市场经济是法治经济"的新观念，中国特色社会主义市场经济法律体系初步构建；二是依法治国、建设社会主义法治国家的基本方略得以确立，法治观念在全党和全国人民中形成共识。在人类探索社会主义的道路上，第一次把市场经济和社会主义制度结合起来，第一次把人民当家作主、党的领导和依法治国结合起来，开创了中国特色社会主义理论和实践的新道路，翻开了从"社会主义法制"到"社会主义法治国家"的新篇章。

1992 年，党的十四大系统阐述了有中国特色社会主义理论的主要内容，确立了建立社会主义市场经济体制的总体改革目标，在法治建设方面明确提出要高度重视市场经济法治建设，加强立法工作，建立和完善社会主义市场经济法律体系，特别是抓紧制定与完善保障改革开放、加强宏观经济管理、规范微观经济行为的法律和法规。同时还要严格执行宪法和法律，加强执法监督，坚决纠正以言代法、以罚代刑等现象，保障人民法院和人民检察院依法独立进行审判和检察。加强政法部门自身建设，提高人员素质和执法水平。要把民主法治实践和民主法治教育结合起来，不断增强广大干部群众的民主意识和法治观念。

---

① 参见习近平《习近平谈治国理政》，外文出版社 2014 年版，第 91 页。

随着我国改革开放的深入，宪法修改再次成为一项紧迫的政治任务。1993 年，八届全国人大一次会议通过《宪法修正案》，阐述了中国正处于社会主义初级阶段，并把建设有中国特色社会主义的理论和改革开放、社会主义市场经济等以国家根本法的形式固定下来，有利于国家建设从实际情况出发；有利于吸引外资和引进先进的科学技术为中国服务，推动生产力的发展。确定社会主义市场经济在宪法中的地位，意味着中国开始大规模完善以宪法为依据的各种经济法律法规，从而把以市场为取向的改革完全纳入以宪法为核心的法治体系中。实践证明，1988 年和 1993 年这两次宪法修改，对我国改革开放和现代化建设都发挥了重要的促进和保障作用。为维护宪法的权威性和稳定性，自 1988 年起我国开始采用审议和公布《宪法修正案》并在宪法正文后附录的方式。

1993 年，《中共中央关于建立社会主义市场经济体制若干问题的决定》明确提出，社会主义市场经济体制的建立和完善，必须有完备的法制来规范和保障。强调要"建立适应市场经济要求，产权清晰、权责明确、政企分开、管理科学的现代企业制度"，从而促进我国国有企业的改革向着理顺产权关系、实现现代企业制度的方向发展。这一变革使我国经济体制改革中的两大任务——政企分开和转换企业经营机制找到了落实的杠杆。这两大任务的实现，离不开适应现代企业制度运行的公司法、证券法、金融法、破产法、社会保障法等一整套法律制度。社会主义市场经济体制框架中最重要的一条，就是尽快建立社会主义市场经济法律体系框架，不断加强与社会主义市场经济体制相适应的法治经济建设。

1996 年，八届全国人大四次会议制定的《关于国民经济和社会发展"九五"计划和 2010 年远景目标纲要》，第一次以具有法律效力的国家文件形式，明确规定了"依法治国，建设社会主义法制国家"，使依法治国从理念观点开始进入国家政策的顶层设计，成为国家意志的重要内容。八届全国人大及其常委会继续把加快经济立法作为重要任务，努力构筑社会主义市场经济法律体系框架，五年间共通过法律 85 件，有关法律问题的决定 33 个。

1997 年，党的十五大阐述了邓小平理论及其地位，在法治建设方面把依法治国确立为党领导人民治国理政的基本方略，指出依法治国是党领导人民治理国家的基本方略，是发展社会主义市场经济的客观需要，是社会文明进步的重要标志，是国家长治久安的重要保障，强调要保证人民依法享有广泛的权利和自由，尊重和保障人权；把改革和发展的重大决策同立法结合起来，提高立法质量，到 2010 年形成有中国特色社会主义法律体系；一切政府机关都必须依法行政，切实保障公民权利；推进司法改革，从制度上保证司法机关依法独立公正地行使审判权和检察权；法治建设同精神文明建设必须紧密结合，同步推进。

1999 年，九届全国人大二次会议通过的《宪法修正案》，把邓小平理论的指导思想地位、依法治国基本方略、国家现阶段基本经济制度和分配制度以及非公有制经济的重要作用等写进了宪法。宪法确立依法治国的基本治国方略，规定建设"社会主义法治国家"的政治发展目标，推进从人治到法制、再从法制到法治（依法治国），是一个前所未有的历史性跨越。

2002 年，党的十六大阐述了"三个代表"重要思想，在法治建设方面提出发展社会主义民主政治，最根本的是要把坚持党的领导、人民当家作主和依法治国有机统一起来。党的领导是人民当家作主和依法治国的根本保证，人民当家作主是社会主义民主政治的本质要求，依法治国是党领导人民治理国家的基本方略。"三者有机统一"是社会主义政治文明的本质特征，是发展社会主义民主政治、建设社会主义法治国家必须始终坚持的政治方向。适应社会主义市场经济发展、社会全面进步和加入世贸组织的新形势，加强立法工作，到 2010 年形成中国特色社会主义法律体系。

九届全国人大及其常委会五年间，共审议 124 件法律、法律解释和有关法律问题的决定草案，通过了其中的 113 件，有关社会主义市场经济的立法进一步充实和完善。

2004 年，十届全国人大二次会议通过了《宪法修正案》。这次修宪突出了"以人为本"的理念和保障人权的原则，对宪法所规定的许多重要的制度都作了修改和完善。尤其是将"三个代表"重要思想、尊重保障人权、保障合法私有财产权等重要内容载入宪法，又一次以国家根本法的形式确认了改革开放理论创新与实践发展的重大成果。

2007 年，党的十七大提出了中国特色社会主义理论体系的概念，在法治建设方面强调要坚持党总揽全局、协调各方的领导核心作用，提高党科学执政、民主执政、依法执政水平，保证党领导人民有效治理国家，提出全面落实依法治国基本方略，加快建设社会主义法治国家的总任务，要求必须坚持科学立法、民主立法，完善中国特色社会主义法律体系；加强宪法和法律实施，尊重和保障人权，维护社会公平正义；推进依法行政，深化司法体制改革，加强政法队伍建设；深入开展法治宣传教育，弘扬法治精神；等等。在党的领导下，依法治国事业不断推向前进，社会主义法治在推动改革开放、实现中华民族富起来的伟大实践中，发挥了重要作用。

1978 年开始的改革开放是我们党的一次伟大觉醒，正是这个伟大觉醒孕育了我们党从理论到实践的伟大创造。改革开放是中国人民和中华民族发展史上一次伟大革命，正是这个伟大革命推动了中国特色社会主义事业的伟大飞跃，使我们党作出了坚持依法治国、建设社会主义法治国家的重大战略抉择。改革开放新时期，我们党领导人民积极探索中国特色社会主义法治道路，坚持和实行依法治国，推进社会主义法治国家建设，取得了"中国特色社会主义法律体系已经形成，法治政府建设稳步推进，司法体制不断完善，全社会法治观念明显增强"等历史性成就，为在历史新起点上开辟中国法治建设的新时代，奠定了深厚坚实的实践、制度和理论基础。

第三节 中华民族强起来开辟
法治建设新时代

中国特色社会主义进入新时代，意味着近代以来久经磨难的中华民族迎来了从站起来、富起来到强起来的伟大飞跃，迎来了实现中华民族伟大复兴的光明前景；意味着科学社会主义在 21 世纪的中国焕发出强大生机活力，在世界上高高举起了中国特色社会主义伟大旗帜；意味着中国特色社会主义道路、理论、制度、文化不断发展，拓展了发展中国家走向现代化的途径，给世界上那些既希望加快发展又希望保持自身独立性的国家和民族提供了全新选择，为解决人类问题贡献了中国智慧和中国方案。我们党坚持以习近平新时代中国特色社会主义思想为指导，围绕实现"两个一百年"奋斗目标和中华民族伟大复兴的中国梦，领导人民推进全面依法治国，加快建设法治中国，以更加完备健全的中国特色社会主义法治，强有力地引领、促进和保障中华民族迈向强起来的新时代。

一 新时代中国法治建设的新实践

党的十八大以来，中国取得了改革开放和社会主义现代化建设的历史性成就。法治建设迈出重大步伐，推进全面依法治国，党的领导、人民当家作主、依法治国有机统一的制度建设全面加强，科学立法、严格执法、公正司法、全民守法深入推进，法治国家、法治政府、法治社会建设相互促进，中国特色社会主义法治体系日益完善，全社会法治观念明显增强。国家监察体制改革试点取得实效，行政体制改革、司法体制改革、权力运行制约和监督体系建设有效实施。

2012 年，党的十八大围绕"全面推进依法治国，加快建设社会主义法治国家"的战略目标，确认法治是治国理政的基本方式，强调要更加注重发挥法治在国家治理和社会管理中的重要作用；明确提出"科学立法、严格执法、公正司法、全民守法"的中国特色社会主义法治建设"新十六字方针"，到 2020 年法治建设五大阶段性目标任务，即依法治国基本方略全面落实，法治政府基本建成，司法公信力不断提高，人权得到切实尊重和保障，国家各项工作法治化；要"提高领导干部运用法治思维和法治方式深化改革、推动发展、化解矛盾、维护稳定能力"；重申"任何组织或者个人都不得有超越宪法和法律的特权，绝不允许以言代法、以权压法、徇私枉法"。[①]

2013 年，党的十八届三中全会作出《关于全面深化改革若干重大问题的决定》，提出要"紧紧围绕坚持党的领导、人民当家作主、依法治国有机统一深化政治体制改革，加快推进社会主义民主政治制度化、规范化、程序化，建设社会主义法治国家"，将"推进法治中国建设"作为全面依法治国和全面深化改革的重要任务，首次提出"建设法治中国，必须坚持依法治国、依法执政、依法行政共同推进，坚持法治国家、法治政府、法治社会一体建设"。[②]

2014 年，党的十八届四中全会作出《关于全面推进依法治国若干重大问题的决定》，提出了全面推进依法治国的指导思想、基本原则、总目标、总抓手和基本任务、法治工作的基本格局，阐释了中国特色社会主义法治道路的核心要义，回答了党的领导与依法治国的关系等重大问题，制定了法治中国建设的路线图，按下了全面依法治国的"快进键"。执政的共产党专门作出依法治国的政治决定，这在世界共运史上、在中国共产党党史上、在人民共和国国史上，都是史无前例、彪炳千秋的第一次，在中国法治史上具有重大的里

---

① 胡锦涛：《坚定不移沿着中国特色社会主义道路前进 为全面建成小康社会而奋斗——在中国共产党第十八次全国代表大会上的报告》（2012 年 11 月 8 日）。

② 《中共中央关于全面深化改革若干重大问题的决定》，中国共产党十八届中央委员会第三次全体会议表决通过（2013 年 11 月 12 日）。

程碑意义。

2015 年，党的十八届五中全会明确提出"创新、协调、绿色、开放、共享"的新发展理念，强调法治是发展的可靠保障，必须加快建设法治经济和法治社会，把经济社会发展纳入法治轨道，明确了到 2020 年全面建成小康社会时的法治中国建设的阶段性目标，为实现全面依法治国的总目标奠定了坚实基础。

2016 年，党的十八届六中全会专题研究全面从严治党问题，凸显了思想建党和制度治党的主题，体现了依规治党与依法治国的结合，通过完善"四个全面"战略布局进一步深化了全面依法治国的战略地位和重要作用，进一步强化了全面从严治党对推进全面依法治国、建设法治中国的政治保障作用。

2017 年，党的十九大作出中国特色社会主义进入新时代、中国社会主要矛盾已经转化等重大战略判断，确立了习近平新时代中国特色社会主义思想的历史地位，明确提出了新时代坚持和发展中国特色社会主义的基本方略，深刻回答了新时代坚持和发展中国特色社会主义的一系列重大理论和实践问题，作出了社会主义现代化建设"两个阶段"的重大战略安排，绘就了高举中国特色社会主义伟大旗帜、决胜全面建成小康社会、夺取新时代中国特色社会主义伟大胜利的新蓝图，开启了迈向社会主义现代化强国的新征程。中国特色社会主义进入新时代的重大战略判断，不仅确立了中国社会主义现代化建设和改革发展新的历史方位，而且进一步确立了推进全面依法治国、建设法治中国新的历史方位，不仅为法治中国建设提供了习近平新时代中国特色社会主义思想的理论指引，而且对深化全面依法治国实践提出了一系列新任务新要求，指明了到 2035 年基本建成法治国家、法治政府和法治社会的全面依法治国的战略发展方向，开启了新时代中国法治建设的新征程。

2018 年 1 月，党的十九届二中全会审议通过了《中共中央关于修改宪法部分内容的建议》，强调为更好发挥宪法在新时代坚持和发展中国特色社会主义中的重要作用，需要对宪法作出适当修改，把党和人民在实践中取得的重大理论创新、实践创新、制度创新成果上升为宪法规定。党中央决定用一次全会专门讨论宪法修改问题，充分表明党中央对新时代首次宪法修改的高度重视。

2018 年 3 月，十三届全国人大一次会议高票通过了新时代首次《宪法修正案》，实现了现行宪法的又一次与时俱进和完善发展。这次宪法修改确立了习近平新时代中国特色社会主义思想在国家政治和社会生活中的指导地位，调整充实了中国特色社会主义事业总体布局和第二个百年奋斗目标的内容，完善了依法治国和宪法实施举措，充实了坚持和加强中国共产党全面领导的内容，调整了国家主席任职方面的规定，增加了有关监察委员会的各项规定。这次宪法修改是党中央从新时代坚持和发展中国特色社会主义全局和战略高度作出的重大决策，是推进全面依法治国、推进国家治理体系和治理能力现代化的重大举措，是党领导人民建设社会主义现代化强国的必然要求，具有十分重大的现实意义和深远的历史意义。

2018 年 8 月，中央全面依法治国委员会正式成立并举行第一次会议。成立中央全面依法治国委员会，是全面依法治国领导体制的重大创新，是推进新时代法治中国建设的战略举措，在社会主义法治建设史上具有里程碑意义。委员会下设办公室，是委员会常设办事机构。《中央全面依法治国委员会工作规则》《中央全面依法治国委员会协调小组工作规则》《中央全面依法治国委员会办公室工作细则》等规范性文件，明确了中央全面依法治国委员会的运行体制和工作机制。

2019 年 2 月，习近平总书记在中央全面依法治国委员会第二次会议的讲话中强调，改革开放 40 年的经验告诉我们，做好改革发展稳定各项工作离不开法治，改革开放越深入越要强调法治。要完善法治建设规划，提高立法工作质量和效率，保障和服务改革发展，营造和谐稳定社会环境，加强涉外法治建设，为推进改革发展稳定工作营造良好法治环境。

二 新时代中国法治建设的新理论

党的十八大以来，依法治国事业的全面发展，极大地推动了中国特色社会主义法治的理论创新发展，形成或产生了以下标志性成果。

（一）习近平总书记全面依法治国新理念新思想新战略

党的十八大以来，习近平总书记以中国特色社会主义法治道路、法治体系、法治实践为基础，总结提炼出推进全面依法治国必须做到的"十个坚持"，深刻回答了中国特色社会主义法治向哪里走、跟谁走、走什么路、实现什么目标、如何实现目标等一系列重大问题，形成了新时代全面依法治国新理念新思想新战略。以"十个坚持"为核心要义的习近平总书记全面依法治国新理念新思想新战略（简称"法治三新"），明确了全面依法治国的指导思想、发展道路、工作布局、重点任务，是马克思主义法治思想中国化的最新成果，是全面依法治国的根本遵循，必须长期坚持、不断丰富发展。

（二）国家治理现代化和良法善治的理论

党的十八届三中全会提出"推进国家治理体系和治理能力现代化"的目标任务，为中国法治理论创新发展提出了新目标，注入了新活力。推进国家治理的现代化，就是要推进和实现国家治理体系和治理能力的法治化、民主化、科学化和信息化，其核心是推进国家治理的法治化。良法善治是国家治理体系和治理能力现代化的必然要求，是治国理政和全面依法治国的最佳境界。站在中国特色治国理政的战略高度，把全面依法治国与国家治理现代化融合起来理解，把厉行法治与深化治理结合起来把握，两者融合统一的最佳形态就是"良法善治"。

（三）坚持人民主体地位的理论

坚持人民主体地位，是人民民主的本质要求，是党治国理政的重要特征。人民民主是社会主义的生命。没有民主就没有社会主义，就没有社会主义的现代化，就没有中华民族伟大复兴。人民权益要靠法律保障，法律权威要靠人民维护。坚持人民主体地位，必须坚持法治为了人民、依靠人民、造福人民、保护人民。保证人民在党的领导下，依照法律规定，通过各种途径和形式管理国家事务，管理经济文化事业，管理社会事务。要把体现人民利益、反映人民愿望、维护人民权益、增进人民福祉落实到依法治国全过程，使法律及其实施充分体现人民意志。①

（四）建设法治中国的理论

法治中国是我们党在中国特色社会主义法治理论上的重大创新，是对新起点上中国特色社会主义法治建设的科学定位、目标指引和战略谋划。法治中国是人类法治文明在当代中国的重大实践和理论创新，是传承复兴中华法文化优秀传统的历史新起点，是中国特色社会主义和中国梦的重要组成部分，是推进国家治理体系和治理能力现代化的重要内容，是对全面依法治国基本原则、基本任务和总目标的高度凝练和大众化表达。法治中国与小康中国、富强中国、民主中国、文明中国、和谐中国、美丽中国、平安中国等中国梦的核心要素相辅相成，共同编织出中华民族伟大复兴的美好愿景。建设法治中国，是从形成法律体系走向建设法治体系、从法律大国走向法治强国、建设法治国家的升级版，必须坚持法治普遍原则与走中国特色社会主义法治发展道路相结合，切实维护宪法和法治权威，有效规范制约权力，充分尊重保障人权，依法实现社会公平正义，为实现"两个一百年"奋斗目标提供法治引领和制度保障。

（五）推进全面依法治国系统工程的理论

推进全面依法治国是一场深刻的社会变革，是一个宏大的系统工程，必须统筹兼顾、把握重点、整体谋划，在共同推进上着力，在一体建设上用劲。这个系统工程主要包括：一是全面建成小康社会、全面深化改革、全面依法治国、全面从严治党，共同构成党和

---

①　参见习近平《加快建设社会主义法治国家》，《求是》2015 年第 1 期。

国家工作的战略布局；二是坚持党的领导、人民当家作主、依法治国三者有机统一，坚持依法治国与以德治国相结合，坚持依法治国与依规治党相统一，坚持美丽中国、平安中国、法治中国共同建设；三是科学立法、严格执法、公正司法、全民守法统筹推进，共同构成法治工作的基本格局；四是依法治国、依法执政、依法行政共同推进，法治国家、法治政府、法治社会一体建设；五是党坚持依法执政，领导立法、保证执法、支持司法、带头守法；六是统筹建设中国特色社会主义法治体系，完善法律体系；七是统筹国内法治与国际法治两个大局。

（六）法治道路、法治理论、法治体系、法治文化"四位一体"的理论

推进全面依法治国的一个重大战略特征，是坚持中国特色社会主义法治道路、法治理论、法治体系、法治文化"四位一体"和"四个自信"。中国特色社会主义法治道路，是社会主义法治建设成就和经验的集中体现，是建设社会主义法治国家的唯一正确道路。中国特色社会主义法治理论，是中国共产党根据马克思主义国家与法的基本原理，在借鉴吸收古今中外人类法治文明有益成果的基础上，从当代中国实际出发，深刻总结我国社会主义法治建设的成功经验和沉痛教训，逐步形成的具有中国特色、中国风格、中国气派的社会主义法治理论体系。中国特色社会主义法治体系是国家治理体系的重要组成部分和骨干工程。中国特色社会主义法治文化是由体现社会主义先进文化内在要求的法治价值、法治精神、法治意识、法治理念、法治思想等精神文明成果，反映中国特色社会主义民主政治本质特征的法律制度、法律规范、法治机制等制度文明成果，以及自觉依法办事和尊法信法学法用法等行为方式共同构成的先进法治文化现象和法治进步状态。全面依法治国把中国特色社会主义法治道路、法治理论、法治体系、法治文化整合起来，构建全面依法治国"四位一体"的战略格局，进一步强化中国特色社会主义的法治道路自信、法治理论自信、法治体系自信和法治文化自信。

（七）加强党对全面依法治国领导的理论

加强党对全面依法治国的领导，是新中国法治理论创新发展的标志性成果和最大特色，是中国特色社会主义法治理论与西方资产阶级法治理论的本质区别。加强党对全面依法治国的领导，重点形成了以下一些新认识新理念新要求。一是基本经验：党的领导是中国特色社会主义法治之魂，把坚持党的领导、人民当家作主、依法治国有机统一起来，把党的领导贯彻到依法治国全过程和各方面，是我国社会主义法治建设的一条基本经验。二是本质特征：我国宪法确立了中国共产党的领导地位，党的领导是中国特色社会主义最本质的特征，是社会主义法治最根本的保证。三是根本要求：坚持党的领导，是社会主义法治的根本要求，是党和国家的根本所在、命脉所在，是全国各族人民的利益所系、幸福所系，是全面推进依法治国的题中应有之义。四是根本问题：党和法的关系是一个根本问题，党的领导和社会主义法治是一致的，社会主义法治必须坚持党的领导，党的领导必须依靠社会主义法治。五是依法执政：要改善党对依法治国的领导，不断提高党领导依法治国的能力和水平。必须坚持党领导立法、保证执法、支持司法、带头守法；坚持依法治国与制度治党、依规治党统筹推进、一体建设，注重党内法规同国家法律的衔接和协调；党既要坚持依法治国、依法执政，自觉在宪法法律范围内活动，又要发挥好党组织和党员干部在依法治国中的政治核心作用和先锋模范作用。六是党政关系：在党的领导下，只有党政分工，没有党政分开，要按照党的十八届四中全会的要求，做到"三个统一"和"四个善于"。七是统一领导：要健全党领导依法治国的制度和工作机制，完善保证党确定依法治国方针政策和决策部署的工作机制和程序，加强对全面推进依法治国统一领导、统一部署、统筹协调。八是根本目的：全面依法治国，要有利于加强和改善党的领导，有利于巩固党的执政地位、完成党的执政使命，有利于实现党和国家长治久安，绝不是要削弱党的领导。

三 新时代中国法治建设的新成就

党的十八大以来，党中央对全面依法治国作出一系列重大决策、提出一系列重大举措。全面依法治国在各领域各环节深入推进，法律体系不断完善发展，法治政府建设成绩突出，司法公信力不断提高，人权法治保障不断加强，全社会法治观念普遍提高，中国特色社会主义法治建设迈出重大步伐，取得了显著成就。

（一）加强宪法实施，推进合宪性审查

坚持依宪治国，与时俱进修改宪法，宪法实施和监督全面加强。党的十九大明确提出，加强宪法实施和监督，推进合宪性审查工作，维护宪法权威……任何组织和个人都不得有超越宪法法律的特权。[①]习近平总书记指出：要"加强宪法实施和监督，把国家各项事业和各项工作全面纳入依法治国、依宪治国的轨道，把实施宪法提高到新的水平"。[②]加强宪法实施和监督：一是设立国家宪法日，建立宪法宣誓制度，增强宪法意识，弘扬宪法精神。二是作出一系列决定决议，推动和保障宪法规定的制度贯彻落实。通过关于特赦部分服刑罪犯的决定，决定在纪念中国人民抗日战争暨世界反法西斯战争胜利 70 周年之际，特赦部分服刑罪犯，充分体现依宪治国理念和人道主义精神；通过关于成立辽宁省第十二届人民代表大会第七次会议筹备组的决定，及时妥善处理辽宁贿选案，维护宪法和法律权威。三是完善备案审查制度。十二届全国人大常委会的五年，共接受报送备案的规范性文件 4778 件，对 188 件行政法规和司法解释逐一进行主动审查，依法纠正 50 多件地方性法规和司法解释中存在的与法律不一致问题，认真研究公民、组织提出的 1527 件审查建议，对审

---

① 参见习近平《决胜全面建成小康社会　夺取新时代中国特色社会主义伟大胜利》，人民出版社 2017 年版，第 38 页。

② 参见习近平《在十九届中央政治局第四次集体学习时的讲话》，《人民日报》2018 年 2 月 26 日第 1 版。

查中发现与法律相抵触或不适当的问题，督促制定机关予以纠正，维护国家法制统一。四是将全国人民代表大会下设的"法律委员会"更改为"宪法和法律委员会"，明确了我国宪法监督与合宪性审查工作的具体实施主体，完善了我国的宪法监督机制。

（二）推进科学立法，完善法律体系

适应党和国家事业发展要求，完善立法体制，加强重点领域立法，中国特色社会主义法律体系日趋完善。全面依法治国首先要有法可依，坚持立法先行，发挥立法引领和推动作用；全面贯彻实施宪法是建设社会主义法治国家的首要任务和基础性工作；实现立法和改革决策相衔接，做到重大改革于法有据、立法主动适应改革发展需要；完善科学立法、民主立法机制，抓住提高立法质量这个关键，使社会主义法治成为良法善治；健全有立法权的人大主导立法工作的体制机制，发挥人大及其常委会在立法工作中的主导作用……为加强和改进立法工作提供了重要指导。① 党的十八大以来的五年，共制定或修改法律 48 部、行政法规 42 部、地方性法规 2926 部、规章 3162 部，同时通过"一揽子"方式，先后修订法律 57 部、行政法规 130 部，启动了民法典编纂、颁布了民法总则。截至 2019 年 6 月，全国人大及其常委会制定法律 273 部，国务院制定行政法规 800 多部，有立法权的地方人大及其常委会制定地方性法规 12000 多部，以宪法为核心的中国特色社会主义法律体系更加完备。

（三）推进依法行政，建设法治政府

推进法治政府建设，大幅减少行政审批事项，非行政许可审批彻底终结，建立政府权力清单、负面清单、责任清单，规范行政权力，推动严格规范公正文明执法。党的十八届四中全会把深入推进依法行政、加快建设法治政府确定为全面推进依法治国的重大任务，要求各级政府必须坚持在党的领导下、在法治轨道上开展工作，建

---

① 参见乔晓阳《党的十八大以来立法工作的新突破》，《求是》2017 年第 11 期。

立权责统一、权威高效的依法行政体制，加快建设职能科学、权责法定、执法严明、公开公正、廉洁高效、守法诚信的法治政府，为加快建设法治政府指明了方向。截至 2017 年 6 月底，国务院各部门取消和下放行政审批事项 618 项，比例超过 40%；彻底废除非行政许可审批；取消职业资格许可和认证事项 434 项；中央层面核准的投资项目减少 90%，外商投资项目 95% 以上由核准改为备案管理。全面施行政府权力清单制度，31 个省区市均已公布省市县三级政府部门权力清单和责任清单，法治政府建设稳步推进，取得了重大成就。

（四）推进公正司法，深化司法改革

坚定不移推进法治领域改革，废止劳教制度，推进司法责任制、员额制和以审判为中心的刑事诉讼制度改革，依法纠正一批重大冤假错案，司法质量、效率、公信力显著提高，人民群众对司法领域公平正义的获得感明显增强。① 党的十八大以来，政法战线坚持正确改革方向，敢于啃硬骨头、涉险滩、闯难关，做成了想了很多年、讲了很多年但没有做成的改革，司法公信力不断提升，对维护社会公平正义发挥了重要作用。截至 2018 年 3 月，由最高人民法院牵头的 18 项改革任务已经完成，全面深化人民法院改革意见提出的 65 项改革举措全面推开，人民法院司法改革取得重要阶段性成效；由最高人民检察院承担的 29 项改革任务全部完成或结项，司法改革呈现全面发力、多点突破、纵深推进的局面。截至 2019 年 3 月，用 2—3 年时间基本解决"执行难"的目标已经实现。经过几年努力，新一轮司法体制改革的"四梁八柱"已经基本形成，一些重要改革已经完成，但由于司法改革在国家法治建设中"牵一发而动全身"，司法体制改革仍需深入推进，尤其是深入推进综合配套改革。

———————————

① 参见袁曙宏《党的十八大以来全面依法治国的重大成就和基本经验》，《求是》2017 年第 11 期。

（五）推进全民守法，建设法治社会

坚持把全民普法和守法作为依法治国的基础性工作，实行国家机关"谁执法谁普法"普法责任制，将法治教育纳入国民教育体系，全社会法治观念明显增强。全民守法是全面依法治国、建设法治社会的基础工程和长期任务。人民权益要靠法律保障，法律权威要靠人民维护。法律要发挥作用，需要全社会信仰法律。法治社会是依法治理、依法而治的社会。党的十八大以来，国家制定实施教育、就业、收入分配、社会保障、医疗卫生、食品安全、社会救助、社会组织、社会治理等法律法规，加强社会建设，创新社会治理，维护社会稳定，促进社会和谐；制定实施网络安全法、互联网信息服务管理办法等法律法规，建立网络综合治理体系，营造清朗的网络空间；建立健全诉讼、调解、仲裁、行政复议、行政裁决等多元化纠纷解决机制，推进社会矛盾纠纷公正理性解决。通过建立和完善法治，我国逐步实现了法律和道德相辅相成、依法治国和以德治国相互结合、法治德治自治相得益彰的社会治理模式，全社会崇德向善、尊法守法的氛围日益浓厚，人民群众的获得感、幸福感、安全感不断增强。[①]

（六）推进法治队伍建设，加强法学教育和法治人才培养

全面推进依法治国，建设一支德才兼备的高素质法治队伍至关重要。1. 推进法治专门队伍正规化、专业化、职业化，提高职业素养和专业水平。专门法治队伍包括：在人大和政府从事立法工作的人员，在行政机关从事执法工作的人员，在司法机关从事司法工作的人员。这三支队伍既有共性又有个性，都十分重要。（1）立法是为国家定规矩、为社会定方圆的神圣工作。立法人员必须具备遵循规律、发扬民主、加强协调、凝聚共识的能力。（2）执法是把纸面上的法律变为现实生活中活的法律的关键环节。执法人员必须忠于

[①]　参见袁曙宏《改革开放大潮中的全面依法治国壮丽诗篇》，《求是》2018 年第 22 期。

法律、捍卫法律，严格执法、敢于担当。（3）司法是社会公平正义的最后一道防线。司法人员必须信仰法律、坚守法治，端稳天平、握牢法槌，铁面无私、秉公司法。2. 律师队伍是依法治国的一支重要力量，要大力加强律师队伍思想政治建设，把拥护中国共产党领导、拥护社会主义法治作为律师从业的基本要求。3. 立德树人，德法兼修，培养造就多层次法治人才体系。

（七）推进依规治党，完善党内法规体系

坚持依法执政，加强党内法规制度建设，推进国家监察体制改革，依法惩治腐败犯罪，全面从严治党成效卓著。依规治党深入党心，依法治国才能深入民心。① 党的十八大以来，我们党着眼于全面从严治党的战略布局，先后对制度建党、制度治党、依规治党等重大事项作出部署。党的十八大以来的五年，经党中央批准立案审查的省军级以上党员干部及其他中管干部440人。其中，十八届中央委员、候补委员43人，中央纪委委员9人。全国纪检监察机关共接受信访举报1218.6万件（次），处置问题线索267.4万件，立案154.5万件，处分153.7万人，其中厅局级干部8900余人，县处级干部6.3万人，涉嫌犯罪被移送司法机关处理5.8万人。② 党的十八大以来，制定和修订了140多部中央党内法规，出台了一批标志性、关键性、基础性的法规制度，有规可依的问题基本得到解决，下一步的重点是执规必严，使党内法规真正落地。③

在法治建设取得历史性成就的同时，也应当看到推进全面依法治国实践还存在许多不足，也面临不少困难和挑战，要把我国建设成为社会主义现代化法治强国，依然任重道远。

---

① 参见习近平《加强党对全面依法治国的领导》，《求是》2019年第4期。
② 参见《十八届中央纪律检查委员会向中国共产党第十九次全国代表大会的工作报告》，2017年10月24日中国共产党第十九次全国代表大会通过。
③ 参见习近平《加强党对全面依法治国的领导》，《求是》2019年第4期。

第四节　新中国法治建设 70 年的基本规律与特点

新中国的 70 年，从站起来、富起来迈向强起来，是中华民族伟大复兴的三大历史性任务；从开创新纪元、开启新时期到跨入新时代，是新中国革命、建设和改革发展的三大历史性阶段。70 年来，我们党支持和保证人民当家作主，加强社会主义法治国家建设，推进全面依法治国伟大事业，绘就了一幅波澜壮阔、气势恢宏的法治画卷。

新中国法治建设历经曲折走向辉煌，砥砺前行取得巨大成就。新中国法治建设 70 年光辉历程给予我们许多启示，展现以下基本规律和特点。

一　只有社会主义才能救中国，只有新中国才能建设新法治

近代以来，为了挽救民族危亡、实现民族复兴，中国曾经孜孜不倦地寻找适合国情的政治制度模式，尝试用西式法制救国兴国。辛亥革命之前，太平天国运动、洋务运动、戊戌变法、义和团运动、清末新政等都未能取得成功；辛亥革命之后，中国尝试过君主立宪制、帝制复辟、议会制、多党制、总统制等各种形式，各种政治势力及其代表人物纷纷登场，都没能找到正确答案，中国依然是山河破碎、积贫积弱，列强依然在中国横行霸道、攫取利益，中国人民依然生活在苦难和屈辱之中。为了改变国家和民族的苦难命运，一些仁人志士认识到了法制之于中华民族的重要性，试图将近代西方国家的法治模式移植到中国，以实现变法图强的梦想。"自戊戌变法和清末修律起，中国人一直在呼吁法制，但在当时的历史条件和政治条件下，仅仅靠法制是不能改变旧中国社会性质和中国人民悲惨

命运的。"① 事实证明，不触动旧的社会根基的自强运动，各种名目的改良主义，旧式农民战争，资产阶级革命派领导的民主主义革命，照搬西方政治制度模式的各种方案，都不能完成中华民族救亡图存和反帝反封建的历史任务，都不能让中国的政局和社会稳定下来，也都谈不上为中国实现国家富强、人民幸福提供制度保障。我们党团结带领人民完成了新民主主义革命，1949 年建立了中华人民共和国，实现了中国从几千年封建专制政治向人民民主的历史性飞跃。新中国 70 年的发展进步充分证明，只有社会主义才能救中国，只有建立人民民主的新国家，才能建设社会主义新法治。正是在中国共产党的领导下，中国人民经过革命、建设、改革和发展，逐步走上了建设社会主义法治国家的康庄大道。

二　中华民族伟大复兴离不开法治

历史和现实都告诉我们，法治兴则国兴，法治强则国强。实现中华民族伟大复兴是近代以来中华民族最伟大的梦想。中国共产党把实现共产主义作为党的最高理想和最终目标，义无反顾肩负起实现中华民族伟大复兴的历史使命，团结带领人民进行革命、建设和改革开放，古老中国发生了天翻地覆的深刻变化。新中国 70 年法治建设，同中华民族从站起来、富起来迈向强起来实现伟大复兴的历史使命休戚与共，同中华人民共和国从建国、立国迈向强国实现国家兴盛强大的历史命运休戚与共，同党和人民进行的艰苦奋斗和创造的辉煌成就紧密相连，同党和人民开辟的前进道路和积累的宝贵经验紧密相连。70 年来，新中国宪法和法治，以国家根本法和国家意志的形式，确认了中国共产党领导中国人民夺取新民主主义革命胜利、成立中华人民共和国的历史变革，确认了社会主义建设和改革开放理论创新、制度创新和实践创新取得的一系列成果，

---

① 习近平：《加强党对全面依法治国的领导》，《求是》2019 年第 4 期。

引领和推进了中国特色社会主义现代化事业全面发展，为实现中华民族伟大复兴提供了有力法治保障。

三　中国特色社会主义事业离不开法治

新中国法治建设历经前30年的辉煌与曲折，进入改革开放新时期后，坚持真理、修正错误，发扬经验、吸取教训，在中国特色社会主义实践与理论的双重探索中，以国家法治的形式全面反映了改革开放以来不同阶段我国各族人民的共同意志和总体利益，集中体现了党和国家的中心工作、基本原则、重大方针、重要政策，确立了中国特色社会主义道路、中国特色社会主义理论体系、中国特色社会主义制度、中国特色社会主义文化的发展成果。党的十八大提出，法治是治国理政的基本方式，要加快建设社会主义法治国家，全面推进依法治国。党的十八届三中全会进一步提出，建设法治中国，必须坚持依法治国、依法执政、依法行政共同推进，坚持法治国家、法治政府、法治社会一体建设。全面贯彻落实这些部署和要求，关系加快建设社会主义法治国家，关系落实全面深化改革顶层设计，关系中国特色社会主义事业长远发展。全面依法治国是坚持和发展中国特色社会主义的本质要求和重要保障，事关我们党执政兴国，事关人民幸福安康，事关党和国家事业发展。随着中国特色社会主义事业不断发展，法治建设将承载更多使命、发挥更为重要的作用。[1] 我们党把全面依法治国纳入"四个全面"战略布局，就是要为全面建成小康社会、全面深化改革、全面从严治党提供长期稳定的法治保障。在"四个全面"中，全面依法治国具有基础性、保障性作用。[2]

---

[1]　参见《习近平在中国政法大学考察时强调　立德树人德法兼修抓好法治人才培养　励志勤学刻苦磨炼促进青年成长进步》，2017年11月21日，人民网（http://cpc.people.com.cn/n1/2017/0503/c64094-29252264.html），2019年6月15日访问。

[2]　参见习近平《加强党对全面依法治国的领导》，《求是》2019年第4期。

四　中国共产党执政兴国离不开法治

全面推进依法治国，是我们党从坚持和发展中国特色社会主义出发、为更好治国理政提出的重大战略任务，也是事关我们党执政兴国的一个全局性问题。我们党执政以来，虽历经坎坷但对法治矢志不渝，从"五四宪法"到前不久新修订的宪法；从"社会主义法制"到"社会主义法治"；从"有法可依、有法必依、执法必严、违法必究"到"科学立法、严格执法、公正司法、全民守法"，我们党越来越深刻认识到，治国理政须臾离不开法治。① 我们党把依法治国作为执政兴国和治国理政的基本方略，把法治作为治国理政的基本方式，是党领导人民在社会主义革命、建设和改革实践探索中得出的重要结论和作出的重大抉择，是党在治国理政上的自我完善、自我提高。"党和法的关系是一个根本问题，处理得好，则法治兴、党兴、国家兴；处理得不好，则法治衰、党衰、国家衰。"党的领导和社会主义法治是一致的，是高度统一的。新形势下，我们党要履行好执政兴国的重大职责，必须依据党章从严治党、依据宪法治国理政；必须坚持依宪执政和依法执政，党领导人民制定宪法和法律，党领导人民执行宪法和法律，党自身必须在宪法和法律范围内活动，真正做到党领导立法、保证执法、支持司法、带头守法。

五　人民幸福安康离不开法治

中国共产党领导人民建立新国家、实行新法治的初心和使命，就是要为中国人民谋幸福，为中华民族谋复兴，永远与人民同呼吸、共命运、心连心，永远把人民对美好生活的向往作为奋斗目标。新中国成立以来我国宪法制度和法治的发展历程证明，宪法和法治与国家前途、人民命运息息相关。我国宪法和法治充分体现人民共同意志，充分保障人民民主权利，充分维护人民根本利益，切实保证

---

① 参见习近平《加强党对全面依法治国的领导》，《求是》2019 年第 4 期。

人民创造幸福生活，是实现人民福祉康泰的社会主义宪法和法治。只要我们切实尊重和有效实施宪法和法治，人民幸福安康就有保证，党和国家事业就能顺利发展。反之，如果宪法和法治受到漠视、削弱甚至破坏，人民权利和自由就无法保证，党和国家事业就会遭受挫折。这些从长期实践中得出的宝贵启示，必须倍加珍惜。人们奋斗所争取的一切，都同他们的利益有关。把我们党全心全意为人民服务的政治承诺表达为法治话语，把党执政兴国为了实现人民幸福和福祉的目标转化为法治话语，把人民主体地位和主体权利的诉求表述为法治话语，就是充分保障和实现人权。"我们要随时随刻倾听人民呼声、回应人民期待，保证人民平等参与、平等发展权利，维护公平正义，在学有所教、劳有所得、病有所医、老有所养、住有所居上持续取得新进展，不断实现好、维护好、发展好最广大人民根本利益，使发展成果更多更公平惠及全体人民，在经济社会不断发展的基础上，朝着共同富裕方向稳步前进。"[①] 通过法治实现人民幸福安康，必须切实尊重、保障和充分实现人权，把体现人民利益、反映人民愿望、维护人民权益、增进人民福祉落实到依法治国全过程。

六　党和国家长治久安离不开法治

法律是治国之重器，法治是国家治理体系和治理能力的重要依托。全面推进依法治国，是解决党和国家事业发展面临的一系列重大问题，解放和增强社会活力、促进社会公平正义、维护社会和谐稳定、确保党和国家长治久安的根本要求。中国共产党作为执政党，领导人民当家作主，行使国家权力治国理政，保证和维护党和国家的长治久安靠什么？邓小平同志早就指出："还是要靠法制，搞法制

---

① 习近平：《在第十二届全国人民代表大会第一次会议上的讲话》（2013 年 3 月 17 日），中共中央文献研究室编《十八大以来重要文献选编（上）》，中央文献出版社 2014 年版，第 236 页。

靠得住些。"① 进入新时代，要"真正实现社会和谐稳定、国家长治久安，还是要靠制度"，要推动中国特色社会主义制度更加成熟更加定型，为党和国家事业发展、为人民幸福安康、为社会和谐稳定、为国家长治久安提供一整套更完备、更稳定、更管用的制度体系。中国特色社会主义法治体系是中国特色社会主义制度的法律表现形式，是国家治理体系的骨干工程，是推进全面依法治国的总抓手。必须抓住建设中国特色社会主义法治体系这个总抓手，努力形成完备的法律规范体系、高效的法治实施体系、严密的法治监督体系、有力的法治保障体系，形成完善的党内法规体系，不断开创全面依法治国新局面。② 在统筹推进伟大斗争、伟大工程、伟大事业、伟大梦想，全面建设社会主义现代化国家的新征程中，我们要更好发挥法治固根本、稳预期、利长远的保障作用。

---

① 邓小平：《邓小平视察南方谈话》，《邓小平文选》第3卷，人民出版社1993年版，第379页。

② 参见习近平《加强党对全面依法治国的领导》，《求是》2019年第4期。

第 二 章

中国共产党领导法治建设 70 年

新中国成立后，我们党开始了全国范围的治国理政。中国共产党已经从领导人民为夺取全国政权而奋斗的党，成为领导人民掌握全国政权并长期执政的党，党治国理政开始从依靠政策办事，逐步过渡到不仅依靠政策，还要建立健全法制，依法办事。但后来党在指导思想上发生"左"的错误，逐渐对法制不那么重视了，特别是"文化大革命"使法制遭到严重破坏，付出了沉重代价，教训十分惨痛。党的十一届三中全会以后，我们党总结民主法治建设的深刻教训，提出必须加强法治，从而把治国理政纳入法治轨道。党的十五大提出依法治国、建设社会主义法治国家的战略任务，第一次把依法治国确立为党领导人民治理国家的基本方略，赋予了依法治国在党治国理政事业中的根本性、主导性和制度性的战略地位。党的十八以来，党中央对全面依法治国看得很重、抓得很紧，更加重视加强党对法治建设的领导，把全面依法治国放在党和国家事业发展全局中来谋划、来推进，依法治国取得了历史性成就。党领导法治建设 70 年的伟大实践和光辉历程充分证明：没有中国共产党就没有新中国法治的奠基，没有中国共产党就没有中国特色社会主义法治道路，没有中国共产党就没有 70 年法治中国建设的伟大成就。

第一节　党领导法治建设的体制演变

一　新中国成立前的探索

中国共产党在成立之初，提出的奋斗目标是"以无产阶级革命军队推翻资产阶级的政权，消灭资本家私有制，由劳动阶级重建国家"。1931 年，井冈山革命根据地准备制定宪法大纲，党中央及时加以领导，提出了实现代表广大民众的真正的民权主义，实现劳动群众自己的政权，实现妇女解放，争取并且确立中国经济上、政治上真正的解放，实行工农民权的革命专政，实行土地革命等制宪七大原则。这些原则均在 1931 年 11 月第一次全国工农兵代表大会通过的《中华苏维埃宪法大纲》中得到体现。在党中央的领导下，中华苏维埃全国工农兵代表大会和中央工农民主政权还制定了选举法、政权机关组织法、各种主要行政法规、惩治反革命条例和其他刑事法规、诉讼程序法规，以及土地、劳动、婚姻和各种经济法规等。

抗日战争时期，中华民族与日本帝国主义的矛盾成为主要矛盾。为了团结抗日，毛泽东同志在《中国共产党在抗日时期的任务》一文中指出："中国必须立即开始实行下列两方面的民主改革……"民主改革也就是要争取民主，而"争取民主的根本问题是立宪与国民大会的问题。然而除此以外，我们必须进行各种个别的立法运动，如工人、农民、青年、妇女的立法等。每一个关于人民民主权利的具体要求，我们都必须加以注意"。[①] 根据这些指示，抗日根据地人民政权先后发布了《晋察冀边区目前施政纲领》《晋冀鲁豫边区政府施政纲领》《陕甘宁边区施政纲领》等宪法性文件，还制定了一些加强司法机关建设的法律，规定司法机关以便民简政为原则；逮

---

① 《刘少奇选集》上卷，人民出版社 1981 年版，第 75—76 页。

捕、审判权由专门机关依法行使；司法机关的工作必须以抗日民主政府颁布的施政纲领和政策条例为依据；简化诉讼程序，依靠群众办案；禁止肉刑，重证据不轻信口供等。

抗日战争结束后，我们党开始有组织地研究法治问题，其中一个重要标志就是1945年12月，中共中央成立了宪法研究委员会，由王稼祥、王明、博古、谢觉哉等人负责，主要任务是研究中共代表团去重庆参加政治协商会议，谈判制定政协共同纲领和修改宪法草案原则，如何充实新民主主义内容。宪法研究会的成立，标志着中国共产党开始重视理论联系实践，试图通过宪法理论研究为参与当时的宪法修改进行合法斗争提供理论支持。[①]

在这个时期，我们党开始筹划并起草全国性的法律。1946年6月，中央书记处决定由12名委员会组成、以谢觉哉为主任的法律问题研究委员会。[②] 1947年1月，中央责成法律问题研究委员会起草新民主主义宪法草案，供拟召开的解放区人民代表大会筹备会议讨论；2月，法律问题研究委员会决定设立两组，宪法组和法律组；3月，法律问题研究委员会撤离延安向晋西北转移之前，毛泽东同志和刘少奇同志指出宪法草案要注意时代性、阶级性与群众性；4月，法律问题委员会开始起草宪法和研究法律理论；10月，完成了新民主主义宪法草案。根据当时形势变化，毛泽东同志指示，宪法草案要等到全国革命胜利后使用，这项工作暂告一段落。1948年12月，法律问题研究委员会改组为中共中央法律委员会，职责是在书记处的领导下，协助中央研究与处理有关全国性立法和司法问题。在立法方面，遵照中央指示草拟有关全国性的法律大纲或条文，协助中央书记处审查各地送来的法律草案。

---

① 参见翟国强《中国共产党的宪法观念史：超越事实论的变迁》，《法学评论》2016年第1期。

② 参见王定国《毛泽东与谢觉哉》，《人民论坛》1994年第2期。

二　新中国成立后的体制演变

新中国成立后，我们党进一步加强了对政府工作、中央对地方工作的集中统一领导，对实现党和国家在过渡时期的总任务，顺利完成第一个五年计划的重点建设和其他各方面的工作任务，起到重要保证作用。由此，也基本上形成了党在国家生活中的一元化领导格局。

在中央及各级党委原有的组织部、宣传部、统战部、农村工作部的基础上，逐步增设工交、财贸、文教、政法等新的工作部门。经党的第七届中央委员会决定，设立了中共中央法制委员会，陈绍禹、谢觉哉先后担任主任。1958年6月，中共中央发布《关于成立财经、政法、外事、科学、文教小组的通知》，决定成立中央政法小组，这是党在政法领域的综合研究和指导协调机构。随着"文化大革命"的开始，该小组被撤销。

1980年1月，党中央决定设立中央政法委员会，取代此前的中央政法小组，使其正式成为党中央的工作部门。当年3月决定，由彭真同志担任重新设立的中央政法委员会书记。1982年，党中央发布《中共中央关于加强政法工作的指示》，将政法委规定为党委的一个工作部门，主要负责联系、指导政法各部门的工作。1988年5月，决定撤销中央政法委员会，成立中央政法领导小组。1990年3月，中共中央又决定恢复设立中央政法委员会。1991年2月，中共中央成立中央社会治安综合治理委员会，下设办公室，与中央政法委员会合署办公。

中央政法委的主要职责是：根据中共中央的路线、方针、政策和部署，统一全国政法机关的思想和行动；协助党中央研究制定政法工作的方针、政策，对一定时期内的政法工作作出全局性部署，并督促贯彻落实；组织协调指导维护社会稳定的工作；支持和监督政法各部门依照法律行使职权，指导和协调政法各部门依法互相制约、密切配合；督促、推动大要案的查处工作，研究和协调有争议的重大、疑难案件；组织推动社会治安综合治理工作；组织推动政法战线的调查研究工作，推动政法工作改革；研究、指导政法队伍建设和政法各部门领导班子建设，协助党中央和中共中央组织部考察、管理中央和地方政法机关的有关领导干部；协助纪检、监察部门查处政法机关领导干部违法犯罪的案件；指导地方政法委员会的工作；完成中共中央交办的其他任务。在维护社会稳定方面的主要职责是，政法委统筹协调政法机关等部门处理影响社会稳定的重大事项，协调应对和处置重大突发事件，了解掌握和分析研判影响社会稳定的情况动态，预防、化解影响稳定的社会矛盾和风险等。

三　中央全面依法治国委员会的成立

2018 年 3 月，中共中央印发《深化党和国家机构改革方案》，将中央社会治安综合治理委员会及其办公室，有关职责交由中央政法委员会承担；决定不再设立中央维护稳定工作领导小组及其办公室，有关职责交由中央政法委员会承担；将中央防范和处理邪教问题领导小组及其办公室职责划归中央政法委员会、公安部。成立中央全面依法治国委员会，是党领导法治建设的标志性事件，有利于加强党对全面依法治国的集中统一领导，促进法治中国建设迈入系统推进的新阶段；有利于统筹推进全面依法治国工作，协调各方力量资源解决当前立法、执法、司法、守法等方面存在的薄弱环节；有利于更好发挥全面依法治国在"四个全面"战略布局中基础性、保障性作用，发挥党统揽全局、协调各方的领导核心作用。

全面依法治国委员会的职责，是统筹协调全面依法治国工作，坚持依法治国、依法执政、依法行政共同推进，坚持法治国家、法治政府、法治社会一体建设，研究全面依法治国重大事项、重大问题，统筹推进科学立法、严格执法、公正司法、全民守法，协调推进中国特色社会主义法治体系和社会主义法治国家建设等。

中央全面依法治国委员会办公室设在司法部。目前，全面依法治国工作 98 项任务，分解至立法、执法、司法、守法普法 4 个协调小组和中央全面依法治国委员会办公室。

1. 立法协调小组，承担工作任务 29 项。重点研究科学立法、民主立法、依法立法方面的重大问题，加强深化"三大攻坚战"、落实总体国家安全观、加强知识产权保护、全面深化改革等重点领域立法，推动完善中国特色社会主义法律体系。

2. 执法协调小组，承担工作任务 14 项。重点研究法治政府建设的重大问题，推进"放管服"改革，深化行政执法体制、行政复议体制改革，全面推行行政执法公示制度、执法全过程记录制度、重大执法决定法制审核制度，加强对食品药品、安全生产、环境保护、社会治安等重点领域执法工作，完善法律顾问和公职律师、公司律师制度，提高严格规范公正文明执法水平。

3. 司法协调小组，承担工作任务 15 项。重点研究制定关于政法领域全面深化改革的政策文件，深入研究司法体制综合配套改革方案，加快构建权责一致的司法权运行新机制。深化民事诉讼制度改革，加快构建立体化、多元化、精细化的诉讼程序体系，推进案件繁简分流，提高办案质量和效率。

4. 守法普法协调小组，承担工作任务 12 项。重点研究开展好宪法宣传教育，推广"枫桥经验"，创新人民调解，严格"谁执法谁普法"普法责任制，推进多层次多领域依法治理，加快建设公共法律服务体系，推进法治社会建设。加强法治工作队伍建设和法治人才培养，为全面依法治国提供人才支撑。

5. 中央全面依法治国委员会办公室，承担工作任务 28 项。重点研究法治中国建设重大问题，制定督察工作规则，开展宪法学习宣传实施、法治政府建设督察等。

四　党领导地方依法治理的体制演变

伴随着依法治国方略的深入实施，地方法治建设上了快车道，突出特点是地方党委政府开始关注从宏观和战略层面来考虑本地方的法治建设问题。1998 年前后，纷纷成立依法治省领导小组，形成了依法治省领导小组办公室设在司法厅局的"依法治省河南模式"和办公室设在人大常委会的"依法治省广东模式"，有力地领导和推动了全国依法治省的工作。

依法治国的根基在基层。党的十八大以来，在全面推进依法治国历史新起点上，各个地方进一步加强了党委对法治建设的领导，在法治中国概念的统领下，各地快速确立了建设"法治浙江""法治广东""法治江苏""法治山东""法治河南""法治四川""法治宁夏""法治甘肃"等落实全面依法治国基本方略、推进地方法治发展的新理念新方略，成立了由省（自治区、直辖市）委政法委代表省（自治区、直辖市）委统筹领导全省（自治区、直辖市）法治建设的领导格局，一些省份的普法依法治理领导小组与"法治××"建设领导小组合二为一，办公室合二为一，进一步整合了法治建设的资源和力量，从地方法治建设的领导体制和法治资源整合上扭转了过去存在的"小马拉大车"的被动局面，强有力地领导和促进了地方法治建设和依法治理工作。

在地方各级党委的坚强领导和有力推动下，地方法治建设在地方立法、地方政府法治建设以及地方司法体制改革等领域都取得了巨大成就。各省（自治区、直辖市）结合本地区的实际情况，相继出台了一系列推进地方法治的决定和举措。例如，2015 年 2 月，广东省委审议通过了《中共广东省委贯彻落实〈中共中央关于全面推进依法治国若干重大问题的决定〉的意见》，对全面推进依法治省、加快建设法治广东作出专门部署。

在中央设立全面依法治国委员会的背景下，各地方也设立了"全面依法治省（自治区、直辖市）委员会"，进一步加强了地方党委（省委、区委、市委）对省级地方法治建设和依法治省（自治区、直辖市）的集中统一领导。

第二节　党领导法治建设的基本方式

中国共产党是中国特色社会主义事业的领导核心，处在总揽全局、协调各方的地位。法是党的主张和人民意愿的统一体现，党领导人民制定宪法法律，党领导人民实施宪法法律，党自身必须在宪法法律范围内活动，这就是党的领导力量和领导方式的集中体现。

一　关于党的领导与法治关系的理论认识不断深化

党和法、党的领导和依法治国是高度统一的。回顾新中国法治建设史，我们党对党和法、党的领导和依法治国的关系认识经历了不断深化的过程。

新民主主义革命时期，中国共产党作为以夺取国家政权为使命的革命党，主要靠政策、命令、决定、决议等来组织和领导革命。党领导人民夺取政权的过程，就是突破旧法律、废除旧法统的过程。工人阶级革命是不承认国民党政权的宪法和法律的，"如果要讲法，就不能革命，就是维护三大敌人的统治秩序。那时候对反动阶级就是要'无法无天'，在人民内部主要讲政策"。[①] 我们党"依靠政策，把三座大山推翻了。那时，只能靠政策"，[②] 革命法律只是党领导群众运动和开展武装斗争的辅助方式。

1949年党领导人民建立了全国性政权，翻开了历史新篇章。《共同纲领》和1954年宪法的制定，一批重要法律法令的颁布，奠定了新中国政权建设的法制基础。"建国后我们党作为执政党，领导方式与战争年代不同，不仅要靠党的政策，而且要依靠法制。凡是

---

① 《彭真文选》，人民出版社1991年版，第491页。
② 《彭真传》第4卷，中央文献出版社2012年版，第1570页。

关系国家和人民的大事，党要做出决定，还要形成国家的法律，党的领导与依法办事是一致的。"①

然而，1957 年下半年"反右派"斗争开始，国家政治、经济、社会生活开始出现不正常情况。到了"文化大革命"时期，以阶级斗争为纲，"大民主"的群众运动成为主要治国方式，地方人大和政府被"革命委员会"所取代，公、检、法三大机关被砸烂，社会主义宪法和法制受到严重破坏。

改革开放以来，党在领导人民加强法治建设、推进依法治国的实践中，始终高度重视正确认识和把握"党与法的关系"这个社会主义法治建设的核心问题。邓小平同志在《解放思想，实事求是，团结一致向前看》中指出："必须使民主制度化、法律化。"针对某些权大于法、以言代法的人治现象，他明确地指出："领导人说的话就叫法，不赞成领导人说的话就叫违法，这种状况不能继续下去了。"②

1979 年 7 月，彭真同志对"党大还是法大"的问题作出了十分明确的回答。他说："有的同志提出，是法大，还是哪一位首长、哪一级地方党委大？我看，法大。""不管你是什么人，都要服从法律。在法律面前不承认任何人有任何特权。服从法律，就是服从党中央的领导和国家最高权力机关的决定，也就是服从全国人民。"③ 1984 年 3 月，彭真同志又进一步阐释了"党与法"的关系。他说："党的领导与依法办事是一致的、统一的。党领导人民制定宪法和法律，党也领导人民遵守、执行宪法和法律。党章明确规定，党的组织和党员要在宪法和法律的范围内活动。这句话是经过痛苦的十年内乱，才写出来的。""党的活动不在法律范围内，行吗？不行！决不行！

---

① 《江泽民论有中国特色社会主义（专题摘编）》，中央文献出版社 2002 年版，第 307—308 页。

② 《邓小平思想年谱》，中央文献出版社 1998 年版，第 84 页。

③ 彭真：《论新中国的政法工作》，中央文献出版社 1992 年版，第 176—177 页。

这是十年内乱已经证明了的。党章、宪法对此有明确的规定。"① 江泽民同志担任总书记期间，多次就"党与法"的关系发表重要观点。1989 年 9 月 26 日在回答《纽约时报》记者提问时，他说："我们绝不能以党代政，也绝不能以党代法。这也是新闻界常讲的究竟是人治还是法治的问题，我想我们一定要遵循法治的方针。"1998 年，江泽民同志在学习邓小平理论工作会议上强调指出：推进社会主义民主政治建设，必须处理好党的领导、发扬民主、依法办事的关系。党的领导是关键，发扬民主是基础，依法办事是保证，绝不能把三者割裂开来、对立起来。坚持中国共产党的领导同依法治国是完全一致的。中国共产党的主张，国家的法律，都是代表和体现人民的意愿与利益的。中国共产党领导人民通过国家权力机关制定宪法和各项法律，把党的主张变为国家意志，党在宪法和法律范围内活动，各级政府依法行政，这样就把党的领导同依法治国统一起来了。

胡锦涛同志担任总书记期间明确指出：发展社会主义民主政治，最根本的是要把坚持中国共产党的领导、人民当家作主和依法治国有机统一起来。正确认识和处理好这三者之间的关系，才能把全党和全国各族人民的意志和力量进一步凝聚起来。

党的十八大以来，在全面推进依法治国、加快建设社会主义法治国家新的历史起点上，习近平总书记更加重视从党和国家工作战略大局上把握党与法的关系。2014 年 1 月，在中央政法工作会议的重要讲话中，习近平总书记要求政法机关和政法工作"要坚持党的事业至上、人民利益至上、宪法法律至上，正确处理党的政策和国家法律的关系。因为，中国共产党的政策和国家法律都是人民根本意志的反映，在本质上是一致的。党既领导人民制定宪法法律，也领导人民执行宪法法律"。2014 年 10 月，在关于党的十八届四中全会《决定》的说明中，习近平总书记又进一步深刻指出，党和法治

---

① 彭真：《论新时期的社会主义民主与法制建设》，中央文献出版社 1989 年版，第 220、221 页。

的关系是法治建设的核心问题。把坚持中国共产党的领导、人民当家作主、依法治国有机统一起来是中国社会主义法治建设的一条基本经验。全面推进依法治国这件大事能不能办好，最关键的是方向是不是正确、政治保证是不是坚强有力，具体讲就是要坚持党的领导，坚持中国特色社会主义制度，贯彻中国特色社会主义法治理论。

　　"法治当中有政治，没有脱离政治的法治……每一种法治形态背后都有一套政治理论，每一种法治模式当中都有一种政治逻辑，每一条法治道路底下都有一种政治立场。"① 党的领导和社会主义法治是一致的，是高度统一的。习近平总书记明确指出：社会主义法治必须坚持党的领导，党的领导必须依靠社会主义法治，而"党大还是法大"是一个政治陷阱，是一个伪命题。因为不论我们怎么回答"党大还是法大"的问题，都会陷入两难困境。我们回答说"党大"，人家就会攻击说你们主张"把党凌驾于法之上、以党代法、以党治国"；我们如果回答说"法大"，人家又会说既然如此，那还要党的领导干什么？② 从理论逻辑上说"党大还是法大"的确是一个伪命题，但从人民群众观察和感受到的法治建设还存在种种弊端和不足的角度看，从人民群众热切期待实现良法善治的角度看，"党大还是法大"以及"党与法"关系的问题，又不仅仅是一个理论认识问题，更是一个实践问题。习近平总书记进一步指出："我们说不存在'党大还是法大'的问题，是把党作为一个执政整体而言的，是指党的执政地位和领导地位而言的，具体到每个党政组织、每个领导干部，就必须服从和遵守宪法法律，就不能以党自居，就不能把党的领导作为个人以言代法、以权压法、徇私枉法的挡箭牌。"③ 换

---

　　①　中共中央文献研究室编：《习近平关于全面依法治国论述摘编》，中央文献出版社 2015 年版，第 34 页。

　　②　参见李志昌《"党大还是法大"暗藏思维陷阱》，《中国社会科学报》2015 年第 725 期。

　　③　中共中央文献研究室编：《习近平关于全面依法治国论述摘编》，中央文献出版社 2015 年版，第 37 页。

言之，如果我们不能在法治建设实践中切实解决一些地方和部门、某些领导干部中依然存在的权大于法、以权压法、以言废法、有法不依、执法不严、违法不究、司法不公、贪赃枉法等问题，不能有效解决关乎人民群众切身利益的执法司法问题，那么，这些地方、部门和个人违反法治的言行就会被归责于国家政治体制、共产党的领导和社会主义法治，"党大还是法大"的问题就很难从现实生活中淡出。因此，在从理论上回答了"党大还是法大"问题的前提下，还要在制度和实践中下大力解决好依法治权、依法治官、切实把权力关进法律和制度笼子里等重大问题。

二　新时代党的领导是全面领导

坚持党对包括法治建设在内的一切工作的领导是由我们党的性质决定的。中国共产党是中国工人阶级的先锋队，同时是中国人民和中华民族的先锋队，是中国特色社会主义事业的坚强领导核心。我们党始终高举马克思主义伟大旗帜，把实现社会主义、共产主义作为奋斗目标，历经革命、建设和改革的锤炼，已经锻造为成熟的马克思主义政党。正是有了这一先进成熟政党的领导，才形成了中国特色社会主义法治道路、法治理论、法治体系、法治文化。如果弱化党的领导，甚至放弃党的领导，党的执政地位就会丢失，中国特色社会主义法治道路性质就会改变，中国人民接续奋斗取得的法治建设成就也会毁于一旦。要从根本上保证中国特色社会主义法治不变色、不变质，必须毫不动摇地坚持党的领导。

坚持党对一切工作的领导是历史和人民的选择。"在中国这样的大国，要把几亿人口的思想和力量统一起来建设社会主义，没有一个由具有高度觉悟性、纪律性和自我牺牲精神的党员组成的能够真正代表和团结人民群众的党，没有这样一个党的统一领导，是不可能设想的，那就只会四分五裂，一事无成。"中国共产党一经成立就义无反顾肩负起带领人民谋求民族独立、人民解放和实现国家富强、人民幸福的历史重任。在革命、建设、改革的历史进程中，正是人民选择了中国共产党，中国彻底结束了半殖民地半封建社会的历史，废除国民党旧法统，建立了新中国，制定了新宪法，开辟了中国特色社会主义法治道路，取得了社会主义法治建设的伟大成就。历史深重的轨迹清晰表明，没有共产党，就没有新中国；没有共产党，就没有新中国法治建设。这是中国人民从长期奋斗中得出的最基本的结论。

党的全面领导是具体的，不是空洞的、抽象的，必须体现到治国理政的方方面面。坚持党总揽全局、协调各方的领导核心地位，是我国社会主义政治制度优越性的一个突出特点。习近平总书记对这个问题讲得非常鲜明、生动、具体，他强调：这就像是"众星捧月"，这个"月"就是中国共产党。中央委员会、中央政治局、中央政治局常委会，这是党的领导决策核心。党中央作出的决策部署，党的各个部门要贯彻落实，人大、政府、政协、监察委、法院、检察院的党组织要贯彻落实，事业单位、人民团体等的党组织也要贯彻落实。在国家治理体系的大棋局中，党中央是坐镇中军帐的"帅"，车马炮各展其长，一盘棋大局分明，治国理政才有方向、有章法、有力量。

健全党中央实行全面领导的体制机制。坚持党的全面领导，确保党的领导核心地位，首先要坚持党中央的集中统一领导。党中央对党和国家工作的全方位领导，涵盖了改革发展稳定、内政外交国防、治党治国治军的各个方面、各个领域，体现在统筹推进"五位一体"总体布局、协调推进"四个全面"战略布局全过程。要建立健全党对重大工作的领导体制机制，在中央政治局及其常委会领导下，优化党中央决策议事协调机构，负责重大工作的顶层设计、总体布局、统筹协调、整体推进。其他方面的议事协调机构要同党中央议事协调机构的设立调整相衔接，保证令行禁止和工作高效。要强化党的组织在同级组织中的领导地位，在国家机关、事业单位、群团组织、社会组织、企业和其他组织中设立的党委（党组），接受批准其成立的党委统一领导，定期汇报工作，确保党的方针政策和决策部署在同级组织中得到贯彻落实，加快在新型经济组织和社会组织中建立健全党的组织机构，做到党的工作进展到哪里，党的组织就覆盖到哪里。

严格执行向党中央请示报告制度。请示报告制度是我们党的一项重要制度，从制度上保证了党中央的权威和集中统一领导。根据《中国共产党章程》《关于新形势下党内政治生活的若干准则》《中国共产党党内监督条例》《中国共产党地方委员会工作条例》《中国共产党党组工作条例（试行）》《中国共产党工作机关条例（试行）》《中共中央政治局关于加强和维护党中央集中统一领导的若干规定》等制度规定，中央政治局全体同志每年向党中央和总书记书面述职；中央书记处和中央纪律检查委员会，全国人大常委会党组、国务院党组、全国政协党组、最高人民法院党组、最高人民检察院党组每年向中央政治局常委会、中央政治局报告工作；各地区各部门党委（党组）加强向党中央报告工作。在法治建设领域，研究涉及全局的重大事项或作出重大决定要及时向党中央请示报告，执行党中央重要决定的情况要专题报告。遇有突发性重大问题和工作中重大问题要及时向党中央请示报告，情况紧急必须临机处置的，要尽职尽力做好工作，并迅速报告。

三　加强党对全面依法治国的领导

全面依法治国这件大事能不能办好，最关键的是方向是不是正确、政治保证是不是坚强有力。党的领导是社会主义法治最根本的保证。我国是中国共产党执政并长期执政，坚持依法治国、依宪执政，首先就要坚持宪法确定的中国共产党领导地位不动摇。任何人以任何借口否定中国共产党领导和社会主义制度，都是错误的、有害的，都是绝对不能接受的，也是从根本上违反宪法的。全面依法治国绝不是要削弱党的领导，而是要加强和改善党的领导，不断提高党领导依法治国的能力和水平，巩固党的执政地位。

当前，我国正处于实现"两个一百年"奋斗目标的历史交汇期，坚持和发展中国特色社会主义更加需要依靠法治，更加需要加强党对全面依法治国的领导。推进党的领导制度化、法治化，既是加强党的领导的应有之义，也是法治建设的重要任务。必须坚持实现党领导立法、保证执法、支持司法、带头守法，健全党领导全面依法治国的制度和工作机制，通过法定程序使党的主张成为国家意志、形成法律，通过法律保障党的政策有效实施，确保全面依法治国正确方向。强化党对社会主义法治建设的领导体系，就是要坚持"中国共产党领导是中国特色社会主义最本质的特征"这一宪法原则，从政治、思想和组织上健全党领导全面依法治国的制度体系和工作机制，切实把党的领导贯彻到全面依法治国全过程和各方面。

（一）加强党对全面依法治国的政治领导

从政治上加强党对全面依法治国的领导，主要体现在以下方面：一是保证全面依法治国的正确方向，坚定不移坚持中国特色社会主义法治道路。道路决定方向，决定命运。全面推进依法治国，必须走对路。如果路走错了，南辕北辙了，那再提什么要求和举措也都没有意义了……具体讲我国法治建设的成就，大大小小可以列举出十几条、几十条，但归结起来就是开辟了中国特色社会主义法治道路这一条。[①] 二是作出全面依法治国的战略决策。全面推进依法治国是关系我们党执政兴国、关系人民幸福安康、关系党和国家长治久安的重大战略问题。全面推进依法治国涉及改革发展稳定、治党治国治军、内政外交国防等各个领域，必须立足全局和长远来统筹谋划。习近平总书记对全面依法治国提出一系列新理念新思想新举措新战略，党的十八大和十八届四中全会、党的十九大和十九届二中全会，对依法治国作出顶层设计、对法治建设作出一整套战略部署，党中央把全面依法治国纳入"四个全面"战略布局等，都是党对全面依法治国实施政治领导的集中体现。三是明确全面依法治国的指导思想、基本原则、根本目标和基本任务。例如，习近平总书记指出，决定直面我国法治建设领域的突出问题，立足我国社会主义法

[①]　习近平：《加快建设社会主义法治国家》，《求是》2015 年第 1 期。

治建设实际……旗帜鲜明提出坚持走中国特色社会主义法治道路、建设中国特色社会主义法治体系、建设社会主义法治国家，阐述全面推进依法治国的重大意义、指导思想、总目标、基本原则……等重大问题。四是制定一系列方针政策和法治改革的措施决定。五是加强监督和政治保障，尤其是推进全面从严治党，把依法治国与依规治党紧密结合起来，严格党的政治纪律、政治规矩，坚决防止党的各级组织和领导干部以言代法、以权压法、徇私枉法，从而为全面依法治国提供坚实基础，为建设社会主义现代化法治强国提供根本保证。

（二）加强党对全面依法治国的思想领导

从思想上加强党对全面依法治国的领导，必须坚定不移坚持以习近平新时代中国特色社会主义思想作为指导思想，坚持习近平总书记全面依法治国新理念新思想新战略作为法治建设的科学指南和根本遵循，贯彻中国特色社会主义法治理论，弘扬社会主义核心价值观和法治文化，切实从思想理论上解决好全面依法治国为什么必须坚持党的领导和怎样坚持党的领导等根本问题。

把党的领导贯彻到依法治国全过程和各方面，是我国社会主义法治建设的一条基本经验。我国宪法确立了中国共产党的领导地位，应当按照党的十八届四中全会提出的"三统一"和"四善于"，加强党对全面依法治国的集中统一领导。

坚持党的领导，不是一句空的口号，必须具体体现在党领导立法、保证执法、支持司法、带头守法上。这是党坚持依法执政的"十六字方针"，也是党对法治建设实施领导的基本要求。贯彻依法执政的"十六字方针"，必须加强党对法治工作的全面领导，即党不仅要领导立法，也要领导执法、司法和守法普法工作；党不仅要支持执法，也要支持立法、司法和守法普法工作；党不仅要保证，也要保证立法、执法和守法普法工作。党对法治工作的领导、支持、保证和自己以身作则，这四个方面相互关联、相互作用、不可或缺，是一个有机整体，不能机械地片面地理解依法执政的"十六字方针"。应当从体制机制上统筹处理好以下四个关系：（1）党领导立法与立法机关科学立法的关系；（2）党保证执法与行政机关严格执法的关系；（3）党支持司法与司法机关公正司法的关系；（4）党带头守法与公民自觉守法的关系。这是加强党对法治工作基本格局的把握和领导，有效贯彻依法执政"十六字方针"的重要前提和基本要求。

党对法治建设的领导，应当是全面领导、统一领导、集中领导和战略领导，而不是以党代政、以党代法、以权压法；党的领导主要是政治领导、思想领导、组织领导和制度保障，是路线方针政策领导和思想理论引领，而不是事无巨细、事必躬亲、越俎代庖；党对法治工作的领导，主要是对全面依法治国的顶层设计、总体布局、统筹协调、整体推进、督促落实，而不是直接立法、亲自执法、取代司法。

（三）加强党对全面依法治国的组织领导

全面推进依法治国是一个系统工程，是国家治理领域一场广泛而深刻的革命，必须加强党对法治工作的组织领导。各级党委要健全党领导依法治国的制度和工作机制，履行对本地区本部门法治工作的领导责任，找准工作着力点，抓紧制定贯彻落实全会精神的具体意见和实施方案。党委要定期听取政法机关工作汇报，做促进公正司法、维护法律权威的表率。党政主要负责人要履行推进法治建设第一责任人职责。各级人大、政府、政协、审判机关、检察机关的党组织要领导和监督本单位模范遵守宪法法律，坚决查处执法犯法、违法用权等行为。要把全面推进依法治国的工作重点放在基层，发挥基层党组织在全面推进依法治国中的战斗堡垒作用，加强基层法治机构和法治队伍建设，教育引导基层广大党员、干部增强法治观念、提高依法办事能力，努力把全会提出的各项工作和举措落实到基层。

当前，推进全面依法治国到了攻坚克难的关键期，要充分发挥中央全面依法治国委员会的重要作用，加强党对全面依法治国的集中统一领导。应当像抓全面从严治党那样，进一步加大建设法治中国的力度，充分发挥委员会从顶层设计、总体布局、统筹协调、整体推进、督促落实等方面推进全面依法治国的重要作用，切实履行委员会坚持依法治国、依法执政、依法行政共同推进，法治国家、法治政府、法治社会一体建设，协调推进中国特色社会主义法治体系和社会主义法治国家建设等各项职责。

（四）健全党领导法治建设的体制和制度

一要合理划分党领导法治建设各相关机构之间的权限，理顺中央全面依法治国委员会与党领导法治建设的其他机构之间的关系，加强和改进党对法治建设的集中统一领导，把党的领导贯彻到全面依法治国全过程和各方面。适应新情况新问题，研究制定促进司法部更好履行中央全面依法治国委员会办公室职责的制度机制。二要建立健全党领导立法、保证执法、支持司法的工作制度，进一步明确党委与人大、政府、司法机关之间的权责关系，条件成熟时将其上升为党内法规或国家法律，不断推进党的领导制度化、法治化。党不能直接以党组织的名义向全体公民发号施令，党关于国家事务的重要主张，应通过法定程序转化为法律。加强各层面沟通协调，探索建立党中央在全国人大及其常委会中行使权力的领导体制，把握国家的政治方向、重大决策、方针政策，逐步改变党委过度依赖文件治国的模式。明确规定党委通过政法委领导政法工作，地方党委一名副书记、常委兼任政法委书记，领导政法委工作，法院、检察院党组接受政法委领导，法院、检察院及其工作人员不得接受地方党委、政府主要领导和分管副职的任何指令。

2019 年年初，中共中央印发《中国共产党政法工作条例》（以下简称《条例》），明确了党领导政法工作系列重大问题，主要包括：一是明确了制定《条例》目的是坚持和加强党对政法工作的领导、做好新时代党的政法工作，依据是党章、宪法和有关法律，阐明了政法工作的性质、指导思想、主要任务和原则等重大问题；二是明确了政法工作的领导主体及职责，规定了党中央对政法工作实施绝对领导等重大职权，以及地方党委、党委政法委员会、政法单位党组（党委）的主体责任等；三是明确了党领导政法工作的运行机制，规定了政法工作重大事项请示报告、决策和执行、监督和责任等制度。政法机关作为人民民主专政的国家政权机关，必须坚持和加强党的领导。《条例》将"坚持党的绝对领导"作为政法工作的最高原则，用专章规定了党中央对政法工作实施绝对领导，明确了党中央决定政法工作大政方针，决策部署事关政法工作全局和长远发展的重大举措，管理政法工作中央事权和由中央负责的重大事项。同时，《条例》明确了中央政法委员会、中央政法单位党组（党委）在党中央领导下履行职责、开展工作，对党中央负责，受党中央监督，向党中央和总书记请示报告工作，并对请示报告事项作了规定。此外，《条例》在地方党委、党委政法委员会、政法单位党组（党委）职责任务中也作了相应规定。《条例》是提高党领导政法工作法治化、制度化水平的内在要求，是坚持和发展中国特色社会主义制度、推进国家治理体系和治理能力现代化的题中应有之义，为党领导政法工作提供基本遵循，具有重大而深远的意义。

第三节　党领导法治建设的重大实践

回顾新中国成立 70 年来的发展历程，社会主义法治建设也曾历经坎坷，但我们党对法治的追求矢志不渝。全面推进依法治国是关系我们党执政兴国、关系人民幸福安康、关系党和国家长治久安的重大战略问题，是新时代坚持和发展中国特色社会主义制度、推进国家治理体系和治理能力现代化的重要方面，是国家治理领域一场广泛而深刻的革命。在统筹推进伟大斗争、伟大工程、伟大事业、伟大梦想，全面建设社会主义现代化国家的新征程中，要善于运用制度和法律治理国家，不断提高党科学执政、民主执政、依法执政水平，更好发挥法治固根本、稳预期、利长远的保障作用。

一　党领导宪法制定与修改

　　长期以来，党在领导人民夺取政权和巩固人民民主专政的斗争过程中，始终关注着宪法的重要意义，重视发挥宪法的积极作用。早在红色政权建立之时起，党就领导人民制定了诸如《中华苏维埃共和国宪法大纲》《陕甘宁边区宪法原则》等文件。1949 年新中国成立，在中国共产党领导下，迅即制定了起临时宪法作用的《共同纲领》。1952 年年底，在中国共产党的倡议下，中央人民政府委员会第 20 次会议通过了关于召开人民代表大会和制定宪法的决议，同时成立了由毛泽东同志担任主席的宪法起草委员会。3 月初，宪法起草小组完成了四读稿，中共中央政治局连续召开三次扩大会议进行讨论修改，并提交全国政协常委会讨论。修改后的四读稿成为宪法草案初稿，由毛泽东同志代表中共中央提交宪法起草委员会。同时，党中央还组织了长达 3 个月的全民讨论，最后才于 1954 年 9 月20 日由第一届全国人大第一次会议通过。在关于宪法草案的报告中，刘少奇同志代表中共中央宣告："中国共产党是我们国家的领导核心。党的这种地位，决不应当使党员在国家生活中享有任何特殊的权利，只是使他们必须担负更大的责任。中国共产党的党员必须在遵守宪法和一切其他法律中起模范作用。"

　　修宪是最重大的政治调整行为，必须坚持党的领导，把握正确政治方向。我国宪法是在党的直接领导下制定的，宪法的历次修改也都由党先提出修宪建议，再由修宪机关根据党的建议完成对宪法的修改。"八二宪法"的修改过程中，在宪法修改委员会对宪法修正稿进行认真讨论，以及广泛听取各界人士意见并进行反复修改的同时，中共中央政治局还讨论过 3 次，中央书记处讨论过 8 次，还进行了历时达 4 个月之久的全民讨论，从而使宪法草案益臻完善。回顾宪法制定和宪法修改的过程，都是由党中央确定修宪总的原则和工作方针，主持、组织听取各方面的意见，并通过思想宣传、发挥党组织和党员的作用，坚持严格依照法律程序办事，保证修宪工作的顺利完成。2018 年新时代的首次修宪，每个环节都体现了党的领导，确保党的修宪主张和人民的修宪意愿高度统一起来，依照修宪程序上升为国家最高意志。

二　党对立法工作的领导

新中国成立初期，中华人民共和国面临着组建和巩固新生政权、恢复和发展国民经济、实现和保障人民当家作主的艰巨任务。根据政权建设的需要，在党的领导下，制定了许多基本法律，开启了新中国立法的历史进程。1956 年，党的八大提出"国家必须根据需要，逐步地系统地制定完备的法律"。此后至 1966 年"文化大革命"前，国家立法机关共制定了一系列的法律法令。这个时期的民主法制建设，为建设中国特色社会主义法律体系提供了宝贵经验。"文化大革命"期间，民主法制建设遭到严重破坏，立法工作几乎陷于停顿。

党的十一届三中全会开启了改革开放和社会主义民主法治建设的历史新时期。这个时期，适应以经济建设为中心、推进改革开放的需要，制定了《民法通则》《全民所有制工业企业法》《中外合作经营企业法》《外资企业法》《专利法》《商标法》《著作权法》《经济合同法》《企业破产法》等法律；贯彻落实"一国两制"方针，制定了《香港特别行政区基本法》《澳门特别行政区基本法》；加强民族团结，发展社会主义民主，维护公民合法权益，制定了《民族区域自治法》《村民委员会组织法》《刑事诉讼法》《民事诉讼法》《行政诉讼法》等法律；保护和改善生活环境与生态环境，制定了《环境保护法》《水污染防治法》《大气污染防治法》等法律；促进教育和文化事业发展，制定了《义务教育法》《文物保护法》等法律。这个时期立法工作取得的突出成就，为中国特色社会主义法律体系的形成奠定了重要基础。

1992 年，党的十四大作出了建立社会主义市场经济体制的重大战略决策，明确提出社会主义市场经济体制的建立和完善必须有完备的法制来规范和保障。立法机关按照中央建立社会主义市场经济体制的要求，加快经济立法，在规范市场主体、维护市场秩序、加强宏观调控、促进对外开放等方面，制定了《公司法》《合伙企业法》《商业银行法》《乡镇企业法》《反不正当竞争法》《消费者权益保护法》《产品质量法》《拍卖法》《担保法》《海商法》《保险法》《票据法》《城市房地产管理法》《广告法》《注册会计师法》《仲裁法》《审计法》《预算法》《中国人民银行法》《对外贸易法》《劳动法》等法律。为完善刑事法律，修订《刑法》，形成了一部统一的、比较完备的《刑法》；修改《刑事诉讼法》，完善了刑事诉讼程序；为规范和监督权力的行使，制定了《行政处罚法》《国家赔偿法》《法官法》《检察官法》《律师法》等法律；为进一步加强对环境和资源的保护，制定了《固体废物污染环境防治法》等法律，修改了《矿产资源法》等法律。

1997 年，党的十五大提出了 21 世纪第一个十年国民经济和社会发展的远景目标，确立了"依法治国，建设社会主义法治国家"的基本方略，明确提出到 2010 年形成中国特色社会主义法律体系。进入 21 世纪，根据党的十六大确定的在 21 世纪头二十年全面建设惠及十几亿人口的更高水平的小康社会这一目标，为了使社会主义民主更加完善，社会主义法治更加完备，立法机关进一步加强立法工作，中国特色社会主义法律体系如期形成，立法质量不断提高。

进入新时代，党对立法工作的领导进一步加强。党的十八届四中全会提出，要"加强党对立法工作的领导，完善党对立法工作中重大问题决策的程序。凡立法涉及重大体制和重大政策调整的，必须报党中央讨论决定"。2016 年，党中央出台了《中共中央关于加强党领导立法工作的意见》（以下简称《意见》），明确要求有立法权的地方党委领导本地立法工作，并对党领导立法的指导思想、基本原则、制度机制、方式方法和组织保障等作出具体规定，推进了党领导立法工作的规范化、制度化。这个《意见》为立法工作如何坚持党的领导提供了重要遵循。各级立法机关认真贯彻落实党中央决定，及时将党的路线方针政策和重大决策部署贯彻落实到立法中，使党的主张通过法定程序成为国家意志，成为全社会一体遵循的行为规范和活动准则。立法机关积极贯彻落实党中央确定的立法工作目标任务，科学研究制订立法规划计划，加强和改进立法工作。全国人大党组坚持健全重大立法项目和立法中的重大问题向党中央请示报告制度，重要法律的起草修改和立法工作中的其他重大事项，都及时向党中央请示报告，并将党中央的指示要求认真贯彻落实到立法工作中，形成了立法工作重大立法项目和重大问题向党中央请示报告的常态化、制度化机制。按照党的十八届四中全会的要求，全国人大及其常委会加强对立法工作的组织协调，牢牢把握立项、起草、审议等关键环节，发挥人大的主导作用。加强综合性、全局性、基础性重要法律案的组织起草工作，建立健全全国人大专门委员会、常委会工作机构组织起草重要法律草案制度。注重发挥全国人民代表大会行使国家立法权的职权，保障人大代表直接参与行使立法权力。

三　党对法治政府建设的领导

依法行政是依法治国的重要环节，法治政府建设是法治中国建设的重要组成部分。依法行政作为依法治国基本方略的重要组成部分，反映了行政机关运作方式的基本特征，本身就是体现党的执政地位和执政作用的重要方面，同样是从全局上、长远上统管各级政府和政府各部门的各项工作的。新中国成立以来，在中央的统筹规范下，法治政府建设稳步推进、成绩斐然。1999年，国务院发布《国务院关于全面推进依法行政的决定》，各级政府及其工作部门加强制度建设，严格行政执法，强化行政执法监督，依法办事的能力和水平不断提高。党的十六大明确提出"加强对执法活动的监督，推进依法行政"。2004年国务院发布《全面推进依法行政实施纲要》，明确提出建设法治政府的奋斗目标和具体任务。2010年国务院发布《关于加强法治政府建设的意见》，对加快建设法治政府的任务和措施提出了明确要求。

党的十八大把基本建成法治政府确定为到2020年全面建成小康社会的重要目标。党的十八届四中全会把深入推进依法行政、加快建设法治政府确定为全面推进依法治国的重大任务，为加快建设法治政府指明了方向，明确了任务。

党的十九大把法治国家、法治政府、法治社会基本建成确立为2035年基本实现社会主义现代化的重要目标，明确提出"建设法治政府，推进依法行政，严格规范公正文明执法"，指明了新时代加快建设法治政府的方向和路径。

2019年5月，中共中央办公厅、国务院办公厅印发《法治政府建设与责任落实督察工作规定》，强调为了加强党对法治政府建设的集中统一领导，必须充分发挥督察工作对法治政府建设与责任落实的督促推动作用，明确地方党政主要负责人履行推进法治建设第一责任人职责，将建设法治政府摆在工作全局的重要位置；地方各级党政领导班子其他成员在其分管工作范围内履行推进法治政府建设职责。督察内容主要包括：一是充分发挥党委在推进本地区法治政府建设中的领导作用，及时研究解决有关重大问题，每年专题听取上一年度本地区法治政府建设情况汇报；二是将法治政府建设纳入本地区经济社会发展总体规划和年度工作计划，与经济社会发展同部署、同推进、同督促、同考核、同奖惩，把法治政府建设成效作为衡量下级党政领导班子及其主要负责人推进法治建设工作实绩的重要内容，纳入政绩考核指标体系；三是自觉运用法治思维和法治方式深化改革、推动发展、化解矛盾、维护稳定，指导本级政府推进法治政府建设工作，支持本级人大、政协、法院、检察院对政府依法行政工作加强监督；四是坚持重视法治素养和法治能力的用人导向，把遵守法律、依法办事情况作为考察干部的重要内容，相同条件下优先提拔使用法治素养好、依法办事能力强的干部，加强法治工作队伍建设；五是建立党委理论学习中心组集体学法制度，每年至少举办两次法治专题讲座，加强对党委工作人员的法治教育培训和法治能力考查测试。

各地区各部门认真组织落实，法治政府建设稳步推进，法治政府的制度体系基本形成。完善行政管理法律法规、提高政府立法质量是建设法治政府的前提。政府立法工作始终坚持围绕党和国家工作大局，适应深化改革和经济社会发展需要，坚持从中国实际出发、切实解决中国的实际问题，将重点放在深化改革开放、繁荣和发展文化事业、保障和改善民生、推进生态文明建设、维护国家安全、规范政府自身建设等领域。截至 2014 年 9 月底，我国已制定现行有效的行政法规 737 件，国务院部门规章 2856 件，地方政府规章 8909件，以规范经济、政治、文化、社会生活、生态环境以及政府自身活动为主要内容的制度体系逐步健全，总体上保证了行政立法、行政执法、行政救济与对行政行为的监督有法可依。

行政体制改革不断深化，推进政府职能转变。在坚持抓好宏观调控和市场监管的同时，更加注重公共服务、社会管理和环境保护，推进行政审批制度改革，促进政府职能转变和管理方式创新；推进相对集中行政处罚和强制权以及综合执法工作，实行行政执法责任制。近五年来，积极取消、下放行政审批事项，彻底终结了非行政许可审批，激发了市场和社会活力；清单管理全面实行，31 个省级政府公布了省市县三级政府部门权力和责任清单；政府法律顾问制度普遍建立，行政决策科学化、民主化、法治化水平进一步提高；行政执法体制改革深入推进，严格规范公正文明执法水平明显提升；法治政府建设考核评价制度正在建立，督促检查力度显著加强。推进依法行政进入"快车道"，法治政府建设展现出前所未有的"加速度"。

四 党对司法工作的领导

新中国成立以后，人民司法制度逐渐建立起来。1958 年，党管司法的制度全面建立。主要内容包括：党中央和县级以上地方各级党委设立政治法律委员会，负责制定司法工作的方针政策，协调公检法机关的关系；司法机关要服从党的方针政策和党对具体案件审判活动及其他方面的指示和监督；重要刑事案件的判决要由同级党委审批。

1979 年 9 月中共中央发出《关于坚决保证刑法、刑事诉讼法切实实施的指示》（中发〔1979〕64 号）。这个文件明确宣布：中央决定取消各级党委审批案件的制度，强调"党对司法工作的领导，最重要的就是切实保证法律的实施"。这说明我们党已经认识到要转变对司法工作的领导方式。

1997 年党的十五大首次提出"推进司法改革，从制度上保证司法机关依法独立公正地行使审判权和检察权，建立冤案、错案责任追究制度"。2002 年党的十六大首提"司法体制改革"，将"司法改革"增加了"体制"二字，把"司法改革"推进到了更深层次。

2003 年中央成立了司法体制改革领导小组，并于 2004 年 12 月制定了《关于司法体制和工作机制改革的初步意见》，确定了 35 项改革任务。这是党中央首次就司法体制改革发布专项文件。改革内容主要包括诉讼制度、诉讼收费制度、检察监督制度、劳教制度、监狱体制、司法鉴定制度、律师制度、司法干部管理体制、司法机关经费保障机制和有关部门、企业管理"公检法"的体制，等等。

2008 年 12 月，中央政法委会同中央和国家机关的 17 个部门和有关地方，提出《关于深化司法体制和工作机制改革若干问题的意见》（以下简称《改革意见》），经党中央批准下发贯彻执行。《改革意见》从优化司法职权配置、落实宽严相济刑事政策、加强政法队伍建设、加强政法经费保障四个方面提出了改革措施，目的就是要从人民群众的司法需求出发，以解决影响司法公正、制约司法能力的突出问题为重点，推进社会主义司法制度的完善和发展，建设公正高效权威的社会主义司法制度，为中国特色社会主义事业提供可靠的司法保障与和谐稳定的社会主义司法制度。

2013 年 12 月 30 日中央全面深化改革领导小组成立以来，截至 2017 年 8 月 1 日，共召开会议 37 次，作出决定、决议、意见等 200 多个，从顶层设计上把重大决策与法治化、制度化、规范化安排统一起来，为从立法、执法、司法等方面具体协调和统一改革与法治，提供了重要的政治前提和法治保障。截至 2017 年 9 月，中央部署由最高人民检察院承担的 29 项改革任务已基本完成或结项；检察改革规划提出的 91 项具体改革举措，82 项已出台改革意见或结项。这些决策、方案和意见，进一步规定了深化司法体制改革的目标、原则以及落实各项改革任务的路线图、时间表，明确了深化司法改革若干重点难点问题的政策导向。中国司法改革由此进入了顶层设计与实践探索相结合、整体推进与重点突破相结合的新阶段。

第四节 党领导法治建设的基本经验

新中国成立 70 年来，党领导人民制定宪法和法律，党领导人民实施宪法和法律，在立法、行政、司法等各个方面全面贯彻党的领导，我国法治建设取得了历史性成就，积累了弥足珍贵的经验。

一 坚持党的领导、人民当家作主、依法治国有机统一

回顾新中国成立以来的社会主义法治建设历程，把坚持党的领导、人民当家作主、依法治国有机统一起来是我国社会主义法治建设的一条基本经验。党的领导与社会主义法治是完全一致、高度统一的。只有在党的领导下依法治国、厉行法治，人民当家作主才能充分实现，国家和社会生活法治化才能有序推进。从一定意义上讲，坚持和改善党的领导，实行社会主义法治，推进依法治国，都是手段、方式、举措和过程，它们的本质都是全心全意为人民服务的，它们都是为了实现国家富强、人民幸福、中华民族伟大复兴的中国梦，为了实现社会主义现代化的宏伟目标。党与法、党的领导与社会主义法治，归根结底都是以人民利益为根本利益，以人民意志为崇高意志，以人民幸福为最高追求，以人民满意为最高评价，以人民拥护为政治基础，以人民民主为生命源泉。因此，全面依法治国

与全面从严治党，归根结底是统一在全心全意为人民服务的本质属性和内在要求上。

党的领导是人民当家作主和依法治国的根本保证，人民当家作主是社会主义民主政治的本质特征，依法治国是党领导人民治理国家的基本方式，三者相互联系，彼此作用，相辅相成，有机统一。在观念形态上，三者坚持理论自信，统一于中国化的马克思主义，统一于习近平新时代中国特色社会主义思想；在实践形态上，三者坚持道路自信，统一于新时代中国特色社会主义民主政治建设的实践之中，统一于建设社会主义现代化法治强国、实现中华民族伟大复兴的全过程；在制度形态上，三者坚持制度自信，统一于宪法确立的国家制度体系，统一于人民代表大会制度的根本制度安排和根本制度载体。

任何把党的领导、人民当家作主、依法治国割裂开来、对立起来或者相互取代的主张和做法，都不符合社会主义民主政治的根本性质、核心理念和实践要求。尤其需要强调的是，在我国政治生活中，党是领导一切的，坚持党的领导、人民当家作主、依法治国有机统一，最根本的是坚持党的领导。坚持党的领导，就是要支持人民当家作主，实施好依法治国这个党领导人民治理国家的基本方略。党的领导与社会主义法治是一致的，只有坚持党的领导，人民当家作主才能充分实现，国家和社会生活制度化、法治化才能有序推进。我们不能把坚持党的领导同人民当家作主、依法治国对立起来，更不能用人民当家作主、依法治国来动摇和否定党的领导。那样做在思想上是错误的，在政治上是十分危险的。

二　坚持依法执政

坚持依法执政是我们党总结正反两方面的经验和教训作出的正确选择。早在 1980 年，邓小平同志就指出："全党同志和全体干部都要按照宪法、法律、法令办事，学会使用法律武器……同反党反社会主义的势力和各种刑事犯罪分子进行斗争。"① 在我国，中国共产党是执政党，代表着人民的利益和意志，法律则是人民利益和意志的集中体现，因而坚持党的领导与严格依法办事是统一的、一致的。党领导人民制定了宪法和法律，党也带头并领导人民遵守、执行宪法和法律。党的十二大通过的《党章》明确规定："党必须在宪法和法律的范围内活动。""这句话是经过痛苦的十年内乱，才写出来的。"② 我们必须高度重视和坚决贯彻落实这一原则。党只有在宪法和法律范围内活动，才能更好地坚持社会主义的民主制度，组织和支持广大人民当家作主。在民主与法治建设中贯彻这一原则，对于加强和改善党的领导，对于坚持党的性质和宗旨，也有极其重要的意义。

依法执政，就是党要紧紧抓住制度建设这个带有根本性、全局性、稳定性、长期性的重要环节，坚持依法治国，领导立法，带头守法，保证执法，不断推进国家经济、政治、文化、社会生活的法治化、规范化，从制度上、法律上保证党的路线方针政策的贯彻实施。依法执政是依法治国的关键，是我们党对新中国成立以来执政理论与执政经验的科学总结，是对我们党执政规律的科学认识，是实现立党为公、执政为民宗旨和坚持党的领导、人民当家作主、依法治国有机统一的必然要求。

在新时代，我们党既要坚持依法治国、依法执政，自觉在宪法法律范围内活动，又要发挥好各级党组织和广大党员、干部在依法治国中的政治核心作用和先锋模范作用。依法执政是依法治国的关键。必须坚持党领导立法、保证执法、支持司法、带头守法，把依法治国基本方略同依法执政基本方式统一起来，把党的领导与社会

---

① 邓小平：《贯彻调整方针，保证安定团结》，《邓小平文选》第 2 卷，人民出版社 1994 年版，第 330—331 页。

② 彭真：《论新时期的社会主义民主与法制建设》，中央文献出版社 1989 年版，第 221 页。

主义法治建设统一起来，把党的政策与国家法律统一起来。

三   坚持依法治国与依规治党相结合

全面依法治国是党领导人民治国理政的基本方略，法治是党治国理政的基本方式，而没有党的领导就不可能实现全面依法治国，就不可能建成社会主义法治体系和法治国家，就不可能完成党领导人民治国理政的战略任务、实现"两个一百年"的奋斗目标。因此，打铁还需自身硬，治国必先治党，治党务必从严、务必全面。办好中国的事情，关键在党，关键在党要管党、从严治党。要坚持依法治国与依规治党有机统一，坚定不移推进全面从严治党，切实把党建设好、管理好，保持党的先进性和纯洁性，增强党的创造力凝聚力战斗力，提高党的领导水平和执政水平，确保党始终成为中国特色社会主义事业的坚强领导核心。

依规治党，是中国共产党依照党章和其他党内法规管党治党建党的基本方略。改革开放以来，我们党高度重视制度在管党治党建党中的重要作用。江泽民同志指出：切实管好六千多万党员，这是当前党的建设面临的一个很突出的重大问题；① 一个执政党，如果管不住、治理不好领导班子和领导干部，后果不堪设想。② 胡锦涛同志指出：在新的历史条件下提高党的建设科学化水平，必须坚持用制度管权管事管人，健全民主集中制，不断推进党的建设制度化、规范化、程序化。③

党的十八大以来，我们党先后对制度建党、制度治党、依规治

---

①   江泽民：《治国必先治党，治党务必从严——在第七届中央纪委第四次全体会议上的讲话》（2000 年 1 月 14 日），央视网（http://www.cctv.com/special/777/1/51860.html），2019 年 8 月 28 日访问。

②   江泽民：《努力建设高素质的干部队伍》，中共中央文献研究室编《十四大以来重要文献选编（下）》，人民出版社 1999 年版，第 1967 页。

③   胡锦涛：《坚持用制度管权管事管人　健全民主集中制》，2011 年 7 月 1 日，央视网（news.cctv.cn/china/20110701/105883.shtml），2019 年 7 月 27 日访问。

党等重大事项作出部署。党的十八届三中全会提出，要紧紧围绕提高科学执政、民主执政、依法执政水平深化党的建设制度改革；四中全会把形成完善的党内法规体系规定为建设中国特色社会主义法治体系的重要部分和全面推进依法治国总目标的重要内容；五中全会提出，必须坚持依法执政，全面提高党依据宪法法律治国理政、依据党内法规管党治党的能力和水平，把依规治党的重要性提高到了确保"制度治党"的前所未有高度；六中全会开启了全面从严治党、制度治党、依规治党的新征程。按照"形成完善的党内法规体系"的要求，党的十八大以来的五年，共制定、修订了66部中央党内法规，占168部现行有效中央党内法规的四成，出台了一批标志性、关键性、基础性的法规制度，为全面从严治党提供了坚实的制度保障，初步形成了指导思想明确、规范效力清晰、结构相对完整、门类比较齐全的党内法规制度体系。

四　坚持抓住领导干部"关键少数"

70年法治建设的经验表明，领导干部是全面依法治国的重要组织者、推动者和实践者，既可以起到关键推动作用，也可能起到致命破坏作用。必须努力提高党员干部法治思维和依法办事能力，带头遵守和维护宪法法律，自觉在法治轨道上想问题、作决策、办事情，不断提高运用法治思维和法治方式深化改革、推动发展、化解矛盾、维护稳定能力，做尊法学法守法用法的模范，以实际行动带动全社会尊法学法守法用法。

"全面依法治国必须抓住领导干部这个'关键少数'。"① 习近平总书记在省部级主要领导干部学习贯彻党的十八届四中全会精神全面推进依法治国专题研讨班开班式上发表的重要讲话，着眼各级领

---

① 习近平：《在省部级主要领导干部学习贯彻党的十八届四中全会精神全面推进依法治国专题研讨班上的讲话》（2015年2月2日），中共中央文献研究室编《习近平关于全面依法治国论述摘编》，中央文献出版社2015年版，第35—36页。

导干部肩负的重要责任，直指一些领导干部在法治意识和实际工作中存在的突出问题，对各级领导干部在全面推进依法治国进程中发挥引领带动作用提出了明确要求。

全面推进依法治国，必须培育领导干部的法治观念，造就一支具有深厚法治素养的治国理政干部队伍。一要培育法治思维。要引导领导干部清醒地认识到，法治不仅是我们党治国理政的基本方式，也是本地区经济社会发展软环境的核心要素，只有践行法治，才能营造优良营商环境，才能吸引外来投资和项目；认识到法律是底线红线，公民权利是权力边界，正确处理维稳与维护公民权利的关系，自觉把依法办事作为推动经济社会发展的基本功和核心竞争力。领导干部要带头学法，通过学习，知道法律授予什么权力，这些权力的边界在哪里，权力行使的原则、程序是什么，不依法行使权力要承担什么责任，不断提高运用法治思维和法治方式深化改革、推动发展、化解矛盾、维护稳定能力。二要完善干部考核评价机制。要把能不能守法、依法办事作为考察干部的重要内容。按照德才兼备原则和新时期好干部标准全面准确考核评价干部，要突出干部的法治思维和依法办事能力，把尊宪守法作为衡量干部德才素质的重要标准，把法治素养和依法办事能力作为提拔使用干部的重要依据。对党政主要负责人，还要考核其履行推进本地区本部门法治建设第一责任人职责，及时解决本地区本部门法治建设重大问题等情况。三要建立激励约束机制。要优先提拔使用法治素养好、依法办事能力强、法治建设成效显著的干部。对那些特权思想严重、法治观念淡薄的干部要批评教育，念紧箍咒，不得提拔重用。要加强对领导干部依法执政、依法行政的监督检查，健全问责制度，规范问责程序，对失职渎职、违法枉法行为依法追究责任。

第 三 章

新中国宪法 70 年

历史总能给人以深刻启示。回顾我国宪法制度发展历程，我们愈加感到，我国宪法同党和人民进行的艰苦奋斗和创造的辉煌成就紧密相连，同党和人民开辟的前进道路和积累的宝贵经验紧密相连，同中华民族站起来、富起来、强起来的历史命运和美好未来紧密相连。

制定和实施宪法，是近代以来中国人民争取民主、走向共和、实现国家独立和民族复兴的美好愿望和长期追求。1840 年鸦片战争后，中国逐渐沦为半殖民地半封建的社会。为了改变国家和民族的苦难命运，实现中华民族的伟大复兴，中国尝试过君主立宪制、帝制复辟、议会制、多党制、总统制等各种宪制形式，经历了从清末的"十九信条"起，到民国元年的《中华民国临时约法》，到北洋军阀政府的几个宪法和宪法草案，到蒋介石反动政府的《中华民国训政时期约法》，一直到蒋介石的伪宪法。① 各种政治势力及其代表人物借制宪行宪之名，你方唱罢我登场，城头变幻大王旗。但他们都没能找到解决中国问题、实现民族复兴的正确答案和根本出路。1949 年中华人民共和国的成立，标志着中国人民从此站起来了。人

---

① 参见毛泽东《关于中华人民共和国宪法草案》，《毛泽东文集》第 6 卷，人民出版社 1999 年版，第 325—326 页。

民成为新国家、新社会的主人。新中国的成立开启了人民立宪的新纪元，经过 70 年的努力探索，不断创新，逐步确立了中国特色的社会主义宪法道路，走向依宪治国的新征程。

第一节   新中国宪法制度的创制

1949 年 2 月，中共中央发布《关于废除国民党的六法全书与确定解放区的司法原则的指示》，为新中国的立宪工作扫清了道路。但在新中国成立前期，由于人民解放战争仍在继续，土地制度改革在新解放区尚未开始，被战争破坏的国民经济有待恢复，人民群众的组织程度还有待提高，全民选举尚无法实现，召开全国人民代表大会制定宪法的时机还不成熟。1948 年，中国共产党发出"五一号召"，提议"各民主党派、各人民团体、各社会贤达迅速召开政治协商会议，讨论并实现召集人民代表大会，成立民主联合政府"。

一   共同纲领

1949 年，中国共产党邀请各民主党派、人民团体、中国人民解放军、各地区、各民族以及国外华侨等各方面代表组成了中国人民政治协商会议，决定由中国人民政治协商会议全体会议执行全国人民代表大会的职权，制定宪法性文件以规范和统一全国人民的行动，指导当时各项重大任务的完成。1949 年 9 月 29 日，中国人民政治协商会议第一届全体会议正式通过《中国人民政治协商会议共同纲领》（以下简称《共同纲领》）。

《共同纲领》除序言外，分为总纲、政权机关、军事制度、经济政策、文化教育政策、民族政策和外交政策共七章，总计 60 条，主要内容是：规定我国的国家性质为新民主主义国家，即人民民主主义国家，实行工人阶级领导的、以工农联盟为基础的、团结各民主阶级和国内各民族的人民民主专政，反对帝国主义、封建主义和官

僚资本主义，为中国的独立、民主、和平、统一和富强而奋斗。确
认人民代表大会制度为我国的政权组织形式，在普选的全国人民代
表大会召开以前，由中国人民政治协商会议全体会议执行全国人
民代表大会的职权。宣布取消帝国主义在华的一切特权，没收官
僚资本，进行土地改革。规定军事制度以及经济政策、文化教育
政策、民族政策和外交政策的总原则，实行新民主主义的经济和
文化教育政策，实行平等、团结、互助的民族政策和民族区域自
治制度，在外交上坚持独立、自由和领土主权完整，反对侵略等。
规定人民享有广泛的民主权利，如选举权和被选举权、居住和迁
徙自由等。

《共同纲领》是在马克思列宁主义、毛泽东思想指导下，总结
中国人民一百多年来，特别是近20多年来反对帝国主义、封建主
义、官僚资本主义的革命斗争经验，从中国政治、经济、社会的
实际情况出发制定的一部新中国的建国纲领。《共同纲领》包含了
中国共产党的全部最低纲领，即在当前阶段实现新民主主义革命
和建设的任务。同时，又在基本大政方针上同党将来制定社会主
义的纲领相衔接。《共同纲领》经中国人民政治协商会议全体会议
一致通过，成为新中国的建设蓝图。《共同纲领》是一部立足中国
实际、切合人民需要的行动纲领，是具有临时宪法性质的人民大
宪章，它为1954年宪法的制定奠定了基础，在新中国制宪史上具
有重要地位。

二　1954年宪法

新中国成立后，在贯彻执行《共同纲领》的五年内，我国的政
治、经济形势发生了深刻的变化，主要体现为：（1）土地改革在全
国大部分地区已经完成，封建制度基本被消灭；（2）国民经济初步
恢复，对农业、手工业和资本主义工商业的社会主义改造开始实行；
（3）抗美援朝军事行动基本结束，新生的国家政权得到巩固；（4）
通过镇压反革命和"三反""五反"运动，提高了人民的觉悟，加

强了人民民主专政政权。总之，通过《共同纲领》的有效实施，国家政权逐渐得到巩固，社会秩序逐步好转，人民安定团结的局面已经形成，在这种形势下，召开全国人民代表大会制定宪法的条件趋于成熟。同时，制定一部正式的宪法确认中国共产党领导的人民政权的合法性，也是非常有必要的。

1953 年 1 月，中央人民政府委员会第二十次会议通过《关于召开全国人民代表大会及地方各级人民代表大会的决议》，决定成立以毛泽东为主席的中华人民共和国宪法起草委员会，负责宪法的起草工作。1954 年 3 月，毛泽东同志向宪法起草委员会提交了中共中央拟订的宪法草案初稿，作为宪法起草的基础，由宪法起草委员会充分讨论并广泛征求各方面意见进行多次修改，于 1954 年 6 月又向全国公布，交付全国人民讨论。经过全国人民的讨论，宪法草案最终形成，提交 1954 年 9 月 15 日召开的第一届全国人民代表大会第一次会议审议。同年 9 月 20 日，会议全票通过《中华人民共和国宪法》，由主席团公布后实施。

"五四宪法"除序言外，共分四章，包括总纲、国家机构、公民的基本权利和义务以及国旗、国徽、首都，总计 106 条，主要内容如下：

1. 把坚持走社会主义道路确立为基本原则

"五四宪法"序言指出："中华人民共和国的人民民主制度，也就是新民主主义制度，保证我国能够通过和平的道路消灭剥削和贫困，建成繁荣幸福的社会主义社会。""国家在过渡时期的总任务是逐步实现国家的社会主义工业化，逐步完成对农业、手工业和资本主义工商业的社会主义改造。"第四条规定："中华人民共和国依靠国家机关和社会力量，通过社会主义工业化和社会主义改造，保证逐步消灭剥削制度，建立社会主义社会。"这些规定揭示了从新民主主义社会过渡到社会主义社会的历史必然性，把中国共产党提出并得到拥护的过渡时期总路线作为国家在过渡时期的总任务，并以根本法的形式确定下来。

2. 对社会主义过渡时期的经济制度作了规定

"五四宪法"规定，生产资料所有制包括全民所有制、集体所有制、个体劳动者所有制和资本家所有制，国营经济占领导地位，"国家保证优先发展国营经济"。同时规定"国家对富农经济采取限制和逐步消灭的政策"，通过管理、监督，"逐步以全民所有制代替资本家所有制"。

3. 对国家政治制度作了更加完备的规定

"五四宪法"第一条、第二条明确规定："中华人民共和国是工人阶级领导的、以工农联盟为基础的人民民主国家。""中华人民共和国的一切权力属于人民……"全国人民代表大会、地方各级人民代表大会和其他国家机关，一律实行民主集中制。中华人民共和国是统一的多民族国家，各少数民族聚居的地方实行区域自治。在"国家机构"一章规定了国家主席的设置；规定各级人民代表大会为国家权力机关；国务院和地方各级人民委员会是国家权力机关的执行机关，是国家行政机关；人民法院是国家的审判机关；人民检察院是国家的法律监督机关。

4. 规定公民享有广泛的权利和自由

"五四宪法"设专章规定了公民的基本权利和义务，除对《共同纲领》中规定的选举权和被选举权等加以确认以外，还规定公民享有劳动权、受教育权、进行文艺创作和其他文化活动的自由等。这些规定，使中国人民的基本人权第一次获得宪法保障。

"五四宪法"具有鲜明的时代特点：（1）确立了人民民主原则和社会主义原则。坚持人民民主的基本原则，通过人民广泛参政、议政扩大了宪法的社会基础。将社会主义作为一项原则予以规定，是新中国成立后的第一次宪法规定。（2）这部宪法以《共同纲领》为基础，记载了我国人民一百多年来英勇奋斗的胜利成果，总结了新中国成立以来革命和建设的经验，丰富和发展了《共同纲领》，体现了历史与现实的有机结合。（3）在内容上，这部宪法反映了社会主义过渡时期的特点，除了确认生产资料的社会主义公有制、消灭剥削制度，还规定依法保护资本家的生产资料所有权和其他资本所有权。

"五四宪法"是在新中国从新民主主义向社会主义过渡时制定和颁布的，它吸收了苏联 1936 年宪法和其他社会主义国家的立宪经验，以《共同纲领》为基础并加以发展。作为新中国第一部社会主义类型的宪法，"五四宪法"在总结新民主主义革命历史经验和社会主义改造与社会主义建设经验的基础上，规定了国家在过渡时期的总任务，确定了建设社会主义制度的道路和目标，确立了适合中国国情的国体和政体，同时较完整地规定了公民的基本权利和义务。"五四宪法"的制定和实施，对于巩固人民民主专政政权、促进社会主义经济发展、团结全国各族人民进行社会主义革命和建设，发挥了积极的推动和保障作用。

"五四宪法"颁布实施的前几年，我国各级政权基本上都能遵循宪法规定的轨道运行。中央在决定重大问题时，毛泽东、周恩来常常问彭真是不是符合宪法，是不是符合法律程序，提醒"可不要违宪呐！"。[①]"五四宪法"颁布实施后，我国社会主义革命和建设事业飞速发展，国家对农业、手工业和资本主义工商业的社会主义改造于 1956 年基本完成。但 1957 年以后，国家政治生活一度脱离正轨。党在指导思想上发生"左"的错误，逐渐对宪法和法制不那么重视了，这部宪法没有得到很好实施，人民代表大会制度的地位和作用被削弱，国家机构的正常工作秩序被干扰，公民基本权利受到侵犯，宪法秩序遭到严重冲击，以致在"文化大革命"时期，宪法实际上成为一纸空文。1970 年 3 月，中共中央提出召开第四届全国人民代表大会和修改宪法的建议。1973 年 8 月，中共中央决定召开全国人民代表大会，修改宪法。1975 年 1 月，四届全国人大一次会议审议通过了 1975 年宪法。这部宪法是一部有严重缺陷的宪法。

---

① 《彭真传》，中央文献出版社 2012 年版，第 858 页。

第二节 新时期宪法的与时俱进

1976 年 10 月，"文化大革命"结束，拨乱反正工作被提上国家的议事日程。为了纠正宪法中"左"的错误，恢复被破坏的社会主义民主法制原则，适应新的历史时期的需要，实施建设社会主义强国的任务，有必要对 1975 年宪法进行修改。1978 年 3 月 5 日，五届全国人大一次会议全面修改 1975 年宪法，通过了 1978 年宪法。1978 年宪法较之 1975 年宪法具有一定的进步性，但是由于受到历史条件的限制，1978 年宪法未能完全摆脱"文化大革命"的消极影响，未能彻底纠正 1975 年宪法中的错误，主要表现在：（1）在序言中，继续保留了"坚持无产阶级专政下的继续革命"的表述，沿袭了"以阶级斗争为纲"的基本路线，肯定了"文化大革命"；（2）在国家机构中，仍未恢复国家主席的建制，保留了地方各级革命委员会的制度；（3）在公民基本权利和义务中，继续规定"大鸣、大放、大辩论、大字报"为公民的四大权利；（4）在经济制度方面，对个体经济给予严格的限制等。

党的十一届三中全会以后，随着对真理标准问题讨论的不断深入，对"文化大革命"教训的不断反思，以及对发扬社会主义民主、加强社会主义法制重要性认识的不断深化，为适应新的政治经济形势，1978 年宪法在公布实施后不久便进行了两次部分修改。第一次修改是 1979 年 7 月 1 日，五届全国人大二次会议通过了《关于修正〈中华人民共和国宪法〉若干规定的决议》。决议共 8 条，主要内容有：决定在县和县以上的地方各级人民代表大会设立常务委员会；将地方各级革命委员会改称为地方各级人民政府；规定县级和县级以下人民代表大会代表由选民直接选举产生；将上下级人民检察院的关系由监督关系改为领导关系；扩大人民代表大会的职权，赋予人大代表质询权和罢免权。

第二次修改是 1980 年 9 月 10 日，五届全国人大三次会议通过了《关于修改〈中华人民共和国宪法〉第四十五条的决议》，删除了宪法原条文中公民"有运用'大鸣、大放、大辩论、大字报'的权利"的规定。

一　宪法全面修改的基本过程

1980 年 9 月，根据中共中央的建议，五届全国人大三次会议作出《关于修改宪法和成立宪法修改委员会的决定》，成立了以叶剑英同志为主任委员的宪法修改委员会。1981 年 6 月召开的党的十一届六中全会，通过了具有重大意义的《关于建国以来党的若干历史问题的决议》。1982 年 9 月，中国共产党第十二次全国代表大会召开。该决议和党的十二大报告为宪法修改提供了良好的社会历史条件，奠定了重要的理论基础。

经过长时间的筹备和起草工作，在广泛征求意见的基础上，形成并公布了《宪法修改草案》。经全民讨论，全国人大常委会将《宪法修改草案》提交全国人民代表大会审议。1982 年 12 月 4 日，五届全国人大五次会议以无记名投票方式通过《中华人民共和国宪法》。

二　主要内容和基本特点

"八二宪法"在国家机构、公民基本权利和义务等方面均继承并发展了"五四宪法"的基本原则，其结构为序言、总纲、公民的基本权利和义务、国家机构以及国旗、国徽、首都共 4 章，总计 138 条。

"八二宪法"主要内容和基本特点如下。

1. 确立宪法的指导思想和国家的根本任务。"八二宪法"在序言中阐明了马克思列宁主义、毛泽东思想在国家社会生活中的指导地位，并明确规定了国家的根本任务，即"集中力量进行社会主义现代化建设……逐步实现工业、农业、国防和科学技术的现代化，把我国建设成为高度文明、高度民主的社会主义国家"。

2. 完善了对公民基本权利的保障。"八二宪法"继承了新中国成立以来历部宪法关于公民基本权利的规定，吸取了"文化大革命"期间任意侵犯公民基本权利和自由的教训，完善了对公民基本权利和自由的保障。具体表现在：一是调整宪法结构，把"公民的基本权利和义务"置于"国家机构"之前，使宪法结构更加合理；二是扩大公民基本权利和自由的范围；三是强调权利和义务的一致性；四是恢复了"公民在法律面前一律平等"的宪法原则等。

3. 总结历史经验，加强社会主义民主法治建设。"八二宪法"第二条规定："中华人民共和国的一切权力属于人民。人民行使国家权力的机关是全国人民代表大会和地方各级人民代表大会。人民依照法律规定，通过各种途径和形式，管理国家事务，管理经济和文化事业，管理社会事务。"作为我国根本制度的人民代表大会制度不断完善和发展。第五条规定："国家维护社会主义法制的统一和尊严。一切法律、行政法规和地方性法规都不得同宪法相抵触……任何组织或者个人都不得有超越宪法和法律的特权。"

4. 维护国家统一和民族团结，为"一国两制"提供了宪法依据。这部宪法在序言中规定，台湾是中华人民共和国的神圣领土的一部分，完成统一祖国的大业是包括台湾同胞在内的全中国人民的神圣职责。第三十一条规定，国家在必要时得设立特别行政区。在特别行政区内实行的制度按照具体情况由全国人民代表大会以法律规定。这些规定为国家统一、香港和澳门回归以及港澳基本法的制定奠定了宪法基础。在民族政策方面，更加注重各民族的平等和团结，扩大民族自治区域的自治权等。

5. 完善国家机构体系。主要包括：完善人民代表大会的运行机制，扩大全国人民代表大会常务委员会的职权，恢复国家主席设置，设立中央军事委员会，增设审计机关，废除领导干部任职终身制等。

"八二宪法"是在1954年宪法的基础上，根据党的十一届三中全会确定的路线、方针、政策，总结新中国成立以来建设社会主义的长期实践经验，吸取了"文化大革命"的教训。该宪法全面体现了党在社会主义初级阶段的基本路线，集中反映了全国各族人民的共同意志和根本利益，认真贯彻社会主义的民主原则和法治精神，切实保障公民的权利和自由，依法规范国家权力，充分适应我国经济、政治、文化发展以及各项社会事业发展的要求，明确提出逐步实现工业、农业、国防和科学技术的现代化，把我国建设成为富强、民主、文明的社会主义国家的宏伟目标。

三　五次宪法修改

随着改革开放和社会主义现代化建设事业顺利进行，我国的经济、政治、文化等领域不断发生变化，"八二宪法"中某些条款和内容与现实发展需要不相适应，有必要进行修改。宪法必须随着党和国家事业的发展而不断发展，这是我国宪法发展的一个显著特点，也是一条基本规律。"八二宪法"公布施行后，根据我国改革开放和社会主义现代化建设的实践和发展，在党中央领导下，全国人大于1988 年、1993 年、1999 年、2004 年、2018 年先后五次对"八二宪法"即我国现行宪法的个别条款和部分内容作出必要的也是十分重要的修正，共通过了 52 条宪法修正案。实践表明，我国宪法是随着时代进步、党和人民事业发展而不断发展的，宪法确立的一系列制度、原则和规则，确定的一系列大政方针，具有显著优势、坚实基础、强大生命力，必须长期坚持、全面贯彻。

随着对我国国情认识的深入和改革开放的展开，我国的私营经济得到一定程度的发展。为了适应这种变化，有必要通过宪法修改，确认私营经济的合法地位。

1992 年，党的十四大确立了邓小平理论在全党的指导地位，把建设中国特色社会主义理论确定为改革开放和建设的基本方针，其中最突出的是提出建设社会主义市场经济的改革目标。但是，宪法原来规定的以计划经济为主、市场调节为辅的经济体制，与党的十四大提出的这一目标产生了矛盾。

1997 年，党的十五大肯定了邓小平理论在党和国家生活中的重要历史地位和指导意义，并在党章中将其确立为党的指导思想。在科学总结我国社会主义民主和法治建设经验教训的基础上，党的十五大提出了"依法治国，建设社会主义法治国家"的基本方略。在此背景下，根据党的十五大精神以及社会发展的实际需要，对宪法进行相应的修改，势在必行。1998 年 11 月，中共中央召开修宪会议，讨论提出修改宪法的原则是：以党的十五大精神指导修宪，宪法内容必须修改的才修改，可改可不改的不改，有争议的问题不改。1999 年 1 月，中共中央向全国人大常委会提出修改宪法部分内容的建议。第九届全国人大常委会第七次会议讨论了中共中央的建议，依照《宪法》第六十四条的规定，提出《宪法修正案（草案）》，提请九届全国人大二次会议审议。1999 年 3 月 15 日，九届全国人大二次会议通过了《宪法修正案》（1999 年），明确了邓小平理论在我国社会主义现代化建设中的指导地位，指出我国将长期处于社会主义初级阶段；确认"依法治国，建设社会主义法治国家"的治国方略；规定在社会主义初级阶段坚持公有制为主体、多种所有制经济共同发展的基本经济制度，坚持按劳分配为主体、多种分配方式并存的分配制度；农村集体经济组织实行家庭承包经营为基础、统分结合的双层经营体制；明确在法律规定范围内的个体经济、私营经济等是社会主义市场经济的重要组成部分。

2002 年 11 月，党的十六大把"三个代表"重要思想同马克思列宁主义、毛泽东思想、邓小平理论一道确立为党的行动指南并写入党章。这是改革开放与社会主义现代化建设新时期党的指导思想的重大发展。2002 年 12 月，胡锦涛同志在首都各界纪念宪法公布施行 20 周年大会上指出："要适应改革开放和社会主义现代化建设的发展要求，根据实践中取得的重要的新经验和新认识，及时依照法定程序对宪法的某些规定进行必要的修正和补充，使宪法成为反映时代要求、与时俱进的宪法。"2003 年，党的十六届三中全会根据新形势新经验，提出修宪建议。以此为基础，全国人大常委会依照《宪法》第六十四条的规定，形成《宪法修正案（草案）》，提请十届全国人大二次会议审议。2004 年 3 月 14 日，十届全国人大二次会议通过《宪法修正案》（2004 年），共 14 条。此次通过的修正案内容主要包括：确认"三个代表"重要思想在国家社会生活中的指导地位；明确物质文明、政治文明和精神文明协调发展；将"社会主义事业的建设者"列为爱国统一战线的组成部分；规定国家为了公共利益的需要，可以依照法律规定对公民的私有财产实行征收或征用并给予补偿；明确国家鼓励、支持和引导非公有制经济的发展；保护公民的合法的私有财产不受侵犯；在公民权利保障方面，规定国家建立社会保障制度；国家尊重和保障人权；在国家机构设置方面，规定国家主席可进行国事活动；将乡、民族乡、镇的人民代表大会的任期延长为五年。

2004 年宪法修改以后，党和国家事业又有了许多重要发展变化。2018 年 1 月 18 日至 19 日，中国共产党第十九届中央委员会第二次全体会议审议并通过了《中共中央关于修改宪法部分内容的建议》。2018 年 1 月 26 日，中共中央向全国人大常委会提出《中国共产党中央委员会关于修改宪法部分内容的建议》。2018 年 1 月 29 日至 30 日，第十二届全国人大常委会召开第三十二次会议，决定将《宪法修正案（草案）》提请十三届全国人大一次会议审议。2018 年 3 月 11 日，第十三届全国人民代表大会第一次会议通过了《宪法修正案》，共 21 条宪法修正案，即第三十二条至第五十二条。此次宪法修改的内容较多，主要包括：确立科学发展观、习近平新时代中国特色社会主义思想在国家政治和社会生活中的指导地位；调整充实中国特色社会主义事业总体布局和第二个百年奋斗目标的内容；完善依法治国和宪法实施举措；充实完善我国革命和建设发展历程的内容；充实完善爱国统一战线和民族关系的内容；充实和平外交政策方面的内容；充实坚持和加强中国共产党全面领导的内容；增加倡导社会主义核心价值观的内容；修改国家主席任职方面的有关规定；增加设区的市制定地方性法规的规定；增加有关监察委员会的各项规定。

第三节　新时代宪法实施的新发展

中国特色社会主义进入新时代，党中央更加重视贯彻实施宪法在治国安邦和引领全面依法治国中的重要作用，强调坚持依法治国首先要坚持依宪治国，坚持依法执政首先要坚持依宪执政，提出全面贯彻实施宪法，是建设社会主义法治国家的首要任务和基础性工作，要把保障宪法实施、维护宪法权威摆在全面依法治国更加突出的位置。党的十八届三中全会、四中全会，党的十九大、十九届二中全会作出了许多重要部署，对贯彻实施宪法和推进全面依法治国，提供了强有力的政治保障。在党中央的统一领导下，贯彻实施宪法和推进全面依法治国取得了一系列显著成就。

一是加强完善宪法制度方面的立法，以科学立法落实和推进宪法实施。主要包括：制定《国家勋章和国家荣誉称号法》《国歌法》、设立国家宪法日、建立宪法宣誓制度；修改《立法法》《地方组织法》《选举法》《代表法》《预算法》；依据宪法，授权国务院、"两高"或者地方、军队等进行改革试点，涉及国家监察体制改革、行政审批制度改革、农村土地制度改革、金融体制改革、司法体制改革、公务员制度改革、社会保险制度改革、军官制度改革等方面，确保有关改革试点在法治框架内依法有序推进。

二是加强规范性文件备案审查。从 2013 年至 2016 年，全国人大常委会对"一府两院"新制定的 140 件行政法规、司法解释逐件进行主动审查研究，对地方性法规积极开展有重点的主动审查，接收处理各类审查建议 443 件，依法纠正 50 多件地方性法规和司法解释中存在的与法律不一致问题。

三是通过一系列决定、决议，推动和保障宪法贯彻落实。（1）通过关于香港特别行政区行政长官普选问题和 2016 年立法会产生办法的决定，为香港在宪法和法律范围内有序完成行政长官换届选举提供了有力的法律和制度保障。对《香港特别行政区基本法》第一百零四条作出解释，坚决遏制和反对"港独"行径，捍卫宪法和基本法权威。批准内地和香港在广深港高铁西九龙站设立口岸实施"一地两检"的合作安排，确认有关合作安排符合宪法和香港基本法，支持香港融入国家发展大局。依法作出决定，将国歌法列入两个基本法附件三，在香港、澳门特别行政区实施。（2）通过关于特赦部分服刑罪犯的决定，特赦部分服刑罪犯。（3）通过关于成立辽宁省第十二届人民代表大会第七次会议筹备组的决定，根据宪法精神和有关法律原则，采取创制性办法及时妥善处理辽宁贿选案，维护了宪法和法律权威。

四是通过推进全面依法治国，有效贯彻实施宪法。立法机关推进科学立法、民主立法、依法立法，立法质量不断提高，以宪法为核心的法律体系不断完善；行政机关坚持依宪施政，推进依法行政和行政体制改革，法治政府建设展现出前所未有的"加速度"；司法机关依宪依法履行职责，深化司法改革，司法公信力不断提升，对维护宪法和法治权威发挥了重要作用；领导干部带头尊法学法守法用法，运用法治思维和法治方式的能力和水平明显提高，全体人民自觉守法，宪法意识和法治权威在全社会逐步树立。2019 年 6 月，第十三届全国人大常委会第十一次会议审议通过了《关于在中华人民共和国成立 70 周年之际对部分服刑罪犯予以特赦的决定》，这是新中国成立以来的第九次特赦。①

---

① 新中国成立后的八次特赦：第一次特赦，1959 年释放反革命罪犯和刑事罪犯 12082 名、战犯 33 名；第二次特赦，1960 年释放了 50 名"确实改恶从善的战争罪犯"；第三次特赦，1961 年释放了 68 名"确实改恶从善的战争罪犯"；第四次特赦，1963 年释放了 35 名战争罪犯；第五次特赦，1964 年释放了 53 名"已经确实改恶从善的战争罪犯"；第六次特赦，1966 年释放了 57 名"已经确实改恶从善的战争罪犯"；第七次特赦，1975 年释放全部在押的战争罪犯；第八次特赦，2015 年 8 月 29 日，根据第十二届全国人大常委会第十六次会议通过的全国人大常委会关于特赦部分服刑罪犯的决定，对参加过抗日战争、解放战争等四类服刑罪犯实行特赦，共特赦罪犯 31527 人。

第四节　维护宪法权威，推进宪法实施

宪法的生命在于实施，宪法的权威也在于实施。现行宪法颁布实施以来，以其至上的法治地位和强大的法治力量，在国家和社会生活中发挥了重要作用。与一些西方国家以司法为中心的宪法实施模式不同，我国宪法实施通过政治和法律两种方式进行。一方面，宪法是最重要的政治法，党的领导是宪法实施的根本政治保障。宪法实施必须坚持党的领导，依靠人民群众的力量，从各方面保证宪法的实施。用彭真同志在《关于中华人民共和国宪法修改草案的报告》的话，就是"十亿人民养成人人遵守宪法、维护宪法的观念和习惯，同违反和破坏宪法的行为进行斗争，这是一个伟大的力量"。提高社会各界的宪法观念和宪法意识，促进"全国各族人民、一切国家机关和武装力量、各政党和各社会团体、各企业事业组织"主动地以宪法为活动准则，在宪法范围内活动，保证宪法的实施，维护宪法权威。另一方面，作为一种根本性的法律，我国宪法也发挥了法律规范的功能。回顾现行宪法颁布以来的实施情况，其中一个重要的经验就是通过立法来实施宪法。从中国特色社会主义法律体系的形成过程来看，立法机关一直坚持通过完备的法律推动宪法实施。因此，党的十八届四中全会特别强调"使每一项立法都符合宪法精神"。当然，宪法的实施不仅仅是立法机关的职责。根据宪法，所有国家机关都有实施宪法的义务，都必须在宪法的范围内活动。

一　宪法实施的政治保障

从政治的角度看，我国宪法作为治国安邦的总章程，在治国理政的实践中发挥了重要作用，有效保障了国家各项工作沿着既定的道路和目标前进，避免了在各种大是大非问题上出现颠覆性错误。因为中国是一个大国，绝不能在根本性问题上出现颠覆性错误，一旦出现就无法挽回、无法弥补。我国现行宪法实施以来的实践证明，我国宪法作为治国安邦的总章程，有力保障了人民当家作主，有力促进了改革开放和社会主义现代化建设，有力推动了社会主义法治国家进程，有力促进了人权事业发展，有力维护了国家统一、民族团结、社会稳定，对我国政治、经济、文化、社会生活产生了极为深刻的影响，是符合国情、符合实际、符合时代发展要求的好宪法，是充分体现人民共同意志、充分保障人民民主权利、充分维护人民根本利益的好宪法，是推动国家发展进步、保证人民创造幸福生活、保障中华民族实现伟大复兴的好宪法，是我们国家和人民经受住各种困难和风险考验、始终沿着中国特色社会主义道路前进的根本法治保障。宪法的根基在于人民发自内心的拥护，宪法的伟力在于人民出自真诚的信仰。全面贯彻实施宪法需要提高全体人民的宪法观念，在全社会树立宪法至上的理念。要在全社会深入开展尊崇宪法、学习宪法、遵守宪法、维护宪法、运用宪法的宣传教育活动，大力弘扬宪法精神，不断增强人民群众宪法意识。

二　宪法实施的法治保障

从法治的角度看，宪法作为国家根本大法，是国家各项制度和法律法规的总依据，全面推进依法治国必须发挥宪法作为根本法的作用。必须坚持依宪治国，以宪法为总依据，深入推进科学立法、严格执法、公正司法、全民守法，坚持有法可依、有法必依、执法必严、违法必究。我国宪法规定，全国各族人民、一切国家机关和武装力量、各政党和各社会团体、各企业事业组织，都必须以宪法为根本的活动准则，并且负有维护宪法尊严、保证宪法实施的职责。任何组织或者个人，都不得有超越宪法和法律的特权。一切违反宪法和法律的行为，都必须予以追究。作为根本法，宪法必须被实施，否则将形同具文。

为保障宪法实施，应进一步加强宪法实施的监督，推进合宪性审查工作，维护宪法权威，把依法治国、依宪治国工作提高到一个新水平。为深入推进合宪性审查，维护宪法权威，此次宪法修改在全国人大下设立宪法和法律委员会，此举对于加强宪法实施和监督具有重大意义。

合宪性审查制度是保障宪法有效实施的关键制度。合宪性审查，是依据宪法对法律文件或具体行为是否符合宪法进行审查，确认其与宪法规定是否不一致、相抵触或矛盾，并根据宪法作出具有法律效力的判断。我国现行宪法确定了一切法律、行政法规和地方性法规不得与宪法相抵触的合宪性原则。在现阶段，合宪性审查的职权主要由全国人大常委会行使。通常由全国人大常委会法工委对报送全国人大常委会备案的行政法规、地方性法规、司法解释进行审查，对公民、组织提出的审查建议进行研究处理。《立法法》规定，国务院、中央军事委员会、最高人民法院、最高人民检察院和各省、自治区、直辖市的人民代表大会常务委员会认为行政法规、地方性法规、自治条例和单行条例同宪法或者法律相抵触的，可向全国人大常委会书面提出进行审查的要求，由常委会工作机构分送有关专门委员会进行审查、提出意见。上述国家机关以外的"其他国家机关和社会团体、企业事业组织以及公民"，只能提出合宪性审查的建议。全国人大常委会如果认为有必要，才纳入正式审查程序。

当前对法律的合宪性审查主要是事前审查，即对法律草案尚未生效之前的合宪性审查。同时，《立法法》也有事后审查的规定。但由于缺乏完善有效的合宪性审查制度，当下某些违宪改革、违宪用权等行为不能通过宪法渠道公开及时纠正，宪法所规定的某些基本精神、基本原则、基本要求、基本权利不能得到全面落实。从实际效果看，纠正一次违宪行为，要比宣讲百次宪法的效果更好。缺少或者弱化合宪性审查这一环节，宪法权威就可能是一个"稻草人"，国家宪法就可能蜕变为一纸空文的"闲法"。推进合宪性审查工作，有利于全面激活宪法的价值和功能，确保宪法成为"长满牙齿"、切实管用的刚性宪法，从而进一步保证各级国家机关认真贯彻实施宪法、所有公职人员模范遵守宪法。

第 四 章

新中国立法70年

　　立法是通过法定程序把党的路线、方针、政策具体化、规范化、法律化的过程，立法工作关系党和国家事业的发展全局。从1949年新中国成立至今，70年的立法发展历程，记载了共和国70年历史变迁和政治经济社会发展的轨迹，保障了新中国革命、建设、改革事业的伟大发展，肯定了中国特色社会主义物质文明、政治文明、精神文明、社会文明、生态文明建设的巨大成果，在新中国民主法治建设中发挥了重要作用。回顾和总结70年立法发展历程、卓著成效和经验特色，对于进一步加强立法工作，提高立法质量和效率，发挥好立法的引领和推动作用，具有十分重要的理论与现实意义。

第一节　新中国立法体制的演变发展

　　立法体制是关于立法权力配置与运行的制度体系，构成了国家立法制度的核心内容，因而是国家治理体制的重要制度安排，并且在很大程度上体现了一个国家法治国情条件的基本特点，影响着国家法治发展的进程及其走向。① 立法体制的核心是有关立法权限的体系和制度，主要包含立法权在国家权力结构体系中的设置方式、执政党对国家立法活动的领导方式、立法机构系统内的立法权限划分方式等内容。一个国家立法权限划分的历史，往往是这个国家政治变迁、经济发展和社会变革的历史写照，因此立法体制也不是一成不变，而是随着各种具体的经济、政治、文化、历史传统等因素的相互影响和作用而有所变化和发展。② 新中国成立以来，因应共和国历史变迁和政治发展的轨迹，我国立法权限的划分大致经历了四个阶段，与此相应形成了我国立法体制的发展沿革。

一　分散立法模式：1949 年至"五四宪法"前

1949 年 9 月，中国人民政治协商会议第一届全体会议通过了《共同纲领》和《中央人民政府组织法》。这两个宪法性法律以及其他相关法律，奠定了新中国成立初期立法体制的基础。

《共同纲领》时期的立法体制，承袭了中国共产党领导建立人民民主革命根据地和解放区政权建设过程中的立法经验，通过赋予众多主体以立法职权，形成分散立法的格局。从立法主体及其立法权限的视角，这一时期的立法体制具有"一元两级分层"③ 的特点。一元是指国家政权属于人民，国家政权来源于人民，人民行使国家政权的机关是各级人民政府和各级人民代表会议，人民意志的最高体现就是《共同纲领》。两级是指中央和县级以上地方共享立法权的立法权限划分模式。分层是指中央与地方两级立法都具有层次性的特点。在中央，行使立法权的有中国人民政治协商会议全体会议和

---

① 参见公丕祥《习近平立法思想论要》，《法律科学》（西北政法大学学报）2017 年第 6 期。

② 参见李林《关于我国立法权限划分的理论与实践问题》，《法学研究》1998 年第 5 期。

③ 参见郭道晖等主编《立法——原则·制度·技术》，北京大学出版社 1994 年版，第 102—103 页。

中央人民政府委员会、政务院及其所属部门。在地方，根据《大行政区人民政府委员会组织通则》《省、市、县人民政府组织通则》《民族区域自治实施纲要》的规定，大行政区、自治区、省、市、县、自治州等各级人民政府都享有立法职权，在其职权范围内对所辖行政区域内的部分或者全部事务依法行使立法职权来进行管理。①可见，这一时期采取的是分散立法体制，从中央到地方的多级主体享有立法职权，立法权的行使呈现多极化、分散化的特点。

二　集权立法模式："五四宪法"至1979年

"五四宪法"重新划分了立法权限，将前一阶段实行的中央与地方分享立法职权的制度，改为中央集权的立法体制。"五四宪法"第二十二条规定："全国人民代表大会为行使国家立法权的唯一机关。"此外第七十条保留了民族自治地方自治机关的立法权，允许它们制定自治条例和单行法规，报请全国人民代表大会常务委员会批准。宪法没有规定国务院、地方人民政府及其所属各行政部门的立法权，地方各级人民代表大会依照法律规定的权限通过和发布决议，但没有立法权。

随着社会主义建设和社会主义改造事业的进展，国家急需制定各项法律，以适应国家建设和国家工作的要求，在全国人大闭会期间，有些部分性质的法律，不可避免地急需常委会通过实施。为此，1955年第一届全国人大第二次会议通过《关于授权常委会制定单行法规的决议》，授予全国人民代表大会常务委员会制定单行法规的立法权。1959年，第二届全国人民代表大会第一次会议进一步授权全国人民代表大会常务委员会在全国人民代表大会闭会期间根据情况的发展和工作的需要，有权修改现行法律中已经不适用的条文。此后，1975年宪法和1978年宪法均删去了"全国人大是行使国家立法

---

① 参见杨火林《1949—1954年的中国政治体制》，博士学位论文，中共中央党校，2005年。

权的唯一机关"的规定。由此确立了全国人大及其常委会专享立法权的中央集权立法模式。

中央集权的立法模式是这一时期实行高度集中的计划经济体制的政治需要，强有力地保证了中央权威和中央对全国事业的集中统一领导，保证了计划经济体制的有效运行，但也在相当程度上影响了地方积极性的发挥，阻碍了国家经济和法制的全面发展。

三　两级立法模式：1979 年至"八二宪法"前

1979 年以前，我国在计划经济基础上实行高度集中的管理体制，国家立法也不例外。实践中，作为宪法规定的唯一立法机构，全国人大在 25 年的时间里，只是一届人大期间开展过立法工作，从 1959 年到 1966 年未立一法。邓小平同志率先提出了地方立法的概念。他说："现在立法的工作量很大，人力很不够，因此法律条文开始可以粗一点，逐步完善。有的法规地方可以先试搞，然后经过总结提高，制定全国通行的法律。"① 1979 年 7 月，五届全国人大二次会议重新修订了《地方各级人民代表大会和地方各级人民政府组织法》（以下简称《地方组织法》），明确规定："省、自治区、直辖市的人民代表大会根据本行政区域的具体情况和实际需要，在和国家宪法、法律、法规、政策、法令不抵触的前提下，可以制定和颁布地方性法规，并报全国人民代表大会常务委员会和国务院备案。"从而赋予了省、自治区、直辖市人大及其常委会制定地方性法规的权力。

1979 年的大规模立法，揭开了新时期法治建设的序幕，也启动了省级地方立法的新实践。为落实中共中央《关于坚决保证刑法、刑事诉讼法切实实施的指示》（中发〔1979〕64 号），推进五届全国人大二次会议通过的七部重要法律在地方的实施，履行《地方组织法》赋予的立法职权，从 1980 年开始，广东、贵州、新疆、山东、

---

① 《邓小平文选》第 2 卷，人民出版社 1994 年版，第 147 页。

辽宁、广西、河南、黑龙江、北京、吉林、浙江、江苏、安徽、内蒙古、宁夏、江西、甘肃、陕西、天津等省、自治区、直辖市的人大常委会先后开始制定地方性法规及大量的决议和决定，据统计，这一期间省级地方人大及其常委会共制定 51 件立法（含决议和决定），年均立法 17 件。[①]

从 1979 年修订《地方组织法》至"八二宪法"颁行前的省级地方立法探索与实践，初步形成了中央立法与省级地方立法并存的两级立法模式。这一时期的地方立法实践呈现出以下特点：第一，地方立法呈现出先行先试立法占主导的特点，极大体现了地方积极性；第二，地方立法尚不成熟，属于摸索阶段，各个地方立法的通过、批准、发布、解释、废止等程序都不统一，甚至同一省的立法程序先后也不一致；第三，地方性法规立法的宪法依据不足。

四　立法体制完善和发展："八二宪法"至今

"八二宪法"肯定了 1979 年以来的地方立法实践和立法体制，其第六十二条、第六十七条和第一百条分别规定了全国和省级人大及其常委会的法定立法权。"八二宪法"的颁行，奠定了中国现行的中央与地方分享立法职权体制的宪法基础，基本上构成了从中央到地方、从权力机关到行政机关行使立法职权的"统一、分层次"立法体制。这一立法体制采取了立法集权的分权体制，其特点是在中央对立法的集中统一领导的前提下，适当地赋予地方以一定的立法职权，以作为对中央立法的补充和具体化。

（一）"统一、分层次"立法体制的形成

"统一、分层次"的立法体制，其中"统一"是指社会主义法制的统一。具体在中央立法与地方立法的关系上，"统一"是单一制

---

① 参见刘小妹《省级地方立法研究报告——地方立法双重功能的实效》，中国社会科学出版社 2016 年版，第 11 页。

国家结构形式的必然要求，是社会主义法制的一致性的体现，它要求的是地方立法不与国家宪法、法律和行政法规相抵触、下位阶的立法不与上位阶的立法相抵触。首先，立法要统一于宪法。现行宪法第五条明确规定宪法具有最高的法律效力，因此要坚持"依宪立法"，使每一项立法都符合宪法精神。其次，全国人大及其常委会是最高权力机关，也是最高立法机关，地方立法不能违背全国人大及其常委会的立法，地方性法规、自治条例和单行条例等地方立法需报全国人大常委会备案或批准。① 再次，确立下位法不得同上位法相抵触的原则，以此形成协调一致的法律效力等级体系。最后，只要地方立法依照法定的权限和程序，从国家整体利益出发，社会主义法制的统一和尊严就能够得到维护。"分层次"是指，在宪法之下，中央和地方、权力机关和行政机关、民族自治地方依法享有制定法律、行政法规、地方性法规、规章、自治条例和单行条例的权力，这些法律规范共同构成中国特色社会主义法律体系，是全面推进依法治国的基础和前提。

"统一、分层次"的立法体制的发展完善主要体现在两个方面。

其一，是享有地方立法权的主体范围不断扩展。1982 年 12 月，五届全国人大五次会议对《地方组织法》进行修改，其中第二十七条增加规定，"省、自治区的人民政府所在地的市和经国务院批准的较大的市的人民代表大会常务委员会，可以拟订本市需要的地方性法规草案，提请省、自治区的人民代表大会常务委员会审议制定，并报全国人民代表大会常务委员会和国务院备案"。1986 年《地方组织法》第二次修改，进一步把制定地方性法规的权限扩大到省、自治区人民政府所在地的市和经国务院批准的较大的市。其第七条规定，"省、自治区的人民政府所在地的市和经国务院批准的较大市的人民代表大会，可以制定地方性法规，报省、自治区的人大常委会批准后施行"。之后，全国人大及其常委会又先后授权作为经济特

---

① 戚渊：《论立法权》，中国法制出版社 2002 年版，第 30 页。

区的海南省、深圳市、厦门市、珠海市、汕头市的人大及其常委会制定法规权。至此，中央、省级和较大市"分层次"的立法体制就基本形成了。而后，2000 年颁布《立法法》，确认了"较大的市"的地方立法权。

2013 年 11 月，党的十八届三中全会提出要"逐步增加有地方立法权的较大的市数量"。2015 年 3 月，《立法法》修改，将有地方立法权的主体扩展为"设区的市"，进一步完善了我国的立法体制。2018 年 3 月，《宪法修正案》第四十七条规定："宪法第一百条增加一款，作为第二款：'设区的市的人民代表大会和它们的常务委员会，在不同宪法、法律、行政法规和本省、自治区的地方性法规相抵触的前提下，可以依照法律规定制定地方性法规，报本省、自治区人民代表大会常务委员会批准后施行。'"中央与省、市地方分层次的立法体制得到宪法的确认和保障。需要指出的是，市一级的人大及其常委会并不享有完整的地方立法权，无论是省、自治区的人民政府所在地的市、经济特区所在地的市、国务院已经批准的较大的市还是设区的市的地方性法规，都需要省、自治区的人民代表大会常务委员会批准，因此，省级人大及其常委会在维护地方法制统一方面具有关键性的作用。

其二，是在最高国家权力机关和行政机关之间的立法权划分方面，呈现出国务院及其部门制定行政法规和规章的权限先扩大，再收紧的发展特点。根据"五四宪法"的规定，国务院不能制定行政法规，其部门也不能制定规章。但党的十一届三中全会后，这一规定既不能适应全国人大及其常委会与国务院之间权限明确、分工合作、互相配合的需要，也不能适应单一制大国中法律规定相对原则，难以适用全国，须由中央行政机关制定实施细则的需要。[①] 由此，"八二宪法"第八十九条明确规定，国务院有权根据宪法和法律制定

①　参见彭真《论新时期的社会主义民主与法制建设》，中央文献出版社 1998 年版，第 64、246 页。

行政法规，国务院的各部、委员会可以根据法律和行政法规制定规章。此外，全国人大及其常委会对国务院连续进行了三次授权立法。即 1983 年，六届全国人大常委会第二次会议授权国务院对职工退休退职办法的部分规定进行必要的修改和补充；1984 年，六届全国人大常委会第七次会议授权国务院在实施国营企业利改税和改革工商税制的过程中，拟定有关税收条例，以草案的形式发布试行；1985 年，六届全国人大第三次会议授权国务院对于有关经济体制和对外开放方面的问题，可以制定暂行的规定或者条例。① 这三个授权决定使得国务院不仅直接从宪法规定中获得了独立的行政法规制定权，还从全国人大及其常委会那里获得了对应当制定法律的事项制定行政法规的相当广泛的权力。

随着国务院及其部门制定行政法规和规章权限的获得和不断扩大，特别是随着数量庞大的行政法规和规章对经济社会生活的影响日益深广，对"行政立法权"的法治约束也提上日程。2000 年《立法法》及 2015 年《立法法》的修改，对授权立法从法律保留原则和授权立法规范两个方面，对国务院的行政立法权进行了约束。特别是为了防范"一揽子授权"和"无限期授权"，修改后的《立法法》规定，授权立法应当明确授权的目的、事项、范围、期限、被授权机关实施授权决定的方式和应当遵循的原则等；授权的期限不得超过五年；被授权机关应当在授权期限届满六个月前，向授权机关报告授权决定实施的情况，并提出是否需要制定、修改或者废止法律的意见；需要继续授权的，可以提出相关意见，由全国人大常委会决定。

"统一、分层次"的立法体制，有效地调动了中央立法和地方立法两个积极性，形成了新中国的第二次立法高潮，推进中国特色社会主义法律体系不断发展完善，基本为全面依法治国解决了"有法可依"的问题，取得了前所未有的立法成就。

---

① 许安标：《论我国立法权限的划分》，《中国法学》1996 年第 3 期。

（二）党的十八大以来立法体制的新发展

党的十八大以来，在改革进入攻坚区和深水区的历史新阶段，如何更好地发挥立法的引领和推动作用，关系到全面深化改革能否顺利推进，更关系到改革的成果能否巩固和持久。以习近平同志为核心的党中央对全面推进依法治国、加快建设法治中国作出了重大战略谋划，把完善立法体制、加强立法工作置于建设中国特色社会主义法治体系的总体架构中加以部署和推进。由此，因应经济社会发展的趋势和要求，调整完善立法体制，优化创新立法机制，成为建设中国特色社会主义法治体系的重要保证。

1. 加强党对立法工作领导的新体制

党的十八届四中全会提出，要"加强党对立法工作的领导，完善党对立法工作中重大问题决策的程序。凡立法涉及重大体制和重大政策调整的，必须报党中央讨论决定"。习近平总书记指出："各有关方面都要从党和国家工作大局出发看待立法工作，不要囿于自己那些所谓利益，更不要因此对立法工作形成干扰。要想明白，国家和人民整体利益再小也是大，部门、行业等局部利益再大也是小。"① 2016 年，党中央出台了《中共中央关于加强党领导立法工作的意见》，对党领导立法的指导思想、基本原则、制度机制、方式方法和组织保障等作出了明确规定，推进了党领导立法工作的规范化、制度化。

坚持党对立法工作的领导，要全面贯彻落实党中央确定的立法工作目标任务，严格落实立法工作向党中央和省区市党委请示报告制度。需要党中央和省区市党委研究的重大立法事项、法律法规起草及审议中涉及的重大体制、重大政策调整问题等事项，中央和地方立法机关党组应及时向党中央和同级党委请示报告，把党的领导贯彻到立法工作的全过程和各个方面。中央和地方立法机关党组，

---

① 习近平：《在十八届中央政治局第四次集体学习时的讲话》（2013 年 2 月 23 日），中共中央文献研究室编《习近平关于全面依法治国论述摘编》，中央文献出版社 2015 年版，第 44 页。

应当在所在单位发挥领导核心作用，认真履行政治领导责任，做好理论武装和思想政治工作，负责学习、宣传、贯彻执行党的理论和路线方针政策，贯彻落实党中央和上级党组织的决策部署，发挥好把方向、管大局、保落实的重要作用。①

2016 年以来，全国人大常委会认真贯彻落实经党中央批准调整的立法规划，严格落实立法工作向党中央请示报告制度，坚持和体现了党对立法工作的领导。改革开放以来的立法实践证明，只有充分发挥党委凝聚各方智慧、协调各方力量的作用，立法工作中的重大问题才能得到有效解决；只有坚持党的领导，才能保证党的理论和路线方针政策贯彻执行。

2. 发挥人大在立法工作中主导作用的新安排

发挥人大在立法中的主导作用，是新形势下加强和改进立法工作的一个重要着力点，也是充分发挥立法引领和推动作用的必然要求。党的十八届四中全会提出，"要健全有立法权的人大主导立法工作的体制机制，发挥人大在立法工作中的主导作用"。这是第一次正式以中央文件形式就人大在立法工作中发挥主导作用作出明确规定。2015 年《立法法》修改，其第五十一条明确规定："全国人民代表大会及其常务委员会加强对立法工作的组织协调，发挥在立法工作中的主导作用。"近年来，全国人大以及有立法权的地方人大积极创新立法工作体制机制，不断加强对立法工作的组织协调和综合指导，积极发挥人大在立法工作中的主导作用。全国人大及其常委会积极组织起草综合性、全局性、基础性等重要法律草案的机制；加强与中央全面深化改革领导小组办公室等有关方面的沟通协调，及时落实推进改革的立法项目。地方人大及其常委会有的通过主导年度立法计划编制，变"等米下锅"为"点菜上桌"，把握法规立项和法案起草主导权；有的建立"立项通知书"机制，向起草部门明确起

_____

① 冯玉军：《完善以宪法为核心的中国特色社会主义法律体系——习近平立法思想述论》，《法学杂志》2016 年第 5 期。

草重点和要求，规范起草标准；有的建立立法联席会议制度，对立法工作实施全程"领跑"。①

3. 实现立法和改革决策相衔接的新要求

改革与法治是驱动中国发展的"车之两轮，鸟之两翼"，因此立法决策必须与改革决策相一致，立法既要适应、服务改革需要，又要发挥引领和推动作用。"我们要着力处理好改革和法治的关系。改革和法治相辅相成、相伴而生。""在整个改革过程中，都要高度重视运用法治思维和法治方式，发挥法治的引领和推动作用，加强对相关立法工作的协调，确保在法治轨道上推进改革。"② 应该以法治推动改革，用法治规范改革，推进全面深化改革和法治社会建设同步、有序、健康发展。具体说来，"要实现立法和改革决策相衔接，做到重大改革于法有据、立法主动适应改革发展需要。在研究改革方案和改革措施时，要同步考虑改革涉及的立法问题，及时提出立法需求和立法建议。实践证明行之有效的，要及时上升为法律。实践条件还不成熟、需要先行先试的，要按照法定程序作出授权。对不适应改革要求的法律法规，要及时修改和废止"。③ 2015 年，《立法法》明确以"发挥立法的引领和推动作用"为宗旨，规定"全国人民代表大会及其常务委员会可以根据改革发展的需要，决定就行政管理等领域的特定事项授权在一定期限内在部分地方暂时调整或者暂时停止适用法律的部分规定"。实践中，全国人大常委会以授权决定形式支持相关改革试点工作已逐步形成制度，以确保在法治轨道上推进改革。

① 李适时：《进一步加强和改进地方立法工作》，《中国人大》2016 年第 18 期。

② 习近平：《在中央全面深化改革领导小组第二次会议上的重要讲话》（2014 年 2 月 28 日），中共中央文献研究室编《习近平关于全面依法治国论述摘编》，中央文献出版社 2015 年版，第 46 页。

③ 习近平：《在中央全面深化改革领导小组第六次会议上的重要讲话》（2014 年 10 月 27 日），《〈中共中央关于全国推进依法治国若干重大问题的决定〉辅导读本》，人民出版社 2014 年版，第 15 页。

第二节　立法工作机制的建立与完善

以良法促进发展、保障善治，是立法不断追求的价值目标。70年来，我国立法权限、立法程序、立法参与、授权立法、法律解释、法律适用、备案审查等一系列立法制度逐步建立，规范立法程序，扩大立法参与，坚持科学立法、民主立法，充分发挥立法在社会利益的表达、协调、平衡方面的作用，使法律更加充分体现革命、建设、改革各个时期人民群众的共同意愿，有效提高了立法的质量。

一　规范立法程序，保障立法科学

科学立法的核心，在于立法要尊重和体现客观规律。在具体立法实践中，应当不断完善立法程序、规范立法活动，实现立法过程的科学化，包括科学确定立法项目，加强立法调查研究，充分审议法律案，健全法律出台前评估和立法后评估制度等，切实增强法律的可执行性和可操作性。

我国的立法程序是在改革开放以来的立法实践中逐渐建立健全和不断完善发展起来的。改革开放初期，"宪法和全国人民代表大会组织法对立法程序有一些规定，但比较简单"①。1987 年《全国人民代表大会常务委员会议事规制》和 1989 年《全国人民代表大会议事规制》，对全国人民代表大会及其常务委员会的包括法律制定程序在内的议事活动程序和规则，用程序法的形式作了比较具体、明确的规定，使作为社会主义民主政治重要内容的立法程序得到了法律确认，保证其在国家的重要的政治生活中得到贯彻和实施。2000 年颁布实施的《立法法》，总结了 1979 年以来我国的立法工作经验，对立法原则、立法权限、授权立法、立法程序、法律解释、法律适用、

---

① 吴大英等：《中国社会主义立法问题》，群众出版社 1984 年版，第 174 页。

法规规章备案等一系列制度作出规定，从根本上健全和完善了我国的立法程序，标志着我国立法制度建设进入一个新层次。2001年国务院出台《行政法规制定程序条例》和《规章制定程序条例》。2017年，国务院再次修改完善《行政法规制定程序条例》《规章制定程序条例》；全国人大常委会办公厅印发《关于立法中涉及的重大利益调整论证咨询的工作规范》《关于争议较大的重要立法事项引入第三方评估的工作规范》，明确了立法中涉及重大利益调整论证咨询工作流程，进一步健全了科学的立法体制机制。与此同时，有地方立法权的省、市也先后制定了本行政区域内地方性法规和地方政府规章的制定程序。这标志着中央立法和地方立法、人大立法和行政立法的制度和程序都发展到了一个更加精细化、科学化的新阶段。

根据《立法法》和有关法律的规定，全国人大及其常委会制定法律，包括法律案的提出、法律案的审议、法律案的表决、法律的公布四个阶段。

一是提出立法议案的程序。有权向全国人大提出法律案的主体包括全国人大主席团、全国人大常委会、国务院、中央军委、最高人民法院、最高人民检察院、全国人大各专门委员会，以及一个代表团或者30名以上代表联名。国家机关提出的法律案，直接由主席团决定列入会议议程。代表团或者代表联名提出的法律案，由主席团决定是否列入会议议程，或者先交有关的专门委员会审议、提出是否列入会议议程的意见，再决定是否列入会议议程。《立法法》规定，向全国人大提出的法律案，在全国人大闭会期间，可以先向全国人大常委会提出，经常委会会议审议后，决定提请全国人大审议。有权向全国人大常委会提出法律案的主体包括委员长会议、国务院、中央军委、最高人民法院、最高人民检察院、全国人大各专门委员会，以及常委会组成人员十人以上联名。委员长会议提出的法律案，可直接列入常委会议程；委员长会议之外的提案人提出的法律案，由委员长会议决定列入常委会会议议程，或者先交有关的专门委员会审议提出报告，再决定列入常委会会议议程。提出法律议案的单位要根据每届的常委会立法规划和每年的常委会立法工作计划确定的立法项目，提出有关法律案。七届全国人大常委会加强了立法工作的计划性。1988 年制定了五年立法规划。1991 年又修订了立法规划。① 此后，每届全国人大届初都编制本届常委会立法规划。总体上看，五年立法规划和年度立法工作计划的编制对于增强立法工作的计划性以及推进重点立法项目的进程，起到了重要作用。从完成率看，每届常委会立法规划的一类项目完成率在 60%—70%。

二是法律案的审议程序。审议法律案，是立法程序中最重要的环节。全国人大及其常委会审议法律案的过程，实质是充分发扬民主、集思广益和凝聚共识的过程。首先，建立了全国人大常委会法律案的三审制。从 1954 年开始，全国人大及其常委会的立法活动，采用的办法是当次会议提出法律案，当次会议审议通过，称为一审制。1983 年 3 月以前，全国人大常委会通过的法律全部实行的是一审制。② 1983 年 3 月，彭真同志在委员长会议上提出法律案审议分步走的方案，同年 8 月举行的第六届全国人大常委会第二次会议上，时任全国人大常委会秘书长的王汉斌同志对提请会议审议的几个法律案作了说明，指出草案审议不再是一审过关。2000 年《立法法》规定，列入常委会会议议程的法律案，一般应当经三次常委会会议审议后再交付表决，同时规定了一次审议、两次审议、多次审议和终止审议的例外情况。以九届全国人大（1998—2003）为例，审议通过的 74 件法律，一审通过的有 8 件，二审通过的有 20 件，三审通过的有 38 件，四审通过的有 6 件，甚至还有五审才通过的《证券法》和《合同法》。③ 实践证明，实行三审制，对于充分发扬民主，保证常委会组成人员有充分的时间对法律案进行深入审议，提高立

---

① 彭冲：《全国人民代表大会常务委员会工作报告》（1993 年）。

② 朱恒顺：《人大立法 30 年：成绩、回顾与展望》，《人大研究》2009 年第 4 期。

③ 席锋宇：《我国立法体制和程序不断发展完善》，《法制日报》2014 年 9 月 6 日第 3 版。

法质量，十分重要。近年来，由于立法的难度越来越大，一部新的法律案审议的次数超过三次的屡见不鲜，比如《物权法》常委会审议了 7 次才提交大会审议，《行政强制法》审议了 6 次，《证券法》审议了 5 次，《食品安全法》《监督法》《社会保险法》《国家赔偿法》《侵权责任法》等法律审议了 4 次。这些法律涉及问题都比较复杂，与人民群众利益密切相关，所以审议极为慎重，反复修改研究。其次，建立法律委员会统一审议法律案的制度。1982 年《全国人大组织法》第三十七条规定："法律委员会统一审议向全国人大或者常委会提出的法律草案；其他专门委员会就有关法律草案向法律委员会提出意见和建议。"七届全国人大常委会一开始，一些专门委员会不赞成法律委员会统一审议法律草案。理由有二：（1）各专门委员会对它工作范围内的法律草案更熟悉，应当由该专门委员会为主审议；（2）如果由法律委员会统一审议，使法律委员会地位高于其他专门委员会，会把专门委员会分为三六九等。八届全国人大，再次提出同样的问题。经过研究讨论，九届全国人大常委会明确提出，"需要有一个立法综合部门对法律草案进行统一审议，使制定的法律与宪法保持一致，与有关法律相衔接，以保持法制的统一。法律委员会实际上就是这样一个立法综合部门"①。2000 年《立法法》第十八条、第三十一条对法律委员会统一审议法律草案作了明确规定。最后，建立关于广泛听取各方面意见的制度，体现民主立法的要求。在立法过程中，除了人大代表和常委会组成人员参加审议讨论、提出意见外，还要认真广泛听取各个方面的意见。《立法法》总结实践经验，对此作了比较全面的规定。主要包括：书面征求意见、座谈会、论证会、听证会、向社会公布法律草案公开征求意见等。其中，书面征求意见是立法过程中的必经程序。法律草案提交常委会审议后，由法制工作委员会向各地方、各部门和有关研究机构、院校发函征求意见，一般针对每一个法律草案要发 200 多家地方和中央单

---

① 《王汉斌访谈录》，中国民主法制出版社 2012 年版，第 224—225 页。

位征求意见。

三是法律案的表决程序。列入全国人大会议审议的法律案，由全体代表的过半数通过。宪法的修改，由全体代表的三分之二以上的多数通过。列入全国人大常委会审议的法律案，由常委会全体组成人员的过半数通过。全国人大、全国人大常委会表决法律草案一般都采用按电子表决器的方式，宪法修正案的表决必须采用无记名投票的方式。

四是法律的公布程序。法律的公布，是立法的最后一道程序。现行宪法规定，中华人民共和国主席根据全国人大和全国人大常委会的决定，公布法律。签署公布法律的主席令载明该法律的制定机关、通过和施行日期。

此外，立法后评估制度、专家参与立法制度、立法技术规范等中央和地方立法机制创新，也极大保障了立法的科学性，进一步提高了立法质量。

二　扩大立法参与，体现立法民主

民主立法是把人民的利益诉求和意志主张在民主法治框架下充分表达出来、有效汇集起来，通过立法程序上升为国家意志的重要途径。加强民主立法是我国立法机关一向秉持的基本方针，但由于主客观多种原因，我国立法机关开门立法却是在20世纪90年代中后期逐步实行和推广的。[①]

首先是大力推进立法信息公开。立法公开是立法参与的基础和前提，其中最为重要的就是向社会公布法律草案公开征求意见。从立法程序的角度看，我国法律草案公开征求意见制度的设置，一是为了保障更多的民众有充分的途径表达自己的看法和观点，二是为了在立法过程中广泛听取各方面意见，集思广益、凝聚共识，有效协调利益关系，提高立法质量。新中国立法史上，最早的立法公开征求意见便是

· ①　李林：《新中国立法60年》，李林主编《新中国法治建设与法学发展60年》，社会科学文献出版社2010年版，第117页。

1954 年宪法草案，历时 2 个多月的全民讨论和意见征集后，对宪法草案再度作了修改，充分体现了 1954 年宪法的民主性基础。此后，一直到 1982 年宪法草案和 1988 年《全民所有制工业企业法（草案）》，公开征求意见的民主立法机制才得以逐步制度化。2008 年 4 月，全国人大常委会委员长会议决定，今后全国人大常委会审议的法律草案，一般都予以公开，向社会广泛征求意见。据统计，1954 年至 2008 年期间全国人大及其常委会共有 20 部法律（宪法）草案向社会征求意见，其中，2000—2008 年 12 月，公布 10 部法律草案，占公布总数的 50%，平均每年公布 1. 11 部；1990—1999 年 12 月，公布 4 部法律草案，占公布总数的 20%，平均每年公布 0. 40 部；1978—1989 年 12 月，公布 5 部法律草案，占公布总数的 25%，平均每年公布 0. 41 部。1954 年公布宪法草案 1 部，占公布总数的 5%。[1]

地方立法层面，早在 1999 年 4 月，福建省人大常委会就在《福建日报》上公布了《福建省保护商品房屋消费权益条例（草案）》。其后，深圳市人大常委会 2000 年 4 月公布了《经济特区物业管理条例（修订草案）》。此后，地方立法草案的公开数量越来越多，公开渠道越来越广，终于促成了法律草案从个别公开走向普遍公开，开启了中国立法民主化的新局面。

其次是扩大公民有序参与立法的途径。2008 年 3 月，十一届全国人大一次会议强调，立法工作"要坚持国家一切权力属于人民，健全民主制度，丰富民主形式，拓宽民主渠道，从各个层次、各个领域扩大公民有序政治参与，保障人民依法实行民主选举、民主决策、民主管理、民主监督的权利"。[2] 立法听证是开门立法的重要形式。2005 年 9 月，在全国人大常委会初次审议的个人所得税法修正

------

① 李林：《新中国立法 60 年》，李林主编《新中国法治建设与法学发展 60 年》，社会科学文献出版社 2010 年版，第 117—118 页。
② 吴邦国：《全国人民代表大会常务委员会工作报告——2008 年 3 月 8 日在第十届全国人民代表大会第一次会议上》。

案草案规定个人所得税工资、薪金所得减除费用标准为 1500 元之前，全国人大法律委员会、财政经济委员会和全国人大常委会法制工作委员会在北京举行听证会，对这一减除费用标准是否适当，进一步广泛听取包括广大工薪收入者在内的社会各方面的意见和建议。这是国家立法机关第一次就立法问题举行立法听证会。

在地方层面上，立法听证的实践探索和制度建构早已展开。1999 年 9 月，广东省人大常委会就《广东省建设工程招标投标管理条例（修订草案）》举行听证会，开创了全国地方立法听证之先河。创新立法听证会制度，完善立法听证程序，使立法听证向经常化、制度化的方向发展，是保障立法民主的重要举措。2012 年，为扩展立法听证的公众参与度，增强立法听证的效果，广州市人大法制委员会和常委会法制工作委员会在大洋网成功举行了《广州市社会医疗保险条例》立法听证会，在全国开创了网上立法听证的先河，受到了社会的广泛关注，吸引了众多网友参与，大大拓展了立法听证的社会影响力和公众参与度，是创新地方立法工作机制、大力推进民主立法的一次成功实践。

立法听证制度在充分征求民意、完善立法等方面，发挥了重要作用，但实践中也存在着听证人员代表性不够，听证程序设置不够合理，立法听证会的比例不高、数量不足，听证结果不受重视等问题，在不同程度上影响了人民参与开门立法的民主质量。①

最后，专家参与立法是立法民主化的重要形式。专家参与立法是推进立法公开，提高立法科学化、民主化的重要途径，在中国的立法工作中起到了非常重要的作用。我国专家参与立法的历程与改革开放后立法工作的发展相伴相随。20 世纪 80 年代，国家立法时就已将沙千里、陶希晋、张友渔、江平等专家吸纳为立法者，并在多部法律起草座谈会上邀请专家参与。彭真同志明确指出："起草和研

---

① 李林：《新中国立法 60 年》，李林主编《新中国法治建设与法学发展 60 年》，社会科学文献出版社 2010 年版，第 120 页。

究法律草案的时候，要广泛邀请法律、经济、文化、科技等方面的专家和有经验的实际工作者，包括一些学生参加工作。"在地方层面，1995 年浙江省人大常委会在全国率先建立了与高等院校的合作机制，联合浙江大学成立有固定编制的浙江法制研究所。2005 年，又在全国率先组建了由法学、经济、政治、社会、文化等方面专家组成的地方立法专家库，搭建形成了多平台、多渠道的专家参与立法途径。随后，专家参与立法越来越普遍，从全国人大到地方人大，都开展了专家和社会机构参与立法的探索，并积累了许多成功的做法。新修改的《立法法》总结实践经验，将专家参与立法上升为法律制度，明确规定召开立法论证会、听证会的，应当听取有关专家和社会有关方面等的意见；专业性较强的法律草案，可以吸收相关领域的专家参与起草工作，或者委托有关专家、教学科研单位、社会组织起草。专家参与立法逐步有序化、全面化、规范化。

立法调整社会各个领域的法律关系，是一项专业性、技术性和综合性很强的工作，专家参与立法极大发挥了专家所具有的专业技能、经验和知识方面的优势，增强了立法的合理性、科学性和民主性，提高了立法质量。但是，实践中专家参与立法方面也存在系统性不够强、参与度不够深、机制不够健全和实效性不够高等不足之处，影响了专家参与立法效果的充分发挥。

三　加强备案审查，维护法制统一

备案审查是维护法制统一、维护宪法权威的一项很重要的宪法性制度。现行宪法规定，全国人大常委会有权撤销国务院制定的同宪法、法律相抵触的行政法规、决定和命令，撤销省、自治区、直辖市国家权力机关制定的同宪法、法律和行政法规相抵触的地方性法规和决议。《立法法》第五章"适用与备案审查"、《监督法》第五章"规范性文件的备案审查"对备案审查制度作出了具体规定，为加强备案审查提供了进一步的法律依据。可见，对行政法规、地方性法规、司法解释开展备案审查，是宪法法律赋予全国人大常委会的一项重要职权。2004 年 5 月，全国人大常委会在法制工作委员会内设立法规备案审查室，专门承担对行政法规、地方性法规、司法解释的具体审查研究工作。党的十八大以来，中央多次对备案审查工作作出决策部署，提出要健全宪法实施和监督制度，把所有规范性文件纳入备案审查范围。全国人大也对备案审查工作提出了新的要求，强调要完善备案审查制度、强化备案审查实效、健全备案审查机构，不断加强规范性文件备案审查工作。十二届全国人大以来，全国人大常委会将开展备案审查作为履行宪法监督职责的重要工作，建立健全备案审查工作机制和衔接联动机制，开通运行全国统一的备案审查信息平台，依申请审查 1206 件行政法规、地方性法规、司法解释，依职权审查 60 件行政法规、128 件司法解释，专项审查规定自然保护区的 49 件地方性法规，并对审查中发现存在与法律相抵触或者不适当的问题作出了积极稳妥的处理。其中，2017 年全国人大常委会的备案审查工作力度大大加强，法制工作委员会共收到公民、组织提出的各类审查建议 1084 件，依职权主动审查 14 件行政法规、17 件司法解释、150 余件地方性法规，指导地方人大对涉及自然保护区、环境保护和生态文明建设的地方性法规进行全面自查和清理，总共已修改、废止相关地方性法规 35 件，拟修改、废止 680 件。2017 年 12 月 24 日，全国人大常委会还首次听取审议了法制工作委员会关于备案审查工作情况的报告。综上可见，全国人大常委会通过推进备案审查制度和能力建设，积极发挥了备案审查维护宪法法律尊严、保障宪法法律实施、保证国家法制统一的重要制度功能。

第三节　法律体系的形成与完善

一　新中国成立初期立法：1949 年至 1978 年

在百废待兴的新中国成立初期，"一元两级分层"的分散立法模式极大地提高了立法效率，形成了新中国的第一次立法高潮，很快制定出革命和建设事业所需要的大量法律法令。据统计，1949 年 9 月至 1954 年 8 月，中央颁布的法律、法令、法规性文件达 530 件[1]，其中中央人民政府共制定和批准法律、法令 26 件[2]。地方立法虽无全面的详细统计数字，但从浙江、内蒙古以及上海的立法情况却可见一斑。浙江从 1950—1953 年，共制定暂行法令条例和单行法规 653 件，年均立法 163 件；内蒙古从 1950—1954 年，制定各种条例和规范性文件 368 件，年均立法 73.5 件；上海从 1950—1954 年 9 月，制定暂行法令条例和单行法规 799 件，年均立法 159 件。[3]

　　"一元两级分层"的分散立法模式，在实行中央立法和地方立法相结合，发挥地方立法主动性、积极性的同时，立法工作也体现了法制统一的原则和要求，建立了初步成体系的立法备案审查和立法监督机制，保证国家法制的统一和政令的畅通。当然，从法律体系的构建来看，新中国成立初期的法制并不完备，已经制定的许多法律、法令或法规也带有很大的暂时性、试行性、过渡性的特点。正如董必武同志所言："我们还只能根据需要和可能，总结已经成熟的经验，制定一些单行法规、通则性的法律和命令，不可能也不应该主观地、生硬地制定一套所谓完备的法律。"[4] 尽管如此，在中央和地方分散立法模式下，新中国迈开了立法的步伐，立法所调整的社会关系亦相当广泛，初步涵盖了《宪法》《行政组织法》《刑法》《婚姻家庭法》《经济法》《劳动和社会福利法》《科教文化法》《军事法》《民族法》等各方面的立法，为建立新民主主义社会制度和社会秩序提供了基本规范。

---

① 蓝全普：《三十年来我国法规沿革概况》，群众出版社 1980 年版，第 10 页。

② 参见俞敏声主编《中国法制化的历史进程》，安徽人民出版社 1997 年版，第 133 页。

③ 参见吴大英等《中国社会主义立法问题》，群众出版社 1984 年版，第 37—241 页。

④ 董必武：《论社会主义民主和法制》，人民出版社 1979 年版，第 102 页。

第一届全国人民代表大会第一次会议通过了新中国第一部《宪法》和《全国人大组织法》《国务院组织法》《人民法院组织法》《人民检察院组织法》《地方人大和地方人民委员会组织法》五部重要法律，使我国既有了作为根本法的宪法，而且有了有关国家机构的五个基本法。一届全国人大的前三年，是我国人民代表大会制度建设和人大工作比较活跃的三年。那个时期，国家对立法工作都非常重视。时任副委员长兼秘书长的彭真同志在第一次常委会机关工作人员大会上就提出，常委会的一个重要任务就是立法。[①] 从 1966 年直到 1975 年、1978 年启动宪法修改，其间全国人大停止了一切活动，立法主要由全国人大常委会来承担。据统计，从 1954 年宪法颁布后到 1979 年五届全国人大二次会议前，包括各种意见、办法、命令、决议、决定、通知、报告、答复、办法等在内的中央立法共 1115 件，年均 59 件，地方因无立法权所以记录为零。[②]

二　奠定法律体系基础：1979 年至 1987 年

在改革开放初期，"法律很不完备，很多法律还没有制定出来"是最现实的问题。为改变"无法可依"的状况，党的十一届三中全会提出"从现在起，应当把立法工作摆到全国人民代表大会及其常务委员会的重要议程上来"[③]。从此，立法进入全面恢复和快速发展的重要时期。

首先，是从 1979 年到 1982 年的社会主义法制恢复期。这一时期主要是从四个方面共同着力，快速解决了"无法可依"的问题。一是集中力量制定最急需的法律法规。其中标志性的立法，就是 1979 年 7 月五届全国人大二次会议审议通过了 7 个重要法律，为建

---

　①　夏莉娜：《新中国立法工作的活字典——记全国人大常委会法工委原主任顾昂然》，《中国人大》2004 年第 11 期。
　②　参见吴大英等《中国社会主义立法问题》，群众出版社 1984 年版，第 241 页。
　③　《中国共产党第十一届中央委员会第三次全体会议公报》（1978 年 12 月 22 日）。

立安定团结的政治局面提供了必要保障。二是地方组织法赋予地方立法权，中央和地方共同致力于社会主义法制建设。三是重申新中国成立以来制定的法律、法令继续有效。四是全面修改宪法，确立中央和地方适当分权的立法体制，为新时期法制建设的全面展开和加快立法步伐奠定了根本法律基础。据统计，在 1979 年至 1982 年间，全国人大及其常委会共通过法律 37 件，其中全面修改宪法 1 件，宪法修正案 2 件，法律 34 件；[①] 其中，现行有效的法律 21 件，[②] 即宪法性法律 7 件，民商法 3 件，行政法 5 件，经济法 2 件，社会法 2 件，刑法 1 件，诉讼与非诉讼程序法 1 件。

其次，是从 1982 年到 1987 年的大规模立法期。在"八二宪法"基础上，中国立法进入了快速发展时期。立法数量大和以经济立法为重心是这一时期立法的两个突出特点。六届全国人大的五年任期内，审议通过了 37 件法律，10 件补充修改法律的决定，16 件有关法律问题的决定，共 63 件。这一时期的立法工作，适应经济体制改革的需要，服务于"以经济建设为中心"的方针，按照"国家立法机关要加快经济立法"的部署和要求，一直把制定有关经济方面的法律作为立法工作的重点。在已经制定的 37 件法律中，有关经济方面的法律 22 件，有关对外开放的法律 10 件。这些法律对于促进有计划的商品经济的发展，对于肯定改革的成功经验、巩固和发展改革的成果，对于吸引外资、发展对外经济技术交流与合作，提供了法律依据和保障，发挥了重要作用。[③]

此外，1987 年全国人大常委会对新中国成立以来至 1978 年年底

---

① 朱恒顺：《人大立法 30 年：成绩、回顾与展望》，《人大研究》2009 年第 4 期。

② 根据中华人民共和国国务院新闻办公室 2008 年 2 月 28 日发布的《中国的法治建设》白皮书，其中 23 件是 1978—1982 年间制定的；根据 2013 年《全国人大常委会关于废止劳动教养法律规定的决定》，1979 年《全国人民代表大会常务委员会批准国务院关于劳动教养的补充规定的决议》及《国务院关于劳动教养的补充规定》已废止。

③ 陈丕显：《全国人民代表大会常务委员会工作报告》（1988 年）。

制定的法律、法令进行了一次全面清理。清理结果表明，1949 年 9 月至 1978 年年底，由中国人民政治协商会议第一次会议、中央人民政府委员会、全国人民代表大会及其常务委员会制定或者批准的法律共有 134 件，其中已经失效的有 111 件，继续有效或者继续有效正在研究修改的有 23 件，几乎仅剩六分之一的法律被沿用。[①]

综上，从 1982 年全国人大常委会工作报告中提出，要"按照社会主义法制原则，逐步建立有中国特色的独立的法律体系"的目标，到 1987 年立法工作取得重大进展，中国在国家政治生活、经济生活、社会生活的基本方面，逐步实现有法可依。以宪法为基础的社会主义法律体系已经初步形成。

三　形成法律体系框架：1988 年至 2002 年

1992 年年初，邓小平同志南方谈话将建立社会主义市场经济体制的任务提上了党和国家工作的重要议事日程。1992 年党的十四大提出经济体制改革的目标是"建立和完善社会主义市场经济体制"。1993 年宪法再次修改，规定"国家实行社会主义市场经济"，"国家加强经济立法，完善宏观调控"，为建立和发展社会主义市场经济提供了宪法依据。

建立社会主义市场经济体制必须有比较完备的法治作保障，由此七届全国人大和八届全国人大始终把制定有关经济建设和改革开放方面的法律作为立法工作的重点，经过十年的努力，社会主义市场经济法律体系框架已粗具规模。其间，七届全国人大及其常委会通过了《宪法修正案》和 59 件法律，27 件关于法律问题的决定，共计 87 件，其中包括关于经济方面的法律 21 件；[②] 八届全国人大及

---

① 赵晓耕、沈玮玮：《专业之作：中国三十年（1979—2009）立法检视》，《辽宁大学学报》（哲学社会科学版）2010 年第 5 期。

② 彭冲：《全国人民代表大会常务委员会工作报告》（1993 年）。

其常委会共通过法律 85 件、有关法律问题的决定 33 件，共计 118 件。① 这些立法，包括规范市场主体和市场行为、维护市场秩序、加强宏观调控、完善社会保障制度、振兴基础产业和支柱产业、促进对外开放等各个方面，大体形成了社会主义市场经济法律体系的框架。

九届全国人大及其常委会把加强立法工作、提高立法质量作为首要任务，共审议通过 1 个宪法修正案和 124 件法律、法律解释和有关法律问题的决定草案。② 其中，1999 年《宪法修正案》，把依法治国基本方略、国家现阶段基本经济制度和分配制度以及非公有制经济的重要作用等写进了宪法，为建立社会主义市场经济体制、发展人民民主、推进依法治国基本方略实施，进一步完善社会主义市场经济立法，提供了宪法依据和保障。

这一时期，立法不仅数量多，质量也有所提高。截至 2002 年年底，构成中国特色社会主义法律体系的各个法律部门齐全，每个法律部门中的主要法律已经基本制定出来，加上国务院制定的行政法规和地方人大制定的地方性法规，以宪法为核心的中国特色社会主义法律体系已经初步形成。③ 这就为依法治国、建设社会主义法治国家，实现到 2010 年形成中国特色社会主义法律体系的目标，打下了坚实基础。

四 形成法律体系：2003 年至 2010 年

2003 年 3 月，十届全国人大提出以"基本形成中国特色社会主义法律体系"为本届人大及其常委会立法工作的目标。所谓"基本形成"，就是在"初步形成"的基础上，将每个法律部门中支架性的、现实急需的、条件成熟的法律制定和修改完善。形成中国特色

---

① 田纪云：《全国人民代表大会常务委员会工作报告》（1998 年）。
② 李鹏：《全国人民代表大会常务委员会工作报告》（2003 年）。
③ 同上。

社会主义法律体系，应该达到以下基本标准：第一，法的门类要齐全；第二，不同法律部门内部基本的、主要的法律规范要齐备；第三，法律体系内部不同的法律门类之间、不同层次法律规范之间，要做到逻辑严谨、结构合理、和谐统一。

2007 年，党的十七大宣布，中国特色社会主义法律体系基本形成。2008 年 3 月，时任全国人大常委会委员长吴邦国在十一届全国人大一次会议上指出，中国特色社会主义法律体系，是以宪法为核心、法律为主干，由宪法及宪法相关法、民法商法、行政法、经济法、社会法、刑法、诉讼与非诉讼程序法 7 个法律部门和法律、行政法规、地方性法规三个层次规范构成的统一整体。在前几届全国人大及其常委会立法工作的基础上，经过十届全国人大及其常委会的不懈努力，截至 2007 年年底，中国现行有效的法律共 229 件，现行有效的行政法规近 600 件、地方性法规 7000 多件，构成中国特色社会主义法律体系的各个法律部门已经齐全，各个法律部门中基本的、主要的法律及配套规定已经制定出来，中国特色社会主义法律体系已基本形成，国家经济、政治、文化、社会生活的各个方面基本实现了有法可依。[①]

2010 年是形成中国特色社会主义法律体系的收官之年。2011 年 3 月 10 日，吴邦国同志庄严宣布：一个立足中国国情和实际、适应改革开放和社会主义现代化建设需要、集中体现党和人民意志的，以宪法为统帅，以宪法相关法、民法商法等多个法律部门的法律为主干，由法律、行政法规、地方性法规等多个层次的法律规范构成的中国特色社会主义法律体系已经形成。[②]

五　完善法律体系：党的十八大以来

党的十八大以来，立法工作围绕"五位一体"总体布局和"四

---

① 吴邦国：《全国人民代表大会常务委员会工作报告》（2008 年）。
② 吴邦国：《全国人民代表大会常务委员会工作报告》（2011 年）。

个全面"战略布局，加快推进支架性立法、基础性立法、重点领域立法，填补空白立法，加快构建国家安全法律制度体系，不断完善社会主义市场经济法律制度，统筹推进社会、文化、生态等方面法律制度建设，积极落实"税收法定原则"，坚持立、改、废、释、授权并举，规范和推进设区的市地方立法工作，立法效果显著，社会主义法律体系不断完善。

具体而言，法律体系的完善发展体现在以下几个方面。

一是与时俱进修改宪法，发挥宪法在法律体系中的统帅作用。2018年3月，十三届全国人大一次会议审议通过《宪法修正案》，及时将重大思想、理念和制度纳入宪法，及时将改革成果和重大部署制度化、法律化，既符合宪法体现时代精神、反映现实需求、与时俱进发展完善的内在要求，又将为新时代坚持和发展中国特色社会主义、实现"两个一百年"奋斗目标和中华民族伟大复兴的中国梦提供有力宪法保障。

二是加强民商经济立法，完善社会主义市场经济法律体系。经济体制改革是全面深化改革的重点，必须进一步加强市场经济法治建设，包括：制定《民法总则》，推进民法典编纂，促进社会主义市场经济健康发展；适应转变政府职能、推进简政放权的行政体制改革需要，协调推进相关的立改废工作，进一步激发市场活力；健全以公平为核心原则的产权保护制度，推进产权保护法治化，依法保障各类市场主体合法权益；加强知识产权保护，健全社会信用体系，建设法治化经营环境；等等。

三是深化文化体制改革，统筹推进社会文化立法。相继制定《慈善法》《红十字会法》《公共图书馆法》《公共文化服务保障法》《电影产业促进法》《中医药法》《志愿服务条例》等重要法律法规，为加强和创新社会治理、促进文化发展提供法治保障。

四是着力环境立法，建设美丽中国。党的十八大以来，中央高度重视生态环境制度建设，全国人大及其常委会和国务院加强了环境立法，共修订包括《环境保护法》《大气污染防治法》《水污染防治法》等在内的8部法律,推进完成了9部环保行政法规和23件环保部门规章的制定与修订。这一系列重要环境立法,确立了"经济社会发展与环境保护相协调"的理念,完善了环境监测和环境影响评价、污染物总量控制、排污许可证等环保基本制度,建立了更为严格的环境保护标准和责任体系。

五是加强国家安全立法,构建国家安全法律体系基本框架。党的十八届四中全会对构建国家安全法律制度体系提出明确要求,中国的国家安全立法工作稳步推进。与此相应,十二届全国人大及其常委会将建立和完善国家安全法律体系、依法维护国家安全,作为立法的重点领域,相继出台《反间谍法》《国家安全法》《反恐怖主义法》《网络安全法》《国防交通法》《境外非政府组织境内活动管理法》《国家情报法》《核安全法》等一系列维护国家安全的法律,国务院配套制定《反间谍法实施细则》等行政法规,填补了国家安全领域的立法空白,为维护国家核心利益和其他重大利益提供了坚实的法治保障。

六是落实税收法定原则,税收立法迈出重要步伐。税收法定是一项重要的法治原则,2015年3月税收法定原则先后写入《贯彻落实税收法定原则的实施意见》和《立法法》,税收立法权回归全国人大及其常委会。2016年12月,全国人大常委会审议通过《环境保护税法》,该法是党的十八届三中全会提出"落实税收法定原则"之后,全国人大常委会制定的第一部税收立法。2017年,全国人大常委会稳步推进税收立法,修改《企业所得税法》,将国务院制定的《烟叶税暂行条例》《船舶吨税暂行条例》规定的税制和税率平移上升为法律,成为根据税收法定原则,第一批由税收暂行条例上升为税收法律的税收立法项目。

七是推进反腐败立法,将反腐纳入法治轨道。形成严密的法治监督体系是建设中国特色社会主义法治体系、全面推进依法治国的重要指标和内容。2018年3月,十三届全国人大一次会议通过《宪法修正案》和《国家监察法》,将监察体制改革和反腐败纳入法治轨道。

综上可见，随着中国经济社会体制改革的不断深化和社会主义民主法治建设的不断发展，我们对法律体系的认识也在不断提高。从"建立有中国特色的独立的法律体系"发展为"社会主义法律体系初步形成"，从"形成社会主义市场经济法律体系框架"发展为"建立社会主义市场经济法律体系"，从"建立社会主义法律体系"发展为"形成中国特色社会主义法律体系"，从"初步形成""基本形成"发展为"形成""完善发展"，所有这些变化，都彰显了中国对立法工作的认识不断提高，对法律体系的认识不断完善，对形成中国特色社会主义法律体系实践过程的认识不断深化。

第四节　70年立法经验总结

新中国立法经过70年的曲折发展，具有中国特色的立法体制和法律体系逐步形成和完善，为国家现代化治理提供了良法善治的坚实基础。反思70年立法进程，总结70年立法经验，可以得出以下基本认识。

一　坚持中国共产党的领导、人民当家作主和依法治国有机统一

共产党的领导是人民当家作主和民主立法、科学立法、高质立法的根本保证；人民当家作主是社会主义民主政治和民主立法、科学立法、高质立法的本质要求；依法治国是党领导人民治理国家的基本方略，有法可依则是依法治国的前提条件。在中国，法律是实践证明正确的、成熟的、需要长期执行的党的路线方针政策的具体化、规范化和法律化，立法则是把党的路线方针政策法律化的过程。党制定的大政方针，提出的立法建议，需要通过法定程序，才能成为国家意志，成为全社会一体遵循的行为规范和准则。立法要坚持

正确的政治方向，把党的领导、人民当家作主和依法治国有机统一起来，从制度上、法律上保证党的路线方针政策的贯彻实施。在全面推进立法工作、完善中国特色社会主义法律体系的实践进程中，只有坚持这三者的有机统一，才能保证立法工作始终坚持正确方向，实现人民立法和立法为民。

二　坚持从国情出发，走中国特色社会主义立法发展道路

立法必须从中国社会主义初级阶段的基本国情出发，深刻认识和正确把握中国发展的阶段性特征，紧紧围绕国家的奋斗目标、根本任务、政策方略、中心工作来开展立法，促进各项事业的顺利发展。当然，立足中国国情，不排除认真研究和借鉴国外立法的有益经验，但不能照抄照搬别国的立法模式。党的十九大的召开，标志着中国特色社会主义进入新时代，未来的立法工作应围绕"五位一体"总体布局和"四个全面"战略布局，服务于新发展理念，为实现"两个一百年"奋斗目标和中华民族的伟大复兴提供有力的法治保障。

三　坚持以人民为中心，切实尊重和保障人权

中国的立法是反映人民意志、体现人民利益的立法，实现好、维护好、发展好最广大人民的根本利益是一切立法工作的出发点和落脚点。立法必须坚持以人为本，尊重人民主体地位，保障人民各项权益，做到立法为了人民、立法依靠人民、立法保障人民共享发展成果。为此，立法必须致力于消灭贫穷落后，让每个人享有充分的人权，坚持生存权、发展权的首要地位，同时不断发展公民的政治、经济、社会、文化权利，努力实现人的全面发展。2004 年《宪法修正案》确立了国家尊重和保障人权的原则，完善了土地征收征用制度，完善了对公民私有财产权和继承权的规定，增加了国家建立健全同经济发展水平相适应的社会保障制度的规定；此外，全国人大常委会以改善民生为重点，统筹推进经济、社会、文化、生态

领域的立法，人权的法治保障水平不断提高。

四　坚持以宪法为依据，使每一项立法都符合宪法精神

宪法是国家的根本法，具有最高法律效力，一切立法必须以宪法为根本法律依据，不得同宪法精神、宪法原则以及宪法条文相抵触。坚持依宪立法，这既是依法治国的内在要求，也是保证法治统一和权威的重要前提。只有以宪法为依据，才能使制定的法律符合中国社会发展的规律，符合改革和建设的需要。① 坚持依宪立法，应当正确处理中央和地方、全局和局部、长远和当前、发达地区和欠发达地区的利益关系，维护好国家的整体利益和人民的根本利益；应当坚持统筹兼顾，正确认识不同利益诉求，正确处理权力与权利的关系，保证公民、法人和其他组织的合法权益不受侵害。坚持依宪立法，还必须健全宪法监督机制。党的十八届四中全会提出，"完善全国人大及其常委会宪法监督制度，健全宪法解释程序机制。加强备案审查制度和能力建设，把所有规范性文件纳入备案审查范围，依法撤销和纠正违宪违法的规范性文件，禁止地方制发带有立法性质的文件"。2014 年、2015 年全国人大常委会相继通过《关于设立国家宪法日的决定》《关于实行宪法宣誓制度的决定》，与此同时，合宪性审查被提上议事日程。党的十九大提出，加强宪法实施和监督，推进合宪性审查工作，维护宪法权威。2018 年 3 月《宪法修正案》将全国人民代表大会下设的"法律委员会"修改为"宪法和法律委员会"，为建立健全对立法的事前备案审查与事后合宪性、合法性审查相结合的宪法监督机制提供了宪法依据。

五　坚持立法和改革发展决策相衔接，重大改革于法有据

立法要适应并服务于经济社会发展和改革开放的需要，是中国立法的一条基本经验，包括坚持立法与改革发展和现代化建设进程

---

① 田纪云：《第八届全国人大第四次会议全国人大常委会工作报告》（1996 年）。

相适应，为改革发展和现代化建设创造良好的法治环境；认真总结
改革开放和现代化建设的基本经验，把实践证明是正确的经验用宪
法法律确认下来，巩固改革开放和现代化建设的积极成果，保障和
促进经济社会又好又快地发展，为改革发展和现代化建设创造良好
的法治环境。对于立法中遇到的问题，要区别不同情况作出处理：
改革开放实践经验比较成熟的，通过立法加以深化、细化，作出具
体规定；改革开放实践经验尚不成熟，又需要作规定的，立法作出
原则规定或授权决定，为进一步改革发展留下空间；对于实践经验
缺乏，各方面意见又不一致的，暂不规定，待条件成熟时再行立法。

六　坚持民主科学依法立法，提高立法质量和效率

实现科学立法，要求立法工作应当秉持科学立法的精神、采用
科学立法的方法、符合科学立法的规律、遵循科学立法的程序、完
善科学立法的技术。坚持科学立法应当尊重立法工作自身的规律，
立法工作既着眼于法律的现实可行性，又注意法律的前瞻性；既着
眼于通过立法肯定改革成果，又注意为深化改革留有空间和余地；
既着眼于加快国家立法的步伐，又注意发挥地方人大依法制定地方
性法规的积极性；既着眼于立足于中国国情立法，又注意借鉴国外
立法的有益做法。努力使法律内容科学规范，相互协调。[①] 改革开放
以来，在中国立法工作中，立法民主化、发扬立法民主等理念早已
有所体现，但"民主立法"这个提法却是在进入 21 世纪后才正式使
用的。九届全国人大四次会议的常委会工作报告提出："力争做到立
法决策的民主化、科学化。"十届全国人大以来，第二次会议的常委
会工作报告提出"坚持立法为民"，第四次会议的常委会工作报告要
求"立法民主化迈出新步伐"，第五次会议的常委会工作报告使用了
"科学立法、民主立法继续推进"的提法。党的十七大进一步明确提
出"要坚持科学立法、民主立法"。可见，民主立法在实践中已逐步

---

① 李鹏：《第十届全国人大第一次会议全国人大常委会工作报告》（2003 年）。

成为中国立法工作的基本要求和应当长期坚持的重要经验。坚持依法立法是保障法制统一的关键，其核心要求就是依照法定的权限和程序立法。把依法立法与科学立法、民主立法并列为立法原则，这是立法原则上的一大变化，目的就是要解决法出多门、通过法来逐利、部门利益和地方保护主义法律化等问题。立法实践证明，只有坚持科学立法，才能保证立法符合自然规律、中国社会发展规律和立法自身规律的科学要求；只有坚持民主立法，才能保证人民意志、党的意志和国家意志的有机统一；只有坚持依法立法，才能保障社会主义法制的统一；只有坚持民主立法、科学立法、依法立法，才能从根本上保证立法质量的提高。

第 五 章

新中国行政法治70年

新中国成立以来，我国社会主义行政法治经历了曲折的过程。改革开放以来，党和国家立足国情，借鉴吸收人类政治文明的发展成果，大力推进行政法治建设，成绩斐然，效果卓著。经过多年努力，我国行政机关的职能配置不断走向规范合理，初步实现了行政管理的规范化、程序化与法治化，大力加强了对公民权利的保护和对行政组织及其活动的监督，为经济社会的发展提供了重要的行政法治保障。但是，我国行政法治建设还存在一些缺陷与短板，与完善社会主义市场经济体制、推进国家治理现代化和建设法治中国的要求相比，还存在较大差距。在新时代，需要大力推进依法行政，着力转变职能、理顺关系、优化结构、提高效能，做到权责一致、分工合理、决策科学、执行顺畅、监督有力，建设职能科学、权责法定、执法严明、公开公正、廉洁高效、守法诚信的法治政府。

第一节　新中国行政法治建设主要阶段

一　探索与挫折期（1949—1978）

新中国成立初期，以发挥了临时宪法作用的《共同纲领》为基础，制定了一系行政组织和管理法规，为国家行政管理提供了初步的法制基础。机构组织方面有《中央人民政府组织法》《政务院及所属各机关组织通则》，以及地方各级人民政府及其派出机构的组织条例等；干部管理方面有《政务院关于任免工作人员的暂行办法》等；经济管理方面有《中央金库条例》《对外贸易管理暂行条例》等；在社会管理方面有《城市户口管理暂行办法》《暂行海关法》等。从"五四宪法"颁布后到1957年，是我国行政法发展的一个黄金时期，这四年中所颁布的重要行政组织和管理法规即有500余部，① 如《治安管理处罚条例》《国务院关于国家机关工作人员奖惩暂行规定》《城市交通规则》等。

从1958年开始，我国社会主义行政法制遭受严重挫折。行政立法大幅减少，已有的法律法规也得不到有效实施。1959年监察部、司法部、国务院法制局等先后被撤销，各地的监察、司法和政府法制部门也随之撤销，行政法学的教学和研究停止。但这一时期行政法制建设尚未完全中断，制定了一些重要的行政法规，如《边防检查条例》《户口登记条例》等。1966年至1976年则是我国行政法制完全中断的时期。在这一阶段，国家立法机关停止活动，行政机关几乎不再颁布行政管理法规，无法可依、有法不依的状况达到了顶点，行政法学成为禁区。②

二　恢复发展期（1978—1989）

党的十一届三中全会为新时期行政体制的改革和行政法治的发展指明了方向。1979年全国人大常委会作出决议，确定从中华人民共和国成立以来国家制定的法律、法令，凡不与现行宪法、法律、法令相抵触者均继续有效，部分解决了行政领域无法可依的问题。1980年8月邓小平同志分析了现行政治体制存在的种种弊端，论述

---

① 参见张焕光、刘曙光、苏尚智《行政法基本知识》，山西人民出版社1986年版，第33页。

② 同上书，第33—34页。

了政治体制改革的目的、意义、主要内容和必须遵循的原则，这些论述成为 20 世纪 80 年代进行政治体制改革的指导性文件。1981 年的政府工作报告，强调指出行政立法在国家管理中的重大作用。"八二宪法"的颁布，为新时期行政法治建设提供了宪法依据和根本法治保障。宪法中对于行政管理活动基本原则的规定，对于国家行政机关组织、基本工作制度和职权的规定，对于公民基本权利和义务的规定，一方面构成了行政法最高位阶的法律渊源，另一方面指导了此后的行政法治建设。1987 年党的十三大在系统阐述社会主义初级阶段理论的同时，对政治体制改革作了部署，指出改革的长远目标，是建立高度民主、法治完备、富有效率、充满活力的社会主义政治体制。1988 年七届全国人大一次会议通过了国务院机构改革方案，将加速行政立法作为改革的重要内容提出。

这一时期制定了《治安管理处罚条例》《环境保护法》《文物保护法》《食品卫生法（试行）》《土地管理法》《森林法》以及《国务院组织法》《地方各级人民代表大会与地方各级人民政府组织法》等行政法律法规。当时的主导观念是"行政管理法治化"，强调按照稳定性的法律规则来对公共事务进行管理，重点放在依法治事、依法管理老百姓，对于保障公民权利、规范政府权力，尽管已经有所认识和落实，但还没有成为主导。

三　加速发展期（1989—1997）

1989 年《行政诉讼法》颁布，标志着我国行政体制改革和行政法治建设进入一个新的阶段。这一时期，社会主义市场经济体制被确立为经济改革方向，这对行政法治建设提出了新的要求。依法行政、推进社会主义法治建设得到最高决策层日益增多的强调。

1992 年，党的十四大明确提出经济体制改革的目标，即要建立社会主义市场经济体制，使市场在国家宏观调控下对资源配置起基础性作用。1993 年八届全国人大一次会议通过的政府工作报告中正式提出了依法行政的原则，强调各级政府都要依法行政、严格依法办事，一切公职人员都要带头学法懂法，做执法守法的模范。

这一时期，除了《行政诉讼法》以外，还颁布了《国家赔偿法》《行政复议条例》《行政监察条例》《行政监察法》《审计法》《行政处罚法》《国家公务员暂行条例》等行政法律法规。这些法律法规一方面强化了对公民权利的救济和对行政权的监督，另一方面强化了对行政权行使过程和程序的规范和控制，并初步建立了现代公务员制度。此外，这一时期部门行政法律法规的数量倍增，制定了《税收征收管理法》《律师法》等多部重要法律法规。这一时期的行政法治建设，在强调行政管理法治化的同时，更加关注对公民权利的保障和对行政权行使的规范制约。

四　全面发展期（1997—2012）

1997年党的十五大提出"依法治国，建设社会主义法治国家"的治国方略，这是我国法治建设的一项标志性事件，具有划时代的重要意义。依法行政是依法治国的重要组成部分，对依法治国基本方略的实行在很大程度上具有决定性的意义。为贯彻依法治国方略，1999年国务院颁布《关于全面推进依法行政的决定》，要求各级政府和政府各部门的工作人员特别是领导干部，"全面、深刻地领会依法行政的精神实质，充分认识依法行政的重大意义，增强依法行政的自觉性，不断提高依法行政的能力和水平"。这是我国历史上第一份关于推进依法行政的中央政府文件，意义重大。2004年国务院在《政府工作报告》中第一次明确提出了建设"法治政府"的目标，随后国务院颁布《全面推进依法行政实施纲要》作为指导各级政府依法行政、建设法治政府的纲领性文件，其中提出经过十年左右坚持不懈的努力，基本实现建设法治政府的目标，并且明确了此后十年全面推进依法行政的指导思想、基本原则、基本要求、主要任务和保障措施。市县两级政府处在政府工作的第一线，是国家法律法规和政策的重要执行者，2008年颁布《国务院关于加强市县政府依法行政的决定》，就加强市县政府依法行政提出具体要求和举措。

2010 年颁布《国务院关于加强法治政府建设的意见》，要求"以增强领导干部依法行政的意识和能力、提高制度建设质量、规范行政权力运行、保证法律法规严格执行为着力点"，全面推进依法行政。此外，2003 年党的十六届三中全会提出科学发展观、2004 年四中全会提出构建社会主义和谐社会以后，为行政法治建设注入了新的价值元素，提供了新的动力和要求。

这一时期，一方面，行政领域立法工作步伐加快，质量不断提高，愈加以人为本、重视人权，颁布了《行政复议法》《行政复议法实施细则》《行政许可法》《立法法》《政府信息公开条例》等重要法律法规，以及《道路交通安全法》《居民身份证法》《工伤保险条例》《城市生活无着的流浪乞讨人员救助管理办法》等。另一方面，行政执法体系逐步健全，执法力度加大，保证了法律法规的贯彻实施；行政管理体制改革稳步推进，政府职能和管理方式逐步转变，行政监督制度不断完善；各级行政机关工作人员特别是领导干部依法行政意识增强，依法行政能力有了很大提高。

五　深化发展期（2012—2018）

党的十八大以来，党中央进一步强调依法治国是坚持和发展中国特色社会主义的本质要求和重要保障，是实现国家治理现代化的必然要求，事关党和国家长治久安。我国依法行政和法治政府建设也进入了一个全新的阶段。党的十八大报告明确提出法治是治国理政的基本方式，强调加快建设社会主义法治国家，全面推进依法行政，并给出了具体的时间表，也即"到 2020 年，依法治国基本方略全面落实，法治政府基本建成，司法公信力不断提高，人权得到切实尊重和保障"。党的十八届三中全会把全面深化改革与法治建设紧密结合，提出建设法治中国，必须坚持依法治国、依法执政、依法行政共同推进，坚持法治国家、法治政府、法治社会一体建设，努力推进国家治理体系和治理能力现代化。党的十八届四中全会对全面推进依法治国作出了总体部署和系统谋划，并用较大篇幅对"深入推进依法行政，加快建设法治政府"进行了论述。为实现党的十八大提出的 2020 年法治政府基本建成的战略目标，并落实《决定》对依法行政、法治政府建设提出的具体要求，2015 年中共中央、国务院印发了《法治政府建设实施纲要（2015—2020 年)》，这是我国历史上第一次以中共中央、国务院文件的形式，对法治政府建设作出重大部署，明确了法治政府建设的总体目标，即到 2020 年基本建成职能科学、权责法定、执法严明、公开公正、廉洁高效、守法诚信的法治政府，确立了法治政府建设的衡量标准，即政府职能依法全面履行，依法行政制度体系完备，行政决策科学民主合法，宪法法律严格公正实施，行政权力规范透明运行，人民权益切实有效保障，依法行政能力普遍提高，部署了相关的主要任务和具体措施。2016 年中央办公厅、国务院办公厅发布《关于全面推进政务公开工作的意见》强调，公开透明是法治政府的基本特征。

这一阶段的行政领域立法工作覆盖面更广，通过制定《国家安全法》《公共文化服务保障法》《电影产业促进法》《中医药法》等，修订《环境保护法》《食品安全法》等法律，为维护国家核心利益和其他利益，促进经济社会文化各领域全面发展，提供了重要法治保障；"放管服"改革持续推进，清单管理全面实行，政府法律顾问制度普遍建立，行政决策科学化、民主化、法治化水平进一步提高，"双随机、一公开"全面推行，事中事后监管不断加强，行政执法体制改革深入推进，严格规范公正文明执法水平明显提升……推进依法行政进入"快车道"，法治政府建设展现出前所未有的"加速度"。在这一阶段，我国法治政府建设的一大特点，在于党中央、国务院加强了对依法行政、法治政府建设的顶层设计，对依法行政和法治政府建设的总体目标、基本要求、衡量标准、推进机制等进行了统筹规划，将依法行政、法治政府建设纳入国家治理体系和治理能力现代化的大局中进行考量和推进；更加强调重大改革要于法有据，必须在法治的轨道上进行改革；更加强调"放管服"相结合，充分激发市场和社会活力。

第二节　行政组织法治

行政组织法调整行政机关的机构设置、职能和权限分配、人员编制和管理等，是行政法治的重要组成部分，其发展完善程度对于行政的规范运行和效能效率具有重要影响。

一　行政机构改革与行政机关组织法

改革开放以来，我国先后开展了八次政府机构改革（1982、1988、1993、1998、2003、2008、2013、2018），政府职能不断转变，政府组织不断优化，政企分开、政事分开初步得以实现；撤销工业经济部门，加强了市场监管部门；科学划分部门职能分工，调整部门管理体制。但我国行政管理体制还存在一些严重的问题，包括一些领域党政机构重叠、职责交叉、权责脱节问题比较突出；一些政府机构设置和职责划分不够科学，职责缺位和效能不高问题凸显，政府职能转变还不到位；一些领域中央和地方机构职能上下一般粗，权责划分不尽合理；基层机构设置和权力配置有待完善，组织群众、服务群众能力需要进一步提高；军民融合发展水平有待提高；群团组织政治性、先进性、群众性需要增强；事业单位定位不准、职能不清、效率不高等问题依然存在；一些领域权力运行制约和监督机制不够完善，滥用职权、以权谋私等问题仍然存在；机构编制科学化、规范化、法定化相对滞后，机构编制管理方式有待改进。2018 年《中共中央关于深化党和国家机构改革的决定》提出，要以推进党和国家机构职能优化协同高效为着力点，改革机构设置，优化职能配置，深化转职能、转方式、转作风，提高效率效能，积极构建系统完备、科学归纳、运行高效的党和国家机构职能体系。

与行政改革相适应，我国的行政组织法治也有了很大的发展。

现有的行政组织法除宪法关于国家机构的规定外，主要由三部分构成。第一部分是法律，包括《国务院组织法》《地方各级人民代表大会和地方各级人民政府组织法》（以下简称《地方组织法》）《公务员法》《中国人民银行法》《行政监察法》等。第二部分是单行法律中关于国家权力配置与行政组织设置的规定，例如《土地管理法》中关于国家土地管理机关的规定。第三部分是有关国家组织的行政法规，如《国务院行政机构设置和编制管理条例》《地方各级人民政府机构设置和编制管理条例》《公安机关组织管理条例》《行政区划管理条例》等。总体而言，行政机关组织法和编制法仍然是我国法治政府建设的一个薄弱环节，许多重要的行政组织法律法规尚未出台，已有的法律比较简陋，规范的事项非常有限，相关事务主要依赖于政策文件。未来还需要更加充分地发挥权力机关在行政组织设置和编制管理等问题上的作用，对于行政组织设置和编制管理的重大问题应由法律加以规范。要通过立法明确中央政府的结构和规模、地方政府的法律地位和组织构造、中央与地方的关系。党的十八届三中全会提出，推进机构编制管理科学化、规范化、法治化；四中全会要求，完善国家机构组织法，推进机构、职能、权限等的法定化，推进各级政府事权的规范化和法律化，完善不同政府特别是中央和地方政府事权法律制度。党的十九大进一步要求完善国家机构组织法。2018 年《中共中央关于深化党和国家机构改革的决定》，要求依法管理各类组织机构，研究制定机构编制法。

合理划分中央与地方财政事权和支出责任是政府有效提供基本公共服务的前提和保障，是推进国家治理体系和治理能力现代化的客观需要。2016 年《国务院关于推进中央与地方财政事权和支出责任划分改革的指导意见》发布，对推进中央与地方财政事权和支出责任划分改革作出总体部署，其中明确提出坚持法治化规范化道路，要将中央与地方财政事权和支出责任划分基本规范以法律和行政法规的形式规定。

近年来，中央将三张清单制度，也即权力清单、责任清单和负面清单制度作为推进简政放权、依法行政的一个重要抓手。党的十八届三中全会要求"推行地方各级政府及其工作部门权力清单制度，依法公开权力运行流程"。四中全会要求"推行政府权力清单制度，坚决消除权力设租寻租空间"。2015 年中央办公厅、国务院办公厅印发《关于推行地方各级政府工作部门权力清单制度的指导意见》，将地方各级政府工作部门行使的各项行政职权及其依据、行使主体、运行流程、对应的责任等，以清单形式明确列示出来，向社会公布，接受社会监督。通过建立权力清单和相应责任清单制度，进一步明确地方各级政府工作部门职责权限，大力推动简政放权，全面推进依法行政。负面清单主要适用于市场准入领域，是指国务院以清单方式明确列出在中华人民共和国境内禁止和限制投资经营的行业、领域、业务等，各级政府依法采取相应管理措施的一系列制度安排。市场准入负面清单以外的行业、领域、业务等，各类市场主体皆可依法平等进入。2015 年《国务院关于实行市场准入负面清单制度的意见》，对相关工作进行了部署。

二　事业单位法律制度

在我国，事业单位是指为了社会公益目的，由国家机关举办或者其他组织利用国有资产举办的，从事教育、科技、文化、卫生等活动的社会服务组织。其基本性质是在行政机关之外相对独立的承担公共服务职能的公共组织，属于广义行政组织的范畴。① 近年来我国事业单位改革进入快车道，2012 年《中共中央　国务院关于分类推进事业单位改革的指导意见》发布，就事业单位改革作了整体部署，其中将现有的事业单位按照社会功能划分为承担行政职能、从事生产经营活动和从事公益服务三个类别，分别提出了改革的方向。在行政法规建设方面，继 1998 年制定了《事业单位登记管理暂行条

---

① 详见李志萍、李洪雷《事业单位改革的行政法学分析》，《北京行政学院学报》2008 年第 4 期。

例》（2004 年修订）之后，又于 2015 年制定了《事业单位人事管理条例》，这是我国第一部系统规范事业单位人事管理的行政法规。在事业单位领导人员管理方面，2017 年 1 月，中组部分别会同中宣部、教育部、科技部、国家卫生计生委印发《宣传思想文化系统事业单位领导人员管理暂行办法》《高等学校领导人员管理暂行办法》《中小学校领导人员管理暂行办法》《科研事业单位领导人员管理暂行办法》《公立医院领导人员管理暂行办法》等 5 个办法。

三 干部人事制度改革与公务员法

我国公务员制度是对传统干部人事制度的改革与发展。1987 年党的十三大，强调"当前干部人事制度改革的重点，是建立国家公务员制度"。1993 年国务院发布《国家公务员暂行条例》，在各级国家行政机关中建立和推行公务员制度，这标志着我国公务员制度的初步建立。为解决公务员法立法层次低、公务员范围过窄等问题，同时改进现行的公务员管理制度，2005 年全国人大常委会通过《公务员法》，作为我国公务员管理的基础性法律。《公务员法》制定后，中央公务员主管部门就考核、培训、奖励、处分、公开遴选、调任、职务任免与升降、任职与定级等制定了相关规定。2009 年中央办公厅、国务院办公厅发布《关于实行党政领导干部问责的暂行规定》，对担任领导职务公务员的问责制度作了规定。2018 年全国人大常委会对《公务员法》进行了修订。

第三节 行政行为法治

行政行为是行政管理方式的具体体现，是行政机关行政权的外化形式，与行政相对人权益密切相关，是法治政府建设的重心所在。70 年来，我国行政管理方式不断改进，行政行为法治建设有了长足的进展，不断规范行政行为，健全行政程序，并探索新的更加灵活的行政管理方式。

一 行政立法和行政规定

行政立法（行政法规和行政规章）是我国社会主义法律体系的重要组成部分。改革开放以来，中国行政立法迅猛发展，对行政管理的规范化、法治化发挥了重要作用。截至 2014 年 9 月底，地方政府规章 8909 件。我国《立法法》对行政立法的基本制度作了规定，明确了行政立法的权限划分，完善了程序规定，健全了监督机制。①2014 年全国人大常委会对《立法法》进行了修改，将制定地方政府规章的主体扩大到所有设区的市，并进一步明确了规章的制定权限。国务院于 2001 年颁布《行政法规制定程序条例》与《规章制定程序条例》，对行政立法程序作了具体规定，2018 年对这两个条例进行了修改，一是把党的领导贯彻落实到政府立法工作的全过程和各方面；二是将"放管服"等方面改革的成熟经验上升为制度规定；三是深入推进科学立法、民主立法、依法立法；四是进一步完善解释和废止程序。

行政规定，也称（其他）规范性文件，是行政机关制定的除行政法规和规章之外作出具有普遍约束力的政令。这些行政规定虽然不是法，但在实践中发挥着重要的作用，直接指导着行政机关的行政管理活动，对行政相对人也有重要的影响。2015 年《法治政府建设实施纲要》要求，要完善规范性文件制定程序，落实合法性审查、集体讨论决定等制度，实行制定机关对规范性文件统一登记、统一编号、统一印发制度。规范性文件不得减损公民、法人和其他组织合法权益或者增加其义务……此外，要建立行政法规、规章和规范性文件清理长效机制，实行目录和文本动态化、信息化管理。完善行政规定（规范性文件）相关程序和监督制度的一个前提，是对我

---

① 参见袁曙宏、李洪雷《新世纪我国行政立法的发展趋势》，《行政法学研究》2002 年第 3 期。

国实践中行政规定的性质、效力和类型等有准确的把握。目前我国行政法学界在这方面的研究尚不充分。[①]

二　行政决策

决策是行政权力运行的起点，规范决策行为特别是重大决策行为，是规范行政权力的重点，也是法治政府建设的重点。近年来，各地方、各部门在促进科学决策、民主决策、依法决策方面，探索了很多好的做法和经验，行政决策的规范化和法治化水平日益提高。但是，乱决策、违法决策、专断决策、拍脑袋决策、应决策而久拖不决等现象仍屡见不鲜。2004 年国务院《全面推进依法行政实施纲要》要求，建立健全科学民主决策机制，涵盖公众参与、专家论证、合法性论证、决策公开、决策跟踪反馈和责任追究等方面。2010 年《国务院关于加强法治政府建设的意见》要求，要把公众参与、专家论证、风险评估、合法性审查和集体讨论决定作为重大决策的必经程序，并提出完善行政决策风险评估机制。2014 年党的十八届四中全会明确提出，要把公众参与、专家论证、风险评估、合法性审查、集体讨论决定确定为重大行政决策法定程序，确保决策制度科学、程序正当、过程公开、责任明确。《法治政府建设实施纲要》中对重大行政决策程序的要求予以进一步明确和细化。2019 年国务院公布《重大行政决策程序暂行条例》，对于健全科学、民主、依法决策机制，规范重大行政决策程序，提高决策质量和效率，明确决策责任，具有重要意义。

三　行政执法

行政机关实施行政处罚、行政强制、行政征收、行政收费、行政检查、行政许可等执法行为，是履行政府职能的重要方式。我国

---

① 参见朱芒《论行政规定的性质——从行政法规范体系的角度》，《中国法学》2003 年第 1 期。

80% 的法律、90% 的地方性法规以及几乎所有行政法规和规章是由行政机关执行的，行政执法是建设法治政府的中心环节，需要着力加以规范。

一是推进行政执法体制改革，推进综合执法，促使执法重心下移。1996 年《行政处罚法》规定了相对集中行使行政处罚权，2004 年《行政许可法》规定了相对集中行政许可权。党的十八届四中全会要求，大幅减少市县两级政府执法队伍种类，推行综合执法，支持有条件的领域推行跨部门综合执法。《法治政府建设实施纲要》要求，根据不同层级政府的事权和职能，按照减少层次、整合队伍、提高效率的原则，合理配置执法力量。推进执法重心向市县两级政府下移，把机构改革、政府职能转变调整出来的人员编制重点用于充实基层执法力量。完善市县两级政府行政执法管理，加强统一领导和协调。大幅减少市县两级政府执法队伍种类，重点在食品药品安全、工商质检、公共卫生、安全生产、文化旅游、资源环境、农林水利、交通运输、城乡建设、海洋渔业、商务等领域内推行综合执法，支持有条件的领域推行跨部门综合执法。

二是健全行政执法人员管理制度。《国务院关于全面推进依法行政的决定》要求，要进一步整顿行政执法队伍，对聘用从事行政执法的合同工、临时工，要尽快清退。《全面推进依法行政实施纲要》提出，实行行政执法人员资格制度，没有取得执法资格的不得从事行政执法工作。《关于加强法治政府建设的意见》要求，加强行政执法队伍建设，严格执法人员持证上岗和资格管理制度。根据《法治政府建设实施纲要》部署，2016 年年底前，各地区各部门对行政执法人员进行一次严格清理，未经执法资格考试合格，不得授予执法资格，不得从事执法活动。

三是明确行政执法的标准，规范行政执法程序。《行政处罚法》《行政许可法》《行政强制法》这"行政三法"是规范行政执法行为的通则性法律。党的十八届四中全会《决定》《全面加强法治政府建设的意见》《法治政府建设实施纲要》均要求，完善执法程序，明确操作流程，建立健全行政裁量权基准制度。党的十八届四中全会《决定》提出要"建立执法全过程记录制度、严格执行重大执法决定法制审核制度、推行行政执法公示制度"（简称为"三项制度"）。2017年国务院办公厅印发了《推行行政执法公示制度执法全过程记录制度重大执法决定法制审核制度试点工作方案》。

四是健全执法经费由财政保障制度。执法经费是行政执法的重要物质基础，是依法行政能力的重要保障。1996年《行政处罚法》即确立了作出罚款决定的行政机关与收缴罚款的机构相分离和"收支两条线"，但在实施中还存在一些问题。近年来中央一再要求，要切实贯彻"收支两条线"。

五是建立健全行政执法责任制。行政执法责任制是规范和监督行政执法活动、促进行政机关依法行政的一项长期性的机制性和制度性保障。1997年党的十五大即提出实行执法责任制和评议考核制，2005年《国务院办公厅关于推行行政执法责任制的若干意见》发布，对行政执法责任制作了全面部署，要求依法确定执法职权，按照确定的执法职权的标准进行考核评议，根据评议考核追究相关人员的责任，全面落实行政执法责任制。

四　行政许可

行政许可也称行政审批，是指行政机关根据公民、法人或者其他组织的申请，经依法审查，准予其从事特定活动的行为。行政许可在中国行政管理实践中经常被称为行政审批。为了适应中国市场经济转型和加入WTO对政府转变职能的需要，从2001年10月开始，国务院开始部署行政审批制度改革工作。全国人大常委会于2003年通过的《行政许可法》对各类行政许可应当遵循的共通性制度作了规定。《行政许可法》针对行政许可过多过滥、实施不规范等问题，在行政设定、程序、监督与责任等方面进行了诸多的制度创新，确立了市场优先、个人自治优先、自律机制优先、事后手段优先等原则。《行政许可法》实施后，大量的法律、法规、规章和其他规范性文件按照《行政许可法》的规定和精神作了清理和修改，政府职能有了很大转变，行政许可实施的规范化程度得到大幅提升。2013 年新一届国务院产生后，即把着眼于简政放权、放管结合、优化服务的行政审批制度改革，作为推进全面深化改革的"先手棋"和转变政府职能的"当头炮"。国务院部门行政审批事项累计取消下放 618 项，提前两年完成削减三分之一的任务。对 453 项非行政许可审批事项进行了全面分类清理，让"非行政许可审批"这一概念成为历史。2013 年印发了《国务院关于严格控制新设行政许可的通知》，对新设行政许可的标准、审查程序和监督等作了更为具体严格的规定。但《行政许可法》在实施中也遭遇了很多的挑战，表现在法律的适用范围受到很大限制；许可设定的合理性缺乏保障；因为体制性原因导致一些立法目标落空；诸多规定因欠缺可操作性而影响实效。这导致我国传统行政许可制度中存在的行政许可设置过多、行政许可权缺乏有效制约等问题，仍在不同程度上继续存在，有的还很突出。《行政许可法》实质是规制改革或行政改革法，涉及政府职能的转变，政府与市场、社会关系的重塑，行政管理方式的变革，以及行政管理理念的更新。由于传统观念、既得利益和立法技术等方面的原因，其在实施中遇到障碍、存在问题在所难免。应当系统反思并有效应对《行政许可法》实施中存在的问题，从机构设置、规则细化和体制完善等方面，采取有力措施加以应对。[1]

五　行政程序

程序正当是法治政府的重要要求，行政程序法是现代行政法的重要组成部分。合理的程序设置，一方面对于实体目标的实现具有工具价值，如提高行政决定的质量，密切政府与公民之间的联系；另一方面也具有其自身的内在价值，它通过要求向相对人解释其为

---

[1]　参见李洪雷《〈行政许可法〉的实施：困境与出路》，《法学杂志》2014 年第 5 期。

何受到不利的对待并为其提供参与决定过程的机会，体现了对行政相对人主体性的尊重。2004 年国务院发布的《全面推进依法行政实施纲要》中对程序正当作了具体要求：行政机关实施行政管理，除涉及国家秘密和依法受到保护的商业秘密、个人隐私外，应当公开，注意听取公民、法人和其他组织的意见；要严格遵循法定程序，依法保障行政管理相对人、利害关系人的知情权、参与权和救济权。行政机关工作人员履行职责，与行政管理相对人存在利害关系时，应当回避。2008 年《湖南省行政程序规定》开启了我国统一行政程序地方立法的进程。目前，省级的统一行政程序规定还有《山东省行政程序规定》《江苏省行政程序规定》《宁夏回族自治区行政程序规定》。在设区的市一级，有《汕头市行政程序规定》《西安市行政程序规定》《海口市行政程序规定》《兰州市行政程序规定》等。此外，北京市和重庆市由人大主导的行政程序立法（地方性法规）也已启动。在中央层面，《行政处罚法》《行政许可法》《行政强制法》本质上也是行政程序法，但统一的行政程序立法进程目前处于停滞状态。近年来，在我国的行政审判实践中，正当程序原则也经常被直接或间接地适用。例如，最高人民法院行政庭公布的 104 号"行政审判案例"中，山东省临沂中级人民法院在二审判决中对正当程序原则作了详细的阐发：①《行政许可法》没有设定行政机关撤销行政许可所要遵循的具体程序性义务，并不意味着其就可以不要程序，在行使职权的方式、步骤、顺序、时限上享有绝对的自由裁量权，而程序合法的底线在于正当程序原则，行政机关在此情况下应当遵循这一法律原则。根据这一法律原则的要求，行政机关做出影响当事人权益的行政行为时，应当履行事先告知、说明根据和理由、听取相对人的陈述和申辩、事后为相对人提供相应的救济途径等正当法律程序。

---

① 参见最高人民法院行政审判庭编《中国行政审判案例》（第 3 卷），中国法制出版社 2013 年版，第 118 页。

六　政府信息公开

政府信息，是指行政机关在履行职责过程中制作或者获取的，以一定形式记录、保存的信息。2004 年国务院《全面推进依法行政实施纲要》明确要求推行政府信息公开。2002 年成立的国务院信息办、2003 年成立的全国政务公开领导小组一直将政府信息公开制度的建立作为其工作的一个重点内容。一些地方，如广东、上海等地也制定了适用于本地方的信息公开规定。为了统一规范政府信息公开工作，强化行政机关公开政府信息的责任，明确政府信息的公开范围，畅通政府信息的公开渠道，完善政府信息公开工作的监督和保障机制，国务院制定了《政府信息公开条例》，明确了行政机关依法公开政府信息的义务，规定了政府信息公开的范围、方式和程序，该条例于 2008 年 4 月 5 日公布、于 2008 年 5 月 1 日起施行。为正确审理政府信息公开行政案件，《最高人民法院关于审理政府信息公开行政案件若干问题的规定》于 2010 年 12 月由最高人民法院审判委员会通过。《政府信息公开条例》对于打造透明政府和阳光政府，转变政府行政管理方式，建立反腐倡廉长效机制，保障公民知情权、监督权和参与权具有重要意义。但是现行条例在实施过程中遇到一些新的问题。为此，国务院在 2019 年对其进行了修订。由于《政府信息公开条例》为层级行政法规，为了保障其规定的实效，未来还应提高政府信息公开规定的立法层级，同时考虑到推进政务公开的需要，应当制定《政务公开法》，切实推进决策公开、执行公开、管理公开、服务公开、结果公开，落实以公开为常态、不公开为例外的原则。此外，随着大数据的发展，数据开放的重要性也日益凸显，国务院也要求，在依法加强安全保障和隐私保护的前提下，稳步推动公共数据资源开放。方便全社会开发利用。未来应制定统一的《数据开放法》或《数据开放条例》。

第四节　行政责任与救济法治

有权必有责、用权受监督，是法治的基本原理，对行政机关的行政活动进行监督，对违法行政追究责任，对权益受损的行政相对人提供救济，是依法行政的必然要求，也是法治政府建设的重要内容。

一　行政诉讼

由于历史的原因，行政诉讼制度长期没有建立起来。1982 年《民事诉讼法（试行）》第三条规定："法律规定由人民法院审理的行政案件，适用本法规定。"这是我国法律中第一次明确行政诉讼案件的审理程序。1989 年全国人民代表大会通过的《行政诉讼法》，是我国社会主义法治建设的重要里程碑，对于贯彻执行宪法，保障公民、法人和其他组织的合法权益，促进和监督行政机关依法行使行政职权具有极为重要的意义。全国人大常委会于 2014 年对《行政诉讼法》进行了修改，旨在解决行政诉讼实践中"立案难、审理难、执行难"等突出问题。2017 年在检察机关提起行政公益诉讼试点的基础上，全国人大常委会对《行政诉讼法》再次进行了修改，将检察机关提起行政公益诉讼明确规定在法律之中。我国的现行行政诉讼制度，在审判体制改革、受案范围、审查强度、举证责任等方面，还有完善的空间。[1]

二　行政复议

行政复议是行政机关自我纠错的重要机制。在总结 1990 年国务

---

[1]　参见李洪雷《中国行政诉讼制度发展的新路向》，《行政法学研究》2013 年第 1 期。

院《行政复议条例》施行以后实践经验的基础上，1999 年第九届全国人大常委会第九次会议通过《行政复议法》，进一步完善了行政复议制度。2006 年中共中央办公厅、国务院办公厅结合预防和化解行政争议、完善行政争议解决机制的新形势，要求积极探索符合行政复议工作特点的机制和方法。① 2007 国务院制定了《行政复议法实施条例》，增强了《行政复议法》相关规定的可操作性，改进了行政复议的程序，强化了行政复议机关及行政复议机构的责任。2011 年中央明确提出，要充分发挥行政复议作为解决行政争议主渠道的作用；党的十八届三中全会要求，要"改革行政复议体制，健全行政复议案件审理机制"。《行政复议法》实施以来，县级以上各级人民政府及其部门积极履行行政复议职责，全国平均每年通过行政复议这个制度平台解决行政争议 8 万多起，纠正了一大批违法或者不当的具体行政行为。为探索行政复议体制改革经验，2008 年《国务院法制办公室关于在部分省、直辖市开展行政复议委员会试点工作的通知》下发，对开展行政复议委员会试点工作的意义、范围、指导原则、试点内容等作了规定。2010 年《关于加强法治政府建设的意见》中，要求开展相对集中行政复议审理工作，行政复议委员会试点。② 2015 年浙江义乌设立全省乃至全国首家实体意义的行政复议局。为总结行政复议改革试点经验，进一步完善我国的行政复议制度，并与修改后的《行政诉讼法》有效对接，2017 年第十二届全国人大常委会第二十九次会议通过了修改后的《行政复议法》。我国行政复议制度的完善，需要对行政复议行政化和司法化的利弊得失加以权衡，并且需要不同专业领域行政化复议制度的统一和多元性的关系以及本级政府集中管辖与各个行政职能部门分散管辖等关系。

---

① 参见《中共中央办公厅、国务院办公厅关于预防和化解行政争议、健全行政争议解决机制的意见》（中办发〔2006〕27 号）。

② 参见黄学贤《关于行政复议委员会的冷思考》，《南京社会科学》2012 年第 11 期。

三　行政赔偿

为了保障公民、法人和其他组织的合法权益，促进国家行政机关依法行使职权，有必要建立国家赔偿制度，对于国家行政机关工作人员违法侵犯私人合法权益的行为由国家负责赔偿。"八二宪法"规定："由于国家机关和国家工作人员侵犯公民权利而受到损失的人，有依照法律规定取得赔偿的权利。"但由于缺乏具体化的法律，在 1986 年《民法通则》颁布之前法院没有审理过国家赔偿案件。《民法通则》第一百二十一条规定："国家机关或者国家机关工作人员在执行职务中，侵犯公民、法人的合法权益造成损害的，应当承担民事责任。"自此，受侵害的公民、法人才有了要求国家赔偿的具体法律依据。此后，一些法律法规中也对行政赔偿作出了规定。1989 年《行政诉讼法》初步建立了行政侵权国家赔偿制度，确立了行政机关及其工作人员的具体行政行为侵犯私人的合法权益由国家负责赔偿的原则。1994 年通过《国家赔偿法》，全面建立了我国的国家赔偿制度，成为一部重要的人权保障法。《国家赔偿法》在实施中暴露出了很多问题，如赔偿程序的设计不尽合理，有的规定比较原则，对赔偿义务机关约束不够；有的地方赔偿经费保障不到位，赔偿金支付机制不尽合理；国家负责赔偿的侵权行为范围过窄，国家赔偿标准过低，赔偿项目的规定难以适应变化了的情况。为纠正这些缺陷，全国人大常委会于 2012 年对《国家赔偿法》进行修改，主要是完善了国家赔偿办理程序，明确了双方举证义务，明确了精神损害赔偿，保障了国家赔偿费用的支付。

四　行政补偿

与行政赔偿基于违法的行政权力行使行为不同，行政补偿是当行政机关为了公益目的合法行使权力，而给公民、法人或其他组织的合法权益造成特别牺牲（损失）时，国家基于公共负担平等的原则予以补偿的制度。对于行政补偿制度，我国目前没有一部统一的法律。现行宪法规定："国家为了公共利益的需要，可以依照法律规定对土地实行征用。"2004 年《宪法修正案》将这一规定修改为："国家为了公共利益的需要，可以依照法律规定对土地实行征收或者征用并给予补偿。"另外增加规定，"国家为了公共利益的需要，可以依照法律规定对公民的私有财产实行征收或者征用，并给予补偿"。强化了对公民私人和集体权益的保护。在实践中，集体土地征收制度仍不完善，因征地引发的社会矛盾突出。党的十八届三中全会明确提出了"缩小征地范围、规范征地程序、完善被征地农民合理、规范、多元保障机制"的改革方向。目前全国人大常委会正在对《土地管理法修正案（草案）》进行审议。国务院于 1991 年制定并公布了我国第一部城市房屋拆迁管理的行政法规，即《城市房屋拆迁管理条例》。为了适应住房商品化和城市建设的实际需要，2001 年国务院对《城市房屋拆迁管理条例》进行了修改。为进一步规范国有土地上房屋征收与补偿活动，维护公共利益，保障被征收房屋所有权人的合法权益，2011 年国务院制定了《国有土地上房屋征收与补偿条例》。2004 年《行政许可法》第八条从信赖保护原则出发，规定依法变更或者撤回已经生效的行政许可的补偿。总体而言，我国行政补偿制度还存在一些严重的缺陷，需要进一步完善。未来可以制定统一《行政补偿法》或者将《国家赔偿法》修订为《国家赔偿补偿法》。

五　监察

监察制度对于保证政令畅通，维护行政纪律，促进廉政建设具有重要意义。1990 年国务院制定了《行政监察条例》，我国的行政监察制度开始走向法治化。为了加强监察工作，1997 年全国人大常委会通过了《行政监察法》。2004 年国务院通过了《行政监察法实施条例》。党的十八大以来，中央强力反腐，决定深化国家监察体制改革，基本内容是加强党对反腐败工作的集中统一领导，实现党内监督和国家机关监督、党的纪律检查和国家监察有机统一，实现对所有行使公权力的公职人员监察全覆盖，将行政监察机关的职责，人民检察院查处贪污贿赂、失职渎职以及预防职务犯罪等反腐败相关职责整合，组建监察委员会，同党的纪律检查委员会合署办公，履行纪检、监察两项职责，实行一套工作机构、两个机关名称。2016 年 11 月中办印发《关于在北京市、山西省、浙江省开展国家监察体制改革试点方案》，2016 年 12 月全国人大常委会通过决定，在北京市、山西省、浙江省开展国家监察体制改革试点工作。2017 年 10 月中办印发《关于在全国各地推开国家监察体制改革试点方案》，2017 年 11 月全国人大常委会通过决定，在全国各地推开国家监察体制改革试点工作。为实现改革决策和法治决策的统一，2018 年全国人大通过了《宪法修正案》和《监察法》，规定监察工作的指导思想和领导体制、工作原则和工作方针、监察机关的产生、监察范围，依法赋予监察委员会职责权限和调查手段，用留置取代"两规"措施，严格规范监察程序，确立对监察机关和监察人员的监督措施等，把监察工作试点的成果以法律的形式固定下来，解决了长期困扰反腐败工作的法治难题。

六　审计

1994 年的《审计法》标志着我国现代国家审计法律制度的建立。1997 年国务院颁布《审计法实施条例》，对《审计法》作了细化规定。2006 年修改后的《审计法》，扩大了审计的范围和审计机关的权限，进一步规范了审计程序。2010 年国务院通过了《审计法实施条例》。党的十八届四中全会要求，"完善审计制度，保障依法独立行使审计监督权。对公共资金、国有资产、国有资源和领导干部履行经济责任情况实行审计全覆盖。强化上级审计机关对下级审计机关的领导。探索省以下地方审计机关人财物统一管理。推进审计职业化建设"。2015 年中共中央办公厅、国务院办公厅印发《关于完善审计制度若干重大问题的框架意见》，以及配套的《关于实行审计全覆盖的实施意见》《关于省以下地方审计机关人财物管理改革试点方案》《关于推进国家审计职业化建设的指导意见》。目前，在江苏、浙江、山东、广东、重庆、贵州、云南等省市正在进行审计体制改革试点。在 2018 年党和国家机构改革中，组建了中央审计委员会，作为党中央议事决策协调机构，办公室设在审计署；优化审计署职责，将发改委、国资委所行使的相关审计职责划入审计署。

七　政府信访

在我国，政府信访既是一个解决行政纠纷、保护公民权益的渠道，也是一个人民群众对政府进行民主监督、政府密切联系群众的途径。国务院 1995 年颁布的《信访条例》，将政府信访工作纳入规范化的轨道。2005 年国务院根据信访出现的新情况新问题，通过了新的《信访条例》，目的是既要有效保护人民群众的合法权益，又要建立良好的信访秩序、确保社会稳定。为了缓解信访矛盾向中央集中的压力，《信访条例》将信访工作中实行多年的"分级负责，归口管理"的原则，改为"属地管理，分级负责"。《信访条例》实施以来，信访渠道进一步畅通，信访工作责任得到有效强化，信访工作机制进一步健全。针对实践中少数群众"信访不信法""信上不信下""弃法转访"甚至"以访压法"，涉法涉诉信访案件"终而不结"等问题，2014 年中共中央办公厅、国务院办公厅下发《关于创新群众工作方法解决信访突出问题的意见》《关于依法处理涉法涉诉信访问题的意见》，中央政法委下发《关于健全涉法涉诉信访依法终结制度的实施意见》。党的十八届三中全会要求："改革信访工作制度，实行网上受理信访制度，健全及时就地解决群众合理诉求机制。把涉法涉诉信访纳入法治轨道解决，建立涉法涉诉信访依法终结制度。"党的十八届四中全会进一步提出"把信访纳入法治化轨道"。2015 年《法治政府建设纲要》要求，把信访纳入法治化轨道，规范信访工作程序，畅通群众诉求表达、利益协调和权益保障渠道，维护信访秩序，严格实行诉访分离，完善涉法涉诉信访依法终结制度。

信访在我国成为国家治理中一个突出问题，既是我国社会转型期法治建设面临的诸多困境的体现，也与对信访的定性与功能定位密切相关。信访的法治化，需要注意信访具有法治工作和群众工作的双重性质和功能，在按照法治的原则推进信访工作机制规范化、程序化的同时，要兼顾信访的群众工作属性，按照群众工作或者社会工作的原则和标准切实解决群众的现实困难。① 如何在这两者之间达致合理的协调和平衡，还需要更多的探索和深入的研究。

八　人大监督

监督权是宪法赋予人大的重要职权，这项职权的行使，需要有相应的法律使之规范化、程序化。监督法的制定工作，早在六届全国人大期间就开始酝酿研究。由于各方面观点分歧过大，直到 2006 年十届全国人大常委会才通过了《各级人民代表大会常务委员会监督法》（以下简称《监督法》）。《监督法》立法的基本指导思想是，宪法和有关法律已经赋予人大常委会对"一府两院"工作的监督权，监督法不需要赋予其新的监督权，由于实践中的突出问题是监督的形式和程序不够完善，因此应着重将人大常委会对"一府两院"工作的监督进一步予以规范化、程序化，以进一步增强监督实效。在制度创新上，《监督法》创设了各级人大常委会听取和审议"一府两院"的专项工作报告制度，建立了委托执法检查制度，确立了各级人大常委会审查和撤销下级人大常委会及同级政府的决议、决定和命令的立法监督制度，建立了各级人大常委会行使监督职权的公开制度。人民代表大会制度是党的领导、人民当家作主和依法治国最为重要的制度平台。② 未来需要认真贯彻实施《监督法》，创新人

---

① 参见陈柏峰《信访制度的功能及其法治化改革》，《中外法学》2016 年第 5 期。

② 参见李洪雷《构筑"三者有机统一"的人民代表大会制度平台》，《太平洋学报》2007 年第 12 期。

大监督形式，提高人大监督工作透明度，加强监督实效，加强人大预算决算审查监督、国有资产监督和其他对关系人民群众切身利益问题等重大事项的监督，加强执法监督，保证法律法规有效实施。

第五节　行政法治建设的展望

新中国成立以来，尤其是改革开放40余年来，我国行政法治建设取得了长足进展。依法行政制度体系更加完备，行政决策的科学化、民主化和法治化程度日益提高，行政执法体制向着权责统一、权威高效的方向持续迈进，对行政权运行的监督制约机制更加有效，各级行政机关及其工作人员的依法行政水平和观念有了很大提高。这些重大成就的取得，可以归纳为如下几个方面的经验：

一是中央的顶层设计、系统谋划与地方的积极创新、先行先试相结合。我国行政法治建设方面许多重要的制度创新，例如行政审批（许可）制度改革、政府信息公开、行政执法责任制、权力清单制度、行政诉讼集中管辖等，都是先由地方做起，中央再在总结地方经验的基础上进行制度设计，推广到全国。并且中央在制度设计时，仍注意为地方留下结合本地实际创新制度实施方式方法的空间。

二是政府自身推进与外部监督相结合。一方面，我国行政法治建设的一大特点是政府自身作为改革和建设的主力，从行政法治建设的目标内容、手段措施、监督追责等方面，运用政府自身的机构、职权、资源加以强力推进，进行自我施压、自我限权。这体现了我国人民政府勇于自我革命的担当精神。另一方面，在政府自身推进之外，党对行政法治建设的领导，权力机关通过行使立法、决策和监督对政府行为的规范与控制，法院通过对行政行为司法审查进行的控制，以及行政相对人、律师和公益团体通过维权、举报等方式的监督，都构成了行政法治建设的极大推进力量，并且伴随着行政法治建设进入攻坚克难阶段，其作用也日益凸显。

三是全面推进与突出重点相结合。行政法治建设是一项系统工程，涉及各级行政机关、各项行政职能，必须全面推进、不留死角。但是从工作角度来看，平均用力的结果往往是眉毛胡子一把抓、难见成效，甚至导致资源浪费。在我国行政法治建设中，特别注意在坚持全面推进的同时，注意扭住关键、突出重点、问题导向，根据不同发展阶段的特点，针对突出的问题进行重点突破。例如，近年来法治政府建设的抓手，就有行政执法责任制与依法行政考核、政务公开与信息公开、简政放权和行政审批改革、清单制度、行政执法"三项制度"、督查制度，等等。

四是借鉴域外经验与关注中国国情相结合。我国行政法治建设中大量的概念、原则、规则都来自域外，这既是在我国目前发展阶段的不得不然，也体现了我们的后发优势。但行政体制和法治建设有其特定的时空性，在具体制度设计上不宜照搬照抄其他国家的模式。在我国行政法治建设实践中，始终能够遵照中国特色社会主义政治制度的方向指引，关照我国经济社会的发展实际。即使是借鉴国外的制度，在其具体内涵和适用范围等方面也都结合中国实际加以调整。例如，近年来在行政决策、权力清单、依法行政考核等制度上，都体现了我们自己的制度创新。

五是理论与实践相结合。一方面，理论界通过对行政管理和法治政府理论的研究，例如，对法治政府基本原理和法治建设基本规律的抉发、对域外制度和理论的引介、对中国现行制度存在问题的揭示以及对未来制度改革走向提出对策建议等，助力行政法治建设的推进。诸如正当程序、比例、信赖保护、听证等依法行政的重要原则和制度，都是通过行政法学界，而为我国立法或司法实践所接受，极大地推动了法治政府建设。另一方面，行政立法、执法与行政诉讼的实践也为行政法学的理论研究提供了重要的动力、素材和灵感。

尽管我国行政法治建设的成绩辉煌、成就巨大，但我们也应清醒地认识到，与在新时代全面推进依法治国、实现国家治理体系和治理能力现代化的要求相比，我国行政法治建设还存在不少问题和差距。改进我国行政法治建设中的不足，要转变政府职能，深化简政放权，创新监管方式，增强政府公信力和执行力，建设人民满意的服务型政府。

其一，加快政府职能转变。转变政府职能的总方向，是创造良好发展环境、提供优质公共服务、维护社会公平正义。要按照这个总方向，科学界定政府职能范围，优化各级政府组织结构，理顺政府职责分工，突出强化责任，确保权责一致。结合新时代社会主要矛盾的变化，从统筹推进"五位一体"总体布局出发，切实转变政府职能，依法全面履行经济调节、市场监管、社会管理、公共服务、环境保护等职责。完善行政组织和行政程序法律制度，推进机构、职能、权限、程序、责任法定化。以建立权责统一、权威高效的行政执法体制为目标，不断深化行政执法体制改革。纵向上，适当减少执法层级，合理配置执法力量，推进执法重心向市县两级政府下移，加强重点领域基层执法力量。横向上，整合执法主体，精简执法机构，相对集中行政执法权，深入推进综合执法，实现行政执法和刑事司法有效衔接。推行权力清单和责任清单，将政府职能、法律依据、实施主体、职责权限、管理流程、监督方式等事项以权力清单的形式向社会公开，逐一厘清与行政权力相对应的责任事项、责任主体、责任方式。

其二，深化简政放权。简政放权是依法全面履行政府职能的重要内容，也是提升政府公信力和执行力的有效保障。党的十八大以来，党中央、国务院将简政放权作为全面深化改革的"先手棋"和"当头炮"强力推进，取得了明显成效，行政审批制度改革进一步深化，政府对微观事务的干预大幅降低，市场机制在分配资源中的决定性作用得到更加充分的发挥，为政府公信力的提升筑牢了坚实基础。但简政放权在实践中也暴露出了一些问题，突出表现在放权不到位、放权有水分、放权不稳定、放管服未能有效结合等。要进一步花大力气实现权力"瘦身"、职能"健身"，同时要注意全面准确理解简政放权。简政放权的目的是使政府更好地履行职责，而不是做"甩手掌柜"，放弃必要的监管与服务。因此，要将简政放权置于政府全面正确履行职责的大背景中，坚持简政放权、放管结合、优化服务"三管齐下"。既要解决"越权、越位"的问题，又要解决"缺位、不到位"的问题，坚持有效监管，优化公共服务。

其三，优化行政立法和决策。行政立法要坚持解放和发展生产力、维护社会公平正义、规范行政权力运行的价值取向，着力解决经济社会发展中的深层次矛盾和普遍性问题，切实增强法律制度的科学性、合理性和可操作性，做到立法明确、可行和稳定。防止立法中的部门保护主义和地方保护主义，防止把畸形的利益格局或权力关系合法化，警惕立法权力滋生的腐败。地方行政立法要符合经济社会发展规律，着眼解决问题，突出地方特色。坚持开门立法，建立和完善政府立法分析、评价、评估机制，提高立法质量和实施效果。加强对行政规范性文件的审查和监督。有效贯彻实施《重大行政决策程序暂行条例》，提高决策质量和效率，最大限度地减少决策失误，增强决策的正当性与可接受性，降低执行成本。

其四，坚持严格规范公正文明执法。严格规范公正文明执法，是提高政府公信力的必然要求。目前在一些地方和部门，行政执法人员"法定职责必须为"意识不强，执法不作为、拖延履职、执法不力等现象仍然不同程度地存在，造成一些违法行为长期得不到制止、纠正，在社会上形成守法者不利、违法者获利的不良导向，法律权威受到损害，公共利益得不到保障，政府的公信力受损。要加强对执法活动的监督，坚决排除对执法活动的非法干预，坚决防止和克服地方保护主义和部门保护主义，坚决防范和克服执法工作中的利益驱动，坚决惩治腐败现象，做到有权必有责、用权受监督、违法必追究。要进一步完善执法程序，改进执法方式，创新执法技术，规范裁量行为，严格责任追究。行政执法公示、执法全过程记录、重大执法决定法制审核"三项制度",要在全国范围内全面推广。①塑造多元、立体的行政管理模式,行政机关除采用传统的强制性行政外,要更多依赖采用非强制性方式,如行政合同、行政指导等实施管理,并强化公民参与、推进多元共治,实现政府、社会、个人(企业)的良性互动。合理配置执法资源,大力加强食品药品、安全生产、环境保护、医疗卫生等关系群众切身利益的重点领域执法力度,统筹用好"集中式"与"常态化"执法机制。创新执法方式,提高监管执法效能,全面推行"双随机、一公开"和"互联网 + 监管";打破"信息孤岛",加快推开部门政府信息联通共用;综合运用"威慑式"和"合作式"执法模式,实现政府、企业和社会的良性互动。抓紧修改《行政处罚法》,提升相关制度的公平性和合理性,制定规范执法自由裁量权的办法,防止执法随意、标准不一等现象,避免对市场主体的轻微违法行为加以重罚甚至置于死地;加强社会信用立法,在法治轨道上推进实行失信联合惩戒制度;完善行政强制执行体制,探索建立非诉行政强制执行绿色通道。健全执法人员依法履行职务的保护机制,采取切实有效措施,排除阻力干扰,确保履职安全,完善职业安全,保障秉公执法。

其五,强化对行政权的监督和对公民权利的救济。构建全面覆盖、权威高效的监督体系,使行政权力得到有效的监督制约,损害公民、法人和其他组织合法权益的违法行政行为得到及时纠正,违法行政责任人依法依纪受到严肃追究。贯彻《监督法》,把事关改革发展稳定大局的重大问题和人民群众普遍关注的突出问题,作为监督工作的重点,坚决纠正人大监督工作中的"粗、宽、松、软"等问题,使人大监督更有力度、更有权威。贯彻《监察法》和《审计法》,深化监察审计体制机制改革,加强国家监察和审计监督。完善纠错问责机制,规范问责程序,推进问责法治化。高度重视舆论和

---

① 参见袁曙宏《建设法治政府》,载《党的十九大报告辅导读本》,人民出版社 2017 年版,第 285 页以下。

网络监督，加强新闻舆论监督平台建设，支持新闻媒体对违法不当行政行为进行曝光。改革完善行政审判体制机制，切实保证行政审判的独立性、公正性和权威性。完善国家赔偿补偿制度，增强救济实效。

其六，不断改进和创新法治政府建设的领导和推进机制，大力提升行政法治水平。切实加强各级党委对法治政府建设的领导，充分发挥各级党委的领导核心作用，把法治政府建设真正摆在全局工作的突出位置，切实贯彻《法治政府建设实施纲要（2015—2020年）》。强化党政主要负责人作为推进法治建设第一责任人的责任，党政主要负责人统一领导、定期部署本地区、本部门推进法治政府工作，及时解决法治政府建设中存在的突出问题；加大对法治政府建设工作的考核力度，将主观指标和客观指标、内部评审和外部评审有机结合，制定科学的法治政府建设考核指标体系。健全法治政府培训、考核机制、制度，使行政机关工作人员特别是领导干部提升行政法治的意识和水平，带头学法尊法守法用法，自觉养成依法行政和依法办事的习惯，增强运用法治思维和法治方式深化改革、推动发展、化解矛盾、维护稳定的能力。

第 六 章

新中国司法建设 70 年

新中国的成立，开启了人民司法 70 年的建设历程，其间虽曾遭遇挫折，但最终踏上了司法制度不断完善和发展的道路。回顾新中国司法制度创建、改革和发展的历史，并展望司法建设的未来图景，这对于推动司法改革走向深入，将会有十分重要的意义。

第一节　新中国司法建设发展历程

新中国成立以来，司法制度的发展经历了一个起伏曲折的过程，大体可以分为以下四个时期。

一　初步建立时期

1949 年的《共同纲领》规定："废除国民党反动政府一切压迫人民的法律、法令和司法制度，制定保护人民的法律、法令，建立人民司法制度。"根据《中央人民政府组织法》的规定：在中央设最高人民法院、最高人民检察署、公安部、司法部，分别行使国家的审判、检察、侦查和司法行政的职权。在各大行政区设最高人民法院分院、最高人民检察署分署及公安部和司法部，实行审判、检察和司法行政的"分立制"。而在省及县则实行审判和司法行政的

"合一制"，不设司法行政机关，并在地区设省法院分院。审判采用三级二审制。未设人民检察署的县，由县公安局代行检察权。①

新中国成立初期，根据新民主主义革命时期解放区人民司法工作的经验，结合当时的社会改革运动和国民经济恢复工作的需要，制定了一些有关司法组织和诉讼程序的法律，如 1951 年颁布的《人民法院暂行组织条例》《最高人民检察署暂行组织条例》《各级地方人民检察署组织通则》。这些条例和通则，对人民法院和人民检察机关的性质任务、职权范围、组织设置和各项基本工作制度都作了明确规定。

按照《人民法院暂行组织条例》的规定，人民法院的设置分为县级人民法院、省级人民法院和最高人民法院三级。在审判程序和制度方面，主要作了以下一些规定：实行人民陪审制，审判公开；在法庭上当事人有发言权和辩护权；当事人有使用本民族语言进行诉讼的权利；实行合议制；设审判委员会；实行三级二审制并设再审程序等。

根据《最高人民检察署暂行组织条例》和《各级地方人民检察署组织通则》的规定，检察机关的设置基本上与人民法院一致，分为：最高人民检察署及其分署；省级人民检察署及其分署；县人民检察署。条例规定检察机关参与刑事诉讼的职权主要有：对反革命和其他刑事案件实行检察，提起公诉；对各级审判机关之违法或不当裁判提起抗诉；处理人民不服下级检察机关不起诉处分之申请复议的案件；检查监所及犯人劳动改造机构之违法措施等。

在此时期，1950 年还颁布了《人民法庭组织通则》，1952 年颁布《关于在三反运动中成立人民法庭的规定》《关于五反运动中成立人民法庭的规定》，分别规定了土改人民法庭、三反人民法庭、五反人民法庭的设置、组成、管辖、范围和审判制度，这也是新中国

---

① 参见章武生、左卫民主编《中国司法制度导论》，法律出版社 1994 年版，第 6 页。

成立初期颁行的关于司法组织和诉讼程序的重要法律。由于这些人民法庭，是根据革命运动需要建立的，属于临时性的特别法庭，运动结束即行撤销。①

在这一时期，一场以改革旧的司法机构，反对旧法观点、旧法作风为主要内容的司法改革运动，在全国范围内开展起来。首先是在司法机构中调整旧的司法人员。各级司法机关派进了大批新的司法人员，旧的司法人员几乎全部被置换出去。在更新司法人员的同时，对旧法观点开展全面的批判，批判围绕法的阶级性和对旧法的态度等问题展开。通过对国民党"六法全书"和旧法观点的批判，使人们从思想上划清了新旧司法制度的界限，提高了对马克思主义国家学说的认识，为建立新型的司法制度扫清了思想障碍。但在批判旧法观点的过程中，存在简单化和片面性的问题，致使自清末变法以来所形成的司法理论、制度和传统均被抛弃，这是导致后来法律虚无主义盛行、司法建设遭遇挫折的重要原因之一。②

二　快速发展时期

1954 年，第一届全国人大第一次会议通过了《宪法》《人民法院组织法》《人民检察院组织法》。在同年的全国人大常委会第三次会议上通过《逮捕拘留条例》。宪法、两个组织法和条例的颁布和施行，标志着我国司法制度进入了新的发展时期。在上述法律中，人民陪审员陪审的原则、公开审判的原则、被告人有权获得辩护的原则、公民有权使用本民族语言文字进行诉讼的原则、审判合议制度、两审终审制度、再审制度、回避制度以及死刑复核制度等原则和制度，都得到确立。③

---

① 参见徐益初编著《刑事诉讼法学研究概述》，天津教育出版社 1989 年版，第 46—47 页。

② 参见陈光中主编《刑事诉讼法学五十年》，警官教育出版社 1999 年版，第 4 页。

③ 同上书，第 5 页。

　　关于刑事诉讼的原则，还作了以下规定：1. 明确规定了人民法院、人民检察院和公安机关进行刑事诉讼必须遵守的三项原则。即侦查权、检察权、审判权以及对公民实施拘留、逮捕的权力，只能分别由公安机关、人民检察院和人民法院行使，其他任何机关、团体和个人都无权行使；独立行使职权的原则，人民法院独立进行审判，只服从法律，人民检察院独立行使检察权，不受其他机关、团体和个人的干涉；对一切公民在适用法律上一律平等的原则。2. 确立了公安机关、人民检察院和人民法院在办理刑事案件中实行分工负责、互相配合、互相制约的原则。逮捕拘留条例还对逮捕、拘留人犯的范围、条件、手续、批准和执行的机关及其权限等作了明确规定。

　　此时，撤销了各大行政区，人民法院的组织体系由三级改为四级，即设基层、中级、高级和最高人民法院，并设军事、铁路、水运等专门人民法院，实行四级二审制。检察机关由人民检察署改称人民检察院，设最高人民检察院、省级人民检察院、县级人民检察院。为了与人民法院设置相适应，省级人民检察院设分院，并设相应的专门人民检察院。从中央到地方各级人民政府设公安机关。中央人民政府司法部改称中华人民共和国司法部，在各省、自治区、直辖市设司法厅（局）负责司法行政事务，并积极推行律师、公证制度，从而使各项司法制度快速而健康地向前发展。①

三　遭遇挫折时期

　　1956 年，董必武同志在党的八大上指出：法制不完备的状态不应继续下去，提出要制定刑法、民法、诉讼法等基本法律。之后，开始相关法律的起草工作。但由于不久"反右派"斗争开始，起草

---

　　① 　参见章武生、左卫民主编《中国司法制度导论》，法律出版社 1994 年版，第6—7 页。

工作便停了下来。[①] 1957 年下半年开始，由于受轻视法制的"左倾"思想影响，宪法和法律明文规定的一些重要的诉讼原则和制度，诸如"公民在适用法律上一律平等"、"人民法院独立进行审判，只服从法律"、辩护制度、律师制度等，遭受错误的批判。在刑事诉讼和民事诉讼中，不依法办事的现象增多，律师制度夭折。1958 年开始的"大跃进"和 1959 年的"反右倾"斗争，使"左倾"思想进一步深入和扩大化。"大跃进"中要求公、检、法三机关"联合办案，合署办公"，提倡"一员顶三员，一长代三长"，"下去一把抓，回来再分家"等等，把正常的诉讼程序抛在一边，使司法成为完全服务于当时"左倾"政策的一种手段。这种以"人治"代替"法治"的做法，是司法建设的倒退。

1962 年以后，通过"纠左"和整顿，司法工作有了一些起色。但 1966 年开始的"文化大革命"，使司法制度受到更为严重的破坏：公、检、法机关被砸烂、"群众专政"盛行，检察机关被取消，宪法和法律规定的司法原则和制度遭到彻底的破坏；[②] 人民司法队伍被搞垮、司法干部的思想被搞乱，公、检、法系统多年形成的优良传统和作风被败坏。在此期间，刑讯逼供、非法搜查和非法拘禁他人的现象随处可见，公然鼓吹人民法院之外的其他机关、群众团体可以进行审判，实行"群众专政"，导致大量的冤、假、错案。[③]

关于审判机关和检察机关，1954 年宪法共有 12 条规定，而 1975 年宪法仅有 1 条规定，一切审判民主制度全部被取消，宪法还取消了检察机关，由国家行政系统的公安部门所取代。其结果是取消了法律监督和审批权，是当时产生冤假错案的一个重要原因。[④]

---

① 参见陈光中主编《刑事诉讼法学五十年》，警官教育出版社 1999 年版，第 5 页。

② 参见章武生、左卫民主编《中国司法制度导论》，法律出版社 1994 年版，第 7 页。

③ 参见刘广明《人民法院独立审判 只服从法律》，《法学研究》1979 年第 3 期。

④ 参见许清主编《中国宪法教程》，中国政法大学出版社 1989 年版，第 75 页。

四　恢复、重建和发展时期

1978 年党的十一届三中全会以后，我国的司法建设进入一个崭新的发展时期。

（一）改革开放初期的司法建设

1. 平反冤假错案与加强司法组织建设。1978 年 12 月，党中央批转最高人民法院党组《关于抓紧复查纠正冤、假、错案，认真落实党的政策的请示报告》，要求各地人民法院在党委领导下，认真复查纠正"文化大革命"中判处的冤、假、错案，严明法纪，有错必纠。仅从复查开始到 1979 年 5 月，就复查纠正因反对林彪、"四人帮"和为邓小平同志遭诬陷鸣不平而被判刑的案件（简称"三类案件"）14200余件，还复查纠正其他冤、假、错案 150400 件。广大司法干警认识到：人民法院审判案件，必须正确执行国家的法律，严格依法办事；必须坚持实事求是，切实做到忠实于法律和制度，忠实于人民利益，忠实于事实真相；必须加强人民法院的思想建设和组织建设。

第五届全国人大第一次会议决定恢复设置人民检察院，各级检察机关得以重新建立。人民检察院逐步担负起审查批准逮捕和审查起诉的工作，从而控制了捕人的数量和提高了起诉案件的质量。人民检察院还积极开展反对违法乱纪的斗争和参与复查平反冤、假、错案的工作，据不完全统计，截至 1979 年 3 月底，全国各级人民检察院共查处 2000 多件严重违法乱纪案件；各级人民检察院参加各地统一组织的复查案件机构，复查近 70000 起案件。①

1979 年 9 月，全国人民代表大会常务委员会决定设立司法部。律师、公证、仲裁等组织也在这个时期建立起来并得到较大发展。

2. 建立较为完整的司法制度体系。改革开放初期，修改和颁布了一大批司法制度方面的法律法规，如《人民法院组织法》《人民

---

① 参见黄火青《最高人民检察院工作报告》，北京政法学院诉讼法教研室编《刑事诉讼法参考资料》第一辑（下册），第 57—64 页。

检察院组织法》《刑事诉讼法》《民事诉讼法》《律师暂行条例》
《逮捕拘留条例》等，建立了较为完整的司法制度体系，确立了现代
司法的一系列原则和制度，如司法机关依法独立行使职权、控辩平
等、使用本民族语言文字进行诉讼、上诉不加刑、合议制、人民陪
审制、两审终审制等，使司法建设重新走上了正常发展的道路。

　　"八二宪法"对人民法院和人民检察院的组织、职权、诉讼原则
和制度作了规定，包括法律面前人人平等、司法机关依法独立行使
职权、审判公开、被告人有权获得辩护、使用本民族语言文字进行
诉讼、公检法三机关分工负责、互相配合、互相制约等，这些原则
的确立有助于形成分权制衡、尊崇法律的司法体制。

　　1979 年 7 月五届人大二次会议通过的《人民法院组织法》，沿
用 1954 年人民法院组织法的基本原则，重申了法院进行独立审判只
服从法律的原则。[①] 与 1954 年《人民法院组织法》相比，主要的修
改包括：为适应新时期经济建设的发展，在最高人民法院、省市自
治区高级人民法院和大中城市的中级人民法院设立经济审判庭；明
确指出对于一切公民"在适用法律上一律平等，不允许有任何特
权"；为了慎重审理死刑案件，规定"死刑案件由最高人民法院核
准"；增加规定"各级人民法院对于当事人提出的对已经发生法律效
力的判决和裁定的申诉，应认真负责处理"；增加规定"最高人民法
院对于在审判过程中如何具体适用法律、法令的问题，进行解释"。

　　五届人大二次会议通过的《人民检察院组织法》，对 1954 年人
民检察院组织法进行修改和补充，确定人民检察院是国家的法律监
督机关，但把宪法中关于检察机关职权的规定加以具体化，规定检
察机关"对于叛国案、分裂国家案以及严重破坏国家的政策、法律、
法令、政令统一实施的重大犯罪案件，行使检察权"；规定检察机关
在国家体制上实行双重领导的原则，即地方各级人民检察院受本级
人民代表大会和它的常务委员会的领导，同时受上级人民检察院的

---

① 参见常工《人民司法工作的好章程》，《法学研究》1979 年第 4 期。

领导；在各级人民检察院内部设立检察委员会，实行民主集中制，讨论决定重大案件和其他重大问题；同时，在日常工作上实行检察长负责制，由检察长统一领导全院的工作；规定"人民检察院在工作中必须坚持实事求是，贯彻执行群众路线，倾听群众意见，接受群众监督，调查研究，重证据不轻信口供，严禁逼、供、信，正确区分和处理敌我矛盾和人民内部矛盾"；在人民检察院行使职权的程序中体现了公、检、法三机关分工负责、互相配合、互相制约原则；规定对任何公民在适用法律上一律平等的原则和依照法律规定独立行使职权的原则。

五届人大二次会议通过的刑事诉讼法是新中国首部刑事诉讼法，该法从刑事诉讼程序方面对公、检、法机关的职权和相互关系以及诉讼当事人的权利义务作了规定。其主要内容包括：公、检、法三机关的工作关系是在党的领导下分工协作和互相制约，以保证尽可能稳准地打击敌人、保护好人；除公安机关、检察院、法院依法行使侦查、检察、起诉和审判权以外，其他任何机关、团体和个人都无权行使这些权力；法院、检察院和公安机关办案"必须以事实为根据，以法律为准绳"，"对于一切公民在适用法律上一律平等，在法律面前，不允许有任何特权"，以保证司法机关应有的独立性；为了保护和便于公民行使检举的权利，规定检举可用口头或书面形式提出；被告人除自己行使辩护权以外，还可委托辩护人为他辩护；严防诬告和伪证，规定公、检、法三机关在接受控告、检举时，应当向控告人、检举人说明诬告、捏造证据应负的法律责任；询问证人时，应告知他应当如实作证；规定对未成年人案件和涉及个人隐私的案件，不公开审理或宣判；防止逼供信，规定要"重证据，重调查研究，不轻信口供"；法院设立审判委员会，检察院设立检察委员会，讨论决定重大或疑难案件。①

---

① 参见彭真《关于中华人民共和国刑法（草案）和刑事诉讼法（草案）的说明》，北京政法学院诉讼法教研室编《刑事诉讼法参考资料》第一辑（上册），第42—45页。

1982 年五届全国人大常委会第二十二次会议审议通过《民事诉讼法（试行）》。这是新中国成立后第一部民事诉讼法。该法由总则、审判程序、执行程序三个部分组成。在总则部分，规定保障诉讼当事人平等地行使诉讼权利，注重调解，巡回审理、就地办案，两审终审，辩论，人民检察院法律监督，支持起诉，人民调解，民族自治地方制定变通或者补充规定等原则。

1989 年第七届全国人大第二次会议通过《行政诉讼法》。这是新中国成立后第一部行政诉讼法。该法对法院受理行政案件的范围、行政诉讼的基本原则、管辖、受理和审判、执行、侵权赔偿责任等作了规定。其中行政诉讼的基本原则包括对具体行政行为合法性审查原则；当事人诉讼权利平衡原则；行政被告不得处分法定职权原则；等等。①

在司法制度恢复和重建过程中，尽管也曾出现过一些不和谐的音符，但这些毕竟只是一些短暂的插曲，对司法制度建设没有产生重大影响。

（二）司法制度完善与司法体制改革

1. 司法制度不断完善。司法制度体系建立之后，经历不断完善的过程。如 1979 年的《人民法院组织法》经历 1983 年、1986 年、2006 年、2018 年四次修改；1979 年的《人民检察院组织法》经历 1983 年、1986 年、2018 年三次修改；1979 年的《刑事诉讼法》经历 1996 年、2012 年、2018 年三次修改；1982 年试行、1991 年的《民事诉讼法》经历 2007 年、2012 年、2017 年三次修改；1989 年的《行政诉讼法》经历 2014 年、2017 年两次修改；1980 年制定《律师暂行条例》，1996 年通过的《律师法》经历 2007 年、2012 年、2017 年三次修改；1995 年的《法官法》经历 2001 年、2017 年、2019 年三次修改；1995 年的《检察官法》经历 2001 年、2017 年、

---

① 参见于安、江必新、郑淑娜编著《行政诉讼法学》，法律出版社 1997 年版，第 80—87 页。

2019 年三次修改；1995 年的《人民警察法》2012 年首次修改。2018 年通过《人民陪审员法》。司法制度与时俱进地进行修改和完善，司法制度体系不断健全和发展，保障了司法活动的顺利进行，也为改革开放提供了有力的司法保障。

2. 司法体制改革。司法体制改革于 20 世纪 80 年代末启动，经历逐步发展、不断深化的过程。司法体制改革的最初动因是法院办案经费不足，导致法院在收集和调查证据过程中出现了由当事人包吃包住的现象，严重损害了法院的公正形象，引起社会的严厉批评。因此，一些地方法院开始进行举证责任制度的改革，进而推动审判方式的改革，审判方式的改革"牵一发而动全身"，进一步要求进行诉讼机制和司法体制的改革。

从 1997 年到 2017 年，在中央的统一部署下，司法体制改革不断向纵深推进。党的十五大提出"推进司法改革，从制度上保证司法机关独立公正地行使审判权和检察权"的任务。党的十六大提出"推进司法体制改革……按照公正司法和严格执法的要求，完善司法机关的机构设置、职权划分和管理制度"。党的十七大提出"深化司法体制改革，优化司法职权配置，规范司法行为，建设公正高效权威的社会主义司法制度，保证审判机关、检察机关依法独立公正地行使审判权、检察权"。党的十八大提出"进一步深化司法体制改革，坚持和完善中国特色社会主义司法制度，确保审判机关、检察机关依法独立公正行使审判权、检察权"。党的十九大提出"深化司法体制综合配套改革，全面落实司法责任制，努力让人民群众在每一个司法案件中感受到公平正义"。

改革开放以来，司法体制改革大致可分为四个发展阶段：第一个阶段从 20 世纪 80 年代至 2003 年，主要实施了以强化庭审功能、扩大审判公开、加强律师辩护、建设职业化法官和检察官队伍为重点的审判方式改革和司法职业化改革；第二个阶段从 2004 年至 2007 年，主要启动了完善司法机关机构设置、职权划分和管理制度的司法体制改革，司法体制改革走向整体统筹、有序推进的阶段；第三个阶段从 2008 年至 2011 年，主要开展了以优化司法职权配置、落实宽严相济刑事政策、加强司法队伍建设和司法经费保障为重点的司法体制改革，司法体制改革进入重点深化、系统推进的阶段；① 第四个阶段从 2012 年至今，主要开展了以完善司法人员分类管理、完善司法责任制、健全司法人员职业保障以及推动省以下地方法院人财物统一管理为核心的司法体制改革以及司法体制综合配套改革，司法体制改革进入全面深化、全面推进的阶段。

第二节　司法建设与司法现代化

一　司法体制的建构理念

我国司法体制的建构理念与其他国家相比，既有一致性，也有自己的独特性，主要表现在：第一，我国将人民主权作为司法体制构建的思想基础，《宪法》第二条规定："中华人民共和国的一切权力属于人民"；第三十三条规定："国家尊重和保障人权"；我国的司法建设始终奉行"人民司法"理念，这一思想来源于马克思主义的政治理论。第二，我国不实行三权分立，而是实行"民主集中制"原则，但是分权制衡理念仍然对司法制度的建构具有指导意义。第三，社会主义法治理念对我国司法建设发挥越来越重要的作用。要实现社会主义法治，必须"从制度上保证司法机关依法独立公正地行使审判权、检察权"。第四，根据列宁的法律监督理论，我国法律赋予检察机关特殊的地位，其行使法律监督权，并且和法院同属司法机关。

---

① 参见中华人民共和国国务院新闻办公室《中国的司法改革》白皮书，2012 年 10 月，中央政府门户网站（http：//www.gov.cn/jrzg/2012 – 10/09/content_2239771. htm），2019 年 6 月 15 日访问。

二　司法体制的外部构造

在我国，立法权由人大行使、司法权由法院和检察院行使、行政权由政府行使、监察权由监察委员会行使。与其他国家相比，司法权在我国权力体系中的定位具有如下特点：1. 将检察权纳入司法权的范围，法律赋予检察机关与审判机关相同的司法解释权。此外，检察机关还作为专门的法律监督机关而存在，可以对包括法院在内的其他国家机关实行监督。检察权的范围不断拓展，从刑事检察到民事、行政检察再到公益诉讼检察。2. 从司法机关与人大的关系看，我国的司法机关不仅可以通过个案解释法律，而且可以通过制定规范性文件的形式解释法律，可以发布指导性案例。3. 从司法机关与政府的关系看，过去司法机关的物质资源来自同级政府，司法被视为政府实现其经济发展及社会治理的重要手段，导致司法中的"地方保护主义"。党的十八以来，通过司法体制改革，部分地区实现法院、检察院人财物的省级统管。依据 1989 年《行政诉讼法》，法院仅能对行政机关具体的行政行为进行审查；2014 年修改后的《行政诉讼法》拓展了行政诉讼的受案范围，将"具体行政行为"调整为"行政行为"，并明确规定法院可以对抽象行政行为进行附带审查。4. "司法权依法独立行使"指的是一种整体独立，其中法院独立指的是审级独立；检察院独立指的是系统独立。党的十八大以来，实行以司法责任制为核心的司法体制改革，"审理者裁判，裁判者负责"原则得到落实，同时，为了防止审判权滥用，相应地完善了监督管理机制。① 在其他国家，更为强调法官的个体独立。

司法机关与执政党之间的关系是我国司法体制的外部构造中所面临的一个重要问题。党的十八届四中全会指出，"党领导立法、保证执法、支持司法、带头守法"，为正确处理党的领导和司法机关依

---

① 参见李少平《正确处理放权与监督　坚定不移全面落实司法责任制》，《人民法院报》2018 年 3 月 28 日第 5 版。

法独立行使职权之间的关系提供基本遵循。在以往的实践中，一些领导干部由于法治意识淡薄，对如何正确处理坚持党的领导和确保司法机关依法独立行使职权的关系认识不清、把握不准，因此出现领导干部以党委、上级领导之名对司法活动进行干预的现象，这是导致司法不公乃至冤假错案的重要原因。为此，党的十八届四中全会提出要"建立领导干部干预司法活动、插手具体案件处理的记录、通报和责任追究制度"。2015 年，中央办公厅、国务院办公厅印发《领导干部干预司法活动、插手具体案件处理的记录、通报和责任追究规定》，为司法机关依法独立公正行使职权提供了制度保障。①

2019 年 1 月，中共中央印发《中国共产党政法工作条例》，以党内基本法规的形式对党领导政法工作的体制机制、主要内容、方式方法等作出明确规定，强调"坚持和加强党对政法工作的绝对领导"，规定"最高人民法院党组、最高人民检察院党组按照有关规定，严格执行向党中央报告工作制度"，明确党委政法委的职能定位，要求各级党组织和领导干部要"维护宪法法律权威，支持政法单位依法履行职责，保证司法机关依法独立公正行使职权"；建立政法工作重大事项请示报告制度，规定向党中央请示的主体和具体事项，向党中央报告的主体和具体事项，以及向中央政法委员会请示、报告的主体和具体事项。

三　司法体制的内部构造

从司法体制的内部构造看，主要涉及司法组织和司法程序两方面的内容。新中国成立初期到现在，我国逐步建立完善的法院体系和检察院体系，不断加强法官、检察官的职业化建设，为司法权依法独立公正行使提供了组织保障。通过宪法、人民法院组织法、人民检察院组织法以及三大诉讼法，确立司法诉讼的共同原则，包括

---

① 参见熊秋红《建立防止领导干部干预司法的"防火墙"》，《检察日报》2015 年 4 月 6 日第 3 版。

司法机关依法独立行使职权原则；以事实为根据，以法律为准绳的活动原则；实行合议、回避、公开审判和两审终审制度的原则；民族语言文字原则；检察监督原则；法律平等原则；辩论权原则。这些原则与法治发达国家的司法诉讼原则大体吻合。

在诉讼模式的选择上，我国起初采取职权主义乃至超职权主义的诉讼模式，1991年修改后的《民事诉讼法》强化了当事人的举证责任，减轻了法院收集和调查证据的责任，从举证责任的分担开始，法院的角色日益被动、中立，进而推动了审判方式的改革，即从过去的大陆法系职权主义向吸收英美法系当事人主义的一些因素的方向转变，1996年修改后的《刑事诉讼法》确立了控辩式的庭审方式。党的十八届四中全会提出"推进以审判为中心的诉讼制度改革"，最高人民法院、最高人民检察院会同有关部门出台《关于推进以审判为中心的刑事诉讼制度改革的意见》，最高人民法院还制定了关于庭前会议、排除非法证据、法庭调查三项操作规程。各级法院完善侦查人员、鉴定人、证人出庭作证机制，强化控辩平等对抗，保障被告人和律师诉讼权利，以发挥庭审在查明事实、认定证据、保护诉权、公正裁判中的决定性作用。我国审判方式的改革与现代法治国家司法改革的主流趋势基本一致。

当代中国司法体制改革的历史性课题，就是要积极稳妥地推动从传统型司法制度向现代型司法制度的历史性转变。党的十八大之前，中国积极稳妥务实地推进司法体制和工作机制改革，以维护司法公正为目标，以优化司法职权配置、加强人权保障、提高司法能力、践行司法为民为重点，进一步完善中国特色社会主义司法制度，扩大司法民主，推行司法公开，保证司法公正，为中国经济发展和社会和谐稳定提供了有力的司法保障。党的十八大拉开了全面深化司法体制改革的序幕，主要包括推进以司法责任制为核心的基础性改革、推进以审判为中心的诉讼制度改革、完善法院、检察院组织体系、践行司法为民宗旨、建立检察机关提起公益诉讼制度、深化人民法院执行工作体制机制改革、深化司法公开、加强智慧司法建设等方面的内容。党的十八大以来的司法体制改革范围之广、力度之大、程度之深前所未有。^① 通过深化司法体制改革，符合司法规律的司法权力运行机制正在形成，司法队伍素质、司法质效和司法公信力明显提高，民众的司法需求得到更好满足，公正高效权威的社会主义司法制度正在逐步健全完善。

第三节　司法建设与人权保障

保障人权是现代社会法治文明的重要标尺。人权保护首先需要在一国的法律中确认公民的一系列基本权利。司法是进行权利救济的最后手段，也是最为有力的救济手段。从"五四宪法"到"八二宪法"，我国公民在法律上所享有的权利总体上呈逐步扩展的趋势。2004 年修宪，增加规定"国家尊重和保护人权"，为人权法治化提供了宪法依据，指明了司法建设的核心目标。我国还于 1998 年签署《公民权利和政治权利国际公约》。新中国成立 70 年来所进行的司法建设，在加强人权的司法保障方面，取得明显的进展，人权保障的范围逐渐扩大，对象日益广泛，力度不断加强。

一　加强对生命权的司法保护

死刑涉及对公民生命权的剥夺。新中国成立后，死刑复核制度在全国普遍实行。1979 年刑事诉讼法规定死刑复核程序。根据 1983 年 9 月全国人大常委会关于修改《人民法院组织法》的决定，死刑案件除由最高人民法院判决的以外，应当报请最高人民法院核准。杀人、强奸、抢劫、爆炸以及其他严重危害公共安全和社会治安判处死刑的案件的核准权，最高人民法院在必要的时候，得授权省、

---

① 参见李阳《司法改革：千秋大业而今正风华》，《人民法院报》2018 年 12 月 29 日第 2 版。

自治区、直辖市的高级人民法院行使。从 2006 年年初开始，死刑二审案件依照法律和有关规定实行开庭审理。2007 年 1 月 1 日起，死刑案件核准权统一收归最高人民法院行使，确保死刑只适用于极少数罪行极其严重的犯罪分子，体现"少杀、慎杀"的刑事政策。

二　加强对人身权的司法保护

劳动教养制度建立于新中国刚成立法制尚不健全的时期，为维护社会治安、教育挽救违法人员发挥了历史性作用。但随着国家法治建设的发展进步和社会政治、经济、文化等各方面的深刻变革，劳动教养制度逐渐显露出明显弊端。2013 年 12 月，第十二届全国人大常委会第六次会议通过《全国人民代表大会常务委员会关于废止有关劳动教养法律规定的决定》。废止劳动教养制度之后，过去由劳动教养制度所处置的对象（包括 12 类违法人员）通过刑事处罚、治安处罚等替代性措施分流处理。

收容审查并非 1979 年《刑事诉讼法》规定的强制措施，但是在司法实践中曾被广泛使用。[①] 1996 年《刑事诉讼法》废除收容审查。2003 年 6 月，全国人大有关专门委员会听取最高人民法院、最高人民检察院和公安部"清理纠正超期羁押问题"专题汇报，督促公检法机关解决这一"顽症"。各级审判、检察机关和公安部门迅速行动，集中开展全面清理超期羁押专项工作，制定预防和纠正超期羁押问题的具体规定，实行超期羁押告知、期限届满提示、超期投诉和责任追究制度。经过各方面共同努力，历史遗留的超期羁押案件基本得到纠正。1979 年《刑法》和《刑事诉讼法》都明确规定"严禁刑讯逼供"，但在司法实践中刑讯逼供屡禁不止。为了有效防范和遏制刑讯逼供，2012 年《刑事诉讼法》采取以下改革举措：确立不得强迫自证其罪的原则；确立非法证据的排除规则；完善拘留、逮

---

① 参见崔敏《收容审查的历史、现状与思路》，《公安大学学报》1993 年第 1 期。

捕后送押和讯问制度；确立侦查讯问时的同步录音录像制度。①

　　社区矫正工作自 2003 年开始试点以来，经历了一个从无到有、从小到大、从局部试点到全国范围内全面推进的过程。2011 年《刑法修正案（八）》和 2012 年《刑事诉讼法》均明确规定了社区矫正这一刑罚执行方式。2012 年 1 月，司法部会同最高人民法院、最高人民检察院、公安部联合制定《社区矫正实施办法》。开展社区矫正以来，我国已经累计接收社区服刑人员 350 万人，现有在册社区服刑人员 70 万人，社区服刑人员在矫正期间的重新犯罪率一直处于 0.2% 的较低水平。②

三　加强对财产权的司法保护

　　在刑事诉讼中，对于涉案财物采取搜查、扣押、查封、冻结、追缴、没收等措施，涉及对公民财产权的限制乃至剥夺。我国刑法、刑事诉讼法及相关司法解释和规范性文件均对涉案财物的处置作了一些规定，但较为分散，系统性和可操作性不强，缺乏有效的监督和制约，导致司法实践中涉案财物处置工作随意性过大。为此，2015 年中办、国办联合发布《关于进一步规范刑事诉讼涉案财物处置工作的意见》，最高人民检察院发布《人民检察院刑事诉讼涉案财物管理规定》，对涉案财物处置的程序、制度和机制等作了规定，较大程度完善了涉案财物处置程序。

　　2016 年 11 月，中共中央、国务院发布《关于完善产权保护制度依法保护产权的意见》；2016 年 11 月，最高人民法院发布《关于充分发挥审判职能作用切实加强产权司法保护的意见》和《关于依法妥善处理历史形成的产权案件工作实施意见》；2017 年 1 月，最

---

　　①　参见樊崇义《从遏制刑讯逼供看我国人权保障事业的新发展》，《人民法治》2017 年第 4 期。

　　②　参见姜爱东《努力开创新时代社区矫正工作新局面》，《中国司法》2017 年第 12 期。

高人民检察院发布《关于充分履行检察职能加强产权司法保护的意见》。人民法院加大了涉产权刑事申诉案件清理力度，依法甄别纠正了一批涉产权冤错案件，包括张文中案、顾雏军案等重大涉产权冤错案件。

四　加强对隐私权的司法保护

在刑事诉讼中，技术侦查是一种有效的侦查手段，但它对公民的隐私权构成极大的威胁。在 2012 年刑事诉讼法修改之前，关于"技术侦察"，《国家安全法》和《人民警察法》仅作了简单的授权性规定。《国家安全法》第十条规定："国家安全机关因侦察危害国家安全行为的需要，根据国家有关规定，经过严格的批准手续，可以采取技术侦察措施。"《人民警察法》第十六条规定："公安机关因侦查犯罪的需要，根据国家有关规定，经过严格的批准手续，可以采取技术侦察措施。"但是，对于哪些措施属于"技术侦察措施""严格的批准手续"究竟包括哪些要求等，却无明确的法律规定。2012 年《刑事诉讼法》修改专门增加一节"技术侦查措施"，对技术侦查措施的适用范围、适用条件和程序、适用期限、秘密侦查措施的采用、采取技术侦查和秘密侦查措施所收集材料的使用等作了明确规定，加强了对公民隐私权的司法保护。

五　加强对未成年人的司法保护

我国高度重视未成年人保护和预防未成年人犯罪的工作，先后制定《未成年人保护法》《预防未成年人犯罪法》等法律。上海市长宁区法院于 1984 年成立了新中国第一个少年法庭。2012 年刑事诉讼法修改增设"未成年人刑事案件诉讼程序"，建立了适合未成年人特点的侦查、批捕、起诉和审判方式，由专门人员、专门机构处理未成年人案件，保障未成年人权利。2015 年最高人民检察院下发《检察机关加强未成年人司法保护八项措施》，全方位加强了未成年人检察工作，充分保护未成年人合法权益。

六　加强对被害人的司法保护

1979 年刑事诉讼法规定被害人为一般诉讼参与人；1996 年刑事诉讼法除扩大自诉案件的范围，使被害人拥有广泛的直接起诉权以外，还把被害人定位为当事人，赋予其一系列的诉讼权利。从 2007 年开始探索建立刑事被害人国家救助制度，对因犯罪行为导致生活确有困难的被害人及其亲属提供适当的经济资助。2014 年，中央政法委、财政部、最高法、最高检、公安部、司法部印发《关于建立完善国家司法救助制度的意见（试行）》，扩大了救助范围，不限于刑事犯罪案件的被害人及其近亲属，还包括举报人、证人、鉴定人；不限于人身受到侵害，还包括财产遭受重大损失；不仅包括刑事案件，还包括追索赡养费、扶养费、抚育费等，以及道路交通事故等民事侵权行为造成人身伤害的民事案件。

七　推进庭审实质化

1996 年刑事诉讼法修改将审判方式从审问式改为控辩式。2016 年最高人民法院、最高人民检察院会同有关部门出台《关于推进以审判为中心的刑事诉讼制度改革的意见》，2017 年最高人民法院发布《关于全面推进以审判为中心的刑事诉讼制度改革的实施意见》，对坚持证据裁判原则、建立证据收集指引制度、完善讯问和补充侦查制度、完善公诉制度、规范庭前准备程序、规范普通审理程序、完善证据认定规则、完善繁简分流机制等提出了一些新的要求。各级人民法院通过完善侦查人员、鉴定人、证人出庭作证机制，强化控辩平等对抗，保障被告人和律师诉讼权利，以充分发挥庭审在查明事实、认定证据、保护诉权、公正裁判中的决定性作用。

八　完善冤假错案防范纠正机制

2013 年，中央政法委发布《关于切实防止冤假错案的规定》，最高人民检察院发布《关于切实履行检察职能防止和纠正冤假错案的若干意见》；2014 年，最高人民法院发布《关于建立健全防范刑事冤假错案工作机制的意见》。上述文件对侦查讯问、非法证据排除、严格执行法定证明标准、严格依法办案、保障律师辩护权利等作了具体规定，并就法官、检察官、人民警察对办案质量终身负责提出明确要求。2013 年至 2017 年，各级法院再审改判刑事案件6747 件，其中依法纠正呼格吉勒图案、聂树斌案等重大冤错案件 39件 78 人，并依法予以国家赔偿；对 2943 名公诉案件被告人和 1931件自诉案件被告人依法宣告无罪。

九　发挥律师在促进司法公正中的作用

1996 年《刑事诉讼法》规定犯罪嫌疑人在侦查阶段就有权聘请律师为其提供法律帮助。2012 年刑事诉讼法扩大了律师权利，基本解决了律师"会见难""阅卷难""调查取证难"问题。从 1994 年起，开始建立法律援助制度，从中央到地方建立专门的法律援助机构。2013 年最高人民法院、最高人民检察院、公安部、司法部联合发布《关于刑事诉讼法律援助工作的规定》；2014 年最高人民法院、司法部联合发布《关于加强国家赔偿法律援助工作的意见》；2015年中办、国办发布《关于完善法律援助制度的意见》，上述文件对法律援助的范围、条件、程序等作了具体规定。2015 年最高人民法院、最高人民检察院会同有关部门发布《关于依法保障律师执业权利的规定》，加强对律师执业权利的保障；2017 年通过出台《关于开展法律援助值班律师工作的意见》和《关于开展刑事案件律师辩护全覆盖试点工作的办法》，拓展了律师在刑事诉讼中发挥作用的空间。

十　解决立案难和执行难问题

我国过去实行立案审查制，从 2015 年 5 月 1 日起人民法院全面实行立案登记制，对符合起诉条件的当场登记立案，实现有案必立、有诉必理，切实保障当事人诉权。2015 年 5 月至 2017 年 9 月，全国法院登记立案数量超过 3900 万件，当场登记立案率超过 95％。

一些生效法律文书得不到执行，被人民群众称为执行难。长期以来，执行难不仅成为困扰人民法院的突出问题，也成为人民群众反映强烈、社会各界极为关注的热点问题。2016 年 3 月，最高人民法院在十二届全国人大四次会议上提出"用两到三年时间基本解决执行难问题"；2016 年最高人民法院出台《关于落实"用两到三年时间基本解决执行难问题"的工作纲要》。人民法院采取推动构建综合治理执行难工作格局、推进网络查控系统建设、推进联合惩戒体系建设、全面推行网络司法拍卖、强化执行管理、规范适用终结本次执行程序、深化执行体制机制改革、强化执行公开、切实加强执行队伍建设等举措，基本形成具有中国特色的执行制度、机制和模式，执行质效有了较大提升，执行外部环境有了明显改善。

第四节　司法建设与依法治国

依法治国的核心是厉行法治。在某种意义上，司法建设是中国法治进程的集中体现，是透视中国法治发展状况的一个聚焦点。

一　司法建设与法治秩序塑造

司法建设的意义既在保障司法公正，更在塑造法治秩序。法治着重强调"公权者要服从法律，居于法律之下而不是法律之上"。①1999 年"依法治国，建立社会主义法治国家"被写入宪法。党的十八届四中全会将"保证公正司法，提高司法公信力"作为全面推进依法治国的重要内容之一。党的十九大将"深化司法体制改革，提高全民族法治素养和道德素质"作为"坚持全面依法治国"的重要内容；将"深化司法体制综合配套改革，全面落实司法责任制，努

---

①　夏勇：《法治与公法》，《读书》2001 年第 5 期。

力让人民群众在每一个司法案件中感受到公平正义"作为"深化依法治国实践"的重要内容。深化司法体制改革，建设公正高效权威的社会主义司法制度，是党中央作出的重大部署，是推进国家治理体系和治理能力现代化的重要举措。

二　司法建设与司法公正

从司法程序来看，司法公开与司法公正是其中的重要原则。改革开放以来，我国的司法程序建设循序推进。三大诉讼法的颁布和修改，极大地完善了司法程序，为司法公正提供了保障。

1996 年修改后的《刑事诉讼法》条文总数达到 225 条，对 1979 年《刑事诉讼法》的增、改、删达 110 处之多，在条文数量上净增 61 条。修改的主要内容包括：指导思想上的调整；增加司法机关依法独立行使职权原则；确立未经人民法院依法判决不得确定有罪原则；加强人民检察院的法律监督；调整侦查管辖与自诉案件范围；扩充犯罪嫌疑人、被告人的辩护权；加强对被害人的权利保护；完善强制措施制度；改革一审审判方式；增设简易审判程序；完善第二审程序；改革死刑执行方式。1996 年的《刑事诉讼法》比较集中地解决了一批长期没有解决和难以解决的问题，如收容审查、免予起诉、庭审走过场等。2012 年再次修改《刑事诉讼法》，条文总数增加到 290 条，刑事程序更加具体、明确；加强对律师诉讼权利的保护；完善刑事证据制度；改革证人出庭作证制度；建立四种特别程序；完善死刑案件诉讼程序。2018 年第三次修改《刑事诉讼法》，重点解决刑诉法与监察法的衔接问题，建立刑事速裁程序、认罪认罚从宽制度和缺席审判制度。

1991 年修改后的《民事诉讼法》由原来的 205 条增至 270 条，修改补充的主要内容包括：增加督促程序、公示催告程序和企业法人破产还债程序；在特别程序中增加宣告失踪案件、认定公民限制民事行为能力案件的程序；对于主管与管辖、当事人举证责任、人民法院收集、审查证据、财产保全和先予执行及调解、审判监督程序、强制执行的措施和涉外民事诉讼程序的特别规定等，也都作了重要的修改和补充。2007 年再次修改《民事诉讼法》，集中解决"申诉难"和"执行难"问题，具体包括：明确当事人申请再审的具体事由；明确特殊情形应延长当事人申请再审期间；明确向上一级人民法院申请再审，并且规定再审的审查期间；完善检察机关的法律监督；增加"立即执行"制度；增加财产报告制度；加大执行联动机制；提高对不履行判决、裁定行为的罚款数额；增加执行异议制度；延长申请执行的期间。2012 年《民事诉讼法》修改增加公益诉讼制度；设立小额诉讼制度；首次对行为保全作出规定；降低再审案件的法院审级；再审案件不再一律中止执行；规定证人出庭费用由败诉方负担；增加专家出庭参与诉讼的规定；遏制恶意诉讼和虚假诉讼，增加对案外被侵害人救济程序；提高对妨害诉讼行为和不履行判决、裁定行为的罚款数额；加大立即执行力度；完善"裁判文书公开"制度；在特别程序中增加确认调解协议案件和实现担保物权案件的审理程序。2017 年《民事诉讼法》修改增加检察机关提起民事公益诉讼的规定。

2014 年修改《行政诉讼法》，对行政诉讼立案难、判决难和执行难作了积极回应。在解决"立案难"方面，将依法立案规定为法律原则、增加列举可以起诉的行政行为类型、改立案审查制为立案登记制、规定对不立案的救济。在解决"审理难"方面，加强诉讼程序保障、给法院配备更加强大的审查手段、法院的判决方式更加灵活多样、针对同一案件来回折腾的情况作了特别规定。在解决"执行难"方面，行政机关有"应当给付的款额"而不支付的，法院可以通知银行从行政机关账户内划拨；行政机关在规定期限内不履行义务的，将对"该行政机关负责人"按日处 50—100 元罚款；行政机关拒不履行判决、裁定、调解书，社会影响恶劣的，法院可以对该行政机关直接负责的主管人员和其他直接责任人员予以拘留；情节严重，构成犯罪的，还可以移送检察机关起诉；法院可以将行政机关拒绝履行的情况予以公告，以及向有关部门提出司法建议。

修改后的行政诉讼法还创设了要求行政机关负责人出庭、要求复议机关当被告等具有中国特色的制度。① 2017 年《行政诉讼法》修改增加了检察机关提起行政公益诉讼的规定。

三　司法建设与司法高效

改革开放之初，司法资源合理配置尚未成为一个突出问题，随着社会发展，"案多人少"的矛盾日益突出，如何提高司法效率成为司法机关所面临的巨大挑战。

程序繁简分流是提高司法效率的重要手段。1982 年《民事诉讼法（试行）》对简易程序作了规定；1991 年《民事诉讼法》明确简易案件的范围和简易程序的审理期限；2012 年《民事诉讼法》增加规定当事人双方可约定适用简易程序、可以用简便方式送达文书、审理案件，增设"小额诉讼程序"。1979 年《刑事诉讼法》没有规定简易程序；1996 年《刑事诉讼法》增设简易审判程序；2012 年《刑事诉讼法》扩大了简易程序的适用范围；2018 年《刑事诉讼法》增设刑事速裁程序，并且规定认罪认罚从宽制度。1989 年《行政诉讼法》没有规定简易程序；2014 年《行政诉讼法》增加关于简易程序的规定。中国民事诉讼法从立法之初，就有关于简易程序的规定，但在刑事诉讼法、行政诉讼法中增设简易程序，却经历了十几年的时间。原因之一在于观念的变迁，起初认为刑事诉讼、行政诉讼在性质上不同于民事诉讼，应当采取更为慎重的态度、在审理程序上应当更加严格，因此不宜适用简易程序；后来认为，刑事案件、行政案件与民事案件一样，也存在简单案件与复杂案件之分，对于简易案件适用简易程序，既有利于国家节省司法资源，也有利于保障当事人权益。原因之二在于案件数量的持续上升。随着改革开放的深入进行，经济迅猛发展，社会关系日趋复杂，矛盾纠纷日益增多，

---

① 参见何海波《一次修法能有多少进步——2014 年〈中华人民共和国行政诉讼法〉修改回顾》，《清华大学学报》（哲学社会科学版）2018 年第 3 期。

法院受理的案件越来越多，在刑事诉讼和行政诉讼中，也客观上需要对案件进行繁简分流，以合理配置司法资源。原因之三在于早期的普通程序相对简单。1978 年恢复法制建设之后，由于立法经验不足，因此在立法上遵循"宜粗不宜细"的指导思想，以保持法律的灵活性，使其能够适应司法实践中的复杂需求，这导致早期的刑事诉讼普通程序和行政诉讼普通程序较为简单、粗疏，对其再进行简化的必要性不大。从总体上看，在三大诉讼中，简易程序的适用范围呈逐渐扩大的趋势。

为了破解法院"案多人少"的矛盾，2016 年最高人民法院发布《关于进一步推进案件繁简分流优化司法资源配置的若干意见》；2017 年最高人民法院发布《关于民商事案件繁简分流和调解速裁操作规程（试行）》和《关于确定案件繁简分流机制改革示范法院的决定》。人民法院的繁简分流机制改革，主要是根据案件难易、标的额大小、刑罚轻重、认罪与否、当事人意愿等情况，加大案件繁简分流力度，完善小额速裁、刑事速裁、简易程序、普通程序等多层次的诉讼程序体系，实行"繁案精审、简案快审、类案专审"，同时在审判工作机制、裁判文书繁简分流、辅助事务集中管理、内设机构改革、信息化和智慧法院建设等方面进行探索，进一步盘活司法资源，激发机制活力，利用信息科技有效提升司法生产力，推动司法效率的提高。

调解制度在我国有几千年的历史，被誉为"东方经验"。新中国成立后，"调解为主"成为我国民事诉讼中的基本政策导向。1982 年《民事诉讼法（试行）》规定"人民法院受理的民事案件，能够调解的，应当在查明事实、分清是非的基础上进行调解"；1991 年《民事诉讼法》规定"人民法院审理民事案件，应当根据自愿和合法的原则进行调解；调解不成的，应当及时判决"；2012 年《民事诉讼法》规定"当事人起诉到人民法院的民事纠纷，适宜调解的，先行调解，但当事人拒绝调解的除外"，此外还规定当事人可以向人民法院提出申请司法确认调解协议，人民法院裁定调解协议有效的，当事人可以向法院申请执行；2012 年颁布《人民调解法》，对人民调解委员会、人民调解员、调解程序、调解协议等作了系统规定。

党的十八届四中全会提出"健全社会矛盾纠纷预防化解机制"。2015 年 10 月，中央深改组第十七次会议审议通过了《关于完善矛盾纠纷多元化化解机制的意见》。2016 年最高人民法院制定发布《关于人民法院进一步深化多元化纠纷解决机制改革的意见》和《关于人民法院特邀调解的规定》，明确了人民法院开展多元化纠纷解决机制改革的基本原则、工作重点和实施路径。人民法院的多元化纠纷解决机制改革经历了地方探索和初期试点阶段（2004—2007 年）、步骤安排和方案制定阶段（2008—2009 年）、扩大试点和全面落实阶段（2010—2013 年）、深化改革和升级换代阶段（2014 年之后）。[①] 多元化纠纷解决机制改革促进了矛盾纠纷的及时解决。

四　司法建设与司法权威

司法权威是指司法机关依法独立公正行使职权，司法裁判具有令人信服的力量，司法工作得到社会公众认同信赖。司法公信是司法权威的重要基础，司法权威是司法公信的重要体现。司法一旦失信于民，就会动摇社会公众的法治信仰和信心，进而影响依法治国的进程。

从司法人员来看，其具有较高的司法能力和司法道德，才能产生使人信从的威望。较高的司法能力突出地体现在法官处理疑难案件的能力；较高的司法道德表现在法官主持审判应有公正之心，裁判案件事实及争议应无偏袒之意，以服从法律为天职等。我国通过颁布和修改《法官法》、建立司法考试制度和法律职业资格考试制度，逐步提高了担任法官的条件，并通过加强法官培训、职业道德教育等提高法官的素质。党的十八大以来，人民法院加强

---

① 参见李少平主编《最高人民法院多元化纠纷解决机制改革意见和特邀调解规定的理解与适用》，人民法院出版社 2017 年版，第 17—21 页。

法官队伍正规化、专业化、职业化建设，全面落实司法责任制，完善司法人事管理制度机制，全面提升了司法队伍政治素质和业务能力。

加强司法职业保障是维护司法权威的重要方面。过去司法人员的职业保障与普通公务员基本相同，没有体现出司法职业特点和职业风险。党的十八大以来，加强了司法职业保障；发布了禁止违法干预过问司法案件的规定；健全了法官权益保障机构；严厉惩处哄闹法庭、干扰阻碍司法活动、侮辱诽谤和暴力伤害司法人员及其近亲属的行为；建立诉讼诚信保障机制，依法制裁虚假诉讼、恶意诉讼、滥用诉权行为，极大地维护了司法权威。

维护司法权威需要维护司法裁判的既判力和终局性，充分发挥生效裁判的定分止争功能。信访工作是党和政府联系群众的重要桥梁、倾听群众呼声的重要窗口、体察群众疾苦的重要途径。但是，随着越来越多的社会矛盾以案件形式进入司法领域，出现了诉讼与信访交织、法内处理与法外解决并存的状况，导致少数群众"信访不信法"甚至"弃法转访""以访压法"等问题比较突出，严重损害了司法权威。2014年中办、国办印发《关于依法处理涉法涉诉信访问题的意见》，提出实行诉讼与信访分离制度，强调建立涉法涉诉信访依法终结制度。党的十八届四中全会提出要"落实终审和诉讼终结制度，实行诉访分离，保障当事人依法行使申诉权利。对不服司法机关生效裁判、决定的申诉，逐步实行由律师代理制度。对聘不起律师的申诉人，纳入法律援助范围"。

司法公开是我国宪法和三大诉讼法规定的基本原则。1998年最高人民法院就强调，要把宪法和法律规定的"公开审判"原则落到实处，各类案件除涉及国家秘密、公民个人隐私、未成年人犯罪以及法律另有规定不予以公开审理之外，一律实行公开审判制度，不许实行"暗箱操作"。公开审理案件，除允许公众自由参加旁听外，逐步实行电视和广播对审判活动的现场直播，允许新闻机构以对法律自负其责的态度如实报道。① 党的十八大以来，司法机关以前所未有的力度推进司法公开，人民法院建成了审判流程、庭审活动、裁判文书、执行信息四大公开平台，司法活动经历了从有限公开到全面公开的发展历程，确保了司法权力在阳光下运行。阳光司法增进了全社会的司法信赖。

第五节　司法建设的未来展望

改革开放以来，我国的司法建设取得了诸多实质性进展，如推行司法公开，增强司法的透明度；死刑复核权收归最高人民法院，保障公民生命权；再审事由明确化，保障当事人申请再审的权利；司法鉴定体制改革，保障鉴定公正；完善未成年人司法制度，保障未成年人权利；建立和发展法律援助制度，保障法律面前人人平等；改革和完善执行体制，解决执行难；等等。这些进展对于建立公正、高效、权威的中国特色社会主义司法制度，具有明显的积极意义。但是，司法建设之路任重而道远，我们需要对司法建设的出发点、目标、内容等进行反思，总结司法建设的成绩、揭示存在的问题、探讨解决问题的方案，以便进一步明确未来的发展方向。

一　认真总结历史经验教训

从新中国成立初期"破旧立新"式的司法建设、1957 年至"文化大革命"时期"摧枯拉朽"式的司法革命、改革开放之初"拨乱反正"的司法重建，到现如今不断走向深入的司法体制改革，每个时期司法建设的基本方向和具体内容都与当时的政治、经济和文化环境存在着密切的关联。正是基于新中国成立以来正反两个方面的

---

① 参见《最高人民法院院长肖扬说公审案件允许新闻机构如实报道》，《领导决策信息》1998 年第 15 期。

经验教训，党中央在"文化大革命"结束之后，大力恢复和加强社会主义民主和法制，重建被破坏了的司法传统和司法制度，以保障社会主义现代化建设的顺利进行。司法得以重建和发展，具体制度的调整逐步启动，在机构设置、职能扩增、审判方式、法院管理、权利保护以及法律援助等方面取得了不少成就和经验。在此过程中，"司法改革"逐渐成为一个显性话题，其中的原因可从两个角度来加以认识：从直观的角度看，之所以需要进行司法改革，是因为司法现状不能令人满意；从更深层次的角度看，司法改革成为中国社会生活和政治生活中的一个突出问题，其重要原因在于 1978 年以来改革开放所导致的社会结构的变化，要求一个更符合时代要求的司法权力。在现阶段，需要持续推进司法改革，消除或缓解司法所面临的现实矛盾，通过司法建设塑造适应新的社会历史条件的法治秩序。

二　建立和维护司法权威

我国所进行的司法改革大体可归为建立法治的类型，司法改革实际上成为体制转轨的一部分，其中很重要的一个目的，是巩固市场经济秩序。中央司法体制改革领导小组以及最高人民法院、最高人民检察院提出的司法改革方案所涉及的内容十分庞杂，充分体现了建立法治时期司法改革的特点，未来司法改革还需继续走统筹推进的道路。我国的司法建设，经历了一个从近代社会条件下孤立的内向的自然演化过程到近代以来在全球化浪潮冲击下逐步纳入全球司法文明发展轨道的历史性转变过程。在这种情况下，如何保持我国司法改革与发展的自主性品格，就成为一个至关重要的问题。

我国属于从计划经济到市场经济的转型国家，司法改革是我国政治民主化、法治化的表现之一，因此，从大的方向上来说，司法改革应当将构建中立、独立的法院作为主要目标，将其塑造为依"法"审判的第三者角色。只有如此，司法才能承担起对公民权利进行救济的功能。务实的司法改革应该以构建明确的司法功能为其目标，在组织和程序上，让司法的中立、被动、事后、个案、争议等特质得到彰显，以与其他部门相区隔；建立保障法官身份、保障法官职务独立的制度，凭借裁判格式、严谨推理、程序公开等来达到"审判"的独立。

对于司法权威，需要从外部和内部两方面加以维护。从司法权的外部看，司法权在国家权力体系中是"最不具有危险性""最微不足道"的权力，各种权威力量都可能对司法运作构成实质影响。在这种情况下，要维护司法权威，首先需要树立法律的权威，使得"任何人和组织都不能凌驾于宪法和法律之上"，政治权力应当保持对司法的尊重，国家应当加大对司法的投入，充分保证司法的各项必要费用。从司法权的内部看，司法机关应当对终审裁判予以尊重，保持终审裁判的稳定性。司法体制的建构和运作必须有利于实行司法公正和提高司法效率，司法建设的总体方向在于妥善调整司法公正与司法效率两项价值目标之间的关系。司法改革承担着巩固和推进我国经济市场化、政治民主化和治国法治化的重要使命。未来的司法改革应当将构建独立、中立、公正、高效、权威的法院作为司法建设的目标，并应针对所存在的问题进一步完善司法程序，推进我国的法治进程不断向前发展。

三　深入推进司法体制综合配套改革

党的十九大指明了未来司法体制改革的方向。综合配套改革包括多方面的内容，择其要者，主要包括：一是要解决司法体制改革推进过程中的制约性、瓶颈性问题，如法官、检察官单独职务序列等级享受对应行政职级待遇问题，法院、检察院内设机构改革问题，跨行政区划法院、检察院的设立问题等；二是要完善相关配套措施，加强改革的系统性、联动性，如完善法官、检察官绩效和司法辅助人员考核办法，完善法官、检察官员额退出机制，建立科学分案办法，建立新型监督管理机制，完善司法辅助事务管理机制等；三是要加快科技化、信息化建设，充分发挥信息化平台的总体效能，如推进诉讼档案电子化、加强司法大数据的应用等，以促进司法体制改革与科学技术的深度融合。总之，司法体制改革要通过多方面的配套性措施，达到系统集成，从总体上提高司法质效。

2018 年 7 月，在中央政法委主持召开的全面深化司法体制改革推进会上，对于深化司法体制综合配套改革提出了以下要求：一是破解责任不实难题，加快健全领导干部办案制度；二是破解合力不强难题，加快组建新型办案团队；三是破解监督不力难题，加快构建新型监管机制；四是破解尺度不一难题，加快推进司法规范化建设；五是破解激励不足难题，加快完善绩效考核制度。① 此外，还提出要加快构建中国特色社会主义司法制度体系，包括：总揽全局、协调各方的党领导政法工作体系；系统完备、科学合理的司法机构职能体系；权责统一、规范有序的司法权运行体系；多元精细、公正高效的诉讼制度体系；联动融合、实战实用的维护安全稳定工作机制体系；普惠均等、便民利民的司法公共服务体系；约束有力、激励有效的职业制度体系。

努力让人民群众在每一个司法案件中感受到公平正义，是司法体制改革的出发点和最终目标。司法是维护社会公平正义的最后一道防线，公正司法应该体现在对每一个案件的具体处理之中、体现在案件处理的每一个细节之中；公平正义应当以人民群众看得见、感受得到的方式得以实现，公正不能只是一种结果公正，而且要有过程的公正；公正不能只是一种实体公正，而且要有程序的公正；公正应当是形式公正与实质公正的结合。为了保证司法公正，需要从问题出发找准司法工作中亟待加强的薄弱环节，不断提高司法队伍素质，深化司法公开，促进司法民主，确保司法规范廉洁，从而最终建立起为人民群众所普遍信赖的司法。②

---

① 参见李阳《奔着问题去　迎着困难上——从全面深化司法体制改革推进会看司法体制综合配套改革着力点》，《人民法院报》2018 年 7 月 25 日第 1 版。
② 参见熊秋红《健全严格执法、公正司法的保障机制》，《人民公安报》2014 年 2 月 9 日第 3 版。

第七章

新中国民事法治 70 年

  恩格斯指出，"民法不过是所有制发展的一定阶段，即生产发展的一定阶段的表现"[①]，无非"将经济关系直接翻译为法律原则"[②]。这表明，民事法治深受经济生活条件的影响。从 1949 年至 2019 年的 70 年，我国民事法治的曲折发展历程，也集中反映了我国这 70 年社会经济制度的发展变化。

  我国民事法治 70 年的历程大致可以分为四个阶段：一是 1949—1978 年的萌芽时期，以《婚姻法》为代表的民事法律确立了我国的婚姻法律制度，最高人民法院的一些司法政策、批复等文件基本满足了当时民事生活的法律需要。二是 1978—1992 年的形成时期。1986 年《民法通则》的颁行意味着我国拥有了民事基本法律，《经济合同法》《涉外经济合同法》《技术合同法》等，满足了我国有计划的商品经济时期的基本法律需求。新《婚姻法》和《继承法》也为婚姻家庭和继承领域提供了法律资源。这表明国家开始容让社会，承认国家之外的社会领域，公民（自然人）也享有类型丰富的民事权利。至此，我国民事法治已具雏形。三是 1992—2012 年的发展时期，可细分为 1992—1999 年和 1999—2012 年，前者以 1999 年的

[①]《马克思恩格斯全集》第 4 卷，人民出版社 1958 年版，第 87 页。

[②]《马克思恩格斯选集》第 4 卷，人民出版社 1972 年版，第 484 页。

《合同法》的颁行为标志，后者以 2007 年的《物权法》的颁行为标志。在这一阶段，市场经济不断向纵深方向发展，自治空间空前扩大，《合同法》的颁行确认和巩固了市场改革成果，并推进了市场经济的完善。《担保法》等法律的颁行也推动了市场交易的发展。市场经济体制的践行，使个人财富的数量激增，类型多元，保护产权的诉求日益强烈，《物权法》回应了这种社会需求。《物权法》的颁行是中国民事权利保护的高峰，2009 年《侵权责任法》的颁行更标志着我国民事法律体系粲然大备。四是 2012 年至今的繁荣时期，以民法典编纂为标志，中国民事法治进入佳境。"全面依法治国"的政治意愿、多年的民事法治理论积累、丰富的司法实践经验和交易实践，为中国民法典的编纂提供了强有力的支撑。具有里程碑意义的是，2017 年中国通过了《民法总则》，这预示着中国民法典迈出了最为重要的一步，中国的"民法典梦"也即将成真。

第一节　新中国民事法治的萌芽
（1949—1978）

新中国成立后，我国尽管曾启动民法典编纂，但因为不存在商品经济等原因，未能成功。这一时期的民事法治主要体现在婚姻和土地方面。

一　婚姻法治

1950 年 3 月政务院第二十二次政务会议通过、1950 年 4 月中央人民政府委员会第七次会议通过了《婚姻法》。这是新中国通过的第一部民事法律。它集中体现了社会主义的婚姻观念。它废除了包办强迫、男尊女卑、漠视子女利益的封建主义婚姻制度，实行男女婚姻自由、一夫一妻、男女权利平等、保护妇女和子女合法权益的新民主主义婚姻制度。婚龄为男二十岁，女十八岁。禁止结婚的情形包括直系血亲，或为同胞的兄弟姊妹和同父异母或同母异父的兄弟姊妹；有生理缺陷不能发生性行为者；患花柳病或精神失常未经治愈，患麻风或其他在医学上认为不应结婚之疾病者。结婚由区、乡人民政府登记。在夫妻关系方面，它规定夫妻在家庭中地位平等，均有选择职业、参加工作和参加社会活动的自由，对于家庭财产有平等的所有权与处理权，有各用自己姓名的权利等。这些规定均体现了社会主义婚姻家庭新观念。

二　土地法治

为从法律上巩固革命成果，1950 年 6 月中央人民政府委员会第八次会议通过了《土地改革法》，保护农民对土地及其财产的所有权。它规定没收地主的土地，但不没收地主兼营的工商业及其直接用于经营工商业的土地；富农所有自耕和雇人耕种的土地不得侵犯；中农（包括富裕中农）的土地及其他财产，不得侵犯；所有没收和征收得来的土地，除收归国家所有者外，均由乡农民协会接收；统一土地、公平合理地分配给无地少地及缺乏其他生产资料的贫苦农民所有，对地主亦分给同样一份。

此后，农民个人的土地逐渐转化为集体所有。1955 年 11 月全国人大常委会通过的《农业生产合作社示范章程》，要求社员的土地必须交给农业生产合作社统一使用；1956 年 6 月第一届全国人民代表大会第三次会议通过的《高级农业生产合作社示范章程》，要求入社的农民必须把私有的土地和耕畜、大型农具等主要生产资料转为合作社集体所有。1961 年党中央制定《农村人民公社工作条例（草案）》规定农村人民公社三级所有、队为基础的所有制。1962 年《农村人民公社工作条例修正草案》明确生产队范围内的土地，都归生产队所有，社员可以享有自留地、饲料地和开荒地，三者合在一起可以占生产队耕地面积的百分之五到百分之十，最多不能超过百分之十五；社员家庭副业的产品和收入，都归社员所有。

三 其他民事领域法治

在这一时期，最高人民法院作出很多批复，以指导审判实务中的问题。如《关于对起诉到法院的轻微刑民事案件不能拒不受理的批复》（1951 年 2 月 27 日）要求法院不能因收案人认为事实不明、材料不全，或事属轻微为理由，退案不收。《最高人民法院民事审判庭关于保护国家银行债权的通报适用范围的意见》（1952 年 9 月 10 日）指出，保护国家银行债权问题的通报第五项关于保证人责任的规定，对于国家机关，公营企业债权的保证，均应适用。对私人债权的保证可以参照适用。最高人民法院办公厅还对《人民日报》转来的航空警备营营部、读者虫珍等询问有关婚姻问题的提问，作出了解答（1950 年 1 月 10 日）。此外，最高人民法院还颁布了较为体系化的民事政策执行意见，如《关于贯彻执行民事政策几个问题的意见》（1963 年 8 月 28 日）涉及土地确权、房屋纠纷、继承纠纷等领域。《关于贯彻执行民事政策法律的意见》（1963 年 8 月 28 日）、《关于贯彻执行民事政策法律若干问题的意见》（1984 年 8 月 30 日）等都涉及民事审判各个领域的问题，还包括损害赔偿、债务等现行法未涉及的问题。

这一时期也有大量行政性规范涉及民事法律关系。在所有权方面，1953 年 11 月政务院颁布的《国家建设征用土地办法》和有关公私合营的规范涉及对私人所有权的保护；在合同领域，中央人民政府政务院财政经济委员会 1950 年 10 月颁布的《机关国营企业合作社签订合同契约暂行办法》、贸易部同日颁发的《关于认真订立与严格执行合同的决定》涉及合同制度；1952 年 10 月铁道部公布的《货物运送规则及补则》，交通部 1953 年 3 月公布的《公路汽车货物运输规则》；1962 年 12 月颁发的《中共中央、国务院关于严格执行基本建设程序、严格执行经济合同的通知》。国家经委颁行的《关于工矿产品订货合同的基本条款的暂行规定》（1963 年 8 月）、《关于严格禁止预收、预付货款的通知》（1963 年 12 月）、《关于目前允许存在的预收预付货款范围的通知》（1964年2月）、《关于发放主要农产品预购定金的通知》（1966年12月）等，进一步完善了合同制度。即使在"文化大革命"期间，也颁布了一些合同规则，如1972年1月开始施行的交通部颁发的《公路汽车货物运输规则（试行）》。

综上，在这一时期，因为政治运动频繁，土地等重要财产关系也处于剧烈变化中，难以通过稳定性强的法律调整，社会生活几乎都被纳入国家控制，几乎不存在严格意义上的正式市场，民事法律除了婚姻领域，几乎没有适用的余地。

第二节　民事法治的形成(1978—1992)

1978年改革开放以来，我国民事法治进入了一个质变和量变并存的新时代。这一时期，民事法治最重要的两个任务是：其一，确立民事主体的各类民事权利，矫正"文化大革命"的错误；其二，顺应逐渐兴起的商品经济逻辑，为城市和农村提供相应的制度支援。这一时期的民事法治也主要体现在立法进入快车道。

一　《民法通则》之前的民事法治

（一）合同法治

1981年12月，第五届全国人民代表大会通过了《经济合同法》，既包括合同法总则，也包括有名合同。但该法仅适用于法人之间订立的合同，而且它并未贯彻契约自由原则，而更倾向于运用国家权力对合同进行管制，尤其是其立法宗旨就要求经济合同要"保证国家计划的执行"。此外，它还赋予工商行政机关过大的权力，如认定合同无效等。

根据《经济合同法》的规定，国务院先后颁发了《工矿产品购销合同条例》《农副产品购销合同条例》《建筑工程勘察设计合同条例》《建筑安装工程承包合同条例》《财产保险合同条例》《加工承揽合同条例》《借款合同条例》等行政法规，最高人民法院颁布了《关于贯彻执行〈经济合同法〉若干问题的意见》的司法解释，来调整合同关系。尽管如此，作为中国第一部合同领域的法律，它对商品经济的发展还是起到了积极作用。

1985 年 3 月，《涉外经济合同法》颁行，它包括总则、合同的订立、合同的履行和违反合同的责任、合同的转让、合同的变更、解除和终止、争议的解决和附则，共七章 43 条。整部法律的结构、基本原则和内容，主要是参考英美契约法和《联合国国际货物销售合同公约》（CISG），是中国民法继受英美法和国际公约的开端。[①]它适用于除国际运输合同以外的涉外经济合同。在法律适用方面，它规定在中国境内履行的中外合资经营企业合同、中外合作经营企业合同、中外合作勘探开发自然资源合同，适用中国法律。

（二）婚姻法治

经过 30 年社会、经济和文化的变迁，旧《婚姻法》已经无法适应新的社会情势。1980 年，第五届全国人民代表大会通过了新《婚姻法》。它包括总则、结婚、家庭关系、离婚和附则五章。它重申了实行婚姻自由、一夫一妻、男女平等的婚姻制度。将婚龄规定为男不得早于二十二周岁，女不得早于二十周岁。晚婚晚育应予鼓励。就禁止结婚的情形，它规定的情形仅限于直系血亲和三代以内的旁系血亲和患麻风病未经治愈或患其他在医学上认为不应当结婚的疾病。此外，在离婚方面，它明确了以感情确已破裂为离婚条件。

（三）继承法治

1985 年第六届全国人民代表大会通过《继承法》，弥补了以往用司法解释调整继承法律关系的不足。该法包括总则、法定继承、遗嘱继承和遗赠、遗产的处理和附则五章，共 37 条。

《继承法》总结了多年来我国公民继承方面的经验，符合国情，

---

① 参见梁慧星主编《中国民法典草案建议稿附理由》，法律出版社 2013 年版，"序言"。

顺乎民心，体现了中华民族的优良传统和社会主义制度的优越性。它规定了依法保护公民财产继承权的原则、继承权平等原则、扶养老幼，保护无劳动能力人合法权益的原则。① 《继承法》的重点在于保护公民劳动收入的继承，因此它规定的遗产范围主要限于收入、房屋、储蓄和生活用品、林木、牲畜和家禽等，个人承包应得的个人收益可以继承。此外，它明确了法定继承、遗嘱继承和遗赠的具体规则以及遗产的处理，为司法裁判提供了基本规范。其后，最高人民法院《关于贯彻执行〈中华人民共和国继承法〉若干问题的意见》，提供了更为具体的裁判规则。

二 《民法通则》的颁行

改革开放伊始，中国即着手编纂民法典。1979 年 11 月，全国人大常委会法制工作委员会成立了主要由民法学者组成的"民法起草小组"，以 1962 年的苏联民事立法纲要、1964 年的苏俄民法典和 1978 年修订的匈牙利民法典为蓝本，开始新中国第三次民法起草。此后立法机关考虑到经济体制改革刚刚开始，社会生活处在变动之中，一时难以制定一部完善的民法典，决定解散民法起草小组，暂停民法典起草工作，改用先分别制定单行法，待条件具备时再制定民法典的方针。② 之后，在经过学界关于民法和经济法的大论战后，中国开始了《民法通则》的起草工作。

1986 年 4 月，第六届全国人民代表大会第四次会议通过《民法通则》，它于 1987 年 1 月 1 日起施行。《民法通则》是从中国的实际需要出发，在研究改革、开放、搞活的新情况、新问题和新经验并总结和借鉴历史的和外国的经验基础上制定出来的我国民事活动共

---

① 参见张永恩《一部具有中国特色的继承法》，《现代法学》1985 年第 3 期；王家祯《一部符合中国国情的继承法》，《法律科学》1985 年第 3 期。

② 参见梁慧星主编《中国民法典草案建议稿附理由》，法律出版社 2013 年版，"序言"。

同遵循的准则。它反映了我国社会主义经济的特色，是一部具有中国特色的法律。①

《民法通则》共九章 156 条，其结构为：基本原则、公民（自然人）、法人、民事法律行为和代理、民事权利、民事责任、诉讼时效、涉外民事关系的法律适用、附则。第五章"民事权利"是最引人注目的章节，它赋予了公民（自然人）丰富的财产权和人格权。为防止"文化大革命"践踏人格权的悲剧重演，它专设第四节明文规定公民（自然人）享有生命健康权（第九十八条）、姓名权（第九十九条）、肖像权（第一百条）、名誉权和人格尊严（第一百零一条）。为充分保障民事权利，它还在第六章第三节明文规定侵害财产权的侵权责任（第一百一十七条），侵害生命健康权的侵权责任（第一百一十九条），侵害姓名权、肖像权、名誉权的侵权责任（第一百二十条）及国家机关或者国家机关工作人员侵犯人民合法权益的民事责任（第一百二十一条）。《民法通则》的这些内容表明，它承担了确认民事权利和保障民事权利的两大基本功能，这也使它真正成为一部"权利法"。因此，它被称为中国的"人权宣言""权利的播种机"。

《民法通则》在中国法治史上的意义在于，它改变了中国没有民法的历史。因为在此之前，《婚姻法》被认为是一个独立的部门法，《经济合同法》被认为属于经济法，都不属于民法。② 学界对其作了极高的评价："它不仅为我国社会主义商品经济关系的法律调整提供了最基本的原则和制度，而且对于社会主义民主与法制的建设，对于社会主义精神文明的建设具有重要意义。"③ "《民法通则》的诞生，是我国社会主义法治建设历史上的一个重要里程碑，是实现邓

---

① 参见余能斌《论我国民法通则的特点》，《法学评论》1986 年第 4 期；赵中孚《〈中华人民共和国民法通则〉的社会主义特色》，《法律学习与研究》1986 年第 6 期。

② 参见谢怀栻《正确阐述民法通则以建立我国的民法学》，《法律学习与研究》1987 年第 4 期。

③ 佟柔：《民法通则——我国民主与法制建设的一个重要里程碑》，《河北法学》1986 年第 4 期。

小平同志的'一手抓建设、一手抓法制'这一战略思想的重大措施，是我国经济体制改革胜利成果的记录，又是经济体制改革深入进行的法律保障。历史的发展将会进一步证明，《民法通则》的基本原则和基本制度，不仅将在中国产生深远的重大影响，而且将成为世界人民的共同财富。"① 《民法通则》的通过"是我国政治生活和经济生活中的一件大事。它必将对我国社会主义现代化建设事业产生不可估量的积极作用，大大推动社会主义商品经济向前发展"。②

事实也证明，《民法通则》不仅推动了中国经济和社会的发展，激发了中国人的权利意识，而且为中国民事司法提供了一般规则，很大程度上统一了民事案件的裁判规则。作为微缩版的"民法典"，它也为后来的民事单行立法提供了诸多方面的支持。2017 年通过的《民法总则》也是以《民法通则》为蓝本制定的。

《民法通则》作为民事领域的一般法和基本法，只有 156 条，面对复杂的社会生活和经济、社会和技术的急速发展，难免捉襟见肘。早在 1988 年 1 月，最高人民法院为统一裁判规范，发布了《关于贯彻执行〈中华人民共和国民法通则〉若干问题的意见（试行）》，共 200 条，内容涉及《民法通则》的众多制度和规则，在民事审判中发挥了重要作用。

三　《民法通则》之后民事法治的发展

1987 年 6 月，第六届全国人民代表大会常务委员会通过了《技术合同法》，共七章 55 条。它适用于法人之间，法人和公民之间，公民之间就技术开发、技术转让、技术咨询和技术服务所订立的确立民事权利与义务关系的合同。但是，当事人一方是外国的企业、其他组织或者个人的合同除外。其立法目的主要是规范技术领域的

---

① 杨振山：《〈民法通则〉诞生的历史条件及意义》，《政法论坛》1986 年第 3 期。

② 王家福：《一部具有中国特色的民法通则》，《法学研究》1986 年第 3 期。

合同，促进技术发展。这就形成了合同法律领域《经济合同法》《技术合同法》《涉外经济合同法》三足鼎立的法律格局，它们分别调整不同领域的合同、不同主体订立的合同。更重要的是，它们体现了计划经济体制时期的理念，对合同的行政干预和管制过多，背离了合同运行的基本规律，一直为理论界和实务界诟病。

第三节　民事法治的发展（1992—2012）

一　财产关系法治的发展

（一）合同法治的发展

1992 年我国实行社会主义市场经济体制后，《经济合同法》诸多和市场经济不相容的规则之弊越发明显。1993 年 9 月，第八届全国人大常委会修改了《经济合同法》，将其适用于法人、其他经济组织、个体工商户、农村承包经营户相互之间订立的合同，同时取消了工商管理机关的部分管制性权力，厘定了行政权和司法权的正当界限。

1999 年颁行的统一《合同法》包括总则八章、分则十五章，共二十三章428 条。这部法律采用了典型的德国民法的概念体系，许多原则、制度和条文，直接采自德国民法、日本民法和中国台湾地区民法，一些重要的制度直接采自《国际商事合同通则》（PICC）、《联合国国际货物销售合同公约》（CISG）、《欧洲合同法原则》（PECL）和英美契约法。[①]

统一合同法是中国民法和市场经济的里程碑。之所以称为"统一"，是因为它统一了中国之前的散乱、零碎的合同立法，为合同领域确立了统一的法律规范。作为一部统一的、较为完备的合同法典，

[①]　参见梁慧星主编《中国民法典草案建议稿附理由》，法律出版社 2013 年版，"序言"。

《合同法》对有关合同的共性问题作了统一规定，将原来比较原则的
规定具体化，并尽量吸收行之有效的有关合同的行政法规和司法解
释，保持了法律的稳定性和连续性。同时，在继承原三部合同法的
基础上，它破旧立新之处甚多。① 此外，它在 1999 年通过，主要在
21 世纪生效和实施，因此，它面向的是未来，而不是当时的经济转
轨时期，② 其预定的社会土壤也是全面的市场经济社会。

　　改革开放以前，中国社会的特征可概括为"总体性社会"，即国
家权力弥漫社会诸领域及角落，商品经济被取消，这种社会构成导
致契约自由在中国长期沉默。《合同法》在理念上最大的进步，就是
确立了合同自由原则，即只要不违反法律的禁止性规定和社会公共
利益，当事人通过合意达成的合同就当然地具有法律效力。契约自
由的内容包括缔约的自由、选择相对人的自由、决定合同内容的自
由、变更或解除合同的自由和选择合同形式的自由。③《合同法》确
立的合同当事人平等和自愿原则，大量的任意性规范，都使《合同
法》更接近于一部专家建议稿，在很大程度上接近"契约胜法律"
（*Convetio vicit legem*）的观念。

　　与契约自由相应的是，《合同法》明确规定了契约严守原则。这
是契约自由的必然结果，也是市场经济形成的一个重要前提。市场
经济必然建立在非人身性的、时空分离的信用经济基础上。市场经
济的一个特征是有全国性的、大规模的社会市场，而且，很多交易
是复杂的、在未来履行的，如果没有法律上的信用关系，这些交易
就无法完成。《合同法》第八条规定：依法成立的合同，对当事人具
有法律约束力。当事人应当按照约定履行自己的义务，不得擅自变
更或者解除合同。这就确立了信用的法律保障机制，承认了契约严

① 参见石宏《〈中华人民共和国合同法〉与原三部合同法之比较研究》，《中国
人大》1999 年第 13 期。

② 参见梁慧星《合同法的成功与不足（上）》，《中外法学》1999 年第 6 期。

③ 参见崔建远主编《合同法》（第 5 版），法律出版社 2010 年版，第 18—19 页。

守原则。

值得一提的是，中国《合同法》相当重要的一个理念是鼓励交易。立法者认为，对国家、社会和合同主体而言，成功的交易越多越有利。国家可以借此增加其财政税收；财货因为合同得到了充分流转，资源实现了其最充分的运用；合同主体也可以通过合同获取利益。《合同法》的出发点就是鼓励交易，即鼓励当事人尽可能多订立合同，并使合同得以生效和全面履行。鼓励交易体现在很多法律制度和规则上，如合同的成立可以采取书面形式、口头形式和行为形式，尽量限制无效和可撤销合同的范围，限制合同解除的适用范围等。

《合同法》规定了市场经济和社会生活常见的 15 种类型合同，囊括了市场经济中商品和服务交易的主要类型，如买卖合同、承揽合同、运输合同、行纪合同、技术合同等。同时，它还采用民商合一的机制，规定了融资租赁合同、建设工程施工合同等商事合同类型。在制定过程中，立法者也广泛参酌了合同交易领域的国际惯例，引入了比较法上被反复证明行之有效的规则，确立了符合合同运行规律的、相对完善的规则体系。

为了回应互联网时代对合同交易的影响，中国 2004 年颁布了《电子签名法》。它承认电子签名的效力，明确规定当事人约定使用电子签名、数据电文的文书，不得仅因为其采用电子签名、数据电文的形式而否定其法律效力，承认了新技术对合同成立的影响。

在《合同法》施行的当年，最高人民法院就发布了《关于适用〈中华人民共和国合同法〉若干问题的解释（一）》。不仅涉及《合同法》溯及力等法律适用问题，而且包括对具体规则尤其是新规则的解释，如债权人的代位权和撤销权。此后，最高人民法院陆续发布了具体合同领域的司法解释，如《关于审理商品房买卖合同纠纷案件适用法律若干问题的解释》（2003）、《关于审理建设工程施工合同纠纷案件适用法律问题的解释》（2004）、《关于审理技术合同纠纷案件适用法律若干问题的解释》（2004）、《关于审理涉及国有土地使用权合同纠纷案件适用法律问题的解释》（2005）、《关于审理城镇房屋租赁合同纠纷案件具体应用法律若干问题的解释》（2009）。其中最为重要的是 2009 年《关于适用〈中华人民共和国合同法〉若干问题的解释（二）》，它结合司法实践，回应了现实交易对合同规范的要求，创设了情势变更、合同解除异议等新制度。

（二）土地承包法治的发展

农村土地承包可谓中国农村最重要的问题之一，尽管中国宪法和其他法律都规定了农村土地承包制度，但一直缺乏详细的法律规范予以调整。在实践中，农民的土地承包权无法得到有效保护，甚至被任意侵犯的情形并不鲜见。为解决这一难题，中国 2002 年颁布了《农村土地承包法》。它以法律形式赋予农民长期而有保障的农村土地承包经营权，对土地承包的诸多细节问题作了规定，体现了党的十五届三中全会精神。它对切实保护农民的合法权益，进一步调动农民的积极性，促进农业和农村经济发展，维护农村社会稳定，具有重大的现实意义和深远的历史意义。

《农村土地承包法》第四条第一款明确规定，国家依法保护农村土地承包关系的长期稳定。第二十条规定，耕地的承包期为三十年。草地的承包期为三十年至五十年。林地的承包期为三十年至七十年；特殊林木的林地承包期，经国务院林业行政主管部门批准可以延长。同时，针对农村土地承包中侵害妇女权利的违法现象，其第六条专门规定，农村土地承包，妇女与男子享有平等的权利。承包中应当保护妇女的合法权益，任何组织和个人不得剥夺、侵害妇女应当享有的土地承包经营权。为了确保农村的土地承包经营权，它还明确规定了发包方和承包方的权利和义务，明确了承包方自承包合同生效时取得土地承包经营权；承包期内，发包方不得收回承包地，也不得调整承包地。

遗憾的是，《农村土地承包法》并没有明确农民的土地承包经营权的性质到底是一种物权还是一种债权，这一问题被其后的《物权法》解决。

2005 年，最高人民法院发布了《关于审理涉及农村土地承包纠纷案件适用法律问题的解释》，规定法院受理承包合同纠纷、承包经营权侵权纠纷、承包经营权流转纠纷、承包地征收补偿费用分配纠纷和承包经营权继承纠纷。

为更有效地解决土地承包经营纠纷，全国人大常委会 2009 年颁布了《农村土地承包经营纠纷调解仲裁法》。2013 年，最高人民法院发布了《关于审理涉及农村土地承包经营纠纷调解仲裁案件适用法律若干问题的解释》。

（三）物权法治的发展

为满足市场经济中诸多交易对担保的要求，1995 年全国人大常委会通过了《担保法》。它规定了人的担保和物的担保，包括保证、抵押、质押、定金等担保方式，基本满足了担保领域的法律需求。

《物权法》的出台是 2007 年民事法治最具标志性的事件。在其颁行过程中，社会各界产生了极大的争议，甚至有人上书中央，认为草案违宪。尽管"有恒产者有恒心""仓廪实而知礼节"之类的观念已深入人心，产权界定对国家、社会和个体的重要性也为公众认同，但《物权法》的制定暴露了中国改革开放以来的诸多社会矛盾和不同利益集团的诉求，围绕草案，赞成派和反对派形成了激烈的交锋。[1]《物权法》也创造了新中国立法史上审议次数的纪录：全国人大常委会对《物权法（草案）》审议了七次，加上全国人大审议一次，共审议八次。立法机关充分协调各方意见，全国人大也进行了充分审议，修改共有 70 多处。[2]《物权法》对完善中国市场经济规则、强化对私有财产的保护、推进全面实行依法行政，促进政治文明建设都具有重要意义，也有助于推进民法典的出台。

---

[1]　相关争议参见童之伟《〈物权法（草案）〉该如何通过宪法之门——评一封公开信引起的违宪与合宪之争》，《法学》2006 年第 3 期。
[2]　参见陈丽平《物权法在举世关注的目光中走来》，《中国人大》2007 年第 7 期。

《物权法》共五编十九章 247 条。它调整的是因物的归属和利用而产生的民事关系，大到山脉、草原、江河湖海和地下矿藏的归属，小到居民住宅的停车位、电梯、水电管线的归属和维护，均在其调整范围。

《物权法》最大的亮点在于它强化了对私人所有权的保护。首先，它明确了产权平等保护原则："国家、集体、私人的物权和其他权利人的物权受法律保护，任何单位和个人不得侵犯。"（第四条）"国家巩固和发展公有制经济，鼓励、支持和引导非公有制经济的发展。国家实行社会主义市场经济，保障一切市场主体的平等法律地位和发展权利。"（第三条第二款和第三款）其次，它明确将物权界定为具有支配性和排他性的权利。"排他性"意味着权利人不仅有权排除其他民事主体的干涉，而且可以排除国家的干涉。物权的排他性不仅在民法上具有重大意义，在刑法和程序法上也具有重大意义。物权确定了公权与私权的边界，也确定了政治国家与市民社会在财产关系方面的楚河汉界，为个人划定了自由的空间。再次，它明确规定了征收和征用制度。只有为了公共利益的需要，依照法律规定的权限和程序才可以征收集体所有的土地和单位、个人的房屋及其他不动产。征收集体所有的土地，还应当依法足额支付土地补偿费、安置补助费、地上附着物和青苗的补偿费等费用，安排被征地农民的社会保障费用，保障被征地农民的生活，维护被征地农民的合法权益（第四十二条）。最后，它还专门规定了私人所有权，尤其是第六章明确规定了业主的建筑物区分所有权，包括建筑物的单独所有部分、共同所有部分和小区车位、车库、绿地和道路的归属。

首先，《物权法》明确了物权法定原则。其第五条规定，物权的种类和内容，由法律规定。其核心目的在于保障交易安全，避免因当事人任意设定具有排他性效力的物权影响第三人的利益。但是，法定主义毕竟限制了当事人的自由，因此，《物权法》也尽可能兼顾了当事人的自由空间，尤其是在地役权和担保物权领域。其次，《物权法》还明确规定了物权公示原则。它要求物权变动必须通过特定的外观表示出来，以达到公众"知道"的目的。其第六条规定，不动产物权的设立、变更、转让和消灭，应当依照法律规定登记。动产物权的设立和转让，应当依照法律规定交付。物权法上的公示有两类：不动产的公示方式为登记；动产公示的手段为占有。因为不动产是不能移动的，当事人进行交易时，通过查阅不动产登记机关的不动产登记簿就可以非常清楚地知道不动产上的权利；动产可以任意移动，而且动产基本上是批量生产的，必须通过占有来公示。

在《物权法》制定时期，关于不动产登记存在着"多头执政"的局面，而且其依据的法律也不同。如《担保法》第四十二条就规定了多个不动产登记部门，如土地管理部门、房地产管理部门、森林行政管理部门等。这种做法很不利于确立良好的物权秩序，保障交易安全。因此，《物权法》借鉴世界各国的一般做法，确立了不动产统一登记制度。其第十条专门规定了不动产登记制度："不动产登记，由不动产所在地的登记机构办理。国家对不动产实行统一登记制度。统一登记的范围、登记机构和登记办法，由法律、行政法规规定。"它还明确规定了更正登记、异议登记和预告登记。为规范不动产登记机构登记收费，保障登记权利人的利益，其第二十二条专门规定，不动产登记费按件收取，不得按照不动产的面积、体积或者价款的比例收取。具体收费标准由国务院有关部门会同价格主管部门规定。

在中国的《物权法》中，物权的体系是：1. 所有权，包括国家所有权、集体所有权和私人所有权；2. 用益物权，包括农村土地承包经营权、宅基地使用权、国有土地建设用地使用权、地役权；3. 担保物权，包括抵押权、质押权、留置权；4. 占有，是占有人对动产或不动产的实际控制，是一种受到法律保护的客观事实状态。在现代化的市场经济条件下，资金和土地财产的使用关系最为重要。其中，所有权是最基本的物权，其权能可以与所有权分离，形成用益物权和担保物权。前者调整的主要是市场经济中的土地要素，后者主要调整市场经济中的资金要素，即为资金使用提供保障。

　　值得一提的是，《物权法》在用益物权和担保物权领域也作了较大的革新。首先，它首次明确了农村土地承包经营权是一种物权。其第一百二十五条规定，土地承包经营权人依法对其承包经营的耕地、林地、草地等享有占有、使用和收益的权利，有权从事种植业、林业、畜牧业等农业生产。同时第一百三十二条明确规定，承包地被征收的，土地承包经营权人有权获得相应补偿。这就强化了土地承包经营权的效力。其次，在建设用地使用权方面，它要求工业、商业、旅游、娱乐和商品住宅等经营性用地以及同一土地有两个以上意向用地者的，应当采取招标、拍卖等公开竞价的方式出让（第一百三十七条），以确保国有建设用地使用权公开、公平和公正地转让。建设用地使用权期间届满前，因公共利益需要提前收回该土地的，应当依照本法第四十二条的规定对该土地上的房屋及其他不动产给予补偿，并退还相应的出让金（第一百四十八条）；住宅建设用地使用权期间届满的，自动续期（第一百四十九条）；这些规定都强化了对建设用地使用权人的权益保护。最后，在担保物权领域，它强化了当事人意思自由的空间，规定当事人可以约定担保物权实现的事由；为提高担保物权实现的效率，它许可抵押权人直接请求法院拍卖、变卖抵押财产，而无须通过诉讼程序。

　　《物权法》通过后，最高人民法院于 2009 年先后制定出两部正式司法解释，阐明建筑物区分所有权纠纷及关联的物业服务纠纷裁判中的重要法律适用问题。《关于审理建筑物区分所有权纠纷案件具体应用法律若干问题的解释》的目的是调整城市小区物业中的法律关系。它规定，业主基于对住宅、经营性用房等专有部分特定使用功能的合理需要，可以无偿利用屋顶以及与其专有部分相对应的外墙面等共有部分的，除非违反法律、法规、管理规约，损害他人合法权益；建设单位按照配置比例将车位、车库，以出售、附赠或者出租等方式处分给业主的，就可以认定为"首先满足业主的需要"。《关于审理物业服务纠纷案件具体应用法律若干问题的解释》则为物业管理纠纷提供了法律基础，如它规定业主大会可以依据决议，任意解聘物业服务企业。

（四）侵权法治的发展

《侵权责任法》制定之前，《民法通则》有关侵权行为的规定是侵权法领域的主要裁判依据。2001 年最高人民法院通过《关于确定民事侵权精神损害赔偿责任若干问题的司法解释》，第一次确认了中国民法中的精神损害赔偿，尽管是通过司法解释的形式，但它明确规定了人格生命权、健康权、身体权、姓名权、肖像权、名誉权、荣誉权、监护权、人格尊严权、人身自由权被侵害时，受害人可以请求精神损害赔偿。它还规定了精神损害的赔偿对象、损害程度、赔偿方式、赔偿数额与减轻赔偿的情形等内容。2003 年，最高人民法院发布了《关于审理人身损害赔偿案件适用法律若干问题的解释》，为人身损害赔偿提供了较为详细的裁判规则。它第一次明确了残疾赔偿金和死亡赔偿金并非精神损害赔偿金，而是对财产损害的赔偿。其第二十五条和第二十九条按照受诉法院所在地上一年度城镇居民人均可支配收入或者农村居民人均纯收入标准，确定残疾赔偿金和死亡赔偿金。因为这些规定区分了城镇居民和农村居民，导致了同一损害的不同受害人可能因为其身份不同，所获得的赔偿金额也不同，所以在实务中引发了沸沸扬扬的"同命同价"和"同命不同价"的争论。

2009 年，第十一届全国人大常委会第十二次会议通过了《侵权责任法》，这是中国民事侵权领域的第一部单行法。它的颁布也意味着中国的民事法治的基本体系已经建成。

《侵权责任法》顺应现代社会的发展需要，确认了过错原则是侵权行为的基本归责原则，同时对侵权法上的"损害"作了必要的限制，以保障行动自由。同时它又强化了对民事权利的保障。首先，它将生命权、健康权、姓名权、名誉权、荣誉权、肖像权、隐私权、婚姻自主权、监护权、所有权、用益物权、担保物权、著作权、专利权、商标专用权、发现权、股权、继承权等 18 种人身、财产权益纳入保护范围，而且用"等"字表明，它未列举的其他合法民事权益,也可能受侵权法保护。同时,为了保障受害人权益,它还确立了民事责任优先于公法责任的原则:"侵权人因同一行为应当承担行政责任或者刑事责任的,不影响依法承担侵权责任。因同一行为应当承担侵权责任和行政责任、刑事责任,侵权人的财产不足以支付的,先承担侵权责任。"(第四条)其次,它将无过错责任同样确认为侵权法的基本原则。这一原则的根源在于现代技术的两面性:一方面,技术对经济和社会的发展功不可没,已经成为现代社会生活不可或缺的一部分;另一方面,它也导致工业灾害频生、交通事故骤增、公害严重等恶果。基于报偿理念、风险与收益一致原则、危险控制理论,现代侵权法确认了无过错责任。《侵权责任法》中的无过错责任体现为三个层次:一是确认了无过错原则,将其与过错原则并列(第七条);二是规定了无过错原则适用的一般条款,即第六十九条"从事高度危险作业造成他人损害的,应当承担侵权责任";三是确立了无过错责任适用的具体情形,包括民用核设施发生核事故(第七十条),民用航空器造成他人损害(第七十一条),占有或者使用易燃、易爆、剧毒、放射性等高度危险物造成他人损害(第七十二条),从事高空、高压、地下挖掘活动或者使用高速轨道运输工具造成他人损害(第七十三条)等。

《侵权责任法》的一个重要技术特征是,它规定了诸多具体侵权行为的类型,如网络侵权(第三十六条)、违反安全保障义务的侵权行为(第三十七条)、交通事故侵权、医疗侵权等,其目的在于为法院提供明确的裁判规则。这是中国的侵权法和传统民法典的侵权法在立法技术上的重大差异,后者往往只通过几个一般性条款规定侵权行为。

《侵权责任法》制定之后,最高人民法院就通过《关于适用〈中华人民共和国侵权责任法〉若干问题的通知》(2010),阐明司法实践中应如何适用《侵权责任法》。此后,最高人民法院出台了一系列司法解释,阐明特殊侵权纠纷的裁判规则。如《关于审理旅游纠纷案件适用法律若干问题的规定》(2010)、《关于审理铁路运输人身损害赔偿纠纷案件适用法律若干问题的解释》（2010）、《关于审理船舶油污损害赔偿纠纷案件若干问题的规定》（2011）等，细化了侵权案件的裁判规则。

二　人身关系法治的发展

（一）婚姻法治的发展

1949 年后，婚姻法是中国民事法制中最先制定的法律。自 20 世纪 50 年代以来，中国的《婚姻法》就确立了婚姻自由、男女平等、一夫一妻等理念，而且其实施效果良好。1980 年的《婚姻法》再次重申了这些理念。2001 年，为回应社会发展对婚姻的影响，中国修改了《婚姻法》。修改的重点包括：一是明确规定："夫妻应当相互忠实，互相尊重；家庭成员间应当敬老爱幼，互相帮助，维护平等、和睦、文明的婚姻家庭关系。"二是鉴于我国在防治麻风病方面已取得伟大成就，删除了"患麻风病未经治愈"禁止结婚的规定。三是补充了"禁止有配偶者与他人同居"和"禁止家庭暴力"的规定。四是为补救事实婚姻，补充了"未办结婚登记的，应当补办登记"的规定。五是完善了结婚制度，增设了无效婚姻和可撤销婚姻的规定。

《婚姻法》还完善了夫妻财产制度。首先，它明确了夫妻单独财产的范围，包括一方的婚前财产；一方因身体受到伤害获得的医疗费、残疾人生活补助费等费用；遗嘱或赠与合同中确定只归夫或妻一方的财产；一方专用的生活用品；其他应当归一方的财产。其次，它明确规定了夫妻约定财产制度，规定夫妻可以约定婚姻关系存续期间所得的财产以及婚前财产归各自所有，共同所有或部分各自所有、部分共同所有。约定应当采用书面形式。夫妻对婚姻关系存续期间所得的财产以及婚前财产的约定，对双方具有约束力。为保障第三人的利益和交易安全，它规定，若夫妻对婚姻关系存续期间所得的财产约定归各自所有的，夫或妻一方对外所负的债务，第三人知道该约定的，以夫或妻一方所有的财产清偿。最后，它完善了离婚制度的规定，较为详细地列举了离婚的法定理由。

　　在司法解释方面，最高人民法院一共发布了三件有重要影响的司法解释。

　　《关于适用〈中华人民共和国婚姻法〉若干问题的解释（一）》（2001）是《婚姻法》实施 20 年后进行的首次系统性裁判经验总结，集中解释案件审理中的主要法律适用问题。它对"家庭暴力""有配偶者与他人同居""胁迫""不能独立生活的子女"等概念进行了界定，如将"家庭暴力"界定为行为人以殴打、捆绑、残害、强行限制人身自由或者其他手段，给其家庭成员的身体、精神等方面造成一定伤害后果的行为。持续性、经常性的家庭暴力，构成虐待。"有配偶者与他人同居"的情形，是指有配偶者与婚外异性，不以夫妻名义，持续、稳定地共同居住。此外，它对若干制度和规则的适用条件及适用后果进行细化，如婚姻登记的效力、婚姻的无效与撤销、准予或限制离婚的情形、离婚后的子女抚养与探望等。它规定了事实婚姻即未按《婚姻法》规定办理结婚登记而以夫妻名义共同生活的婚姻的法律效力：1994 年 2 月 1 日民政部《婚姻登记管理条例》公布实施以前，男女双方已经符合结婚实质要件的，按事实婚姻处理；《婚姻登记管理条例》公布实施以后，男女双方符合结婚实质要件的，人民法院应当告知其在案件受理前补办结婚登记，未补办结婚登记的，按解除同居关系处理。

　　2003 年，最高人民法院发布《关于适用〈中华人民共和国婚姻法〉若干问题的解释（二）》，它立足于家事审判中更具代表性的法律争议，也尝试回应社会变迁给法律适用带来的新挑战，进一步明确了婚姻的无效、夫妻共同财产认定、离婚时的财产分割和债务处理等问题。2011 年，最高人民法院发布了《关于适用〈中华人民共和国婚姻法〉若干问题的解释（三）》，规定了亲子鉴定问题、生育权问题、婚内借款或财产分割，夫妻或父母购买不动产的权属认定问题等。

　　（二）收养法治的发展

　　1991 年，中国制定了《收养法》，确立了收养应有利于未成年人的抚养和成长等原则，并为收养关系提供了法律依据。1998 年中国修改了《收养法》。修改的重点内容是：其一，增加了保障被收养人和收养人合法权益的原则；其二，增加了收养人"未患有在医学上认为不应当收养子女的疾病"的条件，并将收养人的年满 35 周岁的要求修改为年满 30 周岁；其三，放宽了收养三代以内同辈旁系血亲的子女的条件；其四，扩大了不受收养人无子女和收养一名的限制的适用范围，将其扩大为孤儿、残疾儿童或者社会福利机构抚养的查找不到生父母的弃婴和儿童；其五，要求所有的收养都应当向县级以上人民政府民政部门登记，并明确规定收养关系自登记之日起成立。

第四节　民事法治的繁荣（2012—2019）

一　物权法治的发展

（一）不动产登记

《物权法》虽然规定了不动产统一登记制度，但因为不动产统一登记涉及行政管理体制等多方面的原因，推行过程中遇到诸多困难，实践中一直进展缓慢。为彻底解决不动产的统一登记问题，建立统一登记机关、统一登记依据、统一登记簿等，国务院 2014 年发布了《不动产登记暂行条例》。它将不动产登记界定为不动产登记机构依法将不动产权利归属和其他法定事项记载于不动产登记簿的行为。不动产包括土地、海域以及房屋、林木等定着物。明确规定国家实行不动产统一登记制度。不动产登记遵循严格管理、稳定连续、方便群众的原则。不动产登记包括首次登记、变更登记、转移登记、注销登记、更正登记、异议登记、预告登记、查封登记等。需要进行不动产登记的权利包括：集体土地所有权；房屋等建筑物、构筑物所有权；森林、林木所有权；耕地、林地、草地等土地承包经营权；建设用地使用权；宅基地使用权；海域使用权；地役权；抵押权；法律规定需要登记的其他不动产权利。不动产统一登记由国土行政管理部门实施。《中央编办关于整合不动产登记职责的通知》（2014 年 1 月）也将登记职责交由国土资源部行使。

（二）农村土地权利制度的发展

中国在 1978 年后逐步确立了农村土地所有权和土地承包经营权"两权分离"的权利结构，为农村经济的发展作出了巨大贡献。但是，这种体制已越来越不适应新情势的要求。中共中央办公厅和国务院办公厅 2014 年印发的《关于引导农村土地经营权有序流转发展农业适度规模经营的意见》指出："坚持农村土地集体所有权，实现所有权、承包权、经营权三权分置，引导土地经营权有序流转。"2016 年印发的《关于完善农村土地所有权承包权经营权分置办法的意见》重申了这一要求。农村土地"三权分置"成为新时代中国农村土地权利制度的重点和热点问题。

2018 年 12 月，全国人大常委会通过了《农村土地承包法》修正案，增设了有关土地经营权的规定。它明确规定承包方承包土地后，享有土地承包经营权，可以自己经营，也可以保留土地承包权，流转其承包地的土地经营权，由他人经营。承包方可以自主决定依法采取出租（转包）、入股或者其他方式向他人流转土地经营权，并向发包方备案。土地经营权人有权在合同约定的期限内占有农村土地，自主开展农业生产经营并取得收益。土地经营权流转期限为五年以上的，当事人可以向登记机构申请土地经营权登记。未经登记，不得对抗善意第三人。承包方可以用承包地的土地经营权向金融机构融资担保，并向发包方备案。受让方通过流转取得的土地经营权，经承包方书面同意并向发包方备案，可以向金融机构融资担保。

（三）产权保护

尽管《物权法》施行已十余年，但在实践中，产权保护尤其是对私人财产权的保护存在保护不足（尤其是被国家权力不当侵害的情形频发）、平等保护未被落实等问题。为此，2016 年 11 月，中共中央、国务院发布了《关于完善产权保护制度依法保护产权的意见》（以下简称《保护意见》）。它明确指出，产权制度是社会主义市场经济的基石，保护产权是坚持社会主义基本经济制度的必然要求。有恒产者有恒心，经济主体财产权的有效保障和实现是经济社会持续健康发展的基础。要求进一步完善现代产权制度，推进产权保护法治化，在事关产权保护的立法、执法、司法、守法等各方面各环节体现法治理念。对产权保护，它提出如下基本原则：1. 坚持平等保护。健全以公平为核心原则的产权保护制度，毫不动摇巩固和发展公有制经济，毫不动摇鼓励、支持、引导非公有制经济发展，公有制经济财产权不可侵犯，非公有制经济财产权同样不可侵犯。2. 坚持全面保护。保护产权不仅包括保护物权、债权、股权，也包括保护知识产权及其他各种无形财产权。3. 坚持依法保护。不断完善社会主义市场经济法律制度，强化法律实施，确保有法可依、有法必依。4. 坚持共同参与。做到政府诚信和公众参与相结合，建设法治政府、责任政府、诚信政府，增强公民产权保护观念和契约意识，强化社会监督。5. 坚持标本兼治。不仅要求贯彻实施《物权法》确定的平等保护原则，还将保护的范围从物权扩大到包括股权、知识产权等财产权；它不仅要求产权保护应从制度建构和实施方面推进，还要求建立有利于产权保护的社会文化。

其后，《最高人民法院关于充分发挥审判职能作用切实加强产权司法保护的意见》（法发〔2016〕27 号）为落实《保护意见》，要求依法处理历史形成的产权申诉案件，坚决落实有错必纠的要求。《最高人民法院关于依法妥善处理历史形成的产权案件工作实施意见》（法发〔2016〕28 号）要求尊重历史，实事求是，以发展眼光客观看待和依法妥善处理改革开放以来各类企业特别是民营企业经营过程中存在的不规范问题。最高人民法院几年的工作报告都提到依法保护产权的案件，如 2019 年报告提到依法再审改判张文中无罪等。国务院办公厅也发布了《关于开展涉及产权保护的规章、规范性文件清理工作的通知》（国办发〔2018〕29 号）。

为纠正司法实践中侵害企业家产权的现象，弘扬健康的营商环境，《中共中央、国务院关于营造企业家健康成长环境弘扬优秀企业家精神更好发挥企业家作用的意见》（2017年9月8日）要求依法保护企业家财产权。其后，最高人民法院发布了《关于充分发挥审判职能作用为企业家创新创业营造良好法治环境的通知》（法〔2018〕1号），并发布了多起法平等保护民营企业家人身财产安全十大典型案例、6起充分发挥审判职能作用保护产权和企业家合法权益典型案例、7起充分发挥审判职能作用保护产权和企业家合法权益典型案例。这表明中国产权保护制度正在不断完善。

二　合同法治的发展

在司法实践中，最高人民法院的司法解释不仅完善了合同规则，而且还结合社会、经济的发展，巧妙地回避了某些不合理的行政管制对经济生活的影响，扩大了契约自由的适用范围。最典型的例子是2015年的《关于审理民间借贷案件适用法律若干问题的规定》。它从司法审判角度将民间借贷予以一定程度的合法化，并间接确认了中国非正式金融的部分合法性。基于各种社会政策的考虑，它对民间借贷利息采取了"二线三区"（年利率24%和36%）的客观主义调整方法。它尽可能纾解了中国改革开放以来就存在的两大痼疾：居民储蓄高，投资无门；中小企业融资难、融资成本高。其第1条认可了自然人、法人、其他组织之间借贷及其相互之间借贷行为的合法性。允许企业之间借贷融资，但绝非意味着对企业之间的借贷完全放开，法人之间、其他组织之间以及其相互之间的借贷合同生效的前提是"为生产、经营需要"，即为解决资金困难或生产急需偶然为之的借贷。这一限制依然是以金融业的准入管制为前提的，若企业以借贷为其持续性的营业，其经营范围明显违反特许经营的管制规范，自然无效。这种限制的具体目的，一方面是解决借款企业融资难和贷款企业闲散资金的问题，即社会上大量存在的"投资难"问题；另一方面也使企业无须通过虚构交易（如虚构买卖以掩盖借贷）、委托贷款、信托等迂回方式暗度陈仓，使借贷关系合法化，有助于减少企业的交易成本，强化企业民间借贷合法的预期。

三 侵权法治的发展

侵权案件是我国数量庞大的民事案例类型，最高法院为此颁行了大量的司法解释。如《关于审理道路交通事故损害赔偿案件适用法律若干问题的解释》（2012）、《关于审理利用信息网络侵害人身权益民事纠纷案件适用法律若干问题的规定》（2014）和《关于审理环境侵权责任纠纷案件适用法律若干问题的解释》（2015）。另外，针对新《民事诉讼法》规定的公益诉讼，最高人民法院通过了《关于审理环境民事公益诉讼案件适用法律若干问题的解释》（2015）和《关于审理消费民事公益诉讼案件适用法律若干问题的解释》（2016）。

值得一提的是，受生态文明建设的影响，最高人民法院发布了《关于审理海洋自然资源与生态环境损害赔偿纠纷案件若干问题的规定》（2018）和《关于审理生态环境损害赔偿案件的若干规定（试行）》（2019），为生态环境损害赔偿案件的裁判提供了具体规则。

四 婚姻法治的发展

最高人民法院还发布了具有司法解释性质的其他规范性文件。其中最多的是有关夫妻共同债务的文件，因为夫妻共同债务的认定不仅是关系夫妻双方，还牵扯夫妻关系之外的第三人，法律关系上更加复杂，利益辐射范围更广。《关于婚姻关系存续期间夫妻一方以个人名义所负债务性质如何认定的答复》（2014）、《关于夫妻一方对外担保之债能否认定为夫妻共同债务的复函》（2015）和《关于依法妥善审理涉及夫妻债务案件有关问题的通知》（2017）均涉及这一问题。此外，为保护弱势群体的利益，最高人民法院发布了《关于充分发挥民事审判职能，依法维护妇女、儿童和老年人合法权益的通知》（2012）和《关于依法处理监护人侵害未成年人权益行为若干问题的意见》（2014）。

鉴于《最高人民法院关于适用〈中华人民共和国婚姻法〉若干问题的解释（二）》第 24 条有关夫妻债务的规定在实践中引发了诸多问题，为正确认定夫妻共同债务，最高人民法院 2017 年发布了《关于适用〈中华人民共和国婚姻法〉若干问题的解释（二）的补充规定》，以正确处理夫妻债务，依法保护夫妻双方和债权人合法权益，维护交易安全，推进和谐健康诚信经济社会建设。

五　民法典编纂

党的十八届四中全会提出"编纂民法典"的重大立法任务。2015 年中国启动了《民法总则》的编纂，因为它是民法典的开篇之作，而且缺乏现成的单行法，具有相当难度。

1949 年后，中国曾先后四次启动民法典编纂，都均因条件不成熟宣告失败。从比较法的经验看，民法典编纂至少需要政治意愿、市场经济、权利文化和民法理论支撑，否则即使勉强出台民法典，也难以真正践行。2017 年，民法典编纂的奠基之作——《民法总则》颁行。这预示着中国即将进入民法典时代，泱泱大国没有民法典的年代一去不返。

在民法典各编中，《民法总则》是民法典的开篇之作，在民法典中起统领性作用。《民法总则》编纂难度最大，因为它提炼的是民法典分则各编的共同规则，其内容最为抽象，其体系最为精致。它规定民事活动必须遵循的基本原则和一般性规则，统领民法典各分编；各分编在总则的基础上对各项民事制度作具体可操作的规定。它以 1986 年制定的《民法通则》为基础，采取"提取公因式"的办法，将民事法律制度中具有普遍适用性和引领性的内容规定纳入。[1] 此

---

[1]　参见李适时《民法总则是确立并完善民事基本制度的基本法律》，《中国人大》2017 年第 7 期。

外，它还集中表述整部民法典的价值理念和基本原则，构成整个民法典的基石。在《民法通则》等单行法的基础上，《民法总则》顺应中国改革开放以来国家和社会双重转型后的社会现实，满足了中国国家和社会治理的新要求，回应了科技和经济发展对法律的新挑战，在价值理念和制度设计上都有诸多推陈出新的亮点。

《民法总则》彰显了中国社会的重要时代特征，体现了立法者回应社会需求的努力。首先，它突出了中国民法典制定时代的互联网社会特征。如针对实践中频发的个人信息侵权问题，其第一百一十一条明确规定，自然人的个人信息受法律保护。任何组织和个人需要获取他人个人信息的，应当依法取得并确保信息安全，不得非法收集、使用、加工、传输他人个人信息，不得非法买卖、提供或者公开他人个人信息。第一百二十七条还规定了数据、网络虚拟财产的保护。其次，它回应了中国社会从乡土社会向市场经济社会过渡的现实，在立法技术上强调民商合一。如承认商业惯例可以成为法律渊源的一种，将法人的分类确定为营利法人和非营利法人等。最后，它回应了中国社会 1978 年以来国家和社会双重转型后国家和社会都强大的社会现实，更强调对弱势群体如未成年人、不能完全判断或不能判断自己行为的成年人的法律保护，如在监护领域将悯孤恤老作为国家和社会的救助义务。

在价值理念上，它以保障私权、尊崇自治、呵护弱势、敬畏道德和关爱环境为基本理念，一定程度上突破了传统私法的价值体系，为整个民法典奠定了价值基础。其中，最值得一提的有两个方面。

（一）私权保障

《民法总则》的保障私权理念首先体现为立法宗旨和基本原则。它以"保护民事主体的合法权益"为立法宗旨（第一条）；第三条进一步明确了私权保障原则，即"民事主体的人身权利、财产权利以及其他合法权益受法律保护，任何组织或者个人不得侵犯"。《民法总则（草案）》第四次审议稿将该原则置于第九条，在第十二届全国人民代表大会第五次会议审议《民法总则（草案）》时，有代表提出，保障私权是民法的基本精神，应突出其地位。① 《民法总则》遂将私权保障原则作为民法典的首要原则，揭示了私权保障是民法的基本精神，也表明它是民法的基本构成原理之一。

《民法总则》还沿袭《民法通则》，专设"民事权利"一章，详细规定民事主体的各种权利，以建构完整的民事权利体系，包括各项人格权、物权、债权、知识产权、继承权和基于亲属关系产生的权利。与《民法通则》相比，《民法总则》对民事权利的规定更为周全：在人格权领域，它规定了自然人的一般人格权，即人身自由和人格尊严（第一百零九条），在《民法通则》的基础上增加了身体权、隐私权等特别人格权。尤其是，它首次将自然人的信息权作为一种独立的民事权利。在财产权领域，它首次将数据和虚拟财产作为独立的财产权，同时还纳入知识产权、股权和其他投资性权利。这既使民事权利的内容更为丰满，也突出了民法典作为私法基本法的地位。

《民法总则》不仅扩大了民事权利的范围，而且增加了民事权利的保护强度。首先，第一百一十三条在《物权法》的基础上明确规定，民事主体的财产权利受法律平等保护。这就使不同民事主体享有的物权、股权和知识产权等财产权不存在等级秩序，处于法律同等保护之下，可纾解国有产权、集体产权和私人产权法律地位不平等的痼疾，深化对私人产权的保护，促进尊重财富的产权文化的形成。其次，对民事权利的保护强度也在民事单行法的基础上有所增加。第一百三十条规定，民事主体按照自己的意愿依法行使民事权利，不受干涉。"不受干涉"既包括不受其他民事主体的干涉，也包括不受公权力的干涉。又如第一百七十九条第二款规定，法律规定惩罚性赔偿的，依照其规定。这是中国法律首次对惩罚性赔偿作出一般规定，为民法典分则设置更多惩罚性赔偿规则预留了法律空间。

---

① 参见杨立新《民法总则：当代法治精神的鲜明体现》，《北京日报》2017 年 3 月 20 日第 13 版。

它可以充分发挥遏制故意侵害民事权利的功能，也体现了现代民法强调预防功能的新理念。最后，第一百八十七条再次重申了"民事责任优位"的理念。它包括两方面的内容：一是民事主体因同一行为应同时承担民事责任和公法责任时，承担公法责任并不免除其民事责任；二是民事主体的财产不足以支付的，优先用于承担民事责任。

为强化私权保障，《民法总则》还专章规定民事责任，将其作为民事权利的救济方式。中国民法也因此是以法律关系为核心构建的，其逻辑主线是"民事权利—民事义务—民事责任"。[①] 这种体例明确了不履行民事义务和侵害权利的后果，有助于增加行为人对自己行为的可预测性，从而使其放弃违反义务或侵害他人权利的行为。

（二）生态保护

传统民法一大沉疴痼疾是不仅疏于对生态的保护，而且作为自由资本主义的法律基础，其契约自由观念和尊重物权的观念，还形成了鼓励追逐利润、从环境中攫取更多资源的社会风气。可以说，以自由主义为基础的传统民法是无法容纳生态保护观念的。正因为此，学界有人主张"环境公民权"的概念，并将其置于自由主义政治理论尤其是当代世界性政治自由主义的视野中，以矫正因自由主义无法容纳的环境保护问题。传统民法对环境保护唯一的手段是将侵害环境的行为界定为侵权行为，并明确行为人的损害赔偿责任。

《民法总则》一个重大创新是规定了生态保护原则，其第九条规定："民事主体从事民事活动，应当有利于节约资源、保护生态环境。"第一百七十九条虽然未将草案规定的"恢复生态环境"单列为一种民事责任方式，但立法者的意图是将其纳入"恢复原状"的责任方式。

在内容上，它从分则提取最大公约数，构成民法典大厦的塔基。

---

① 魏振瀛：《我们需要什么样的民法总则——与德国民法比较》，《北方法学》2016 年第 3 期。

它从《民法通则》、民事单行法和人类共同法律文化成果出发，精心参酌中国的社会、经济和文化情势，新增个人信息权、数据、网络虚拟财产权等权利，建构了一个综合的、具有一定开放性的民事权利体系。它还确立了诸多具有中国元素的制度，如国家监护制度、营利法人和非营利法人的分类等，既反映当下的迫切需求，又为未来的变革预留法律空间。它在法律渊源、自然人、营利法人和非营利法人的分类、民事权利体系、法律行为和诉讼时效等制度方面都作了诸多重要制度变革，促进了国家和社会的沟通，平衡了当事人之间的利益结构。

有理由相信，《民法总则》的施行对中国的国家和社会治理、经济和社会状况、权利观念都将产生积极影响，在宪法秩序下建构民法社会是未来中国的发展方向之一。

第五节　民事法治的展望

1949 年至今，中国的一个重要变化是，社会领域不断蓬勃发展，国家不再包揽社会领域的全部事务，国家权力从民事领域不断撤离。在民事领域，市场逐渐形成并不断扩大其范围，技术革新不断翻新交易模式；私人财产的合法性被认可，财产数量和种类都与日俱增；民众公共精神的兴起催生了众多非营利组织，它们在社会公共事务领域厥功至伟；民众的权利意识复苏和勃兴，对权利救济和保障的需求日益高涨……社会领域尤其是民事领域的这些变化，大致可以分为四个阶段。经过 70 年的发展，中国民法已相对完善，无论立法、司法、法学教育和研究、民事权利意识都如此。这些进步不仅体现在法律的体系化和科学化、司法裁判尺度的统一、法学理论的长足进步和权利意识的勃兴，而且也体现在中国民法配合并促进了 40 年来中国国家和社会的变迁与转型。

中国民法 70 年变迁和发展最值得一提的经验是，国家尽可能为社会成员提供更多更大的自由空间，尤其是在经济领域。其目的是创设一个可以容纳甚至激发所有民事主体创造性的法律环境。从《民法通则》开始，中国民法发展的一个不变路径是，不断从各种管制中争取自治的空间：《合同法》尽可能扩张了契约自由的适用空间，压缩了国家对合同的管制空间，尤其是"违法"合同的限制；《物权法》对国家、集体和私人所有权采纳平等保护原则，扩大了个人的所有权自由；《侵权责任法》较好地平衡了个人行动自由和权利保护的冲突；《民法总则》进一步拓展了民事主体结社权的范围……这种努力与中国 70 年来国家权力的变迁是一致的，即国家逐渐退出纯粹市场经济领域，国家的归国家、社会的归社会的格局渐露端倪。

未来中国民事法治的发展方向或可归纳为：首先，编纂一部体系化、科学化、切合中国国情的民法典，为民事活动提供明确和稳定的裁判规则。其次，总结社会生活的典型事实尤其是新科技和商业形态发展产生的新型事实，妥当解释和适用法律，保障法律适用的统一性，确保"同案同判，类案类判"。最后，将经济领域的私法自治原则拓展到非经济的社会领域，裨益社会成员能充分享有结社权，弘扬公共精神，实现社会的自我治理目标，最终使国家、社会和个人都能良性发展。

第 八 章

新中国商事法治 70 年

  中国商事法治是在适应中国特色社会主义建设事业的历史进程中逐步发展和完善的。我国经济社会的发展过程与特点，尤其是我国经济体制改革不断向纵深推进的态势，在不断推动一个具有中国特色的商法体系形成的同时，也深刻地影响着我国商事法治的历史进程与发展路径，并从中折射出我国经济社会发展状况、政治经济体制改革、商事制度三者之间相辅相成、砥砺互进的关系。

  新中国成立以来，我国依次历经计划经济、有计划的商品经济、初步的社会主义市场经济三大经济制度。在从计划经济体制向市场经济体制转变的过程中，以市场化的经济体制改革以及立法进程为主线，中国商事法治的 70 年历程大致可以分为以下五个阶段：第一个阶段（1949—1978 年）是中国商事法治的孕育期。该阶段高度集中统一的计划经济体制下，商事立法无从谈起，商事法治在社会生活中亦无立足之基础。第二个阶段（1978—1992年）是中国商事法治的萌芽期。该阶段确立了改革开放的方针和解放思想、实事求是的思想路线，商事法律机制开始介入整个社会的经济生活，商事法治建设在各个方面持续展开。第三个阶段（1992—2002 年）是中国商事法治的成长期。该阶段以中国共产党将"建设社会主义法治国家"确定为社会主义现代化的重要目标，并提出建设中国特色社会主义法律体系的重大任务为起点，中国全面布局市场经济法律制度建设，尽力促成社会主义独立的市场经济法治体系。第四个阶段（2002—2012 年）是中国商事法治的壮大期。该阶段在上一阶段布局基础上，开始形成独立的市场经济法治格局并最终促成了中国特色社会主义商法体系的建成。第五个阶段（2012 年至今）是中国商事法治的完善期。该阶段中国商事法治建设持续推进，立法、司法、执法协同发展，逐步形成了中国商事法治建设稳中求进的新局面。

尽管因不同阶段社会经济状况和法律观念的不同，中国商事法治的建构理念、基本内容、规范体系、实施机制和功能效果表现出很大的差异，[①] 中国的商事法治也因此呈现出明显的阶段性特征，但是，由于中国的经济体制改革的阶段不是割裂的，而是一个市场化程度不断提高的过程，因此，中国的商事法治在经济体制改革的不同阶段，是随着市场化程度的提高而演进的，是与中国社会经济发展的总体目标以及实践需求相契合的。

第一节　新中国商事法治的孕育和萌芽

一　中国商事法治的孕育

新中国成立初期，我国实行高度集中统一的计划经济体制，真正的商事交易极度匮乏，商事立法无从谈起。不过，从民商法存在的视角出发，1949—1978 年的 30 年间可以仔细区分为两个阶段：1949—1956 年新中国民商法的初步发展阶段，1957—1978 年民商法的发展遭受挫折乃至全面停滞阶段。[②]

---

① 陈甦：《中国 60 年间经济法制的形成与发展》，中国法学网（http：//www. iolaw. org. cn/showArticle. aspx？id＝2612），2019 年 6 月 16 日访问。

② 参见余能斌《世纪之交看新中国民商法的发展》，《法学评论》1998 年第 5 期。

（一）1949—1956 年新中国民商法的初步发展阶段

新中国成立初期，为恢复国民经济，中共中央提出了党在过渡时期的总路线：一是逐步实现社会主义工业化，二是逐步实现对农业、手工业和资本主义工商业的社会主义改造。"三大改造"的完成，形成了包括国营经济、私人资本主义经济、个体经济、国家资本主义经济、合作社经济多种经济成分并存的现实。由于当时国家政策上允许私营工商业继续存在和发展，① 因此民商事立法在国家经济生活中仍然发挥着积极的作用。② 不过，早期制定的民事法律规范多包含在中央人民政府、各大行政区颁布的行政法规之中。这些法规中涉及民商事的主要有：确认和保护土地改革运动所确立的财产所有权关系；全国各地的庙宇、道观的土地一律收归国有；保护民族工商业；保护合法的借贷、典当等债权债务关系等。③ 此外，20 世纪 50 年代前期，中央人民政府还制定了《关于统一国家财政经济工作的决定》《预算决算暂行条例》《基本建设工作暂行办法》《土地改革法》《高级农业生产合作社示范章程》《公私合营工业企业暂行条例》等重要经济法规，设置了经济保卫庭等经济司法机构。④

值得强调的是，1954 年至 1957 年，我国尝试第一次起草民法典，这是新中国民商事法治建设史上意义重大的事件。这次民法典的起草工作，是在当时已有的分散的民事法规的基础上进行的，共历时三载。当时的立法草案包括总则、所有权、债、继承四篇，其中包含了一部分商法的内容，如草案中关于信托、委任、买卖、运送、承揽运送、结算、保险、承揽、保管、联营或合伙等有关调整

① 参见《毛泽东选集》第 4 卷，人民出版社 1991 年版，第 1431 页。

② 参见芮沐《中华人民共和国成立以来我国民事立法的发展情况（摘要）》，《民法学论文选》（第 1 辑），西南政法大学干训部 1983 年印。

③ 参见李步云主编《中国法学——过去、现在和未来》，南京大学出版社 1988 年版，第 252 页。

④ 参见王家福主编《经济法》，中国经济出版社 1988 年版，第 25 页。

商行为的规定。① 这个草案对当时我国社会经济生活中的绝大部分情况进行了相对而言比较全面的规制，特别有意义的是，它对关系到社会主义国家经济命脉、作为我国社会主义制度经济基础的交通、运输、供需、买卖、保险、承揽、租赁、基建等方面的合同作了细致的规定。② 尽管由于"反右""大跃进""人民公社化"等运动接踵而来，这次民法典的起草成果最终被束之高阁，但这些立法活动与学术探索为我国商事法治的孕育提供了宝贵的资料与必要的土壤。

（二）1957—1978 年新中国民商法的全面停滞阶段

"三大改造"基本完成之后，各种政治运动接踵而至，新中国成立初期那种多种所有制并存、商品交换关系普遍存在、价值规律发挥重要作用的形势发生了根本变化，致使这个时期我国的民商事法制建设只能是在政治运动的夹缝中艰难曲折地生存发展。尤其是 1966 年开始的"文化大革命"，对整个国家正常经济生活造成巨大冲击，新中国刚刚起步的法制建设事业在这场浩劫中被破坏殆尽。作为以维护商品经济秩序，保护公民、法人的财产权益和人身权益为己任的民商法更是在劫难逃，不但正在制定中的各项民事法律法规被迫中止，而且连正在执行中的民事政策法规也被全部废弃。③ 不过，即便如此，鉴于 1962 年 3 月 22 日毛泽东同志指出："不仅刑法要，民法也需要，现在是无法无天。没有法律不行，刑法、民法一定要搞。不仅要制定法律，还要编案例。"④ 根据毛泽东同志这一指示，民法起草工作又提上了议事日程。全国人民代表大会常务委员会办公厅又组织人员进行第二次民法起草工作。经过两年多的努力，

---

① 参见范健、王建文《商法的价值、源流及本体》（第 2 版），中国人民大学出版社 2007 年版，第 61 页。

② 余能斌：《世纪之交看新中国民商法的发展》，《法学评论》1998 年第 5 期。

③ 参见帅天龙《二十世纪中国商法学之大势》，《中外法学》1997 年第 4 期。

④ 转引自《第二届全国人民代表大会（1962 年）》，人民网（www. people. com. cn/GB/14576/28320/35193/2704777. html），2019 年 7 月 22 日访问。

于 1964 年 7 月草拟了《中华人民共和国民法草案（试拟稿）》，共三编二十四章 262 条。[①] 这三编是总则、财产的所有、财产的流转。总则主要规定民法的任务、原则、主体、时效、制裁和适用范围；在财产所有编中确立了国家、集体和个人三种所有权；财产流转编对预算、税收、信贷、借贷、储蓄、结算、物资分配、商品购销、农副产品收购、买卖、基建工程、运输、租赁、劳动报酬福利等关系作了规定。[②] 尽管这些立法深受当时党和国家的路线、方针以及社会政治经济等条件的束缚，但我国民商事立法在前 30 年的艰难历程，为未来重构民商法治提供了必要的物质基础和现实根据，无疑也是为未来我国民商事法治起步所做的积累和铺垫。

二　中国商事法治的萌芽

1978 年，党的十一届三中全会召开，确立了改革开放的方针和解放思想、实事求是的思想路线。此后，中国的经济体制几经变化：1982 年提出计划经济为主，市场调节为辅；1984 年提出中国经济是公有制基础上的有计划商品经济；1987 年提出社会主义有计划商品经济的体制应该是计划与市场内在统一的体制；1989 年提出建立适应有计划商品经济发展的计划经济与市场调节相结合的经济体制和运行机制；1992 年提出中国经济体制改革的目标是建立社会主义市场经济体制。这种对经济体制理论认识上的突破与执政党政策形式的结合确认为中国民商法的发展创造了宽松的政治环境和政策上的保障。

鉴于中国改革开放的基本路径选择是：对外以引进外资和扩大出口为导向，对内在农村改革中的重点是实行联产承包，在城市改革的重点是增强企业活力、调整国家与企业（主要是全民所有制企

---

① 参见李步云主编《中国法学——过去、现在和未来》，南京大学出版社 1988 年版，第 252 页。

② 余能斌：《世纪之交看新中国民商法的发展》，《法学评论》1998 年第 5 期。

业）之间的关系上。中国这一时期的商事法治建设，也循着这三条路径展开，并在农村承包经营户的出现、个体工商户的发展、国有、集体企业的改革、合资经营的产生、经济特区的建立、商事审判制度的显现等方面取得了重大的历史性飞跃。①

（一）农村承包经营户与个体工商户的制度形成

党的十一届三中全会宣布解禁农村工商业，家庭副业和农村集贸市场获得认可。从 1979 年春开始，各种形式的生产责任制在中国各地农村兴起，最终形成了以联产承包责任制为主要形式的农村生产经营方式。联产承包责任制不仅是一种农业生产经营方式，更重要的是一种财产权利和法律关系的安排，它不仅使农民个人或其家庭据此拥有了农业经营的自主权利和生产资料的财产权利，更重要的是使得以规范财产关系为核心内容的民商法，开始具有被中国社会接纳的观念基础和实践需要。1979 年 7 月国务院公布《关于发展社队企业若干问题的规定（实行草案）》，鼓励农村创立和发展社队企业。1982 年宪法肯定了农村劳动者可以从事农村"经营"活动，经过近八年的农村商事活动的实践，1986 年农村承包经营被写入《民法通则》，获得了法律地位。与此同时，为缓解城市就业压力，1979 年中共中央批转的《关于全国工商行政管理局长会议的报告》中指出："批准一些有正式户口的闲散劳动力从事修理、服务和手工业者个体劳动"，从政策层面鼓励发展"个体户"。1980 年 8 月，中央转发《进一步做好城镇劳动就业工作》，对个体经济加以肯定。1981 年 6 月，党的十一届六中全会通过的《关于建国以来党的若干历史问题的决议》指出："一定范围内的劳动者个体经济是公有制经济的必要补充。"同年 7 月国务院又颁布了《关于城镇非农业个体经济若干政策性规定》。1982 年个体经济被写入《宪法》，个体工商户由实践到政策支持走向了国家宪法承认。1986 年个体工商户被写入

---

① 范健：《中国商法四十年（1978—2018）回顾与思考》，《学术论坛》2018 年第 2 期。

《民法通则》，获得了法律地位。自此，也是由实践脱胎、政策庇护、立法巩固的个体工商户作为商事经营主体及其行为得到了法律制度的确立。①

在城乡劳动者个体经济发展的基础上，企业资产属于私人所有并雇用他人劳动的私营经济，已经在实际经济活动中蓬勃出现。② 1988 年《宪法修正案》第一条规定，"国家允许私营经济在法律规定的范围内存在和发展。私营经济是社会主义公有制经济的补充。国家保护私营经济的合法的权利和利益，对私营经济实行引导、监督和管理"。据此，中国 1988 年制定了《私营企业暂行条例》，以鼓励引导私营企业健康发展，保障私营企业的合法权益。③

（二）国有企业的改革

我国国有企业的改革是以政企分开、扩大企业自主权为基本方向。具体包括 1979—1982 年扩大企业自主权时期、1983—1986 年实施利改税时期和 1987—1991 年推广承包制时期，逐渐完成了从产品供给部门向商事经营主体的转变。④

围绕改革措施，国务院相继颁布了《关于扩大国营企业经营管理自主权的若干规定》《国营工业企业职工代表大会暂行条例》《国营工厂厂长工作暂行条例》《企业职工奖惩条例》《国营工业企业暂行条例》等文件，并在少数国营工交企业组织试点。在总结改革的实践经验基础上，于 1988 年颁布了《全民所有制工业企业法》。《全民所有制工业企业法》在法律上否定了政企不分，确立了企业的自

①　参见范健《中国商法四十年（1978—2018）回顾与思考》，《学术论坛》2018 年第 2 期。

②　据统计，1988 年中国的私营企业有 9 万多个，从业人员有 164 万人。转引自曾献文《聚焦共和国第一个宪法修正案》，2008 年 4 月 12 日，正义网（http://www.jcrb. com/xueshu/zt/200806/t20080613_22904. html），2019 年 6 月 16 日访问。

③　参见《私营企业暂行条例》（1988 年 6 月 25 日）第一条。

④　范健：《中国商法四十年（1978—2018）回顾与思考》，《学术论坛》2018 年第 2 期。

主权；用所有权与经营权分离的原则，确定了全民所有制企业的独立财产；同时克服了企业吃国家"大锅饭"的弊端。① 中国国有企业商事制度的改革探索经历了长达 14 年时间，直到 1993 年公司法颁布，它们才真正在法律上成为以营利为目的的现代商事主体。②

（三）"三资企业法"的颁布

为了扩大国际经济合作和技术交流，1979 年全国人大颁布了《中外合资经营企业法》，允许外国公司、企业和其他经济组织或个人，在中国境内同中国的公司、企业或其他经济组织共同举办合营企业。该法确立了合资企业的主体地位，并对其财产权提供了法律保障，这是中国实施对外开放的法律标志。此后，国务院相继公布了《中外合资经营企业登记管理办法》《中外合资经营企业劳动管理规定》和《关于中外合资企业建设用地的暂行规定》。全国人大又分别于 1980 年和 1981 年颁行了《中外合资经营企业所得税法》和《外国企业所得税法》，对需要鼓励或发展的外资企业，在税收上给予了减免税等优惠待遇。1986 年和 1988 年分别颁布了"三资企业法"剩下的两部，即《外资企业法》《中外合作经营企业法》。并在 1990 年 4 月对《中外合资经营企业法》进行了修改，丰富外资企业的法律形式，由此健全了外资企业法律体系，推动了中国进一步改革开放，推动了中国经济改革的持续深入和经济建设的不断发展。

1980 年 8 月，第五届全国人大常委会第十五次会议批准了《广东省经济特区条例》，在广东省深圳、珠海、汕头三市分别建立经济特区；同年 10 月，国务院批准福建省厦门市也建立经济特区，从此在法律上确立了具有中国特色的经济特区制度。这些经济特区是仿照外国的自由贸易区、出口加工区的办法而建立的，在对外经济活

---

① 参见王家福主编《经济法》，中国经济出版社 1988 年版，第 34—36 页。

② 范健：《中国商法四十年（1978—2018）回顾与思考》，《学术论坛》2018 年第 2 期。

动方面实行比之其他地区特殊的政策，包括减免税收等。[①]

（四）证券市场的形成

中国从 1981 年起连续颁行《国库券条例》，向社会发行国库券。这是中国证券市场萌芽的先兆。1984 年 11 月，上海飞乐音响公司推出中国改革开放后第一只公开发行的股票。1986 年 9 月，中国工商银行上海信托投资公司开办第一家股票交易柜台。1990 年 12 月，中国上海证券交易所成立。接着在 1991 年 7 月，深圳证券交易所成立。至此，中国的证券市场得以形成，并随之得到迅速发展。

为适应合法公正解决经济纠纷的需要，中国的法院系统从 1979 年下半年起逐级逐步建立了经济审判组织，1983 年 9 月六届全国人大二次会议作出《关于修改〈人民法院组织法〉的决定》，规定在全国各级人民法院普遍设立经济审判庭，该庭具有明确的受案范围，即经济纠纷案件。截至 1985 年 4 月，全国中级人民法院（除个别边远地区外）和 93% 的基层人民法院都已建立了经济审判庭。商事审判制度的显现表明商事纠纷的特殊性在我国审判实践中开始被认识。

总体上看，这一阶段由于整个社会对经济法治的观念发生了巨大变化，中国商事法治建设终于走上复兴之路。商事法律机制开始介入整个社会的经济生活，商事法治建设在各个方面持续展开，从而为未来中国商事法治的茁壮成长打开了空间。

第二节　商事法治的成长与壮大

一　中国商事法治的成长

1993 年，将"国家实行社会主义市场经济"写入《宪法》，同

[①]　参见王家福主编《经济法要义》，中国财政经济出版社 1988 年版，第 637—638 页。

年又通过《公司法》，自此便正式拉开大规模商法创制的序幕，直到
2002 年《证券投资基金法》出台，中国商事立法的初创任务基本完
成。1997 年，随着社会主义市场经济体制的逐步建立、对外开放水
平的不断提高、民主法治建设的深入推进和各项事业的全面发展，
党的十五大提出并确立了依法治国基本方略，明确提出到 2010 年形
成中国特色社会主义法律体系。按照这一目标要求，为保障和促进
社会主义市场经济的发展，适应加入世界贸易组织的需要，中国抓
紧开展经济领域立法。这一时期，在法律层面，制定了《合伙企业
法》《证券法》《个人独资企业法》《信托法》《中小企业促进法》，
修正了《公司法》《中外合作经营企业法》《外资企业法》《中外合
资经营企业法》《保险法》。此外，在行政法规层面，国务院批准发
布了《票据管理实施办法》《证券、期货投资咨询管理暂行办法》
《非法金融机构和非法金融业务活动取缔办法》《证券交易所风险基
金管理暂行办法》《外资保险公司管理条例》，修订了《外资企业法
实施细则》《中外合资经营企业法实施条例》。至于部门规章层面，
主要有：《证券市场禁入暂行规定》《期货交易所管理办法》《期货
经纪公司管理办法》《企业名称登记管理实施办法》《个人独资企业
登记管理办法》《证券交易所管理办法》等。为保证法律的有效实
施，最高人民法院还出台了《关于审理票据纠纷案件若干问题的规
定》《关于审理企业破产案件若干问题的规定》等司法解释。

　　在这个阶段，中国商事法治建设的重点主要体现在两个方面：

　　其一，积极推进不同经济成分的市场主体的运行规则走向统一。
市场主体是市场经济的核心要素。为适应市场经济对市场主体的基
本要求，中国市场主体法律制度经历了以所有制为导向向以组织和
责任形式为导向的立法转变。国家立法机关通过《合伙企业法》
《个人独资企业法》的制定以及对《中外合作经营企业法》《外资企
业法》《中外合资经营企业法》等法律的修订，确认各类市场主体
的合法地位，保障其公平参与市场竞争，逐步地科学建构了企业的
法律制度体系。其中，针对加入世界贸易组织《与贸易有关的投资

措施协议》的相关要求，2000 年 9 月，国务院将三部外商投资企业法修正案呈交给全国人大常委会讨论，同年 10 月 31 日这些修正案顺利通过。这三部法的修改，废除了其中有关限制外商投资者的投资管理措施，比如外汇平衡要求、贸易平衡要求、出口绩效要求等，标志着中国对外商投资企业的法律规则与国际惯例的接轨。[①] 同时，《中外合资经营企业法》《中外合作经营企业法》《外资企业法》等一系列法律，为外国投资者在中国投资提供了多种模式或组织形式的选择，充分保障了外国投资者在中国投资、开展经贸活动的合法权益，推进了中国对外开放与深化改革的进程。

其二，加快市场管理的法律制度建设，满足市场经济发展需求。在这个阶段，《证券法》《信托法》的通过以及对《保险法》《公司法》等的修订，确立了资本市场作为市场经济发展前沿的地位，为建立现代企业制度、保障公司投资者和利益相关人的合法权益奠定了制度基础。与此同时，中国建立了法律、财务、信息咨询等大批市场服务组织，完善了市场中介组织法律制度。其中，《证券法》的通过与《保险法》的修订，在明确确立了以公开、公平、公正为价值取向的行业监督管理制度的同时，也更加强调监管部门的监管职责。这不仅可以有效规范市场行为，也更强调防范和化解金融风险。在此基础上，可以说，市场经济中的民商法体系框架已经基本成型。[②]

归结而言，这一时期我国的商事立法尽管还存在立法技术简陋、个别内容不甚合理的现象，但我国在这一时期大规模的商法创制成就巨大，有力地推动了我国经济改革的持续深入和经济建设的不断发展。就商事法治而言，尽管这一时期我国商事法治的体系化并不

---

① 参见陈甦《入世十年中国市场经济法制建设的回顾与展望》，2012 年 2 月 22 日，中国社会科学网（http://www.cssn.cn/fx/fx_rdty/201310/t20131023_460733.shtml），2019 年 6 月 16 日访问。

② 参见中国社会科学院法学研究所编《中国法治 30 年：1978—2008》，社会科学文献出版社 2008 年版，第 371 页。

成熟，但商事法治建设的深入推进和各项事业的全面发展为日后的
市场经济法律体系的全面建构打下了良好的制度基础。

二　中国商事法治的壮大

2002 年党的十六大"将社会主义民主更加完善、社会主义法治
更加完备、依法治国基本方略得到全面落实"作为全面建设小康社
会的重要目标。循此目标，这一阶段，中国立法机关进一步加强立
法工作，保障和促进社会主义市场经济的健康发展。在法律层面，
制定了《证券投资基金法》《电子签名法》《企业破产法》，修正了
《商业银行法》《票据法》《全民所有制工业企业法》。此外，在行政
法规层面，国务院批准发布了《外资银行管理条例》《期货交易管
理条例》《证券公司监督管理条例》《证券公司风险处置条例》《个
体工商户条例》等，修订了《全民所有制工业企业承包经营责任制
暂行条例》《全民所有制工业企业转换经营机制条例》《企业法人登
记管理条例》《企业债券管理条例》《企业名称登记管理规定》等。
在部门规章层面，主要有：《金融许可证管理办法》《银行业金融机
构衍生产品交易业务管理暂行办法》《全国银行间债券市场债券买断
式回购业务管理规定》《保险资产管理公司管理暂行规定》《证券投
资基金信息披露管理办法》《企业登记程序规定》《证券投资基金管
理公司管理办法》等。为保证法律的有效实施，最高人民法院发布
了《关于审理与企业改制相关的民事纠纷案件若干问题的规定》
《关于审理证券市场因虚假陈述引发的民事赔偿案件的若干规定》
《关于审理期货纠纷案件若干问题的规定》《关于审理信用证纠纷案
件若干问题的规定》《关于适用〈中华人民共和国公司法〉若干问
题的规定（一）（二）（三）》等司法解释。经过这个阶段的努力，
伴随着 2010 年中国特色社会主义法律体系的初步形成，中国商事法
治建设取得了巨大的成绩并积累了丰富的经验，为进一步推进全面
落实依法治国基本方略，加快建设社会主义法治国家的历史进程奠
定了扎实的法治基础。

在这个阶段，中国商事法治建设重点体现在两个方面：

1. 大力加强金融市场监管领域的法治建设。加入 WTO 之后，中国加强了金融市场法治建设，2002 年修改《保险法》，2005 年修改《证券法》，2003 年颁布《银行业监督管理法》，并修改《中国人民银行法》和《商业银行法》。这些法律的制定与修改体现了共同的立法政策选择，即加强对投资者和公众利益的保护，健全对金融风险的防范措施，扩大金融行业监管机构的监管权限，完善金融业企业的治理结构并强化监管，加大对违法违规行为的法律制裁力度。

在证券市场监管领域，一方面，加强对证券公司的监督管理，规范证券公司的行为，防范证券公司的风险，保护客户的合法权益和社会公共利益，促进证券业健康发展。国务院于 2008 年 4 月颁布《证券公司监管条例》，细化并强化了对证券公司的监管措施。同时，国务院还颁布了《证券公司风险处置条例》，规定中国证监会在发现证券公司存在重大风险隐患时，可以派出风险监控现场工作组对证券公司进行专项检查，对证券公司划拨资金、处置资产、调配人员、使用印章、订立以及履行合同等经营、管理活动进行监控，并及时向有关地方人民政府通报情况；可以根据证券公司所存在问题的具体情形，对证券公司采取停业整顿、托管、接管和行政重组的措施。另一方面，除了加强对证券公司的监管之外，对上市公司的监管也得到了强化。2008 年 3 月，中国证监会颁布《上市公司重大资产重组管理办法》，对于上市公司及其控股或者控制的公司，在日常经营活动之外购买、出售资产或者通过其他方式进行资产交易达到规定的比例，导致上市公司的主营业务、资产、收入发生重大变化的资产交易行为，进行规范化并依法实施监管。以上措施，切实促进了中国证券市场的发展。在这十年间，上市公司数量由 1160 家上升到 2494 家，股票市价总值也从 4.35 万亿元上升到 23.03 万亿元，证券投资基金从 51 只增加到 1173 只，证券投资基金规模从 811 亿元增加到 3 万亿元。①

在保险市场领域最为重要的立法措施，就是于 2009 年 2 月全面修订了《保险法》。当时修法的背景是，随着保险业的发展，保险种类日益增多，保险机构的组织形式日益多样，保险资金的使用方式与使用范围急需拓展；而随着保险市场进一步扩大，违法违规行为和种类增多，保险监管机构的监管职权和监管手段严重缺乏，难以适应行业进一步发展；在保险市场规模扩大的同时，各类保险纠纷日益增多，更需要进一步明确有关经营规则和保险活动当事人的权利和义务，加强对被保险人和受益人的权益保护。为此，修订后的《保险法》更为合理地安排保险活动当事人之间的权利义务关系，加强了对投保人、被保险人利益的保护，进一步完善了保险行业的基本制度与业务规则，增加了监管部门的权限，强化了对保险公司的监督管理，也促进了我国保险业的进一步发展。2012 年年底，全国的保险公司增加到了 164 家，保费收入 15487.9 亿元，保险公司的总资产超过了 73545.73 亿元，净资产 7920 亿元。与 2002 年相比，保险公司数量增加了 120 个，保费收入增加了 4.07 倍，保险公司的总资产增加了 10.64 倍。②

2. 积极鼓励非公有制经济发展。随着中国经济体制改革的深入和市场经济的发展，在持续发挥国有经济在国民经济中的主导作用的同时，为促进社会主义市场经济发展，法律对待非公有制经济的态度不断改进。1999 年《宪法修正案》明确规定："非公有制经济是社会主义市场经济的重要组成部分。" 2004 年《宪法修正案》又规定："国家鼓励、支持和引导非公有制经济的发展。" 在《宪法修正案》的指引下，清理和修订限制非公有制经济发展的法律法规和

---

① 参见中国证券监督管理委员会编《中国证券监督管理委员会年报（2012）》，中国财政经济出版社 2013 年版，第 101 页。

② 参见中华人民共和国国家统计局编《中国统计年鉴 2013》，中国统计出版社 2013 年版，第 98 页。

政策，消除体制性障碍，成为中国鼓励非公有制经济发展的政策措施之一。中国的经济法治充分发挥了保护和鼓励非公有制经济发展的功能，促进了非公有制企业的发展。

为推进改革开放，扩大国际经济合作和技术交流，中国制定并适时修改《中外合资经营企业法》《外资企业法》《中外合作经营企业法》，对外国投资者在中国的投资条件、程序、经营、监督、管理和合法权益的保障等作出规定，确定了外国投资者在中国投资应当尊重中国国家主权的原则，以及中国保护投资者合法权益、平等互利、给予优惠、遵循国际通行规则等原则，为外国投资者在中国进行投资创造了良好的环境。为更好地体现平等互利和遵循国际通行规则，中国发布了《外商投资企业授权登记管理办法》《关于外国投资者并购境内企业的规定》等部门规章，修订了《中外合资经营企业法实施条例》，充分保障了外国投资者在中国投资、开展经贸活动的合法权益。同时，中国国家发展和改革委员会与商务部结合经济发展情况，对已经发布的《外商投资产业指导目录》分别在 2002 年、2004 年、2007 年、2011 年适时调整，为外商投资准入提供具体指导。截至 2012 年年底，中国累计批准外商投资企业 76 万多家，外商直接投资约 1.3 万亿美元，[①] 充分表明中国保护外国投资者的法律制度日益完善。

第三节　商事法治的完善

2012 年党的十八大以来，在全面深化改革与全面推进依法治国的大背景下，面对经济社会发展的新要求和人民群众的新期待，国家不断完善中国特色社会主义法律体系，全面推进法治社会建

---

① 参见习近平《深化改革开放　共创美好亚太》，《人民日报》2013 年 10 月 8 日第 3 版。

设。在商事法治领域，中国加强对"市场经济就是法治经济"的再认识，加快形成完备的法律规范体系，推进多层次多领域依法治理，提高社会治理法治化水平，开创了中国商事法治建设的崭新局面。

一　立法方面：构建法治引领和规范改革的新常态①

这个阶段，全国人大常委会立法方面，主要是对《证券法》《公司法》《中外合作经营企业法》《外资企业法》《中外合资经营企业法》《保险法》等进行了修正，取消和下放了部分法律设定的有关行政审批事项。

1. 通过立法确保重大改革于法有据

一是通过《关于授权国务院在中国（上海）自由贸易试验区暂时调整有关法律规定的行政审批的决定》。为加快政府职能转变，创新对外开放模式，进一步探索深化改革开放的经验，2013年 8 月，全国人大常委会作出决定，授权国务院在上海外高桥保税区、上海外高桥保税物流园区、洋山保税港区和上海浦东机场综合保税区基础上设立的中国（上海）自由贸易试验区内，对国家规定实施准入特别管理措施之外的外商投资，暂时调整《外资企业法》《中外合资经营企业法》《中外合作经营企业法》规定的有关行政审批。并明确：这些行政审批的调整在三年内试行，对实践证明可行的，应当修改完善有关法律；对实践证明不宜调整的，恢复施行有关法律规定。二是作出在实施股票发行注册制改革中调整适用《证券法》有关规定的授权决定。2015 年 12 月 27 日通过《全国人民代表大会常务委员会关于授权国务院在实施股票发行注册制改革中调整适用〈中华人民共和国证券法〉有关规定的决定》。这些授权决定，就是用法治思维和法治方式推进改革，既注重处理好改革先行试点与法律普遍适用的关系，同时又妥善处

---

① 陈甦：《构建法治引领和规范改革的新常态》，《法学研究》2014 年第 6 期。

理好改革实施层面有序之改革与积极之法治之间的关系，确保实现改革方式与法治方式的协调性。

2. 制定和修改了一批行政法规，推进行政执法体制机制改革

与全国人大及其常委会制定各项法律相适应，根据宪法和法律规定的立法权限，国务院、地方人大及其常委会还制定了大量行政法规和地方性法规，为促进中国社会主义民主法治建设，推动中国特色社会主义法律体系形成，发挥了重要作用。制定和修改的行政法规、部门规章主要有：《企业信息公示暂行条例》《存款保险条例》《企业名称登记管理规定》《企业经营范围登记管理规定》《内地与香港股票市场交易互联互通机制若干规定》《证券期货投资者适当性管理办法》等。通过这些行政法规的颁行实施，力推商事行政执法机制改革。

一是改革注册资本登记制度。2013 年 10 月，国务院常务会议审议通过注册资本登记制度改革方案，决定放宽注册资本登记条件，将公司注册资本实缴登记制改为认缴登记制，取消公司注册资本最低限额，放松市场主体的准入管制，以进一步优化营商环境，降低创业成本，激发社会投资活力和创造力。为了使这一改革于法有据，国务院及时向全国人大常委会提出议案，对《公司法》的相关条款进行了修改。主要包括将注册资本实缴登记改为认缴登记，年度检验验照制度改为年度报告公示制度，以及完善信用约束机制等。

二是工商行政管理制度方面。为保障公平竞争，促进企业诚信自律，规范企业信息公示，提高政府监管效能，国务院于 2014 年 8 月公布《企业信息公示暂行条例》，规定在工商行政管理部门登记的企业从事生产经营活动过程中形成的信息，以及政府部门在履行职责过程中产生的能够反映企业状况的信息都要纳入企业信用信息公示系统管理。省、自治区、直辖市人民政府领导本行政区域的企业信息公示工作，按照国家社会信用信息平台建设的总体要求，推动

本行政区域企业信用信息公示系统的建设。①

三是金融改革方面。《证券投资基金法》自 2004 年施行以来，对规范证券投资基金运作，保护基金投资者合法权益，促进基金业和证券市场的健康发展，发挥了积极作用。2012 年 12 月，全国人大常委会修改了《证券投资基金法》。这次修改的主要目的在于规范基金行业发展，加强基金业监管，加大对投资者的保护力度，维护资本市场稳定。修改的主要内容：适应基金业发展变化，将非公开募集基金纳入调整范围；适当降低基金份额持有人大会召开的门槛，促进其发挥作用；完善公开募集基金监管规则，将基金管理人的股东及其实际控制人纳入监管范围，并适当放宽有关基金投资、运作的管制；增加对基金服务机构的规定。

3. 发布司法解释与指导性案例，服务民事商事审判工作

2013 年至 2015 年，最高人民法院和最高人民检察院共联合出台司法解释 15 件。最高人民法院共单独出台司法解释 52 件，其中刑事司法解释 9 件，民事司法解释 22 件，行政司法解释 4 件。最高人民检察院共单独出台司法解释 11 件。截至 2017 年 3 月，最高人民法院共发布指导性案例 16 批 87 件。这些司法解释和指导性案例为法律的正确实施发挥了积极作用。例如，2013 年 5 月，最高人民法院发布《关于适用〈中华人民共和国保险法〉若干问题的解释（二）》，就《保险法》中关于保险合同一般规定部分有关法律适用问题进行明确，切实维护保险合同当事人的合法权益，为我国保险业的健康发展提供法律指引。2013 年 9 月，最高人民法院发布《关于适用〈中华人民共和国企业破产法〉若干问题的规定（二）》，对涉及债务人财产的相关问题作出了规定，对于准确把握债务人财产范畴，切实保护债权人合法权益具有重要指导意

---

① 参见中国法学会《中国法治建设年度报告（2014）》，中国法学会官方网站（https：//www. chinalaw. org. cn/Column/Column_View. aspx？ColumnID＝922&InfoID＝15727），2019 年 6 月 16 日访问。

义。最高人民法院公布《关于审理民间借贷案件适用法律若干问题的规定》，对企业间借贷、互联网借贷、借贷利率等作出规定，进一步维护资金融通秩序，保护人民群众的合法利益。2015 年 11 月，最高人民法院公布《关于适用〈中华人民共和国保险法〉若干问题的解释（三）》，对人身保险合同有关法律适用问题作出解释，指导各地法院妥善审理保险案件。此外，在 16 批的指导性案例中，涉商案件 9 件，其中涉公司关系案件 4 件、破产案件 1 件、保险赔偿案件 3 件、海事纠纷案件 1 件。指导案例 8 号——林方清诉常熟市凯莱实业有限公司、戴小明公司解散纠纷案，指导案例 29 号——天津中国青年旅行社诉天津国青国际旅行社擅自使用他人企业名称纠纷案等，为各级法院科学、合理审理商事案件提供了明确的指导。

二　执法方面：加大执法力度，发挥监管作用

在执法方面，包括证监会、保监会在内的各市场监管主体，切实发挥监管作用，通过严格执法，加大力度查处违法违规行为，切实保障市场主体的合法权益，进而推进深化改革开放、保持经济平稳较快发展，促进社会主义市场经济的进一步繁荣。

以证券市场的发展为例，截至 2015 年年底，我国境内上市公司数量达到 2827 家，股票市价总值达 53.14 万亿元，证券投资基金达 2723 只，证券投资基金规模达 7.66 万亿份。与 2012 年相比，各项数据均大幅度提升。[1] 一方面，凸显出我国证券市场的发展，同时也加大了监管部门的监管难度。以证监会的执法为例，证监会全面提升证券执法效能，切实防范市场风险，有效遏制关键领域违法苗头，为证券市场保驾护航，主要体现在以下几个方面：

首先，从执法方式看，证监会力求创新执法方式，形成监管合

---

[1]　参见国家统计局编《中国统计年鉴 2016》，国家统计局官方网站（http://www.stats.gov.cn/tjsj/ndsj/2016/indexch.htm），2019 年 6 月 16 日访问。

力，在强调稽查执法机制建设的同时，规范权力运用。第一，证监会突破单一部门执法形式，有效整合形成稽查合力。在证监会机关相关职能部门、交易所、投保基金、中国结算等监管执法单位各司其职、协同作战的基础上，同时不断优化监管资源配置，启动委托沪深交易所承担部分案件调查工作职责的试点。执法过程中，特别是在大案要案的办理中，证监会还强化与公安机关、通信主管部门、人民银行等相关单位的执法协作，解决长期制约执法效率的巨量取证问题，同时合力对股市异常波动期间操纵市场、编造、传播证券市场虚假信息等案件进行快速查处。以2016年为例，证监会就积极加强与人民银行、网信办、国税总局、审计署等单位的协作，优化线索通报、信息共享、执法协作等全方位合作。此外，证监会与公安部还联合部署开展了"老鼠仓"专项执法行动，有力遏制"老鼠仓"案件多发高发态势。第二，进一步强调稽查执法机制建设，包括进一步建立健全线索发现机制，提高调查取证工作的有效性和规范化水平，及时总结经验制定操纵市场认定等细化规则，加大调查取证的设备配置，建立健全案件调查督导机制，加强稽查执法、日常监管、自律监管等部门及会外相关主管部门的协作配合，细化案件信息发布规则等。2016年，证监会系统受理的有效线索603件中，启动调查率达到91%，较上年同期增长18个百分点，创历史新高，线索发现及处理工作质量效率实现双提升。第三，强化稽查办案工作的全流程监督，切实防范稽查执法权力运行的廉政风险，规范权力的运行。2015年，证监会印发实施了《稽查案件基础文档第三方备案监督工作试点方案》，正式建立稽查案件基础文档第三方备案监督制度，并在证监会系统10家调查单位开展试点。同时，还发布了《中国证监会稽查办案十项禁令》，以负面清单的方式，对稽查办案人员在办案工作全流程进行规范，公开接受社会监督。第四，畅通跨境执法机制，确保新形势下的证券市场运行。随着"沪港通"的深入开展，利用"沪港通"交易机制跨境实施操纵市场的案件出现，中国证监会和香港证监会于 2014 年 10 月共同签署了《沪港通项目下加强监管执法合作备忘录》，建立了涵盖线索与调查信息通报、协助调查、联合调查、文书送达、协助执行、投资者权益损害赔偿、执法信息发布等各个执法环节的全方位合作关系。2016 年，证监会联合香港证监会，成功查办唐某等跨境操纵市场案，并以此为契机，稳步推进跨境执法协作机制，为两地市场互联互通保驾护航。

其次，从执法强度上看，证监会进一步加大查处力度，扩大查处覆盖面，增强处理新型案件能力。第一，积极做好案件受理工作，加大查处力度。2013 年至 2016 年，证监会分别完成有效线索受理 611 件、678 件、732 件、603 件，分别新增立案 190 件、205 件、345 件、302 件，分别审结案件 153 件、217 件、334 件、233 件。① 同时，证监会针对重大案件，依法对当事人采取行政处罚。2013 年至 2016 年分别发布 79 份、104 份、98 份、139 份处罚决定书，而 2001 年至 2010 年的十年间，证监会一共也只做出 405 份行政处罚决定书。第二，拓展执法覆盖面，依法查处新型案件。在近几年的证监会查处案件中，其中涉及主板、中小板、创业板、新三板等多个板块，涵盖证券案件、期货案件以及跨市场案件。被查处主体包括拟上市公司、已上市公司、非上市公众公司等拟/已发行上市主体，也有证券期货基金经营机构、投资咨询机构、配资平台机构、配资机构以及会计师事务所、律师事务所等证券服务机构。在此基础上的执法力度进一步扩大，执法范围明显拓展。此外，在依法处理传统案件的同时，针对衍生出来的新型案件依法打击。以操纵市场案件为例，出现了信息操纵、跨市场操纵、国债期货合约操纵、跨境操纵等多起首例案件，证监会都依法予以打击、处罚。

---

① 参见中国证券监督管理委员会《2016 年度证监会稽查执法情况通报》，2017 年 2 月 10 日，中国证监会官方网站（http://www.csrc.gov.cn/pub/newsite/jcj/gzdt/ 201702/t20170227_312733.html），2019 年 6 月 16 日访问。

三　司法方面：切实做好审判、检察、公安和司法行政工作

1. 强化商事审判，服务经济建设

首先，加强商事审判，服务商事法治建设。第一，切实发挥商事审判的作用，维护当事人合法权益。2016 年，各级法院审结一审商事案件 402.6 万件，同比上升 20.3%。审结股权、证券、期货、票据、保险等纠纷案件 124.8 万件，维护资本市场秩序，防范金融风险。审结房地产纠纷案件 25.5 万件，各级法院审结涉外商事案件 6899 件、海事案件 1.6 万件。第二，注意重点案件、新型案件、复杂案件的审理，切实维护商事环境。2013 年，各级法院审结企业破产案件 1998 件，打通市场主体退出环节。2014 年，各级法院审结企业兼并、强制清算、股权转让等案件 1.2 万件，同时，依法严惩破坏社会主义市场经济秩序犯罪，依法审理葛兰素史克（中国）投资有限公司行贿案等一批商业贿赂案件。全年共审结各类经济犯罪案件 55858 件，判处罪犯 72612 人，维护社会主义市场经济秩序，保障经济社会健康平稳发展。① 2015 年，各级法院注重证券、保险案件的审理，审结保险案件 10.7 万件，审结虚假陈述、内幕交易等案件 4238 件。此外，各级法院审结涉外商事案件 6079 件，依法保护海洋权益，审结海事海商案件 1.6 万件，中国成为海事审判机构最多、海事案件数量最多的国家。

其次，强化商事司法在国家政策与改革中的作用。2014 年，随着非公有制经济的不断发展，为了保护非公有制经济的发展，最高人民法院发布了《关于依法平等保护非公有制经济促进非公有制经济健康发展的意见》。2015 年，最高人民法院制定人民法院为"一带一路"建设、为京津冀协同发展、为长江经济带发展提供司法服

---

① 参见周强《最高人民法院工作报告》（2015 年 3 月 12 日），最高人民法院官方网站（http://www.court.gov.cn/zixun-xiangqing - 82572.html），2019 年 6 月 16 日访问。

务和保障的意见，妥善审理相关案件，推动区域协调发展。同时，为更好地服务自贸区发展，强化对涉自贸区案件的审理。2016 年，为促进国企改革顺利进行，各法院依法审理相关案件，保障国有企业改革顺利推进。2017 年，北京基金小镇正式成立中国首家基金业法庭，推进基金类案件办理专业化水平和中国投资、资管领域司法机制建设，为中国基金业的科学健康和可持续发展保驾护航。法院系统的一系列工作，切实加强对经济社会发展新情况新问题的司法应对，认真研究服务实体经济、民间借贷等方面的法律问题，及时提出司法建议，积极防范和化解风险，促进了经济社会科学发展。

2. 发挥检察职能，服务大局发展

2013 年以来，各级检察院积极做好检察工作，充分发挥自身职能，切实履行对商事犯罪案件的起诉、监督等职能，平等保护企业产权和合法权益，着力防范金融风险，积极服务国家重大战略实施。各级检察院面对商事犯罪多样化的局势，针对职务类犯罪，紧紧围绕公共资源交易、国有企业改制、政府采购等重点领域，深入推进治理商业贿赂工作，依法查办涉嫌商业贿赂犯罪的国家工作人员。在经济犯罪领域，时刻注意把握新形势下资本市场的复杂情况，依法惩治金融诈骗、合同诈骗、内幕交易、非法集资和传销等严重经济犯罪，起诉破坏市场经济秩序犯罪嫌疑人。以 2014 年为例，各级检察院起诉非法吸收公众存款、集资诈骗、内幕交易、保险诈骗等金融犯罪 22015 人，同比上升 12.2%。在打击商业贿赂方面，共查办涉嫌商业贿赂的国家工作人员 4056 人，依法办理包括葛兰素史克（中国）投资有限公司行贿案等在内的商业贿赂案件，在一定程度上净化了商业投资环境。

针对商事犯罪的多样化、新型化趋势，各级检察院始终把关注点放在维护商事环境的健康发展之上。针对严重危害社会稳定、损害人民利益、破坏市场经济秩序的重大案件，予以重点打击。2015 年，针对利用互联网金融平台进行非法集资犯罪多发的态势，各级检察院依法起诉非法吸收公众存款、集资诈骗等涉众型经济犯罪

12791 人，依法办理"e 租宝"非法集资案等重大案件。同时，会同有关部门深入开展打击证券期货领域犯罪专项行动，严惩内幕交易、操纵证券期货市场犯罪。最高人民检察院依法对马乐利用未公开信息交易案提出抗诉，最终最高人民法院依法改判实刑并收监执行。2016 年，突出惩治非法集资等涉众型经济犯罪和互联网金融犯罪，起诉集资诈骗等犯罪 16406 人，北京、上海等地检察机关依法妥善办理"e 租宝""中晋系"等重大案件。此外，各级法院加大对操纵市场、内幕交易、虚假披露、非法经营股指期货等犯罪打击力度，维护投资者合法权益。山东、上海检察机关依法批捕起诉徐翔等人操纵证券市场案、伊世顿公司操纵期货市场案。在做好基本检察工作的同时，各级检察院积极顺应国家战略发展，服务商事法治建设，加强与"一带一路"沿线国家和地区司法合作，突出惩治和预防基础设施互联互通、经贸合作产业区建设等领域犯罪。上海、天津、广东、福建检察机关保障自贸区法治先行，依法惩治利用虚假跨境贸易逃汇骗汇、骗取出口退税、信用证诈骗等犯罪。

3. 依法履行职能，切实推进商事改革

针对《国务院办公厅关于加快推进"三证合一"登记制度改革的意见》，公安部发布《关于认真做好"三证合一、一照一码"登记制度改革相关工作的通知》，要求公安部门准确理解"三证合一、一照一码"登记制度改革的基本内容，认真贯彻落实"三证合一、一照一码"登记制度改革要求，强化配套措施，确保"三证合一、一照一码"登记制度改革落实到位。各级公安机关要围绕"三证合一、一照一码"涉及的技术标准、业务流程等开展业务培训，提高一线窗口执法民警的业务水平。要与有关部门建立信息交换传递和数据共享平台，确保涉及"三证合一、一照一码"登记制度改革的各项业务能够顺利办理，确实采取各项措施，确保这一利国利民的改革举措顺利实施。对以各种理由刁难、拒绝、拖延为企业办理相关业务，造成恶劣社会影响的，要严肃追究有关人员责任。以此，确保商事登记制度改革的落实。

4. 积极做好司法协助，服务商事法治建设

随着经济的不断发展，商事案件的复杂性也随之提高，涉外性质的商事案件大量涌现。在办理此类商事案件的过程中，需要充分发挥司法行政机关的涉外协助作用。从 2013 年至 2016 年年底，司法行政机关共办理民商事司法协助案件约 1.2 万件，① 在涉外案件、追逃追赃案件的办理过程中发挥了重大作用。

第四节　商事法治的总结与展望

中国特色社会主义商事法治的建构与发展，是新中国成立以来，特别是改革开放 40 多年来经济社会发展实践经验制度化、法律化的集中体现，是中国特色社会主义法律制度和法律实施的重要组成部分。它为中国改革开放和社会主义市场经济建设提供了良好的法治环境，为深化市场经济体制改革发挥了积极的规范、引导、保障和促进作用。随着经济全球化进程的加快以及国内利益主体多元化、利益格局复杂化的客观现实，对科学立法、民主立法的要求越来越高，通过立法调整社会利益关系的难度越来越大。这对我们的商事法律制度建设提出了更高的要求。当前和今后一个时期，根据经济社会发展的客观需要，中国商事法治建设既要从重视国内调控向重视内外结合转变，从重视立法数量向重视立法质量转变，同时也要重视从法律制定向重视法律实施转变，尤其要注重处理好以下三大关系。

一　商事法治建设要注重理顺市场与政府关系

经济体制改革的核心问题是处理好政府和市场的关系。商法是

---

① 参见李豪《数字解读司法部全国司法厅局长会议》，2017 年 1 月 16 日，法制网（http：//www.hbsf.gov.cn/wzlm/xwdt/gdcz/45301.htm），2019 年 6 月 17 日访问。

规范市场经济活动的含有鲜明公法因素的私法，是市场与政府关系的最为集中而直接的制度体现。如何在我们的法治建设中更多地体现市场机制的作用，体现经济运行和发展的规律是我们商事法治建设一个突出问题。多年的实践表明，"使市场在资源配置中起决定性作用和更好发挥政府作用"的理念与体制，实际上为当前商法建设确定了最为根本的制度形成依据。在商法建构中合理设置有关政府职能与市场机制的法律规范，通过商法实施以有效发挥政府与市场的作用，并基于"使市场在资源配置中起决定性作用和更好发挥政府作用"的理念，进一步完善商法的规范内容与体系结构，成为当前商法建设的重要任务与主要思路。① 具体来看，在商法建构及其实施过程中，既应注重发挥市场的功能，使其在配置资源中能够起到决定性作用，因此商法应当充分保护产权、坚持维护契约、实现统一市场、促进平等交换、保障公平竞争；也应注重更好发挥政府作用，实现其对市场活动、市场运行的有效监管。尤其要着重分析在市场决定资源配置的体制下政府如何发挥其作用，以实现政府在商法机制中职能转型。

二　商事法治建设要注重把握本国实际与域外经验的关系

在全球经济一体化时代，商法的国际化、统一化特征日益彰显，商法制度的移植亦随处可见。商法的国际化、统一化并不否定本土化；相反，法律在统一化的进程中，还必然伴随着法律本土化的过程。② 同时，我国特殊的历史文化背景以及转型期特定的社会环境也决定了商法本土化的重要性。立足本土与追求国际视野之间的有机结合是商事法治未来发展的必行之路。未来中国商事法治建设应立

---

①　参见陈甦《商法机制中政府与市场的功能定位》，《中国法学》2014 年第 5 期。

②　参见姜世波、吴庭刚《商法的国际化》，《大连海事大学学报》（社会科学版）2006 年第 2 期。

足本国市场经济建设实践，适应改革开放和社会主义现代化建设需要进行制度创新，充分把握本国目前形势下商法所赖以存在的社会的、政治的，尤其是经济的复合背景以及这种背景下商法的发展空间，放眼世界范围内商法的现代发展实践，在全球化视野下，高度重视本土环境的差异，探求本国经济社会环境的内在特征，注意研究借鉴国外立法有益经验，吸收国外法治文明先进成果，但又不简单照搬照抄，使法律制度既符合中国国情和实际，又顺应当代世界法治文明时代潮流。真正实现商法领域"全球化思考，本土化执行"，使本土化和国际化并行不悖，促成中国商事法治走向成熟之路。①

三　商事法治建设要重视制度实施与制度整合的关系

中国处于并将长期处于社会主义初级阶段，整个国家还处于体制改革和社会转型时期，社会主义制度还需要不断自我完善和发展，这就决定了中国特色社会主义法律体系……必将伴随中国经济社会发展和法治国家建设的实践而不断发展完善。② 就商事法律制度实施而言，商事领域作为市场经济发展最活跃最具代表性的前沿阵地，在我国商事法治框架基本确立的情形下，梳理与总结改革进程中法律修改的基本经验，分析立法工作重心逐步向法律修改转移的特点，与时俱进地对商事立法中存在的问题及时修正、拾遗补阙，尤其是科学解决既往应急性立法中暂时搁置的难题、深度构建商事现代法治已经成为当前我国商事法治发展的艰巨任务和时代需求。就商事制度整合而言，由于商法内涵丰富，外延宽泛，各商事部门法交错复杂，因此，按照促进交易、维护交易安全两个基本价值目标对商

---

① 参见陈洁《开放中谋发展　变革中求完善——商法学科前沿报告》，中国法学网（http：//www.iolaw.org.cn/showArticle.aspx？id＝2077），2019 年 6 月 17 日访问。

② 参见《中国特色社会主义法律体系》白皮书，2011 年 10 月 27 日，中华人民共和国国务院新闻办公室官方网站（http：//www.scio.gov.cn/ztk/dtzt/62/3/Document/1035422/1035422.htm），2019 年 6 月 17 日访问。

法制度进行整合是商事领域面临的一项长期任务。商法制度的整合，就是对现行商法制度的结构和运行模式进行检讨，剔除不利于商法价值目标的制度设计。具体包括两个方面，一是单行商事部门法自身各项制度的整合修正以及单行商事部门法之间的整合修正，避免法律冲突的产生。二是注意协调商法因为泛公法化而产生的结构、体例、制度设计上的不当，尽力克服商法中泛公法化内容与商法私法性的不兼容。与协调上述两者关系相应的，就是要重新检视以往商法建设中即已存在或可能存在的与我国市场经济发展相脱节的问题与症结，从商事实践机制与法治运行机制的有机契合上，为商事法律文本规范转化为法治秩序提供有效的方案或路径，有助于准确理解全面推进依法治国进程中立法与市场实践发展的规律，更好地观察和把握我国市场经济的发展轨迹和未来趋势。

第 九 章

新中国经济法治 70 年

70 年来，在几经演变的经济体制与法律观念的交互作用下，新中国的经济法治呈现出明显的阶段性特征。因不同阶段占主导地位的经济体制和法律观念不同，经济法治的建构理念、基本内容、规范体系、实施机制和功能效果，均表现出很大的差异。从计划经济体制成功转型为社会主义市场经济体制，其间颁行并修改完善了大量经济法律法规，及时妥善系统地调整了国民经济不同发展阶段中出现的各种利益冲突。目前，一个有利于新时代改革开放以及新发展理念的经济法律体系已经形成。

第一节　新中国前 30 年的经济法治
（1949—1978）

一　时代背景与发展特点

在计划经济体制下，具有行政命令色彩的计划制订与实施是经济运行机制的核心要素，"经济流转的最大特点在于这种流转的计划性"，即"经济流转能够按照国家计划进行"。[①] 在计划经济的运行

---

① 王家福、谢怀栻等著：《合同法》，中国社会科学出版社 1986 年版，第 8 页。

过程中，作为生产和交易承担者的企业，并无独立的经济法律地位，也无自主经营、自由交易的权利，因而成为政府经济管理部门的附属单位。在这样一种经济社会的制度环境中，自然谈不上经济法治。我国的计划经济体制从 20 世纪 50 年代初期即初现端倪，到 50 年代后期形成，至 70 年代中后期显现衰滞，其形成、存续和演变过程中只是偶尔闪现了法律的背影。

在新中国成立之初，我国为数不多的经济法律制度，是在一个没有制度承继性的情形下，断断续续建构起来的。20 世纪 50 年代前期，制定了《关于统一国家财政经济工作的决定》《预算决算暂行条例》《基本建设工作暂行办法》《土地改革法》《高级农业生产合作社示范章程》《公私合营工业企业暂行条例》等重要经济法律法规，设置了经济保卫庭等经济司法机构。① 但其后近 30 年间的实践中，除了少数法律（如《土地改革法》《契税暂行条例》等）之外，大多数法律法规未得到持续有效的实施。

总体来看，这一时期的经济法制建设表现出明显的波动性：1949—1956 年，经济法制获得一定的重视；1957—1961 年，经济法制受到忽视；1962—1964 年，经济法制又准备恢复；1965—1978 年，经济法制则被废弃。

二　计划经济确立的基本经济制度、经济组织与经济形式

1949 年《共同纲领》明确规定，国家应调剂国营经济、合作社经济、农民和手工业者的个体经济、私人资本主义经济和国家资本主义经济，使各种社会经济成分在国营经济领导之下，分工合作，各得其所，以促进整个社会经济的发展。这一法律规定，在"五四宪法"中得到了进一步确认。

我国于 1953—1956 年，对个体农业、手工业和私人资本主义工商业等生产资料私有制进行大规模的社会主义改造，对私人资本主

---

①　王家福主编：《经济法》，中国经济出版社 1988 年版，第 25 页。

义工商业采取和平赎买的方针。[①] 20 世纪 50 年代，我国的个体农业
合作化采取了互助组、初级农业生产合作社、高级农业生产合作社
这三种经济组织形式。到 1958 年 9 月，国家发动人民公社化运动，
该年年底即实现了公社化，农村人民公社是"政社合一"的集体所
有制经济组织形式。

城镇集体企业是从 20 世纪 50 年代以来逐步形成的[②]，是城镇个
体手工业合作化的主要经济组织形式。国营经济为主导经济形式，
凡属有关国家经济命脉和足以操纵国民生计的事业，均应由国家统
一经营。但是在这一时期，我国并无系统的企业等经济组织法律
规范。

确立以公有制为基础的高度统一的计划经济体制之后，法律机
制在规范经济活动中的重要性不断被降低。以经济交换中的合同
制度为例，1950 年政务院财政经济委员会颁布了我国第一个合同
法规《机关、国营企业、合作社签订合同契约暂行办法》，自此到
1956 年各部委相继制定了一些合同法规，据统计有 40 余件；但从
20 世纪 50 年代末至 60 年代初，由于否定商品生产和商品交换，
合同制度被取消了；1962 年至 1966 年，合同制度又得到短暂恢
复，但尚未普遍推行，即因"文化大革命"再次被废弃。[③] 必须说
明的是，该时期的"合同"与市场经济体制中的合同有本质区别，
因为该时期的合同要根据国家计划来订立与履行，是保证执行国
家经济计划的措施与工具。

由于这时的经济形式主要限于国营经济，生产资料和生活资料
的绝大部分都按照国家计划实行分配和调拨，限制和取消了商业信

[①]　参见张卓元《从百年积弱到经济大国的跨越》，《光明日报》2009 年 8 月 27 日
第 11 版。

[②]　王兆国在第十届全国人民代表大会第五次会议（2007 年）上的《关于〈中华
人民共和国物权法（草案）〉的说明》。

[③]　参见王家福、谢怀栻等著《合同法》，中国社会科学出版社 1986 年版，第
142—146 页。

用，从 1952 年起个人不得使用支票，在国内取消了汇票和本票，汇票的使用仅限于国际贸易。①

三　融合在所有制背景下的财产法律制度演变

在计划经济体制下，我国的财产权利制度极为简陋。1950 年 6 月 28 日中央人民政府委员会通过《土地改革法》。该法废除了地主阶级封建剥削的土地所有制，实行农民的土地所有制。1954 年宪法规定，国家依照法律保护农民的土地所有权和其他生产资料所有权。但由于社会主义改造和人民公社化运动，农民以及所有个人不再拥有土地所有权和主要的生产资料，国家所保护的只是"公民的劳动收入、储蓄、房屋和各种生活资料的所有权"。至于股权、知识产权等财产权利，在经济生活中绝少存在。

在这一时期，我国没有体系化的知识产权法律制度，少数可以归类为知识产权制度的法律，内容简陋不全。1950 年制定的《商标注册暂行条例》，实行商标自由注册立法政策，但要求在旧政权商标局注册的商标须重新注册，经过清理，在旧政权政府商标局注册的商标有三分之一不能予以注册。1963 年的《商标管理条例》规定商标必须注册。② 在这一时期，专利制度基本没有形成，《保障发明权与专利权暂行条例》从 1950 年 7 月制定到 1963 年 11 月废止，仅批准 4 件专利。③ 对著作权的保护主要依据一些行政法规，如 1953 年《关于纠正任意翻印图书现象的规定》《关于文学和社会科学书籍稿酬的暂行规定（草案）》，其内容也很简单。

四　计划经济的财税金融体制安排

新中国成立之初，我国就开始建立新中国税收制度。1950 年颁

---

① 参见谢怀栻《票据法概论》，法律出版社 1990 年版，第 27 页。
② 参见夏叔华《商标法要论》，中国政法大学出版社 1989 年版，第 63—64 页。
③ 参见李顺德《知识产权法律基础》，知识产权出版社 2005 年版，第 69 页。

布的《全国税收实施要则》，是我国税政统一、新税制建立的标
志。[①] 1950年政务院公布《货物税暂行条例》《工商税暂行条例》
《契税暂行条例》等当时的主要税法。财政部又制定了印花税、利息
所得税、特种消费行为税、使用牌照税、屠宰税、房产税和地产税
七个暂行条例草案，给各地参考试行。农业税在当时具有典型意义，
1950年的《新解放区农业税暂行条例》规定，凡有农业收入的土
地，除该条例另有规定者外，均由其收入所得人缴纳农业税。1958
年的《农业税条例》则规定，从事农业生产、有农业收入的单位和
个人都是农业税的纳税人，应当按照规定缴纳农业税。当时，在税
收逐步体系化过程中，新税制逐步完备起来。

1958年颁布的《工商统一税条例》，是我国工商税制的第二次
重大改革。1973年全面试行工商税，则是工商税制的第三次重大改
革。其后，国营企业只征收工商税这一种税，集体所有制企业只征
收工商税和工商所得税。税种越来越减少，税制越来越简单，是这
一时期税制演变的特征。[②]

1950年3月，政务院作出《关于统一国家财政经济工作的决
定》，规定统一全国的财政收支、物资调度和现金管理。1957年通
过《关于改进财政管理体制的规定》，划定了中央与地方的财政收支
范围、比例与方式。1958年的《关于改进税收管理体制的规定》，
把原由中央集中掌握的一部分税收管理权限下放给省、自治区、直
辖市管理。中央虽然仍集中掌握主要税种，但允许地方在规定范围
内，根据实际情况实行减税、免税或加成征税的措施。1961年国家
处于国民经济调整时期，实行"调整、巩固、充实、提高"方针，
中央重申经济管理大权必须集中掌握，收回了一部分税收管理权。
为了加速国家经济建设，1954—1958年国家每年制定专门条例分别

---

① 参见北京经济学院财政金融教研室《新中国税制演变》，天津人民出版社1985
年版，第7页。

② 同上书，第51—53页。

发行国家经济建设公债。20 世纪 50 年代末以后，国家奉行"既无外债、也无内债"的财政理念，我国停止发行政府债券。

1948 年年底中国人民银行在河北宣布成立后，使人民币成为当时华北、华东和西北三区的结算货币。新中国成立后，在中央人民政府的统一领导下，中国人民银行着手建立统一的国家银行体系，统一了货币发行，对各类金融机构实行统一管理。从 1953 年开始，国家建立了集中统一的综合信贷计划管理体制，为大规模的经济建设进行全面的金融监督和服务。在计划经济条件下，我国形成了长期资金归财政、短期资金归银行，无偿资金归财政、有偿资金归银行，定额资金归财政、超定额资金归银行的体制，其间虽有几次变动，但基本格局变化不大，一直延续到 1978 年。①

第二节　新时期的经济法治（上）
（1978—1992）

一　改革开放起步年代的经济法治（1978—1984）

（一）时代背景与发展特点

这一阶段的经济法治建设，按照两个线索延展：一个是农村家庭联产承包责任制，另一个是国营企业经营机制的转换。虽然国营企业自主权实践成为市场主体独立性的先导，但是真正的市场主体独立性，却是由外资企业和私营企业的制度确立来实现的。

为适应合法公正解决经济纠纷的需要，我国法院系统从 1979 年下半年起逐步建立了经济审判组织，普遍设立经济审判庭，另在五个沿海城市设立海事法院。1984 年 3 月才明确了经济审判工作的基本任务是审理生产和流通领域内的经济纠纷案件，同时确定了经济

---

① 参见尚明主编《新中国金融 50 年》，中国财政经济出版社 2000 年版，第 2—7 页。

审判庭的受案范围。截至1985年4月，全国中级人民法院（除个别边远地区外）和93%的基层人民法院都建立了经济审判庭。①

（二）农村改革与法治发展：农村家庭联产承包责任制与民法重归社会

党的十一届四中全会通过了《中共中央关于加快农业发展若干问题的决定》，随后出台了一系列加快农业发展的政策措施。1978年安徽省凤阳县小岗村18位农民签下"生死状"，将村内土地分开承包，开创了家庭联产承包责任制的先河。这一纸契约，在当时并无政策和法律上的正当性，仅是农民凭借自我认知和日常知识开发出的农村集体土地权利个别化与确定化的形式。党和国家敏锐地把握住了其实践价值，迅速将其转化为国家政策。

从1979年开始，各种形式的生产责任制在全国各地农村兴起，到了1982年11月，农村实行联产承包责任制的生产队达到了99.5%。1983年1月，中共中央发布《当前农村经济政策的若干问题》肯定了这一做法，指出它是在党的领导下我国农民的伟大创造，是马克思主义农业合作化理论在我国实践中的新发展。

联产承包责任制不仅是一种农业生产经营方式，更重要的是，它也是一种财产权利和法律关系的安排，农民个人或其家庭据此拥有了农业经营的自主权利和生产资料的财产权利。这不但激发了我国农村的活力，而且还从根本上改变了此前"三级所有、队为基础"的人民公社体制。"八二宪法"将原本"政社合一"的体制改为实行政社分开，在继续保留人民公社的经济组织形式的基础上，设立乡政权。1984年年底，在中国农村维持20多年的人民公社不复存在。以家庭联产承包为主的责任制和统分结合的双层经营体制，成为我国农村经济的一项基本制度。"万元户"成为20世纪80年代靠胆量和勤劳首先富裕起来的第一批人的代名词。从此，致富光荣的意识开始深入人心，以规范财产关系为核心内容的民商法，开始具

---

① 参见王家福主编《经济法要义》，中国财政经济出版社1988年版，第731页。

有被社会接纳的观念基础和实践需要。

（三）国营企业改革成为企业法治的生长点

增强企业活力，是以城市为重点的整个经济体制改革的中心环节。围绕该中心环节，国家先后颁行了一系列经济法规，着力解决两方面的关系问题：一是确立国家和企业之间的正确关系，扩大企业自主权；二是确立职工和企业之间的正确关系，保证劳动者在企业中的主人翁地位。

这一阶段，有关政策和法规主要有：1979 年《关于扩大国营工业企业经营管理自主权的若干规定》；1981 年《国营工业企业职工代表大会暂行条例》；1982 年《国营工厂厂长工作暂行条例》《企业职工奖惩条例》；1983 年《国营工业企业暂行条例》；1984 年《国营企业成本管理条例》《国务院关于进一步扩大国营工业企业自主权的暂行规定》《国营企业调节税征收办法》《国营企业所得税条例（草案）》等。这些立法肯定了国营企业的相对独立性，使其成为具有自主经营、自负盈亏、自我改造和自我发展能力且具有一定权利义务的法人。

为了打破地区封锁，1980 年颁行《国务院关于推动经济联合的暂行规定》，明确了组织联合的基本原则和具体要求，强调联合不受行业、地区和所有制、隶属关系的限制，计划、工商、银行、财税部门要加强管理并给予配合。这种脱离了计划控制的经济联合，使合同成为规范经济联合各方利益安排的约束纽带。

（四）经济特区立法与利用外资的法治路径

实行对外开放，是我国改革开放初期即已确定的坚定不移的战略方针。1979 年 7 月，中共中央、国务院批转广东省委、福建省委关于对外经济活动实行特殊政策和灵活措施的报告，决定试办特区。1980 年 8 月，在广东省深圳、珠海、汕头三市分别建立经济特区。同年 10 月，福建省厦门市也建立经济特区。这些经济特区拥有较大的经济管理权限，实行特殊的经济政策和经济管理体制，在建设上以吸收利用外资为主，其经济活动在国家宏观经济调控下以市场调节为主，并对外商投资予以优惠和方便。

1979 年 7 月起，国家制定了《中外合资经营企业法》《中外合资经营企业登记管理办法》等法律法规，允许外国公司、企业和其他经济组织或个人，在中国境内同中国的公司、企业或其他经济组织共同举办合营企业。1980 年和 1981 年，我国又颁行了《中外合资经营企业所得税法》《外国企业所得税法》，对需要鼓励或发展的企业，在税收上给予了减免税以及鼓励再投资等优惠待遇。

在对外贸易方面，国家也颁行了一些经济法规，如 1980 年的《关于进出口商品征免工商税收的规定》、1982 年《进出口动植物检疫条例》、1984 年《进口货物许可制度暂行条例》《进出口商品检验条例》《边境小额贸易暂行管理办法》等。为适应我国海上运输和对外经济贸易事业发展的需要，1984 年在广州、上海、青岛、天津、大连分别设立海事法院，专门审理国内与涉外的第一审海事案件和海商案件，加强我国的司法管辖权。

（五）《经济合同法》成为终结计划经济控制机制的制度先导

1981 年制定的《经济合同法》，是最早适用于所有经济活动主体的经济法律。该法适用于平等主体的法人、其他经济组织、个体工商户、农村承包经营户之间为实现一定经济目的、明确相互权利义务关系而订立的合同，包括购销合同（包括供应、采购、预购、购销结合及协作、调剂等合同）、建设工程承包合同（包括勘察、设计、建筑、安装等合同）、加工承揽合同、货物运输合同、供用电合同、仓储保管合同、财产租赁合同、借款合同、财产保险合同 9 种类型。从历史看，该法仍有较强的计划经济色彩，如规定订立经济合同必须符合国家政策和计划的要求，产品数量须按照国家和上级主管部门批准的计划签订等。

（六）财政、金融体制改革与经济法治

1979 年 7 月国务院提出改革财政管理体制，实行"划分收支、分级包干",并通过利改税,把国家与企业的分配关系用税的形式固定了下来。1982 年起,国务院相继发布并实施有关牲畜交易税、建筑税、农业税、盐税、产品税、增值税、营业税、资源税等暂行规定或税收条例。针对国营企业利改税,还分别制定了有关国营工业企业固定资产税、国营企业奖金税、国营企业所得税和国营企业调节税等行政法规。

从 1981 年起,国务院颁行《国库券条例》,向社会发行国库券。这是证券在相隔 30 年之后重新进入中国经济领域的一个标志。1980年 9 月,国家颁行《个人所得税法》,对在我国境内居住满一年的个人,从中国境内和境外取得的所得,以及不在我国境内居住或者居住不满一年的个人,只就其从我国境内取得的所得,征收个人所得税。

1983 年 9 月,国务院对银行体制进行改革,决定由中国人民银行专门行使中央银行职能,同时成立中国工商银行,承担原来由中国人民银行办理的工商信贷和储蓄业务。中国工商银行、中国农业银行、中国银行、中国人民建设银行、中国人民保险公司,作为国务院直属局级的经济实体,在国家规定的业务范围内,依照国家法律、法令、政策、计划,独立行使职权,充分发挥各自的作用。

（七）知识产权法的形成与迅速发展

我国的知识产权保护制度的酝酿、筹备,始于 20 世纪 70 年代末期,伴随着改革开放而起步,并逐步成为改革开放政策和社会主义法治建设的重要组成部分。[①]

1979 年,我国恢复全国商标统一注册,1980 年商标注册年申请量就达到 2.6 万件。[②] 1982 年《商标法》成为新中国开始系统建立现代知识产权法律制度的一个重要标志。随后,1984 年制定了《专

---

①　参见李顺德《知识产权法律基础》,知识产权出版社 2005 年版,第 69 页。

②　数据来源:《商标申请与注册概况表》,中国商标网（http://sbj.saic.gov.cn/tjxx/tjxx.asp）,2019 年 5 月 5 日访问。

利法》。在 1985 年 4 月 1 日《专利法》实施的第一天，原中国专利局就收到来自国内外的专利申请 3455 件，被世界知识产权组织誉为创造了世界专利历史的新纪录。[①]

在改革开放的推动下，我国知识产权与国际接轨的速度之快也是史无前例的。1980 年 3 月，我国政府向世界知识产权组织（WIPO）递交了加入书，从 1980 年 6 月 3 日起成为 WIPO 的成员国。1984 年 12 月，我国政府向 WIPO 递交了《保护工业产权巴黎公约》的加入书，从 1985 年 3 月 19 日起成为巴黎公约成员国。

（八）保护环境与环境立法取得初步成效

改革开放后，环境立法明显加强。例如，1979 年颁行《环境保护法（试行）》，1982 年颁布《海洋环境保护法》和《征收排污费暂行办法》，1983 年颁布《海洋石油勘探开发环境保护管理条例》和《防止船舶污染海域管理条例》，1984 年颁行《水污染防治法》等。值得一提的是，1979 年国家率先颁行了《森林法（试行）》。该法实施后，解决了大量的山林权纠纷，对保护森林、发展林业、合理开发利用森林资源起到了积极作用。1984 年，国家正式颁行《森林法》。由于在经济发展模式中更为强调经济的快速发展，环境法治被有意无意地忽略掉了，因此相应的环境执法和环境司法活动相当薄弱，环境保护法律制度在相当程度上仅仅停留在纸面形式上，没有及时、全面、充分地转化为环境法律秩序。环境法在立法上不够完备和执法上不够严格，至今仍然是我国环境法治需要解决的问题。

二　社会主义有计划商品经济体制下的经济法治（1984—1992）

（一）时代背景与发展特点

1984 年国家开始确认社会主义经济是以公有制为基础的有计划的商品经济。1989 年又提出建立适应有计划商品经济发展的计划经

[①]　参见熊志云《浅谈专利档案及其管理》，《档案学研究》1998 年第 1 期。

济与市场调节相结合的经济体制和运行机制。① 这一阶段，经济法治建设的成就十分巨大。首先，法律机制开始介入整个社会的经济生活，对于保障人们在经济活动中的权利、维护经济秩序、促进经济发展，起到了十分重要的作用。其次，整个社会对经济法治的观念发生了巨大变化，人们开始深刻认识到法律对于经济活动的重要性和必要性。再次，经济立法的基本内容与总体方向都是正确的，有力推动了我国经济改革的持续深入和经济建设的不断发展。最后，经济法治建设在各个方面已持续展开，为日后的市场经济法律体系的全面建构打下了良好基础。

（二）划时代的基础性民商经济立法

1985 年的《涉外经济合同法》、1987 年的《技术合同法》与此前的《经济合同法》，共同搭建了商品生产和交易中的合同法律体系。1986 年的《民法通则》，成为我国规范商品经济关系的第一部民事基本法律。该法系统规定了各项民事财产权利，包括国家和集体所有权、私人所有权、土地承包经营权、自然资源使用权、全民所有制企业的经营权、合同等债权、专利、发明等知识产权；规定了基本的商品生产和交易主体制度，包括个体工商户、农村承包经营户、企业法人、个人合伙等；规定了商品交易的法律行为规范，如合同、代理等。现在看来，这无疑是一个划时代的立法创举。在民法典颁布之前，其在我国民事立法中占据基本法地位。②

1990 年《城镇国有土地使用权出让和转让暂行条例》，则在我国物权法律制度史上占据重要地位，它第一次明确了国有土地使用权的物权性质，并构建了用益物权基本制度框架，在之后的一段时期内成为土地市场发展的基本规范。

---

① 参见江泽民《加快改革开放和现代化建设步伐，夺取有中国特色社会主义事业的更大胜利》（1992 年 10 月 12 日），《江泽民文选》第 1 卷，人民出版社 2006 年版，第 226 页。

② 参见梁慧星《民法》，四川人民出版社 1988 年版，第 10 页。

1988 年《宪法修正案》增加规定，即国家允许私营经济在法律规定的范围内存在和发展；私营经济是社会主义公有制经济的补充；国家保护私营经济的合法权利和利益，对私营经济实行引导、监督和管理。与此相关，1987 年《城乡个体工商户管理暂行条例》在保护个体工商户利益方面迈出坚实一步。1988 年《私营企业暂行条例》明确规定，私营企业是指企业资产属于私人所有、雇工八人以上的营利性的经济组织。这些立法，对于保护个体劳动者和私营企业主的合法利益，加强对他们的引导、监督和管理产生了重要影响。

（三）国企改制成为经济立法的重点

1984 年《中共中央关于经济体制改革的决定》对国企改革有了重新认识和定位。1986 年，国务院相继颁行了《国营企业招用工人暂行规定》《国营企业辞退违纪职工暂行规定》《国营企业实行劳动合同制暂行规定》《国营企业职工待业保险暂行规定》《国营企业劳动争议处理暂行规定》等经济法规，使在中国存在了几十年的"铁饭碗"最终被彻底打破。

1986 年国务院发出《关于深化企业改革增强企业活力的若干规定》，提出全民所有制小型企业可积极试行租赁、承包经营，全民所有制大中型企业要实行多种形式的经营责任制，各地可以选择少数有条件的全民所有制大中型企业进行股份制试点。1988 年《全民所有制工业企业承包经营责任制暂行条例》《全民所有制小型工业企业租赁经营暂行条例》，对依法规范承包、租赁等多种形式的经营责任制提供了制度保障。1986 年《企业破产法（试行）》，则为国企的市场退出机制提供了法律依据。该法明确规定适用于全民所有制企业，企业因经营管理不善造成严重亏损，不能清偿到期债务的，可以依法宣告破产。

随着改革的深入，"国营企业"这一名称已经名存实亡，"全民所有制企业"遂取而代之。1988 年《全民所有制工业企业法》的颁行，使企业的经济主体地位有了法律依据。该法否定了政企不分，确立了企业自主权和独立财产，进而克服了企业吃国家"大锅饭"

的弊端。1992 年《全民所有制工业企业转换经营机制条例》进一步释放了企业活力，有力推动了国企进入市场。

（四）通过三资企业法改善外商投资环境

为进一步改善投资环境，丰富外商投资企业的组织形式，1986年国家颁布《外资企业法》，1988 年颁布《中外合作经营企业法》。1990 年，又对《中外合资经营企业法》进行修改。由此，建立健全了基于所有制标准的外商投资企业法律体系。这些立法，除了进一步明确和保护境外投资者的权益，增加境外投资者的投资选择外，还对投资方向进行了引导，规定必须有利于我国的国民经济发展，并且采用先进的技术和设备，或者产品全部出口或者大部分出口。

在税收方面，1991 年《外商投资企业和外国企业所得税法》，结束了三类外商投资企业以及外国企业所得税税负不公的局面，实现了外商投资企业和外国企业所得税的统一。

（五）确立以税法为主的宏观经济调节法律体系

从 1985 年起，国家实行"划分税种、核定收支、分级包干"的新的财政管理体制，充分调动中央和地方两个积极性。与财政体制改革相适应，国家加强了税收立法和修订工作，先后颁行或修订了一系列税收法律法规，包括《城市维护建设税暂行条例》《进出口关税条例》《海关进出口税则》《国营企业工资调节税暂行规定》《国营企业奖金税暂行规定》等数十个。这些税收实体法，使税收调节成为国家进行宏观经济调节的重要手段之一。1992 年《税收征收管理法》的颁行，则从程序法角度进一步完善了税收法律体系，标志着我国税制改革迈入了新的历史阶段。

（六）知识产权制度的国际化发展

这一阶段，我国知识产权法律制度迅速发展。1986 年《民法通则》首次明确"公民、法人享有著作权（版权），依法有署名、发表、出版、获得报酬等权利"，据此 1990 年颁布了《著作权法》，1991 年颁布《计算机软件保护条例》，进一步完善了知识产权保护法律体系。

积极参加知识产权国际组织,在知识产权国际保护中发挥作用,是这一阶段知识产权法治建设的一个特点。1989 年通过的《关于集成电路知识产权保护条约》,我国是其首批签字国之一。1989 年我国成为《商标国际注册马德里协定》成员国。1992 年我国成为《伯尔尼公约》和《世界版权公约》成员国。[①]

进入 20 世纪 90 年代后,我国政府积极参与了 1990 年开始的"关税与贸易总协定(WTO 的前身)"乌拉圭回合的多边贸易谈判,并为推动 WTO 的建立和 TRIPs 协议的达成作出了积极努力。围绕知识产权保护的国际贸易谈判及其结果,对我国知识产权法律制度的进一步发展具有很大的推动作用。例如,在 1992 年中美两国政府第一次签订关于保护知识产权的谅解备忘录之后,我国于 1992 年对《专利法》进行了第一次修改,知识产权法律制度建设取得了长足进步。

(七)自然资源与环境保护立法的进一步强化

在自然资源保护领域,这一阶段先后制定了大量的自然资源保护方面的法律,如 1985 年《草原法》、1986 年《渔业法》、1986 年《矿产资源法》、1988 年《水法》、1988 年《野生动物保护法》、1991 年《水土保持法》等。

需要强调的是 1986 年《土地管理法》。该法明确规定国家建立土地登记、发证制度,规定土地的所有权和使用权受法律保护,任何单位和个人不得侵犯。为适应土地使用权流转需要,1988 年对《土地管理法》作出了修改,在继续规定任何单位和个人不得侵占、买卖或者以其他形式非法转让土地的制度前提下,规定国有土地和集体所有的土地的使用权可以依法转让,国家依法实行国有土地有偿使用制度。

---

① 参见李明德主编《知识产权法》,社会科学文献出版社 2007 年版,第 511、518、532、538 页。

第三节　新时期的经济法治(下)
(1992—2012)

一　社会主义市场经济体制确立时期的经济法治 (1992—2002)

(一) 时代背景与发展特点

这一时期，我国经济法治建设的一个显著特点是，法学理论研究开始对法治建设产生直接而重大的影响。例如，中国社会科学院法学研究所在我国法学界率先提出"社会主义市场经济是法治经济"的命题，提出要建立社会主义市场经济法律体系，并具体阐述了社会主义市场经济法律体系的建构理念和基本结构。[①]

建立社会主义市场经济法律体系，成为当时经济法治的重要任务。在这一时期，我国经济立法速度加快，大量反映市场经济运行规律、适应市场经济发展需要的法律集中出台。社会主义市场经济法律体系框架初步形成，这不但成为改革开放进入新的历史阶段后我国经济法治建设的生动写照，而且保障了20世纪90年代中期面对经济过热通过宏观调控成功实现了经济的"软着陆"。

(二) 不断完善市场经济法律体系中的民商法

在民事权利体系的制度建设中，农民土地承包经营权在中央关于农业和农村经济发展的一系列政策中不断获得巩固和坚持，2002年《农村土地承包法》为其打下了牢固的法律根基。该法不但赋予农民长期而有保障的土地使用权，而且还以系统有力的制度措施，维护农村土地承包当事人的合法权益。

城市不动产财产权利体系也在市场经济运行中得到了完善。1994年《城市房地产法》，对房地产开发用地、房地产开发和交易

[①]　参见中国社会科学院法学研究所课题组《建立社会主义市场经济法律体系的理论思考和对策建议》，《法学研究》1993年第6期。

以及房地产权属登记管理等作出规定，奠定了住房市场化的法律基础。1998 年《城市房地产开发经营管理条例》则为房地产业的蓬勃发展提供了重要依据。1998 年，全国城镇停止住房实物分配，改为住房分配货币化，自此商品房的市场主导地位正式确立。

1999 年的《合同法》彻底废止了含有浓厚计划经济色彩的《经济合同法》《技术合同法》《涉外经济合同法》，实现了市场交易规则的有机统一。这一时期，有关商事行为的法律也相继出台，为有效规范市场主体的经营行为和市场活动，提供了系统的制度规范依据。市场经济法律中的民商法体系框架，已经基本成型。

（三）以《公司法》为核心的企业法律体系

改革开放后，各种名目的"公司"大量涌现，对公司的规范在社会主义市场经济体制确立之后变得十分迫切。1993 年《公司法》确立了公司的法律地位，规范了公司治理结构，确认并维护股东及其他利益相关者的权益，从而在建立现代企业制度方面迈出了坚实的一步。1996 年《乡镇企业法》对乡镇企业积极扶持，合理规划，分类指导，依法管理。1997 年《合伙企业法》规范了合伙企业的内外部关系。1999 年《个人独资企业法》使个人投资设立企业的行为有了法律保障。

（四）维护市场秩序的法律成为经济法治的重点

加强对产品质量的监督管理，维护市场公平竞争，与保护消费者合法权益密切联系在一起，是社会主义市场经济健康发展的根本保证。1993 年《产品质量法》加强了对产品质量的监督管理，明确了生产者和销售者的产品质量责任和义务。1993 年《反不正当竞争法》，对不正当竞争行为进行了禁止和制裁。1993 年《消费者权益保护法》，规定了消费者的基本权利和义务。

（五）进一步推动财税金融体制改革与法治建设

1. 分税制的建立与财税法治

1994 年《预算法》为分税制实施提供了预算管理与监督上的制

度保障，从预算编制、预算审查和批准、预算执行、预算调整以及决算和监督等作出了体系化规定。

2001 年修改的《税收征收管理法》在制止和惩处税收违法行为，完善税务机关的执法手段，保护纳税人权利等方面发挥了重要作用，通过强化税源管理，健全基础制度，堵塞税收漏洞，从程序上保障了国家税收调控权的实现。其新确立的税收优先权制度、税收保全制度等，无论对税法理论还是税收实践都产生了广泛影响。

2. 分业经营、分业监管金融体制及其立法成果

1995 年国家相继出台《中国人民银行法》《商业银行法》《票据法》《保险法》等金融法律。1994 年分别组建的国家开发银行、中国农业发展银行和中国进出口银行，实现政策性金融和商业性金融相分离，从而割断了政策性贷款与基础货币的直接联系，确保了中国人民银行调控基础货币的主动权。

1998 年《证券法》颁布，我国对金融监管体制进行了重大改革。中国人民银行将对证券公司的监管权移交给中国证券监督管理委员会，对保险公司的监管权移交给中国保险监督管理委员会，从而形成金融业分业经营、分业监管的体制格局。

（六）对外贸易及其法治保障

1994 年《对外贸易法》，将货物进出口、技术进出口和国际服务贸易全部纳入适用范围。1997 年颁行《反倾销和反补贴条例》，明确了反倾销或者反补贴措施。2001 年加入世界贸易组织后，该条例遂被专门制定的《反倾销条例》和《反补贴条例》所取代。

为加入世界贸易组织，2000 年和 2001 年我国对三部外商投资企业法及其实施条例或实施细则，进行了全面系统的修改，废除了其中一些限制外商投资者的投资管理措施，如外汇平衡要求、贸易平衡要求、出口绩效要求和当地采购要求。这是中国外资立法的重大改进，为中国外资立法与国际惯例迅速接轨迈出了关键一步。

（七）为加入世界贸易组织而加紧完善知识产权法律制度体系

1993年《商标法》的修订和《反不正当竞争法》的颁行，弥补了我国知识产权法律保护的主要缺漏。同年，我国向WIPO递交了《保护录音制品制作者防止未经许可复制其录音制品公约》的加入书，成为录音制品公约的成员国。随后，又向WIPO递交了《专利合作条约》的加入书，次年成为专利合作条约成员国。

我国进一步修改国内法律以符合国际公约的要求。1995年发布《知识产权海关保护条例》，1997年通过《植物新品种保护条例》，2000年第二次修改《专利法》，2001年通过《集成电路布图设计保护条例》，同年对《商标法》和《著作权法》进行修改。这样，我国迅速建立起符合相关国际公约要求的知识产权法律规则。2001年11月10日，我国成功加入了世界贸易组织，开始履行《与贸易有关的知识产权协定》（TRIPs）项下的义务。

二　完善社会主义市场经济体制中的经济法治（2002—2012）

（一）时代背景与发展特点

党的十六大指出，21世纪头20年经济建设和改革的主要任务是，完善社会主义市场经济体制，推动经济结构战略性调整，基本实现工业化，大力推进信息化，加快建设现代化，保持国民经济持续快速健康发展，不断提高人民生活水平。

2003年《中共中央关于完善社会主义市场经济体制若干问题的决定》，进一步明确了完善社会主义市场经济体制的目标和任务。这一阶段的经济法治建设开始围绕两方面的工作而展开：一方面，集中清理全国性的相关经济法规、规章；另一方面，在已经建立的经济法律体系基础上，不断改善经济立法，促进经济又好又快发展。

这一时期的经济法治建设呈现如下特点：一是立法民主化，即在一些重大经济法律如《物权法》《劳动合同法》《社会保险法》等立法过程中，采取了向各方面征求立法意见的做法。二是法律体系化，到 2010 年形成有中国特色社会主义法律体系。三是注重国际化，在经济法治建设中注重与国际规则相协调，对与世界贸易组织和我国对外承诺不一致的法律、行政法规、规章和其他政策措施，进行了大规模的清理。

（二）按照社会主义市场经济理念推动完善市场经济法律体系

1. 入世后的法律规则调整

入世后，我国遵照世界贸易组织规则与所作承诺，系统全面地清理了经济领域的法律法规和规章。到 2005 年年底，清理数量多达 2000 多部，确保了法律规则的一致性、协调性。《建立世界贸易组织协定》《中国加入世界贸易组织议定书》中所体现的所有法律原则、规则、要求，都在我国立法上得到了全面有效的贯彻执行。

在利用外资方面，2002 年《指导外商投资方向规定》，将外商投资项目分为鼓励、允许、限制和禁止四类。2004 年国家修订了《外商投资产业指导目录》和《中西部地区外商投资优势产业目录》。2006 年重新编制了《鼓励外商投资高新技术产品目录（2006）》。

在针对外商的市场准入方面，我国制定和修订了大量部门规章，如《外商投资道路运输业管理规定》《外商投资电信企业管理规定》等。

同时，针对外商投资金融问题也出台了许多监管立法。除《外资金融机构管理条例》《外资银行管理条例》外，还有《外资银行管理条例实施细则》《外资金融机构驻华代表机构管理办法》《境外金融机构投资入股中资金融机构管理办法》等。

2004 年修改的《对外贸易法》，有力推动了在更大范围、更广领域和更高层次上参与国际经济技术合作和竞争。

2. 税制改革与金融改革的同步推进

所得税法的修改在税法领域体现了显著进步。2005 年国家第三次修改了《个人所得税法》，2007 年第四次修改，2007 年第五次修改，工资、薪金所得的减除费用标准逐步调至 2000 元。《个人所得税法》的频频修改，适应了居民基本生活消费支出增长的新情况，减轻了中低收入者的纳税负担。

2007 年颁布的《企业所得税法》，是我国加入世界贸易组织后，为各类企业创造公平、规范、透明的所得税制环境的重要立法成果。

在金融体制改革方面，2003 年在修改《中国人民银行法》《商业银行法》的同时，颁布了《银行业监督管理法》，确立了中国银监会的金融监管主体地位。

2005 年《证券法》的修改，进一步加强了对投资者权益的保护，强化了对证券公司和上市公司的监管。

2006 年《反洗钱法》，全面建立了客户身份识别制度、客户身份资料和交易记录保存制度、大额交易和可疑交易报告制度，将金融业反洗钱工作纳入了法治化轨道。

3. 保护市场主体财产权和依法维护自由竞争秩序

2007 年颁布《物权法》，规定了物权制度总则、所有权制度、用益物权制度和担保物权制度，完善了市场经济法律体系的结构，丰富了财产法律制度的内容，坚定了经济体制改革的政策目标，稳定了社会成员对于继续深入改革开放的信心。

同年颁布的《反垄断法》，规定了垄断协议、滥用市场支配地位、经营者集中、滥用行政权力排除、限制竞争以及对涉嫌垄断行为的调查等内容，赋予了我国反垄断法以域外适用的效力，在保护市场自由公平竞争方面产生了广泛而深远的社会影响力。

（三）双轨制立法中的企业法修改

1. 《公司法》《合伙企业法》与《企业破产法》

为适应市场经济发展对公司治理的制度需要，2005 年我国《公司法》进行了第三次修改。司法实践中，2006 年最高人民法院公布了《关于适用〈中华人民共和国公司法〉若干问题的规定（一）》。

2006 年《合伙企业法》进行了重大修改，增加了有限合伙制度。为了适应律师事务所和会计师事务所的运营特点，该法特别增加了特殊的普通合伙企业制度。

2006 年颁布修改后的《企业破产法》，全面整理细化了企业破产程序，并在适用范围上覆盖了所有的企业法人。尤其是国有企业，原来的政策性市场退出已被市场化退出所取代。

2. 国有企业立法

2003 年《企业国有资产监督管理暂行条例》出台，将国企资产监管改革目标落到了实处。2011 年，国务院修订《全民所有制工业企业承包经营责任制暂行条例》《全民所有制工业企业转换经营机制条例》《企业国有资产监督管理暂行条例》，修改和删掉了其中部分内容，以适应经济社会发展的新变化和新要求，切实维护社会主义法制的统一。

随着经济体制改革的深入和市场经济的发展，法律对待非公有制经济的态度也在不断改进。2004 年《宪法修正案》，将原来规定的"对个体经济、私营经济实行引导、监督和管理"，修改为"国家鼓励、支持和引导非公有制经济的发展"。

截至 2009 年 3 月底，我国共有私营企业 664.27 万户，个体工商户有 2948 万户。[①] 2011 年，《个体工商户条例》取代了 1987 年《城乡个体工商户管理暂行条例》。

（四）入世后知识产权保护与国家知识产权战略纲要的制定

入世后，我国的知识产权制度建设进入一个新阶段。在应对入世后知识产权保护引起的国际贸易纠纷中，卷入纷争的我国企业积累了深刻教训，加强立法与执法成为我国知识产权保护领域的主要议题。

2001 年《计算机软件保护条例》、2003 年《知识产权海关保护

---

① 原国家工商行政管理总局：《统计分析发布：2009 年一季度全国市场主体发展情况报告》（2009 年 5 月 11 日）。

条例》、2005 年《互联网著作权行政保护办法》、2006 年《加强知识产权执法行动的新指南》等知识产权立法相继制定或修改，明确要求政府机构为知识产权执法承担更多的责任。此外，司法保护的作用也日益增强，《关于办理侵犯知识产权刑事案件具体应用法律若干问题的解释》等在司法审判中发挥出重要作用。

2002 年以后，我国的商标注册年申请量以近 10 万件的速度增长，连续 7 年位居世界第一。2006 年，国家提出了建设创新型国家的目标，并对智力创新成果给予有效保护。同年年底，全国有 62 个中级人民法院对专利权纠纷的一审案件享有管辖权，有 43 个中级人民法院对涉及集成电路布图设计纠纷的一审案件享有管辖权，有 38 个中级人民法院对涉及植物新品种纠纷的一审案件享有管辖权。

2008 年国务院发布《国家知识产权战略纲要》，明确提出要把我国建设成为知识产权创造、运用、保护和管理水平较高的国家，知识产权制度对经济发展、文化繁荣和社会建设的促进作用充分显现。

第四节　新时代的经济法治（2012 年以来）

一　时代背景与发展特点

党的十八大提出全面建成小康社会目标，并在深化经济体制改革，推进经济结构战略性调整等方面作出了部署。党的十八届三中全会指出，经济体制改革是全面深化改革的重点，核心问题是处理好政府和市场的关系，使市场在资源配置中起决定性作用和更好发挥政府作用。简政放权，放宽市场准入条件，实行权力清单制度等，成为经济体制改革和经济法治建设的崭新内容。

2014 年党的十八届四中全会把建设中国特色社会主义法治体系，建设社会主义法治国家列为全面推进依法治国的总目标。从法治实践看，使市场在资源配置中起决定性作用和更好发挥政府作用，必须以保护产权、维护契约、统一市场、平等交换、公平竞争、有效监管为基本导向，不断完善社会主义市场经济法律制度。

2017 年党的十九大提出，要坚持社会主义市场经济改革方向，加快完善社会主义市场经济体制。深刻把握新时代的历史方位，深刻认识社会主要矛盾的历史性变化，要求我国经济法治建设必须以习近平新时代中国特色社会主义思想为科学指引，在科学立法、严格执法、公正司法和全面守法中，继续深入推进供给侧结构性改革，贯彻新发展理念，依法加强宏观调控和市场监管，维护自由公平竞争的市场秩序。

二　市场规制法的新发展

对市场运行实行有效监管，始终是政府最为重要的经济职能构成，也是经济法在市场规制领域加强责任政府建设的根本重心。

《反不正当竞争法》的修改，在完善竞争法律制度体系方面迈出了可喜一步。2017 年《反不正当竞争法》迎来大修，清除了其中属于《反垄断法》的调整内容，增加了对不正当网络竞争行为的法律规制。2018 年，反垄断执法改革取得新进展，新成立的国家市场监督管理总局集中统一行使反不正当竞争和反垄断执法权。在积极培育和发展现代化的市场体系与竞争机制方面，《反不正当竞争法》与《反垄断法》相互分工、携手共治，共同维护着市场竞争秩序。

当前，维护市场的自由公平竞争，就是要在《反不正当竞争法》《反垄断法》的实施中进一步消除所有制壁垒，平等保护各种所有制经济的产权，保证各种所有制经济依法平等使用生产要素、公开公平公正参与市场竞争、同等受到法律保护。对国有经济的未来发展而言，就是要积极创新混合所有制经济形式，预防和制止不应有的垄断行为，促进各种所有制资本取长补短、相互促进、共同发展。

产品质量安全事关每一个人的切身利益，在国际市场上还直接影响着国家声誉。我国的《产品质量法》颁行于 1993 年，经过三次修正，重点完善了产品质量监督管理制度和产品质量责任制度。

2006 年的《农产品质量安全法》是产品质量立法的又一个重要里程碑，对维护人民身体健康和生命安全、促进农业和农村经济发展意义深远。2009 年制定的《食品安全法》，是一部保证食品安全、保障公众生命安全和身体健康的重要法律。2015 年《食品安全法》与时俱进地作出了修改，被称为"史上最严"的新法再次受到社会各界的高度关注。

经济法治对产品质量的管控还可以从《计量法》《标准化法》《广告法》《消费者权益保护法》等其他重要经济立法中体现出来。

市场监管的法律规则还体现在"以人为本"的《消费者权益保护法》中。我国两次对 1993 年制定的《消费者权益保护法》进行修改，对网络购物等新的消费方式予以规范，明确了个人信息保护，强化了经营者的法定义务，建立了消费公益诉讼制度，加大了惩罚性赔偿力度等，使我国消费者权益保护法律制度得到了进一步发展和完善。

三　拓展国企改革的法治路径

2015 年 8 月，中共中央、国务院联合发布《关于深化国有企业改革的指导意见》。同年 9 月，国务院发布《关于国有企业发展混合所有制经济的意见》；11 月，国务院又发布了《关于改革和完善国有资产管理体制的若干意见》，国务院办公厅发布了《关于加强和改进企业国有资产监督防止国有资产流失的意见》；12 月，国务院国资委、财政部和国家发改委联合发布《关于国有企业功能界定与分类的指导意见》。

这些规范性意见和政策方针为新阶段国企改革确立了目标，部署了方针，制定了措施。坚持社会主义市场经济改革方向，坚持增强活力与强化监管相结合，坚持党对国有企业的领导，坚持分类改革分类推进，是毫不动摇地巩固和发展公有制经济，发挥国有经济主导作用，深化国有企业改革所需遵循的重要原则。

四 依法规范互联网新兴业态

2015 年《网络安全法》是我国第一部网络安全领域的专门性和综合性立法，提出了应对网络安全挑战这一全球性问题的中国方案。该法助力网络安全治理，是国家实施网络空间管辖的第一部法律，为"互联网＋"的长远发展以及国家网络主权提供了基本保障。

2018 年《电子商务法》的出台，则系统构建了电子商务法律制度体系，对电子商务经营者、电子商务合同、电子商务争议解决、电子商务促进等问题作出了集中规定，成为世界范围内电子商务立法的先行者，从而在规范发展与鼓励创新中为我国数字经济发展打下了坚实基础。

随着互联网技术、信息通信技术与金融的深度融合，在支付、投融资和信息中介服务等领域出现了第三方支付、P2P、股权众筹等一系列新型金融业态。这些新型金融业态，不但创新和丰富了我国多层次的金融服务体系，而且显著提升了金融服务的质量和效率。从本质看，互联网金融并未跳出金融范畴，也并未改变金融风险的隐蔽性、传染性、广泛性以及突发性等诸多特点。2015 年，国务院印发了《关于积极推进"互联网＋"行动的指导意见》，中国人民银行等十部门联合印发了《关于促进互联网金融健康发展的指导意见》。该指导意见提出了促进互联网金融健康发展的具体政策措施，强调了依法监管、适度监管、分类监管、协同监管和创新监管五大原则。

在互联网金融领域，重要的部门立法有：2015 年中国人民银行的《非银行支付机构网络支付管理办法》；2015 年中国保监会的《互联网保险业务监管暂行办法》；2016 年中国银监会会同工信部、公安部以及国家网信办联合发布的《网络借贷信息中介机构业务活动管理暂行办法》等。

这些监管办法和政策措施，虽然强调互联网金融平台运营的规范性和透明性，但就目前来看，互联网金融的法治化仍然任重道远，需要建立健全法律法规体系，完善金融监管机制，加强自律约束和金融消费者权益保护机制建设，积极营造鼓励创新、规范运作、有序竞争、服务实体的互联网金融发展环境。

五　供给侧结构性改革与宏观调控法治化

（一）依法深入推进财税体制改革

《预算法》是我国财政法律体系中的基本法。2014 年《预算法》的修改，秉承现代预算的理念，围绕建立健全现代预算制度，着力推进预算治理，引领预算改革，强化预算约束。

党的十八届三中全会提出了落实税收法定原则的明确要求，2015 年《立法法》修改时，在第八条只能制定法律的事项中对"税收法定"问题专设了一项，规定税种的设立、税率的确定和税收征收管理等税收基本制度，只能制定法律，从而迈出了全面落实税收法定原则实施依法治税的重要一步。

2018 年《个人所得税法》的修改，建立了分类与综合所得税制，体现了我国政府与时俱进合理调整收入分配关系的坚定立场，显示了其在保障和改善民生方面的不懈努力。

2016 年《环境保护税法》开启了"以税治污"新路径，改用税收手段来控制和减少污染物排放，保护和改善生态环境。这部税法是党的十八届三中全会提出"推动环境保护费改税""落实税收法定原则"要求后，全国人大常委会审议通过的第一部单行税法，也是我国第一部专门体现"绿色税制"、推进生态文明建设的单行税法。

（二）金融体制改革深化与金融法治

2015 年，我国对《商业银行法》进行了局部修正。2018 年，金融监管改革迈出新步伐，原中国银行业监督管理委员会和原中国保险监督管理委员会合并，成立中国银行保险监督管理委员会。从未来金融改革取向看，要通过金融监管协调机制的加强和提升，进一步深化金融监管体制改革，在维持监管效率的同时确保并提高监管效果，在发展普惠金融中使金融有效服务实体经济，防止发生系统性金融风险。

证券市场迅速发展，很大程度上得益于证券法律制度的引导与保障作用。2013年、2014年连续两次修正《证券法》之后，2015年全国人大常委会通过《关于授权国务院在实施股票发行注册制改革中调整适用〈中华人民共和国证券法〉有关规定的决定》，使我国证券发行的注册制改革获得了法律依据。证券发行由核准制转为注册制意义深远，其以完善信息披露规则为中心，强化事中事后监管，是一种更为市场化的股票发行制度。

保险业是经营风险的特殊行业，对社会经济的稳定和人民生活的安定具有重大影响。2009年全面修订《保险法》后，2014年和2015年再次修订。通过修订，推进简政放权，充分发挥了市场在资源配置中的决定性作用，在优化监管、鼓励创新中，既释放了市场活力，又确保了市场公平竞争和保险业可持续发展。

（三）产业促进法与时俱进

我国日益重视产业促进的立法和修法活动，对产业组织、产业布局、产业结构、产业技术等宏观调控行为进行法律规制。例如，2012年修改了《清洁生产促进法》，2015年修正了《就业促进法》，2018年修正了《农业机械化促进法》和《循环经济促进法》。

新修改出台的《中小企业促进法》，细化了促进措施，着力解决中小企业融资难、负担重、缺乏人才等问题，积极回应了中小企业的诉求和呼声。

在大众创业万众创新的经济发展新态势下，经济法治起到了重要的引领、规范和保障作用，已经在实践层面彰显了积极的法治效果。例如，在2016年首批双创示范基地建设中，全国共建立双创示范基地28个，其中区域示范基地17个，高校和科研院所示范基地4个，企业示范基地7个；在2017年建立第二批双创示范基地92个，其中区域示范基地45个，高校和科研院所示范基地26个，企业示范基地21个。

全国人大重点加强了文化法律制度建设，2016 年通过《公共文化服务保障法》《电影产业促进法》，补齐了我国文化领域立法工作的"短板"。其中，前者明确了政府在公共文化服务工作中的职责，确立了公共文化服务的基本原则和保障制度等，后者则规范了电影创作、摄制、发行、放映等活动，加大了对电影产业的支持和保障力度。

2018 年出台《政府投资条例》，确立了科学决策、规范管理、注重绩效、公开透明的政府投资原则。

六　深化对外开放与《外商投资法》的出台

党的十八大以来，全国人大常委会于 2013 年、2014 年两次作出决定，授权在有关自由贸易试验区内暂时调整"外资三法"关于外商投资企业审批等规定，试行准入前国民待遇加负面清单管理方式。

2017 年修订《外商投资产业指导目录》，提出全面实行准入前国民待遇加负面清单模式，这是外资管理体制的一次深刻变革。该目录经过七次修订，"鼓励""限制""禁止"三类项目中，"鼓励"类项目从 1995 年的 172 项逐渐增至 2017 年的 348 项，占比也由 55% 提高到了 85%，表明我国对外商投资态度愈益积极开放。

2019 年《外商投资法》的颁布，为新时代扩大对外开放、促进外商投资、保护外商投资合法权益并营造国际一流营商环境提供了更加有力的法治保障。该法废止了改革开放以来发挥了重要作用的"外资三法"，着眼于增强发展的内外联动性，明确规定了多项促进内外资企业规则统一、促进公平竞争方面的内容，坚持了外商投资基础性法律的定位，奠定了新的历史条件下我国积极扩大对外开放、促进外商投资的主基调。

主要表现在：一是外商投资企业依法平等适用国家支持企业发展的各项政策；二是国家保障外商投资企业依法平等参与标准制定工作，国家制定的强制性标准平等适用于外商投资企业；三是国家保障外商投资企业依法通过公平竞争参与政府采购活动，政府采购依法对外商投资企业在中国境内生产的产品平等对待；四是外商投资过程中技术合作的条件由投资各方遵循公平原则平等协商确定，行政机关及其工作人员不得利用行政手段强制转让技术；五是外商投资准入负面清单以外的领域，按照内外资一致的原则实施管理；六是有关主管部门应当按照与内资一致的条件和程序，审核外国投资者的许可申请，法律、行政法规另有规定的除外。①

该法彰显了我国进一步扩大开放的决心，有利于贯彻一视同仁、平等对待的原则，营造稳定、透明、可预期和公平竞争的市场环境，有利于各类企业平等参与，在全面开放新格局中实现更高水平、更高质量的发展。

七　知识产权保护踏上历史新征程

创新是人类发展的动力、社会进步的灵魂。当前，世界正处于新一轮产业革命的前夜。这场以信息、能源、材料、生物等新技术和智能环保等关键词来描述的变革，将改变人们的生产、生活方式与社会经济发展模式。实施创新驱动发展战略决定着中华民族的前途命运。②

2016 年 5 月，中共中央、国务院印发了《国家创新驱动发展战略纲要》，指出科技创新是提高社会生产力和综合国力的战略支撑，必须摆在国家发展全局的核心位置。党的十九大再次强调，创新是引领发展的第一动力，是建设现代化经济体系的战略支撑；为贯彻新发展理念、建设现代化经济体系，须加快建设创新型国家。为此，除了加强基础研究、应用基础研究、国家创新体系建设、科技体制改革、人才培养等举措外，党的十九大还明确提出了加快创新型国

---

①　王晨：《关于〈中华人民共和国外商投资法（草案）〉的说明》，2019 年 3 月 15 日，中国人大网（http://www.npc.gov.cn/npc/xinwen/2019 - 03/15/content_2083626.htm），2019 年 5 月 30 日访问。

②　中共中国科学院党组：《决定中华民族前途命运的重大战略——学习习近平总书记关于创新驱动发展战略的重要论述》，《求是》2014 年第 3 期。

家建设的法治保障机制，即倡导创新文化，强化知识产权创造、保护、运用。2019年，我国再次修改《商标法》，有针对性地加大了对恶意注册、囤积商标行为的打击力度。可见，加快建设创新型国家是我国迈向现代化国家的内在要求，是解决我国新时代社会主要矛盾的必然选择；而完善的知识产权制度，则是加快建设创新型国家的基本法治保障。

第五节　经济法治建设展望

一　基本经验：确立中国特色市场经济法治理念

党的十八届四中全会指出，"使市场在资源配置中起决定性作用和更好发挥政府作用……完善社会主义市场经济法律制度"。中国特色社会主义市场经济法治建设即按照这些基本导向系统展开。

（一）保护产权

在社会主义市场经济法治建设中，"产权制度是社会主义市场经济的基石……"健全产权保护制度应以公平为核心原则，强调对产权的平等保护。2007年《物权法》第三条规定："国家实行社会主义市场经济，保障一切市场主体的平等法律地位和发展权利。"第四条规定："国家、集体、私人的物权和其他权利人的物权受法律保护，任何单位和个人不得侵犯。"我国《物权法》规定物权一体保护的原则，"既是中国法制文明的重大发展，也是改革开放精神的具体体现"[①]。党的十八届三中、四中全会对产权的平等保护作出前所未有的强调与部署，特别是强调公有制经济财产权不可侵犯，非公有制经济财产权同样不可侵犯；党的十八届四中全会《决定》特别提出，要健全以公平为核心原则的产权保护制度，加强对各种所有制经济组织和自然人财产权的保护，清理

---

① 孙宪忠：《中国物权法总论》，法律出版社2014年版，第18、20页。

有违公平的法律法规条款。

（二）维护契约

在社会主义市场经济体制中，契约精神与合同制度依然是维护市场经济运行的重要基础。维护契约，一是要尊重市场交易主体的意思自治，依法保障契约自由；二是要保障合同依法履行，确保市场主体的合同目的得以实现。为实现维护契约的基本导向，中国特别加强了合同法治建设，1999 年《合同法》第四条规定："当事人依法享有自愿订立合同的权利，任何单位和个人不得非法干预。"第八条规定："依法成立的合同，对当事人具有法律约束力。当事人应当按照约定履行自己的义务，不得擅自变更或者解除合同。依法成立的合同，受法律保护。"为全面建构维护契约的社会基础，我国全面加强社会诚信建设。党的十八届四中全会明确部署，要加强社会诚信建设，健全公民和组织守法信用记录，完善守法诚信褒奖机制和违法失信行为惩戒机制，使遵法守法成为全体人民的共同追求和自觉行动。2016 年，国务院办公厅发布了《关于加强个人诚信体系建设的指导意见》，目的是弘扬诚信传统美德，增强社会成员诚信意识，加强个人诚信体系建设，褒扬诚信，惩戒失信，提高全社会信用水平，营造优良信用环境。

（三）统一市场

建设统一开放、竞争有序的市场体系，是使市场在资源配置中起决定性作用的基础。为此，在经济法治建设中，将关系全国统一市场规则和管理等作为中央事权，以利于统一市场机制的形成与运行。例如，在市场准入方面，要实行统一的市场准入制度；在市场监管方面，要实行统一的市场监管，清理和废除妨碍全国统一市场的各种规定和做法。特别是在立法体制上坚持维护市场统一性，规定要明确立法权力边界，从体制机制和工作程序上有效防止部门利益和地方保护主义法律化；在执法体制上，规定要坚决排除对执法活动的干预，防止和克服地方和部门保护主义。

（四）平等交换

坚持和实现市场交易活动中的平等交换，是市场在资源配置中起决定性作用的规则体现，也是中国经济法治建设的重要基本导向。要实现平等交换，就必须坚持权利平等、机会平等和规则平等。党的十八届三中全会提出，国家保护各种所有制经济产权和合法利益，保证各种所有制经济依法平等使用生产要素、公开公平公正参与市场竞争、同等受到法律保护。2017 年颁行的《民法总则》强调，民事主体在民事活动中的法律地位一律平等。只有实现市场主体平等，才能实现真正意义上的平等交换。

（五）公平竞争

在中国的经济法治建设中，特别注重公平价值的实现。党的十八届四中全会要求加快完善体现权利公平、机会公平、规则公平的法律制度。因市场主体所有制性质不同而适用不同的市场准入条件，因地方保护而割裂市场并阻碍外来市场主体平等交易，因市场主体采取不公平竞争行为而扰乱市场竞争秩序等，都是社会主义市场经济法治所要禁止或消除的负面现象。2007 年《反垄断法》的目的在于，预防和制止垄断行为，保护市场公平竞争，提高经济运行效率，维护消费者利益和社会公共利益，促进社会主义市场经济健康发展。《中共中央关于全面深化改革若干重大问题的决定》强调要建设竞争有序的市场体系，建立公平开放透明的市场规则。党的十八届四中全会则进一步强调，要反对垄断，促进合理竞争，维护公平竞争的市场秩序。

（六）有效监管

在社会主义市场经济法治建设中，要更好发挥政府作用，重要的就是要更好地发挥政府对市场运行实行有效监管。在社会主义市场经济运行机制中，对市场主体、市场行为、市场活动的监管，始终是经济法治化最为重要的有机构成。例如，在金融法律中、在环保资源法律中，政府监管制度是其中的重要内容。随着社会主义市场经济体制不断发展，监管理念及其制度体现也不断优化。例如，在监管模式上，由机构监管向功能监管转化；在监管范围上，由全面监管向重点监管转化；在监管理念上，由严格监管向有效监管转化。在当前的经济法治建设中，对市场监管方面的立法既要解决政府监管过多的问题，也要解决监管不到位的问题。判断监管是否有效的标志，就是要看政府对市场监管的目的、方法与效果，是否在实际上有助于使市场在资源配置中起决定性作用。

二　立法任务：全面推动市场经济法律体系化建设

虽然市场经济法律制度建设取得了重大的成就，但是就适应和促进市场经济运行需要的目标与功能来看，还有很长的路要走。今后一个时期，我国市场经济法治建设的主要任务有三个方面：

（一）通过制定民法典实现我国民事法律制度的体系化

虽然我国的民事法律已有很多，但是却存在结构上的问题。例如，一些基本制度有欠缺，如《侵权行为法》的制度空白较多；现有各个单行法律之间存在重复或矛盾，如《物权法》和《担保法》之间存在的不协调问题。因此，及早制定一部系统、先进的民法典，是我国法律界的一个重要任务。

（二）进一步推进国有企业改革立法

由于国有企业在市场经济中仍占有重要地位，如何在市场经济体制条件下，建构合理有效的国有资产管理体制与混合所有制经济，是一个至今仍在探索的重要课题。我国需要积极推动国有企业和国有资产管理等重点领域的经济立法工作，依法保障公有制经济和非公有制经济的协同发展，依法平等保护各类企业合法权益和企业家创业创新积极性。进一步推进国有企业改革立法，需要在国有企业分类改革实践和发展混合所有制经济实践中取得实质性进展。

（三）进一步采取有效措施提高现有市场经济法律的实施效果

单从立法的数量上看，我国的市场经济法律制度已然不少。但是毋庸讳言，在法律的实施方面还存在许多问题，许多法律制定了却得不到严格的遵守或执行。因此，加强现有法律的实施，将法律规定的制度充分转化为现实法律秩序，将是今后我国市场经济法治建设的重要任务。

三　未来展望：经济法治与经济改革的双向互动

积极服务国家重大战略实施，坚持中国问题导向，坚持科学立法、严格执法、公正司法和全民守法，是我国实行依法治国、建设社会主义法治国家的历史经验总结。在经济法治建设中，要坚持使市场在资源配置中起决定性作用和更好发挥政府作用，要着力解决市场体系不完善、政府干预过多和监管不到位问题，依法做好稳增长、促改革、调结构、惠民生、防风险的有机统一。

（一）科学立法

从立法层面看，立法机关日益重视经济立法和经济改革决策相统一、相衔接的问题。表现在：一是对部分法律中涉及同类事项或者同一事由需要修改的个别条款，如针对行政审批和一些职业资格认定等，采取一并提出法律案的方式进行统筹修改，已成为通过立法推动相关领域改革的重要方式之一。二是依法作出授权决定，为改革先行先试提供依据。三是及时总结改革试点经验，通过修改完善经济法律予以复制和推广。通过及时修改完善涉及经济改革的法律，作出有关经济改革试点和推广的决定，保证经济改革和经济法治相辅相成、相互促进。

（二）严格执法

我国经济法治需要在与经济改革的双向互动中，紧紧围绕党和国家工作大局，统筹推进"五位一体"的总体布局，协调推进"四

个全面"的战略布局，适应把握引领经济发展新常态，坚持以提高
发展质量和效益为中心，坚持以推进供给侧结构性改革为主线，扎
实推进政府部门依法监管、依法服务和依法调控。只有立足于经济
执法的系统性、严肃性和有效性，把切实保证经济法律的严格实施
作为全面推进依法治国的重要抓手，才能在持续加强和改进经济执
法及其执法检查中，确保经济法律的实施效果。

（三）公正司法

通过深化立案登记制改革，强化司法公开，规范司法行为，依
法惩治拒不执行裁判行为，不断提升司法公信力和司法公正的"获
得感"。最高人民法院所有公开开庭案件的上网直播，以及中国裁判
文书网和执行信息的平台运行，生动体现了司法公开的广度深度以
及所迈出的坚实脚步。我国需要正确把握和处理有关产权和经济纠
纷的司法政策，继续推进跨行政区划的司法机构设立，深化社会公
益诉讼试点，积极服务和保障供给侧结构性改革，保障实体经济健
康稳定发展。采取有效措施，切实保障判决、裁定的有效执行也是
公正司法的题中应有之义。

（四）全民守法

积极做好普法宣传和法治教育，培养政府官员、社会公众以及
公司企业的守法意识，同时注重拓宽社会公众有序参与立法的途径，
增强立法参与精神。为此，在经济法治宣传中，需要讲述中国法治
故事，传播中国法治声音，传播社会主义核心价值观和法治精神，
引导全社会尊法学法守法用法。

展望未来，我们需要用法治思维正确处理经济改革与经济法治
的关系，要强化对改革的全程控制以实现有序改革，使我国社会在
深刻变革中既生机勃勃又并然有序，必须依靠法治的引领和规范作
用。[1] 在经济法治建设中，坚持经济改革决策与经济立法决策相统

---

① 参见陈甦《构建法治引领和规范改革的新常态》，《法学研究》2014 年第
6 期。

一，确保"凡属重大改革必须于法有据"。一方面，使全面依法治国有效地引领、促进、规范和保障经济改革；另一方面，使全面深化经济改革成为经济法治发展的内在动力。只有在深化改革中系统完善经济法律体系和经济法律制度，才能充分挖掘和彰显经济法治的机制动能，更好地落实新发展理念。

第 十 章

新中国社会法治 70 年

　　1949 年新中国成立以来，我国社会法治在探索中不断发展，特别是 1978 年我国开始实行改革开放政策，伴随着经济体制改革以及国家实施依法治国的基本方略，我国劳动、社会保障和工会法治也不断探索完善，社会法成为中国特色社会主义法律体系的重要组成部分，劳动、社会保障和工会法治取得了巨大成就，为改革、发展和稳定，尤其是保障和改善民生，社会和谐稳定，满足人民对美好生活的需要提供了重要保障。

第一节　新中国劳动法治的建立与发展

一　劳动法治萌芽阶段（1949—1977 年）

　　新中国成立初期，由于私营企业的存在，我国出现了国营企业的社会主义劳动关系与私营企业的劳资关系并存的局面，因此，当时的劳动立法贯彻"劳资两利、公私兼顾"的政策。这一时期，我国劳动立法的特点是：废除不合理的压迫工人的制度，建立新的民主管理制度和吸收职工参加企业管理，在生产发展的基础上逐步改善职工工资标准和劳动条件，对失业职工进行救济，制定处理劳资关系的办法，调整劳资关系，以此达到对私营企业利用、限制和改造的目的。①

20 世纪 50 年初期，我国颁布了一些劳动立法，主要包括以下几个方面：

1. 保障工会和工人地位和作用的立法。1950 年颁布了《工会法》，规定了工会的地位和权力；国家在国营企业实行民主管理制度。

2. 为了解决旧中国遗留下来的失业问题而颁布的法规，包括 1950 年政务院发布的《关于失业技术人员登记介绍办法》、1952 年政务院发布的《关于劳动就业问题的决定》。

3. 为加强劳动保护发布的法规，包括 1951 年《工业交通及运输企业职工伤亡事故报告办法》、1952 年《关于防止沥青中毒的办法》。

4. 协调处理劳动关系、处理劳动争议的法规。例如，1950 年劳动部公布了《关于劳动争议解决程序的规定》。1953 年第一个五年计划实施后至 20 世纪 60 年代初期也颁布了一些劳动法规，主要包括：1954 年《国营企业内部劳动规则纲要》、1956 年《关于工资改革的决定》等。1966 年以后至改革开放之前，我国劳动立法基本上处于停滞状态，已有劳动法规也未能得到有效实施。②

这一时期，我国劳动立法主要是为了解决旧中国遗留下来的问题，对国营企业劳动用工进行规范，劳动法的调整范围较窄，劳动法制度零散、不成体系，且政策和立法并没有严格区分，总体上劳动法治处于萌芽状态。

党的十一届三中全会明确地提出了把党的工作重心转移到社会主义建设上来。党和国家政策的转变推动了劳动法治的发展，自

---

① 参见关怀、林嘉主编《劳动与社会保障法学》，法律出版社 2013 年版，第 32—33 页。

② 参见关怀、林嘉主编《劳动与社会保障法学》，法律出版社 2013 年版，第 33—35 页；贾俊玲主编《劳动法与社会保障法学》，中国劳动社会保障出版社 2005 年版，第 15—17 页。

此我国劳动法治取得了巨大的进步。根据我国劳动立法的发展状况，改革开放以来，我国劳动法治的发展进程大致可以分为三个阶段。

二 劳动法治初创阶段（1978—1997 年）

这一阶段我国劳动法治的主要任务是改革计划经济时期的劳动用工制度，探索建立符合市场经济要求的现代劳动法律制度。这一阶段可分为两个时期。

（一）市场经济体制确立前的时期

这一阶段，我国劳动立法和劳动工作，从整顿工作制度入手，以服务于恢复和发展生产为目的，而后以经济体制改革为依托，着力改革劳动管理和工资制度。

1. 整顿劳动纪律。为了加强劳动纪律、整顿生产制度，改变生产管理混乱的状况。党中央在许多文件中提出要加强和整顿劳动纪律。国务院 1982 年 4 月发布了《企业职工奖惩条例》，1986 年 7 月发布了《国营企业辞退违纪职工暂行规定》，1988 年 4 月通过的《全民所有制工业企业法》再次规定应遵守劳动纪律和执行奖惩制度。

2. 实行劳动合同制，改革劳动管理制度。20 世纪 50 年代以后，我国逐步形成固定工制度，企业用工只许进不许出，不许流动，职工无择业权利，企业无用工自主权。在经济体制改革中，改革僵化的用工制度成为一项重要内容。1980 年 8 月，中共中央召开劳动就业会议，确定了新的就业方针：劳动部门介绍就业、自愿组织起来就业和自谋职业相结合。1982 年 2 月，劳动人事部发布《关于积极试行劳动合同制的通知》，使劳动合同制有了很大的发展。通过劳动合同，明确规定用人单位与劳动者的权利义务，有利于减少劳动纠纷，促进生产的发展。1986 年 7 月，国务院发布《国营企业实行劳动合同制暂行规定》，首先在新招工人中实行劳动合同制。具体在招工方面，相应地逐步实行公开招考、择优录用的方法。1986 年 7 月，国务院发布《国营企业招用工人暂行规定》，进一步废除"子女顶替"和"内招"办法，实行公开招用制度。

在加强民主管理方面，国家非常重视职工代表大会制度，1981年7月，党中央、国务院转发《国营工业企业职工代表大会暂行条例》，确保了我国职工代表大会制度的恢复和发展。1987年，国务院颁布《国营企业劳动争议处理暂行规定》，正式恢复已中断30年的劳动争议处理制度。1993年7月，国务院发布《企业劳动争议处理条例》，建立起我国的劳动争议仲裁制度。

3. 改革工资制度。为了实现工资制度的改革，1985年1月，国务院颁发《关于国营企业工资改革问题的规定》，1985年6月颁布《关于国家机关和事业单位工作人员工资制度改革后奖金、津贴、补贴和保险福利问题的通知》，1985年7月颁布《国营企业工资调节税暂行规定》。这些法规的实施大大促进了工资制度的改革。

4. 加强劳动保护。1982年国务院颁布《锅炉压力容器安全监察暂行条例》《矿山安全条例》《矿山安全监察条例》。劳动安全监察工作得到很大加强，并逐步形成了国家监察、行业管理和群众监督相结合的体制。1984年7月国务院发出《关于加强防尘防毒工作的决定》，1987年12月国务院发布《尘肺病防治条例》。1989年3月国务院颁布《特别重大事故调查程序暂行规定》，专门规定了对特别重大事故的调查办法。1992年颁布《矿山安全法》。1988年国务院发布《女职工劳动保护规定》，这是我国首次系统规定女职工劳动保护的专门法规，就女职工的招收、禁忌从事的劳动、产假及其待遇、有关保护设施等问题作了全面规定。

总之，这一时期，我国经济体制改革刚刚开始，劳动法治处于恢复和全面改革时期。由于市场经济体制尚未确立，加上所有制结构比较单一，劳动关系并不清晰，这一时期我国劳动法整体上处于初创阶段，国家尚未建立起现代的、系统的劳动法律制度，劳动法律的内容也带有从计划经济向市场经济过渡的色彩，在体系上也比较零散。

(二) 市场经济体制确立后的时期

进入 20 世纪 90 年代，尤其是党的十四大以后，社会主义市场经济发展速度加快，外商投资企业、私营企业数量增多，劳动关系呈现多样化、复杂化的形势，劳动者权利受侵犯的情况层出不穷，客观上迫切需要制定一部系统的《劳动法》。1994 年 7 月 5 日，《劳动法 (草案)》的说明提到："事实上，近些年来由于缺少比较完备的对劳动者合法权益加以保护的法律，在一些地方和企业，特别是在有些非公有制企业中，随意延长工时、克扣工资、拒绝提供必要的劳动保护，甚至侮辱和体罚工人的现象时有发生，以至酿成恶性事件。有的外商投资企业公开以中国没有《劳动法》为由损害劳动者利益，恶化劳动关系，影响了社会稳定。历次人大、政协会议都有许多代表、委员提出议案、建议，要求加快制定《劳动法》。"1994 年 7 月我国通过了《劳动法》。

《劳动法》的通过对市场经济的培育和发展，对劳动力市场的建立和完善，对保护劳动者的合法权益具有十分重要的意义。该法对促进就业和劳动关系调整中的各方面内容作了规定，明确了其立法宗旨是"保护劳动者的合法权益"。由于在劳动关系中，劳动者相对于用人单位一方往往处于弱势地位，该法的立法目的是校正这种不平衡状况，使劳动关系能在和谐状态下得到合理、稳定的发展。该法还扩大了其适用范围，除了我国境内的企业、个体经济组织和与之形成劳动关系的劳动者，适用《劳动法》，国家机关、事业组织、社会团体和与之建立劳动合同关系的劳动者，也依照该法执行。该法坚持社会主义市场经济体制改革的方向，其内容涉及就业促进、劳动合同和集体合同，工作时间和休息休假、工资、劳动安全卫生、女职工和未成年工特殊保护、职业培训、社会保险和福利、劳动争议、监督检查等内容，系统建立了我国的劳动法律制度。

《劳动法》的主要内容包括：1. 规定了政府在促进就业中的责任，要求地方各级政府采取措施，发展多种类型的职业介绍机构，提供就业服务。禁止就业歧视，规定劳动者不因民族、种族、性别、宗教信仰不同而受歧视。规定了国家在提供职业培训方面的责任。
2. 专章规定了劳动合同和集体合同，要求建立劳动关系应当订立劳动合同。规定了劳动合同的形式和条款、合同期限、试用期、合同的终止和解除条件、用人单位裁员的条件和程序、用人单位解除劳动合同的经济补偿责任。3. 规定了国家工时制度，规定国家实行劳动者每日工作时间不超过 8 小时、平均每周不超过 44 小时的工时制度。规定了延长工作时间的限制、程序和报酬。4. 规定了工资分配的基本原则，即按劳分配和同工同酬，确立了最低工资保障制度以及最低工资的制定标准。5. 规定了劳动安全卫生的要求，要求用人单位必须建立、健全劳动安全卫生制度，建立劳动安全卫生设施，为劳动者提供劳动安全卫生条件和必要的劳动防护用品。国家建立伤亡事故和职业病统计报告和处理制度。6. 规定了对女职工和未成年工的特殊保护制度。7. 规定劳动者在退休，患病、负伤，因工伤残或者患职业病，失业，生育时可以享受社会保险待遇。8. 确立了我国劳动调解和仲裁制度以及"一裁二审"的劳动争议处理模式。
9. 明确了政府监督监察的职责和程序。

　　《劳动法》的颁布是我国劳动立法的里程碑，《劳动法》颁布后，有关部门颁布了相关的法律法规和规章，这些法律法规和规章对调整劳动关系、保护劳动者的权益发挥了重要作用。在工资和工时方面，有《最低工资规定》（2004）、《国务院关于职工工作时间的规定》（1995）；在安全卫生方面，有《职业病防治法》（2001）、《安全生产法》（2002）、《使用有毒物品作业场所劳动保护条例》（2002）、《职业健康监护管理办法》（2002）、《企业职工患病或非因工负伤医疗期规定》（1994）；在合同解除方面，有《违反和解除劳动合同的经济补偿办法》（1994）、《违反〈劳动法〉有关劳动合同规定的赔偿办法》（1995）；在纠纷处理方面，有《人事争议处理暂行规定》（2007）、《最高人民法院关于审理劳动争议案件适用法律若干问题的解释》（2001）、《最高人民法院关于审理劳动争议案件适用法律若干问题的解释（二)》（2006）、《最高人民法院关于人民法院审理事业单位人事争议案件若干问题的规定》（2003）；在劳动监察方面，有《劳动保障监察条例》（2004）、《违反〈中华人民共和国劳动法〉行政处罚办法》（1994）。在这些法律和法规中，《劳动保障监察条例》具有重要意义，该条例建立了我国劳动监察制度，明确了劳动监察的机关、劳动监察的事项和范围、劳动监察的手段和方式、劳动监察的处罚等，对于促进《劳动法》的实施，维护当事人尤其是劳动者的合法权益具有重要意义。

三 劳动法治调整充实阶段（1997—2006 年）

1997—2006 年，我国劳动法治处于调整和充实阶段。1997 年之后，贯彻实施劳动法成为我国劳动法治的主要任务，这一阶段的特征是完善劳动法的相关配套制度，充实劳动法规定的基本制度。

《劳动法》的颁布是我国劳动立法的里程碑。在此期间，我国劳动法治取得显著成效。劳动合同制度建设继续推进。截至 1997 年年底，全国城镇企业实行劳动合同制度的职工达 10787.8 万人，占同口径职工总数的 98.1%；乡村集体企业实行劳动合同制度的从业人员达 1944.5 万人，私营企业和个体工商户实行劳动合同制度的从业人员达 790.6 万人。劳动监察工作继续加强。1997 年全年主动检查各类用人单位 81.7 万户，涉及劳动者 6268 万人；立案查处劳动违法案件 14.6 万件，查处群众举报案件 6.2 万件。到 1997 年年底，全国共建立劳动监察机构 3301 个，配备劳动监察员 32310 人，其中专职劳动监察员 12436 人。劳动争议处理体制和劳动争议仲裁三方机制逐步完善，办案质量和结案率不断提高。全年各级劳动争议仲裁委员会共立案受理劳动争议 7.2 万件，涉及劳动者 22.1 万人，结案率为 98.9%。

经过十年努力，到 2006 年，劳动法及其配套规定的实施更加完善，极大地促进了劳动法治发展。2006 年年末全国就业人员 76400 万人，比上年年末增加 575 万人。2006 年年末城镇就业人员 28310 万人。2006 年年末全国共有劳动保障监察机构 3201 个，劳动保障监察机构组建率为94.5%。各级劳动保障部门配备劳动保障专职监察员2.2万人。全年主动检查用人单位141万户，对122万户用人单位进行了书面审查，调查处理举报投诉案件39.9万件，查处各类劳动保障违法案件40万件。通过劳动保障监察执法，责令用人单位为1243万名劳动者补签了劳动合同，责令用人单位为770万名劳动者补发工资待遇等58亿元，督促19万户用人单位补缴社会保险费56亿元，督促11万户用人单位办理了社会保险登记、申报，取缔非法职业中介机构9067户，责令用人单位退还收取劳动者的风险抵押金1.6亿元。2006年全年各级劳动争议仲裁委员会受理劳动争议案件44.7万件，比上年增长9.9%。其中：案前调解13万件；立案受理劳动争议案件31.7万件，涉及劳动者68万人。立案受理的劳动争议案件中，集体劳动争议案件1.4万件，涉及劳动者35万人。立案受理的劳动争议案件结案率为91.6%。

四 劳动法治完善阶段（2007—2019年）

市场经济体制确立后，经济立法始终是国家立法工作的重点，而社会立法则处于相对滞后状态。随着工业化、城镇化和经济结构调整进程加快，企业制度改革不断深化，企业形式和劳动关系日趋多样化，劳动用工领域出现了一些新情况、新问题，劳动者合法权益受到侵害的现象时有发生，在一些地区、行业和单位甚至相当严重，影响了劳动关系的和谐稳定。带有一定普遍性的问题主要包括：劳动合同签订率低，出现劳动争议时劳动者的合法权益得不到有效保护；劳动合同短期化，劳动关系不稳定；用人单位利用自己在劳动关系中的强势地位侵犯劳动者合法权益。劳动保障部的统计显示，1995—2006年的12年中，劳动争议案件数量增加13.5倍；集体劳动争议也大幅度增长，12年中的集体劳动争议案件数量增加5.4倍。为了解决这些问题，完善劳动合同制度，合理规范劳动关系，我国于2007年6月通过了《劳动合同法》。

《劳动合同法》在借鉴国外先进经验和考量我国劳动关系具体情

况的基础上，充分考虑劳动关系中劳动者和用人单位地位和实力的不平衡，在保护劳资双方利益的基础上，贯彻向劳动者倾斜的立法原则，规定了一系列保护劳动者的制度。主要包括：建立劳动关系，应当订立书面劳动合同；鼓励和扩大无固定期限劳动合同的适用；限定了违约金条款的适用；对竞业限制条款的适用作了进一步的规范；适当扩大经济补偿金的适用；严格规范劳务派遣用工形式；明确了单位规章制度与集体合同制度；进一步明确了行政机关的监察职能。除了《劳动合同法》，2007 年 8 月我国颁布《就业促进法》，明确了政府在促进就业中的责任，对职业中介机构进行了规范，进一步明确禁止就业歧视。为了促进劳动争议又好又快解决，我国于 2007 年 12 月通过《劳动争议调解仲裁法》，基本保留了"先裁后审"的体制，重在强化调解和仲裁程序，符合劳动关系的特征和劳动纠纷的特点。这三部法律的出台也是我国继《劳动法》颁布后劳动立法的新的里程碑，大大促进了我国劳动法治的完善。

除了三部综合性的劳动立法，在此期间，相关法律法规也出台或修订、修正，立法进一步完善。2009 年修正了《工会法》《矿山安全法》《劳动法》，2012 年修正了《劳动合同法》，2014 年修正了《安全生产法》，2007 年出台《生产安全事故报告和调查处理条例》《职工带薪年休假条例》，2008 年出台《劳动合同法实施条例》，2012 年出台《女职工劳动保护特别规定》，2014 年修订《安全生产许可证条例》。

党的十八大以来，中国更加重视劳动法治建设和和谐劳动关系构建。2015 年《中共中央、国务院关于构建和谐劳动关系的意见》（以下简称《意见》）出台。《意见》强调要充分认识构建和谐劳动关系的重大意义；明确了构建和谐劳动关系的指导思想、工作原则和目标任务。《意见》指出，依法保障职工基本权益；健全劳动关系协调机制；加强企业民主管理制度建设；健全劳动关系矛盾调处机制；营造构建和谐劳动关系的良好环境。该《意见》是新时期我国构建和谐劳动关系的纲领性文件，为劳动关系的发展指明了方向。

　　经济发展和法治完善，促进了我国就业和劳动关系的发展。经济发展为扩大就业创造了条件，全国城乡就业人数持续增加，从 2010 年的 7.61 亿人增加到 2015 年的 7.75 亿人。其中，城镇就业人数从 3.47 亿人增加到 4.04 亿人，年均增加 1100 余万人。2015 年城镇新增就业 1312 万人，年末城镇登记失业率为 4.05%，延续平稳运行态势。2008 年至 2015 年，中央财政累计投入就业补助资金 3055.11 亿元。妇女就业数量和层次不断提高，2014 年全国女性就业人员占全社会就业人员比重为 45%，女性专业技术人员占专业技术人员总数的 46.5%。国家加强技能培训，通过能力建设促进更公平地分享就业机会，截至 2015 年年底，全国技能劳动者总量达 1.67 亿人，其中高技能人才 4501 万人。国家积极促进农村劳动力就地就近转移就业，在县域经济范围内吸纳农村劳动力总量的 65%。[①]

　　2017 年，劳动人事争议调处机制进一步完善。制定进一步加强劳动人事争议调解仲裁完善多元处理机制的意见，修订实施劳动人事争议仲裁办案规则和组织规则，出台加强仲裁与诉讼衔接机制建设的意见。

　　这一阶段我国劳动关系总体和谐稳定。就业规模持续扩大。截至 2018 年年末，全国就业人员 77586 万人，其中城镇就业人员 43419 万人。全国就业人员中，第一产业就业人员占 26.1%，第二产业就业人员占 27.6%，第三产业就业人员占 46.3%。2018 年全国农民工总量 28836 万人，其中外出农民工 17266 万人。2018 年，全年城镇新增就业 1361 万人，有 551 万城镇失业人员实现再就业，就业困难人员就业 181 万人。年末城镇登记失业人员 974 万人，城镇登记失业率为 3.80%。年末全国城镇调查失业率为 4.9%。

　　2018 年全国企业劳动合同签订率达 90% 以上。截至 2018 年年末，

---

　　① 参见中华人民共和国国务院新闻办公室《发展权：中国的理念、实践与贡献》白皮书，2016 年 12 月，新华网（http://www.xinhuanet.com//politics/2016－12/01/c_1120029207.htm），2019 年 6 月 17 日访问。

全国报送人力资源社会保障部门审查并在有效期内的集体合同累计175 万份，覆盖职工 1.55 亿人。经各级人力资源社会保障部门审批且在有效期内实行特殊工时制度的企业 8.3 万户，涉及职工 1300 万人。

2018 年，全国各地劳动人事争议调解仲裁机构共处理争议182.6 万件，涉及劳动者 217.8 万人，涉案金额 402.6 亿元。全年办结争议案件 171.5 万件，案件调解成功率为 68.7%，仲裁结案率为95.1%。终局裁决 13.6 万件，占裁决案件数的 37.9%。

2018 年，全国各级劳动保障监察机构共主动检查用人单位138.1 万户次，涉及劳动者 6240.3 万人次。书面审查用人单位199.5 万户次，涉及劳动者 6792.5 万人次。全年共查处各类劳动保障违法案件 13.9 万件。通过加大劳动保障监察执法力度，为 168.9万名劳动者追发工资等待遇 160.4 亿元。共督促用人单位与劳动者补签劳动合同 106.3 万份，督促 0.9 万户用人单位办理社保登记，督促 1.9 万户用人单位为 37.3 万名劳动者补缴社会保险费 9.3 亿元。加强人力资源市场监管，依法取缔非法职业中介机构 1235 户。

五　劳动法治完善展望

党的十九大指出，就业是最大的民生。要坚持就业优先战略和积极就业政策，实现更高质量和更充分就业。大规模开展职业技能培训，注重解决结构性就业矛盾，鼓励创业带动就业。提供全方位公共就业服务，促进高校毕业生等青年群体、农民工多渠道就业创业。破除妨碍劳动力、人才社会性流动的体制机制弊端，使人人都有通过辛勤劳动实现自身发展的机会。完善政府、工会、企业共同参与的协商协调机制，构建和谐劳动关系，为我国劳动法治完善指明了方向。

（一）完善法律调整机制、健全劳动法律体系

具体而言：第一，完善劳动法的调整机制。当前，我国对劳动关系的法律调整总体上实行整齐划一的单一调整模式，劳动法对所有劳动者实行"一体适用、同等对待"，这种模式产生了诸多问题。

为此，应完善劳动法的立法理念，在坚持劳动者是弱势群体的前提下，根据具体场景，考察不同类型劳动者的差异，进行相应的规则设计。实现劳动关系法律调整模式从一体调整向分类调整和区别对待转变。① 据统计，2018 年我国共享经济参与者人数约 7.6 亿人，参与提供服务者人数约 7500 万人，同比增长 7.1%。② 如何为其提供适当保护是面临的一个重要课题。我国应在完善劳动法调整机制的背景下，加强对非典型劳动者，包括派遣工、非全日制工、农民工、家政工、网络服务提供者等群体的法律保护。第二，完善相关立法。一是完善劳动合同法。要根据实践的需求，进一步处理好灵活性和安全性的关系，更好平衡用人单位和劳动者的诉求和利益。二是加强劳动基准立法。特别是加强有关工时、工资等的立法，确立更加合理的劳动基准，抓紧制定出台《劳动基准法》。三是完善集体劳动法。应完善集体协商规则，增强集体协商的实效，促进工会作用的发挥。

（二）加强劳动行政执法、提高监督执法水平

当前我国劳动监察机构和人员相比监察对象数量比例较低。例如，2013 年年末，全国共有劳动保障监察机构 3291 个，各级人力资源社会保障部门配备专职劳动保障监察员 2.5 万人。同年年末全国就业人员 76977 万人，其中城镇就业人员 38240 万人。要完善劳动监察体制，提高劳动监察实效。我国就业人口和企业众多，但劳动监察机构和人员有限，必须通过完善劳动监察体制，提高劳动监察的主动性、针对性、实效性。

（三）完善争议处理机制、构建和谐劳动关系

我国注重通过调解、仲裁解决劳动争议，实行的基本模式是

---

① 参见谢增毅《我国劳动关系法律调整模式的转变》，《中国社会科学》2017 年第 2 期。

② 参见国家信息中心分享经济研究中心《中国共享经济发展年度报告（2019）》，2019 年 2 月，第 1 页。

"一裁二审"。目前，我国劳动争议调解组织的专业性还不强，要通过加强调解组织和队伍建设，提高调解组织的公信力。要健全争议仲裁制度，完善仲裁办案规则，贯彻三方原则，建立工会干部等参与劳动案件调处的机制，完善调解仲裁机构与司法审判调诉衔接、裁审衔接的工作机制。要进一步明确法院受理劳动争议案件的范围，各地要统一执法尺度，增强法制统一性。

第二节　社会保障法治的建立与发展

我国在经济发展的同时，也十分重视社会保障制度和法治建设。新中国成立以来，我国社会保障制度大致经历了四个阶段，即 1949—1977 年的萌芽阶段、1978—1996 年的制度探索阶段、1997—2010 年的制度改革完善阶段以及 2011 年以来的制度定型成熟阶段。

一　制度萌芽发展阶段（1949—1977 年）

新中国成立后，中央政府即着手建立新中国的社会保障制度。1951 年政务院颁布了《劳动保险条例》，标志着我国除失业保险外，包括养老、工伤、疾病、生育、遗属等的职工社会保险制度已初步建立。与此同时，国家机关工作人员的社会保险制度也以单行法规形式逐步建立起来，如 1950 年《革命工作人员伤亡褒恤暂行条例》、1955 年《国家机关工作人员退休处理暂行办法》等。1958 年国务院颁布《关于工人、职员退休处理的暂行办法》《关于工人、职员退职处理的暂行规定》，统一了企业和国家机关的退休和退职办法。在此期间，国家在城市开始新建社会福利院，如养老院、残疾人习艺所、精神病院等，在农村开始建立农村合作医疗制度、集体五保户制度等。"文化大革命"期间，我国的社会保险工作受到严重挫折。从中央到地方的劳动保险管理机构被撤销或停止工作，社会保险成为"企业保险"。① 总体上讲，这一阶段由于我国经济落后，且实行高度集中的计划经济体制，全面建立社会保障制度的环境和条件尚不具备，我国社会保障制度尚处于萌芽阶段，制度零散，法制不健全。

二 制度探索建立阶段（1978—1996 年）

改革开放之初，社会保险制度是社会保障制度改革的核心内容，社会保险制度中，又以养老保险和医疗保险为重点。

计划经济时期的养老保险使企业不堪重负。因此，这一时期社会保险制度建设的趋势是改革退休制度，建立真正意义上的养老保险制度，实现国家、企业和个人共担的责任机制。1986 年 7 月国务院发布《国营企业实行劳动合同制暂行规定》，规定国家对劳动合同制工人退休养老实行社会统筹，企业和劳动合同制工人按规定的比例缴纳养老保险费。这个规定实际上表明国家已经开始放弃计划经济时期的退休制度，开始建立国家、企业和个人三方共同承担责任的社会化、现代化的养老保险制度。随着改革的深入，1991 年 6 月国务院下发《国务院关于城镇企业职工养老保险制度改革的决定》，确立了养老保险基金从市县起步、向省级过渡、最后实现全国统筹的原则。该决定也确立了实行社会基本养老保险、企业补充养老保险、个人储蓄养老保险相结合的多层次养老保险原则。在改革中，我国建立了社会统筹和个人账户相结合的养老保险制度。1995 年国务院发布《关于深化企业职工养老保险制度改革的通知》，确立了社会统筹与个人账户相结合的养老保险模式。根据该文件，养老保险将覆盖到各类企业以及个体工商户等。

医疗保险制度也是社会保险制度的重要组成部分。新中国成立以来，我国医疗保障制度主要是实行对部分人群实行公费医疗制度，

---

① 参见关怀、林嘉主编《劳动与社会保障法学》，法律出版社 2013 年版，第 32—33 页。

主要由国家负担医疗费用，这种制度的覆盖面很小，主要覆盖公职人员和国有企业职工，国家负担过重。因此改革的方向是实行社会化的医疗保险制度，减轻国家负担，提高医疗资源的使用效率。20世纪 80 年代，部分省市开展了离退休人员医疗费用社会统筹试点，统筹基金由国家、企业和个人三方承担。由于医疗制度涉及面宽、利益关系复杂，涉及国家卫生资源分配、医疗机构利益和参保者等多方主体的利益分配，改革难度较大。这一阶段主要是进行试点探索。1993 年劳动部发布《关于职工医疗保险制度改革试点的意见》，1994 年国家体改委、财政部、劳动部、卫生部联合制定《关于职工医疗制度改革的试点意见》，在一些地方实行医改试点。在总结试点经验基础上，1996 年 5 月，国务院办公厅转发《关于职工医疗保障制度改革扩大试点的意见》，我国进行了扩大试点，探索建立"社会统筹和个人账户相结合"的模式。

新中国成立初期以及计划经济时期的社会救助制度适用对象比较狭窄，主要救助对象是"三无"（无法定赡养人或抚养人、无劳动能力人、无可靠生活来源）孤老残幼、灾民和生活上有困难者，覆盖面小，制度不完善。随着经济体制改革的深入，新的贫困问题出现，贫困群体增多，迫切需要对社会救助制度进行改革。改革开放之初，国家对社会救助工作进行了探索，多次调整城市社会救助的对象和标准，但一直未建立制度化的救助体系。1993 年 6 月，上海在国家没有统一政策的前提下率先建立了城市居民最低生活保障制度，于 1994 年实施了《上海市社会救助办法》和《上海市社会救助实施细则》，社会救助开始进入法治化轨道。

总体上看，这一阶段社会保障主要是改革计划经济时期的社会保障制度，逐步扩大社会保障的对象和范围，社会保障的覆盖面逐渐从国有企业职工向全体企业的职工覆盖，从企业职工向包括非职工的居民覆盖，在责任承担上从主要依靠国家承担责任向国家、企业和个人共担的现代社会保障制度理念转变。但由于制度改革刚刚开始，社会保障制度还比较粗疏，很多制度尚处于试点探索之中，法制建设也不健全，很多法律法规尚处于缺失的状态。但这一阶段的改革探索为我国现代社会保障制度的建立以及社会保障法治建设打下了重要基础。

三　制度改革完善阶段（1997—2010 年）

社会保障制度的建立和完善，一方面得益于经济的快速增长及政府公共财政的大幅度增长，也和中国政府在发展经济的同时，注重社会政策的完善以及社会公平正义的实现，重视社会保障体系建设密切相关。1997 年党的十五大指出，建立社会保障体系，实行社会统筹和个人账户相结合的养老、医疗保险制度，完善失业保险和社会救济制度，提供最基本的社会保障。2002 年党的十六大提出，"深化分配制度改革，健全社会保障体系"，"健全失业保险制度和城市居民最低生活保障制度"。"发展城乡社会救济和社会福利事业。有条件的地方，探索建立农村养老、医疗保险和最低生活保障制度。"① 党的十七大进一步提出："加快建立覆盖城乡居民的社会保障体系，保障人民基本生活。""要以社会保险、社会救助、社会福利为基础，以基本养老、基本医疗、最低生活保障制度为重点……加快完善社会保障体系。""完善城乡居民最低生活保障制度，逐步提高保障水平。""健全社会救助体系。"②

（一）社会保险

1. 养老保险。养老保险制度主要包括职工养老保险和居民养老保险制度。20 世纪 80 年代，为配合国有企业改革，开始进行退休费用社会统筹试点。1991 年，国务院印发《关于企业职工养老保险制度改革的决定》，建立国家、企业、个人三方共同负担的养老保险制

---

① 江泽民:《全面建设小康社会，开创中国特色社会主义事业新局面——在中国共产党第十六次全国代表大会上的报告》（2002 年 11 月 8 日）。

② 胡锦涛:《高举中国特色社会主义伟大旗帜　为夺取全面建设小康社会新胜利而奋斗——在中国共产党第十七次全国代表大会上的报告》（2007 年 10 月 15 日）。

度。1997 年，国务院印发《关于建立统一的企业职工基本养老保险制度的决定》，确定了社会统筹与个人账户相结合的养老保险制度，我国现代养老保险制度的雏形基本建立。2005 年，国务院印发《关于完善企业职工基本养老保险制度的决定》，改革基本养老金计发办法，调整个人账户比例，进一步扩大制度覆盖范围。2010 年，企业职工基本养老保险基金预算在全国范围内开始试行编制，预算管理逐渐加强。

在探索职工养老保险制度的同时，我国也积极探索城乡居民养老保险制度。1991 年民政部出台《县级农村社会养老保险基本方案（试行）》，开始了农村养老保险制度的试点。经过艰难探索，2009 年国务院发布《关于开展新型农村社会养老保险试点的指导意见》，从 2009 年起开展新型农村社会养老保险（简称新农保）试点。探索建立个人缴费、集体补助、政府补贴相结合的新农保制度，实行社会统筹与个人账户相结合，与家庭养老、土地保障、社会救助等其他社会保障政策措施相配套，保障农村居民老年基本生活。新农保基金由个人缴费、集体补助、政府补贴构成。

2. 医疗保险。医疗保险涉及公民的医疗健康权利，也是社会保险的重要内容。我国医疗保险包括城镇职工以及城镇和农村居民医疗保险。1998 年国务院发布《关于建立城镇职工基本医疗保险制度的决定》，对原来的公费、劳保医疗制度实行统一管理，在全国范围内建立城镇职工医疗保险制度。决定将职工医疗保险的覆盖范围统一为包括企业、国家机关、事业单位等的所有城镇职工，实行社会统筹和个人账户相结合的模式。为完善职工医疗保险制度，相关政府部门多次发布规范性文件。

与此同时，居民医疗保险制度也不断探索。1997 年国务院批转卫生部等部门《关于发展和完善农村合作医疗的若干意见》，指出农村合作医疗制度是适合我国国情的农民医疗保障制度；举办农村合作医疗，要坚持民办公助、自愿量力、因地制宜的原则，筹资以个人投入为主，集体扶持，政府适当支持。2003 年，国务院办公厅转发的《卫生部等部门关于建立新型农村合作医疗制度意见的通知》指出，新型农村合作医疗制度是由政府组织、引导、支持，农民自愿参加，个人、集体和政府多方筹资，以大病统筹为主的农民医疗互助共济制度。建立新型农村合作医疗制度要遵循自愿参加，多方筹资；以收定支，保障适度；先行试点，逐步推广的原则。新型农村合作医疗制度开始在全国范围内建立。

在建立农村合作医疗制度的同时，中国也不断探索城市居民医疗保险制度。2007 年，国务院发布《关于开展城镇居民基本医疗保险试点的指导意见》，要求通过试点，探索和完善城镇居民基本医疗保险的政策体系，形成合理的筹资机制、健全的管理体制和规范的运行机制，逐步建立以大病统筹为主的城镇居民基本医疗保险制度。参保居民按规定缴纳基本医疗保险费，享受相应的医疗保险待遇，有条件的用人单位可以对职工家属参保缴费给予补助。

3. 工伤保险。我国工伤保险制度在新中国成立初期就已初步建立。1996 年原劳动部曾发布《企业职工工伤保险试行办法》，这是我国工伤保险方面最早的专门法律规范。2001 年我国通过《职业病防治法》，对职业病的预防、诊断和职业病病人保障等作了规定。2003 年 4 月国务院发布《工伤保险条例》，对工伤作了较为全面的规定。

4. 失业保险。进入 20 世纪 90 年代以来，随着我国社会主义市场经济体制的建立，国家加快了国有企业改革的步伐，企业下岗失业人员增多，失业保险制度得以建立。1999 年国务院颁布了《失业保险条例》，对失业保险基金、失业保险待遇、监督与管理等进行了规定。

5. 生育保险。在总结各地实施生育保险制度改革和创新经验的基础上，1994 年劳动部发布《企业职工生育保险试行办法》，确立了生育保险费用实行社会统筹的模式。2004 年劳动和社会保障部发布了《关于进一步加强生育保险工作的指导意见》，要求没有出台生育保险的地区，要尽快建立生育保险制度，扩大生育保险覆盖范围。生育保险制度的建立主要依靠地方的探索。

在综合性的立法方面，1999 年国务院出台《社会保险费征缴暂行条例》，规定了社会保险费征缴范围、征收机构，以及征缴管理、监督检查等具体制度，有利于规范和保障社会保险费的征缴。

在此阶段，虽然社会保障制度还处于探索阶段，但社会保险覆盖面不断扩大，为社会保险制度定型打下了坚实基础，社会保险经过艰难探索已粗具规模。

（二）社会救助

新中国成立以来特别是改革开放以来，中国的社会救助由早期的临时性紧急生活救助，发展为以农村为主、城乡分野的定期定量救助，再到改革开放以后以城乡低保为核心的新型社会救助体系。改革开放以后，为适应社会主义市场经济体制的变迁，我国传统社会救助制度逐步发展为以最低生活保障、农村五保供养为核心，以医疗救助、住房救助、教育救助等专项救助为辅助，以临时救助、社会帮扶为补充的覆盖城乡的新型社会救助体系。这样一个新型社会救助体系，不仅大大提升了社会救助的政治地位，强化了政府责任，而且从根本上改变了中国社会保障制度的理念，实现了从人性关爱到维护权利的转变，凸显了政府在维护公民基本生活安全方面的责任。在保障困难群众基本生活权益、维护社会稳定等方面发挥了重要作用，成为我国社会保障体系的重要组成部分。[1] 1997 年以来，也是我国全面建立和完善社会救助制度的 20 年。

1. 城市低保制度。居民最低生活保障制度最先于 1993 年在上海启动，其标志着中国社会救济制度改革拉开了序幕。随后，在民政部的努力推动下，建立城市低保制度的地区越来越多。到 1997 年 8 月底，全国建立城市低保制度的城市总数已达 206 个，占全国建制市的三分之一。1997 年 9 月《国务院关于在全国建立城市居民最低生活保障制度的通知》下发。该通知规定了城市低保制度的救助范

---

[1]　参见刘喜堂《建国 60 年来我国社会救助发展历程与制度变迁》，《华中师范大学学报》（人文社会科学版）2010 年第 4 期。

围、救助标准、救助资金来源等政策内容，明确提出在 1999 年年底之前，全国所有城市和县政府所在地的城镇，都要建立这一制度。在此后两年里，各地积极推进，有效地保证城市低保制度的不断推广。截至 1999 年 9 月底，全国所有 667 个城市、1638 个县政府所在地的镇，全部建立了城市低保制度。1999 年 9 月，国务院正式颁布《城市居民最低生活保障条例》。该条例的颁布和实施，标志着我国城市低保制度正式走上法治化轨道，也标志着这项工作取得突破性重大进展。①

2. 农村低保制度。在启动城市低保的同时，农村低保制度也开始在一些地区探索建立。1996 年 12 月，民政部办公厅印发《关于加快农村社会保障体系建设的意见》，明确提出"凡开展农村社会保障体系建设的地方，都应该把建立最低生活保障制度作为重点，即使标准低一点，也要把这项制度建立起来"。到 2002 年，全国绝大多数省份都不同程度地实施了农村低保，全国救助对象达到 404 万人，年支出资金 13.6 亿元，其中地方政府投入 9.53 亿元，农村集体投入 4.07 亿元。2007 年 7 月，国务院印发《关于在全国建立农村最低生活保障制度的通知》，对农村低保标准、救助对象、规范管理、资金落实等内容作出了明确规定，要求在年内全面建立农村低保制度并保证低保金按时足额发放到户。至此，农村低保进入全面实施的新阶段。到 2007 年 9 月底，全国 31 个省（自治区、直辖市），2777 个涉农县（市、区）已全部建立农村低保制度。② 农村低保制度实施以来，其覆盖人群和救助标准也不断提高。截至 2010 年年底，全国有 2528.7 万户、5214.0 万人得到了农村低保。

3. 其他社会救助制度。

第一，新型农村五保供养制度。为适应农村税费改革形势，切

---

① 参见刘喜堂《建国 60 年来我国社会救助发展历程与制度变迁》，《华中师范大学学报》（人文社会科学版）2010 年第 4 期。

② 同上。

实保障五保对象的合法权益，新修订的《农村五保供养工作条例》于 2006 年 3 月实施。新条例把农村五保供养资金纳入财政预算，建立起以财政供养为基础的新型农村五保供养制度，实现了农村五保由农村集体供养向国家财政供养的根本性转型。截至 2010 年年底，全国农村得到五保供养的人数为 534.1 万户、556.3 万人，分别比上年同期增长 0.9% 和 0.5%。

第二，城乡医疗救助制度。2003 年 11 月，民政部、卫生部、财政部联合下发《关于实施农村医疗救助的意见》，揭开了医疗救助制度建设的序幕。2005 年 3 月，国务院办公厅转发民政部、财政部等《关于建立城市医疗救助制度试点工作的意见》，计划用两年时间进行试点，之后再用 2—3 年时间在全国建立起城市医疗救助制度。城乡医疗救助主要采取两种方法：一是资助城乡低保对象及其他特殊困难群众参加新型农村合作医疗或城镇居民医疗保险；二是对新农合或城镇医保报销后，自付医疗费仍然困难的家庭，民政部门给予报销部分费用的二次救助。近年来，城乡医疗救助的规模和水平不断提高。2010 年全年累计救助城市居民 1921.3 万人次，其中：民政部门资助参加城镇居民基本医疗保险 1461.2 万人次，人均救助水平 52.0 元；民政部门直接救助城市居民 460.1 万人次，人均医疗救助水平 809.9 元。2010 年全年累计救助贫困农民 5634.6 万人次，其中：民政部门资助参加新型农村合作医疗 4615.4 万人次，人均资助参合水平 30.3 元；民政部门直接救助农村居民 1019.2 万人次，人均救助水平 657.1 元。[1]

第三，临时救助制度。临时救助旨在解决低收入家庭遇到的临时性、突发性困难。2007 年 6 月，民政部下发《关于进一步建立健全临时救助制度的通知》，对临时救助的对象、标准、程序等进行了

①　参见《2010 年社会服务发展统计公报》，2011 年 6 月 16 日，中华人民共和国民政部官方网站（http://www.mca.gov.cn/article/sj/tjgb/201107/201107151705659.shtml），2019 年 6 月 17 日访问。

原则性的规范。2010 年全年民政部门对 153.0 万人次城市居民和 613.7 万人次农村居民进行了临时救助。

四 制度定型成熟阶段（2011—2019 年）

2011 年以来，尤其是党的十八大以来，我国社会保障制度更加定型，进入了一个新的发展时期。党的十八大指出，社会保障是保障人民生活、调节社会分配的一项基本制度。要坚持全覆盖、保基本、多层次、可持续方针，以增强公平性、适应流动性、保证可持续性为重点，全面建成覆盖城乡居民的社会保障体系。改革和完善企业和机关事业单位的社会保险制度，整合城乡居民基本养老保险和基本医疗保险制度，逐步做实养老保险个人账户，实现基础养老金全国统筹，建立兼顾各类人员的社会保障待遇确定机制和正常调整机制。扩大社会保障基金筹资渠道，建立社会保险基金投资运营制度，确保基金安全和保值增值。完善社会救助体系，健全社会福利制度，支持发展慈善事业，做好优抚安置工作。2011 年以来，尤其是党的十八大以来，我国社会保障事业取得了重大进展，具有以下几个突出特点。第一，制度更加定型，法律法规建设取得显著成效。2010 年出台的《社会保险法》以及 2014 年出台的《社会救助暂行办法》，标志着我国社会保障领域最重要的两大支柱——社会保险和社会救助的制度框架已经建立，社会保障的法律体系建设迈出重要一步。第二，努力整合相关制度，注重制度公平性。这个时期更加注重社会保障的公平性，努力克服制度碎片化的弊端，注重制度整合，尤其是城乡社会保障体系的整合，例如养老保险和医疗保险实现城乡制度的统一、生育保险和医疗保险的合并实施、城市和农村低保制度的整合。通过制度整合，进一步提高了社会保障的公平性。第三，改革创新实现新突破。例如，改革机关事业单位养老保险制度，把改革退休制度纳入工作议程等。这一阶段的主要立法和政策如下。

（一）社会保险

这一阶段国家出台和修订了若干重要的法律法规。2010 年颁布、2011 年 7 月 1 日起施行的《社会保险法》，对社会保险制度的覆盖范围、基本模式、资金来源、待遇构成、享受条件、调整机制和监管责任等作了全面规范，社会保险制度建设进入了一个新阶段。2011 年全国人大常委会修改了《职业病防治法》，进一步加强了相关部门的监管职责，强化了用人单位的义务，完善了职业病诊断鉴定制度。2010 年 12 月，国务院公布了《关于修改〈工伤保险条例〉的决定》，自 2011 年 1 月 1 日起施行。工伤保险制度通过《社会保险法》的制定以及《工伤保险条例》的修订，不断进步和完善。

这一阶段，国家在社会保险领域出台了若干重要文件，促进社会保险制度的完善。2011 年，国务院发布《关于开展城镇居民社会养老保险试点的指导意见》，决定从 2011 年起开展城镇居民社会养老保险试点。实行政府主导和居民自愿相结合，引导城镇居民普遍参保。建立个人缴费、政府补贴相结合的城镇居民养老保险制度，实行社会统筹和个人账户相结合。年满 16 周岁（不含在校学生）、不符合职工基本养老保险参保条件的城镇非从业居民，可以在户籍地自愿参加城镇居民养老保险。城镇居民养老保险基金主要由个人缴费和政府补贴构成。

2014 年国务院颁布《关于建立统一的城乡居民基本养老保险制度的意见》，决定将新农保和城居保两项制度合并实施，在全国范围内建立统一的城乡居民基本养老保险制度。坚持和完善社会统筹与个人账户相结合的制度模式，巩固和拓宽个人缴费、集体补助、政府补贴相结合的资金筹集渠道，完善基础养老金和个人账户养老金相结合的待遇支付政策，强化长缴多得、多缴多得等制度的激励机制，建立基础养老金正常调整机制，健全服务网络，提高管理水平，为参保居民提供方便快捷的服务。年满 16 周岁（不含在校学生），非国家机关和事业单位工作人员及不属于职工基本养老保险制度覆盖范围的城乡居民，可以在户籍地参加城乡居民养老保险。城乡居民养老保险基金由个人缴费、集体补助、政府补贴构成。城乡居民养老保险待遇由基础养老金和个人账户养老金构成，支付终身。

2015 年国务院发布《关于机关事业单位工作人员养老保险制度改革的决定》，决定改革现行机关事业单位工作人员退休保障制度，逐步建立独立于机关事业单位之外、资金来源多渠道、保障方式多层次、管理服务社会化的养老保险体系。机关事业单位工作人员要按照国家规定切实履行缴费义务，享受相应的养老保险待遇，形成责任共担、统筹互济的养老保险筹资和分配机制。该决定适用于按照公务员法管理的单位、参照公务员法管理的机关（单位）、事业单位及其编制内的工作人员。实行社会统筹与个人账户相结合的基本养老保险制度。基本养老保险费由单位和个人共同负担。机关事业单位在参加基本养老保险的基础上，应当为其工作人员建立职业年金。

2016 年，国务院发布《关于整合城乡居民基本医疗保险制度的意见》，决定整合城镇居民基本医疗保险和新型农村合作医疗两项制度，建立统一的城乡居民基本医疗保险制度。该意见对于推进医药卫生体制改革、实现城乡居民公平享有基本医疗保险权益、促进社会公平正义、增进人民福祉的重大举措，对促进城乡经济社会协调发展、全面建成小康社会具有重要意义。该意见指出，整合基本制度政策要坚持"六统一"：统一覆盖范围、统一筹资政策、统一保障待遇、统一医疗目录、统一定点管理、统一基金管理。

2017 年国务院办公厅发布《关于印发生育保险和职工基本医疗保险合并实施试点方案的通知》。通知指出，根据《全国人民代表大会常务委员会关于授权国务院在河北省邯郸市等 12 个试点城市行政区域暂时调整适用〈中华人民共和国社会保险法〉有关规定的决定》，做好生育保险和职工基本医疗保险（以下统称两项保险）合并实施试点工作。遵循保留险种、保障待遇、统一管理、降低成本的总体思路，推进两项保险合并实施，通过整合两项保险基金及管理资源，强化基金共济能力，提升管理综合效能，降低管理运行成本。试点内容包括：统一参保登记、统一基金征缴和管理、统一医疗服务管理、统一经办和信息服务、职工生育期间的生育保险待遇不变。

2017年，社会保险体系进一步完善。积极推进机关事业单位养老保险制度改革，出台实施机关事业单位基本养老保险关系和职业年金转移接续办法、统一个人账户记账利率等政策。修订实施企业年金办法。城乡居民基本医疗保险制度整合取得积极进展。出台实施深化基本医疗保险支付方式改革的指导意见。深入开展生育保险与医疗保险合并实施试点、长期护理保险制度试点，落实和完善大病保险精准扶贫措施。实行工伤保险基金省级统筹，出台实施工伤预防费使用管理暂行办法。降低养老、失业、工伤、生育保险费率，进一步降低企业成本。

（二）社会救助

2014年国务院发布《社会救助暂行办法》（以下简称《办法》），这是我国第一部关于社会救助的综合性法规，为健全社会救助体系、完善社会救助制度发挥了重要作用。《办法》总结新经验、确认新成果，把成熟的改革经验上升为法规制度，用法规形式巩固改革成果，使各项社会救助有法可依，实现了社会救助权利法定、责任法定、程序法定，为履行救助职责、规范救助行为提供了法治遵循。《办法》是社会救助领域统领性、支架性法规，具有基础性和全局性作用，为提升社会救助工作法治化水平、释放社会救助制度改革红利奠定了坚实基础。《办法》对社会救助进行全面规范，将事关困难群众基本生活的各项托底制度，统一到一部行政法规之中，使之既各有侧重，又相互衔接，兼顾群众困难的各个方面，覆盖群众关切的各个领域，构建了完整严密的安全网。《办法》涵盖内容十分丰富。为保障困难群众基本生活权益，《办法》在现行规定基础上，按照与经济社会发展水平相适应、与其他社会保障制度相衔接的原则,进一步规范了各项社会救助的内容,包括:最低生活保障、特困人员供养、受灾人员救助、医疗救助、教育救助、住房救助、就业救助、临时救助以及社会力量参与。

2016 年国务院发布《关于进一步健全特困人员救助供养制度的意见》,以解决城乡特困人员突出困难、满足城乡特困人员基本需求为目标,坚持政府主导,发挥社会力量作用,在全国建立起城乡统筹、政策衔接、运行规范、与经济社会发展水平相适应的特困人员救助供养制度,将符合条件的特困人员全部纳入救助供养范围,切实维护他们的基本生活权益。救助对象范围包括:同时具备"无劳动能力、无生活来源、无法定赡养抚养扶养义务人或者其法定义务人无履行义务能力"条件的城乡老年人、残疾人以及未满 16 周岁的未成年人。

(三)社会保障制度的实施效果

2011 年以来,社会保障建设的效果和成就更加显著,覆盖全社会的保障体系基本建成。中国在全国范围内建立了统一的城乡居民基本养老保险制度,制定了劳动者特别是进城务工人员参加城镇职工和城乡居民基本养老保险的制度衔接政策,2015 年全国参加基本养老保险人数为 8.58 亿人,城乡居民实际领取养老待遇人数为 1.48 亿人。中国建立了覆盖全体国民的医疗保障体系,截至 2015 年年底,包括城镇职工基本医疗保险、新型农村合作医疗保险和城镇居民基本医疗保险在内的基本医疗保险参保人数达 13.36 亿人,参保率保持在 95% 以上,职工基本医疗保险、城镇居民基本医疗保险、新型农村合作医疗政策范围内住院医疗费用报销比例分别达 80% 以上、70% 以上和 75% 左右,基金最高支付限额分别提高到当地职工年平均工资和当地居民年人均可支配收入的 6 倍。1994 年至 2015 年,失业保险参保人数从 7967.8 万人增长到 17609.2 万人,2015 年保险基金收入达 1364.63 亿元,基金支出 736.45 亿元,每人每月平均领取失业保险金增加到 968.4 元;工伤预防、补偿、康复"三位一体"的工伤保险制度初步形成,参保人数从 1822 万人增长到 21432 万人；生育保险参保人数从916 万人增加到 17771 万人。

截至 2018 年年末，全国参加基本养老保险人数为 94293 万人，比上年末增加 2745 万人。年末全国参加城镇职工基本养老保险人数为 41902 万人，年末城乡居民基本养老保险参保人数为 52392 万人。年末全国参加失业保险人数为 19643 万人，年末全国参加工伤保险人数为 23874 万人。2018 年，全年基本养老保险、失业保险、工伤保险三项社会保险基金收入合计 57089 亿元，比上年增加 8509 亿元，增长 17.5%；基金支出合计 49208 亿元，比上年增加 7228 亿元，增长 7.2%。近年来，我国社会救助工作成绩显著。社会救助力度不断加大。城市居民最低生活保障人数从 1996 年的 84.9 万人增长到 2015 年的 1701.1 万人，农村居民最低生活保障人数从 1999 年的 265.8 万人增长到 2015 年的 4903.6 万人。中国先后制定了一系列的防灾减灾救灾规划和法规，灾害救助工作水平不断提高。2009 年至 2015 年，累计下拨中央自然灾害生活救助资金 694.6 亿元，年均99 亿元。

截至 2017 年年底，全国有城市低保对象 741.5 万户、1261.0万人。全年各级财政共支出城市低保资金 640.5 亿元。2017 年全国城市低保平均标准 540.6 元/人·月，比上年增长 9.3%。全国有农村低保对象 2249.3 万户、4045.2 万人。全年各级财政共支出农村低保资金 1051.8 亿元。2017 年全国农村低保平均标准 4300.7元/人·年，比上年增长 14.9%。截至 2017 年年底，全国共有农村特困人员 466.9 万人，比上年减少 6.0%。全年各级财政共支出农村特困人员救助供养资金 269.4 亿元，比上年增长 17.7%。全国共有城市特困人员 25.4 万人。全年各级财政共支出城市特困人员救助供养资金 21.2 亿元。2017 年临时救助累计救助 970.3 万人次，其中救助非本地户籍对象 11.9 万人次。全国各级财政共支出临时救助资金 107.7 亿元，平均救助水平 1109.9 元/人·次。2017年资助参加基本医疗保险 5621.0 万人，支出 74.0 亿元，人均补助水平 131.6 元。

2016 年 11 月，国际社会保障协会在巴拿马召开的第 32 届全球大会上授予中国"社会保障杰出成就奖"，对中国在社会保障领域取得的巨大成就给予高度评价，指出在过去的十年里中国凭借强有力的政治承诺和诸多重大的管理创新，在社会保障扩面方面取得了举世无双的成就，社会保障水平显著提升，已取得的成就得以持续，并使社会保障计划适应不断演变的需求和重点工作。这反映了中国在社会保障改革与发展方面所取得的辉煌成就得到国际社会的充分肯定。

五　社会保障法治的未来展望

虽然我国社会保障制度及其实施取得了巨大成就，但与全面建成小康社会和全面依法治国的目标和任务相比，我国社会保障法治依然任重道远。党的十九大指出，增进民生福祉是发展的根本目的。必须多谋民生之利、多解民生之忧，在发展中补齐民生短板、促进社会公平正义，在幼有所育、学有所教、劳有所得、病有所医、老有所养、住有所居、弱有所扶上不断取得新进展，深入开展脱贫攻坚，保证全体人民在共建共享发展中有更多获得感，不断促进人的全面发展、全体人民共同富裕。这为我国社会保障法治建设指明了方向。党的十九大同时指出，加强社会保障体系建设。按照兜底线、织密网、建机制的要求，全面建成覆盖全民、城乡统筹、权责清晰、保障适度、可持续的多层次社会保障体系。全面实施全民参保计划。完善城镇职工基本养老保险和城乡居民基本养老保险制度，尽快实现养老保险全国统筹。完善统一的城乡居民基本医疗保险制度和大病保险制度。完善失业、工伤保险制度。建立全国统一的社会保险公共服务平台。统筹城乡社会救助体系，完善最低生活保障制度。坚持男女平等基本国策，保障妇女儿童合法权益。完善社会救助、社会福利、慈善事业、优抚安置等制度，健全农村留守儿童和妇女、老年人关爱服务体系。这为我国社会保障法治建设指明了具体的任务。

第一，加强社会保障立法。虽然我国社会保障立法取得举世瞩目的成就，《社会保险法》和《社会救助暂行办法》已经出台，但我国社会保障立法总体水平不高。一是综合性的立法还比较粗疏，可操作性不强。《社会保险法》和《社会救助暂行办法》内容还比较原则，具体操作性不强。在社会保险领域，目前我国仅有《失业保险条例》和《工伤保险条例》，养老保险、医疗保险和生育保险，主要依靠政策调整，制度还不完善。社会救助领域，还缺乏一部综合性法律；在具体社会救助项目上，还主要依靠政策调整，最低生活保障、医疗救助、临时救助等主要社会救助项目还未制定条例，制度的权威性和稳定性有待提高。未来，应抓紧制定社会救助法，并且就社会保险的主要险种制定出条例，加强企业年金立法，进一步提高社会保障制度的权威性、稳定性和可操作性。应加强军人社会保障立法。此外，在立法中，应更好平衡和分配企业责任和国家责任，促进社会保障的可持续。

第二，提高社会保障公平性。近年来，我国在社会保障政策和立法中更加注重社会保障制度的公平性，尤其是整合城乡居民养老保险制度、医疗保险制度，城乡最低生活保障制度，城乡之间的制度差异得到了较大程度的解决。机关事业单位养老保险的改革，也打破了身份之间的差别，使养老保险制度更加公平。虽然近年来，社会保障制度在克服城乡差异方面取得了明显进展，但目前，由于全国性立法的缺失或操作性不强，加上社会保险的统筹层次不高，各地财力不同，导致了各地的制度及其实施存在巨大差异，不同地域之间制度的公平性有待提高。未来应加强全国性立法，努力提高社会保险统筹层次，缩小不同地域制度和待遇的差异，提高不同地区制度和待遇的公平性，加强法制统一性。

第三，破解社会保障难题。近年来，我国社会保障事业不断改革创新，出台了许多重大改革措施。但社会保障的一些重要问题还有待破解。例如，退休年龄的调整以及相关政策法规的完善，养老金全国统筹的实现，人口老龄化的政策和法律应对、医疗保险各方主体权利义务的完善、看病贵、看病难的制度解决方案，等等。这些都需要通过政策和法律的完善加以解决。

第四，完善社会保障执法和司法。尽管我国社会保障的法治水平不断提高，但社会保障的执法和司法仍需要不断完善。虽然目前我国社会保险基本实现了全覆盖，但制度实施情况仍不容乐观，特别是一些特殊群体社会保险的覆盖面仍然较低。例如，农民工社会保险问题突出。因此，社会保障的执法水平需要进一步提高。此外，社会保障的司法制度需要完善，特别是社会保险的纠纷解决机制，目前各地做法各不相同，需要通过深入论证，建立科学、统一的社会保险纠纷及社会救助纠纷解决机制，维护公民的合法权益。

第三节　工会法治的建立与发展

新中国成立以来高度重视工会法治工作。新中国成立之初，存在国营企业、私人资本主义经济、农民和手工业者个体经济、合作社经济、国家与私人合作的国家资本主义经济五种经济成分。工会根据"发展生产、繁荣经济、公私兼顾、劳资两利"的方针积极开展工作。恢复和发展生产是工会动员和组织职工承担的首要任务。工会同时也承担积极争取职工劳动条件和生活条件的职责。1950年，中央人民政府在新中国成立初期就颁布了《工会法》，可见党和国家对工会工作的重视。这部法律的颁布深刻反映了我国工人阶级和工会组织翻身解放后社会政治地位发生的根本变化。1950年《工会法》条文简明，共26条，内容精练、重点在基层。《工会法》规定工资劳动者均有组织工会的权利，中华全国总工会是工会最高领导机关，企业工会有参加生产管理和劳资协商并缔结集体合同的权利，基层单位行政或资方应按月拨缴工会经费等内容。① 《工会法》的颁布明确了工会的性质和职责，推动了工会运动的发展。20 世纪 50 年代直至改革开放之前，我国工会工作遭遇一些困难，特别是"文化大革命"期间，许多工会未能正常开展工作，工会法制也停滞不前。

　　1978 年我国实行改革开放政策，我国以经济建设为中心，坚持四项基本原则，坚持改革开放，开创了现代化建设的新局面。特别是，我国经济结构形式也由单一趋于多样化，企业所有制形式也发生变化，客观上需要对《工会法》进行修改。1992 年我国制定了新的《工会法》，该法延续了 1950 年《工会法》的基本原则，增加了新的内容，进一步明确了工会的权利和职责，包括工会参与民主管理、民主监督的权利，工会符合一定条件可以取得法人资格，工会有权参加劳动争议处理，工会应协助处理停工、怠工事件等等。② 《工会法》使工会发挥作用具有更加坚实的法律基础。

　　1992 年《工会法》颁布后不久，党的十四大召开，提出了建立社会主义市场经济体制的目标。此后，我国社会主义市场经济快速发展，非公有制经济大量涌现，劳动关系更加多样化和复杂化。特别是 1994 年《劳动法》通过之后，加强了对劳动者的保护，工会发挥作用的空间更大了，客观上也需要对《工会法》进行修改。经过长期酝酿，2001 年我国修改了《工会法》。修改后的《工会法》突出了工会维护职工合法权益的职责和义务，强化了职工参加和组织工会权利的法律保障，建立工会干部对职工和会员负责的组织体制，推动工会组织的民主化，加大了对工会干部的保护力度，明确了对侵权行为的处罚措施。修改后的《工会法》贯彻不同所有制企业平等原则，统一规定各类企业工会的职责，此外，还增设了"法律责任"一章，提高了工会法的权威性和操作性。修改后的《工会法》

---

① 参见史探径《社会法学》，中国劳动社会保障出版社 2007 年版，第 283—284 页。

② 同上书，第 284—285 页。

更加符合市场经济体制的客观要求，充分发挥工会的作用，有利于构建和谐劳动关系。

《工会法》的贯彻实施，推动了工会各项工作的开展，特别是党的十八大以来，我国工会工作成绩显著。中国工会十六大（2013年10月）以来的五年，在以习近平同志为核心的党中央坚强领导下，各级工会坚定不移地走中国特色社会主义工会发展道路，围绕中心、服务大局，广泛开展劳动和技能竞赛，推动产业工人队伍建设改革，不断提高职工队伍整体素质，维护职工合法权益，竭诚服务职工群众，积极构建和谐劳动关系，深化工会改革创新，全面加强工会系统党的建设，广泛开展对外交流合作，各项工作取得显著成绩。

截至2017年9月底，工会会员达到3亿人，农民工会员已达1.4亿人，基层工会组织280.9万个，各级基层以上工会开展技能比赛吸引1.41亿人次的职工参赛，581.3万人次的职工通过技能比赛提升技术等级，全国工会共筹集送温暖资金202.2亿元，走访慰问103.41万家企业、4152.9万户职工家庭。据统计，五年来，全国职工提出合理化建议6224.6万件，已实施3634.2万件；技术革新项目349万项，发明创造项目111.7万项，推广先进操作法的项目有99.1万项；70.6万件职工技术创新成果获得国家专利。五年来，也是劳模精神、劳动精神、工匠精神日益成为社会主旋律的重要时期。全总共授予全国五一劳动奖状1428个、全国五一劳动奖章5044个、全国工人先锋号5013个；全国选树技能带头人271.1万人，师徒结对345.8万对；县级及县级以上地方工会命名劳模创新工作室1.8万家。"职工利益无小事"，成为五年来各级工会为广大职工服务维权的重要理念。在全国工会就业创业服务月、技能培训促就业、阳光就业等活动中，各级工会组织招聘活动上万场，为3200万人次提供技能培训、职业介绍、创业扶持等就业服务；在促进职工劳动安全和职业健康中，各级工会参加安全生产检查3292.4万次，提出事故隐患和职业危害整改意见1482.6万条；在帮助困难职工解困脱困中，仅金秋助学活动就发放助学款54.81亿元，资助困难职工和困难农民工子女 286.92 万人。各级工会致力于完善制度机制，全面保障职工权益。截至 2017 年 9 月底，全国建立职代会或职工大会制度的基层企事业工会有 225.2 万个，覆盖职工 2.5 亿人；实行厂务公开的基层企事业工会有 220.0 万个，覆盖职工 2.4 亿人。五年里，集体协商制度也获得了稳步发展。截至 2018 年 6 月，全国共签订集体合同 159.3 万份，覆盖企业 402.1 万个，覆盖职工 1.9 亿人。此外，工会劳动法律监督力度进一步增强，全国建立工会劳动法律监督组织 103.3 万个，受理违法、违规案件 84.7 万件。[1]

虽然我国工会法治建设取得显著成效，但法治建设的任务依然繁重。

一是随着新经济、新业态和新模式的不断产生和发展，劳动用工形式更加复杂，灵活就业人员数量不断增加，如何将这些群体吸收到工会中来，并发挥工会的作用是未来的一个重大课题。

二是我国集体协商和企业民主管理制度不断发展完善，签订集体合同和建立职代会制度的企业数量相当可观，但一些集体合同的签订流于形式，实效性不强，因此，如何推动集体协商的深入开展，尤其是增强工资和工时的协商，并增强集体合同的实效，还需要不断探索和加强。建议适时制定《集体协商法》或《集体协商条例》。

三是加强企业民主管理立法。党的十八大指出："全心全意依靠工人阶级，健全以职工代表大会为基本形式的企事业单位民主管理制度，保障职工参与管理和监督的民主权利。"党的十八届三中全会指出："健全以职工代表大会为基本形式的企事业单位民主管理制度，加强社会组织民主机制建设，保障职工参与管理和监督的民主权利。"党的十九大指出，要"巩固基层政权，完善基层民主制度，保障人民知情权、参与权、表达权、监督权"。以职工代表大会为基

---

① 参见郑莉、张锐《中国工会已建立 280 余万基层组织》，2018 年 11 月 20 日，中工网（http：//acftu. workercn. cn/28/201810/20/181020080741005. shtml），2019 年 6 月 17 日访问。

本形式的企业民主管理制度，从计划经济时代就已产生，并在实践中不断发展完善，在我国经济、政治和文化生活中发挥了重要作用。我国各地也积极立法，推动企业民主管理制度实践的深入。据统计，目前全国共有 30 个省（市、区）出台了 38 部企业民主管理地方性法规，包括单项立法和综合立法。其中，民主管理条例 16 项、职代会条例 11 项、厂务公开条例 9 项、职工董事职工监事条例 2 项。但我国目前尚缺乏全国性、权威性的企业民主管理的法律或行政法规。目前的立法现状与我国企业民主管理的实践需求不相适应。完善企业民主管理制度，有利于完善企业治理结构、加强基层民主建设、维护职工权益、构建和谐劳动关系。当前，我国各地已积累了丰富的立法经验和实践经验，为完善企业民主管理制度、促进企业民主管理制度的统一、提升企业民主管理制度的权威性，有必要制定企业民主管理条例。

第十一章

新中国刑事法治 70 年

2019 年，中华人民共和国迎来了成立 70 周年。回顾新中国刑事法治 70 年来的实践发展和观念变迁，颇有鉴往知来、承故纳新的理论意义和实践价值。

新中国成立之初，国家较早开始了刑法典草案的筹备工作，但受频繁政治运动影响而遭受挫折，仅有个别单行刑法通过施行。1978 年以后国家实施改革开放政策，刑事立法迎来新生和提高，1979 年刑法典获得通过，并颁布大量单行刑法和附属刑法。这一时期的中国社会基本上是一个农业社会，刑法仍深受工具刑法观的影响，在很大程度上是"革命驱动型刑法"。

在政治观念更加解放、经济体制转轨全面铺开的背景下，中国社会不断从农业社会向工业社会转变，中国刑法也逐步实现了从"革命驱动型刑法"向"建设驱动型刑法"的现代转型，古典自由主义刑法观产生深刻影响。1997 年全面修订的刑法典，集中反映了刑法观和刑法类型的转变。1997 年刑法典施行以后，刑法修正案成为刑法扩张的主要方式。

2012 年以来，中国政治、经济社会发展与犯罪态势与以往相比发生了重大变化，刑事法治特别是刑法发展面临新的挑战，同时也拥有新的机遇。中国的工业社会走向成熟的同时，风险社会的侧面日益凸显，一种更加注重自由和安全平衡、调和的社会本位立场的风险刑法观更切近中国社会变迁的背景，更有利于提出对刑法立法具有解释和指导意义的刑法理论。从中国刑法立法发展的状况来看，在"建设驱动型刑法"继续完善的同时，"风险驱动型刑法"已成为新的立法发展趋势。

新一轮科技革命将对未来中国经济社会发展产生重要而深远影响，也对刑事法治提出了新的时代课题。对未来的中国刑法发展可作如下展望：（1）刑法立法将继续采取适度的犯罪化。（2）刑法立法应从集中立法模式转变为分散立法模式。（3）应注重从风险类型区分角度完善罪名体系布局。（4）应进一步优化刑罚结构。（5）应科学配置刑罚的附随后果。（6）应进一步提高刑法的国际化水平，适应"一带一路"建设需要。

第一节　新中国刑事法治的孕育与挫折（1949—1977）

1949年中华人民共和国成立，这是中国共产党人领导中国人民推翻帝国主义、官僚资本主义、封建主义"三座大山"后所取得的新民主主义革命的伟大胜利。新生的社会主义政权面临着巩固革命成果的紧迫需要，从军事、经济、法统等方面进行了全面努力。国家在军事上肃清残余敌对势力、镇压反革命；在经济上展开土地改革，对农业、手工业、资本主义工商业进行社会主义改造；在法统和组织上也进行改革，废除民国政府"六法全书"，把"旧法"人员清除出司法系统。为了配合1950年7月开始的"镇压反革命"运动，1951年2月出台《惩治反革命条例》；为了维护国家货币稳定，1951年4月出台《妨害国家货币治罪暂行条例》，对以反革命为目的伪造国家货币和以营利为目的伪造国家货币等行为作出专门规定；为配合1951年年底开始的"反贪污、反浪费、反官僚主义"运动，1952年4月出台《惩治贪污条例》。在这一时期，国家没有统一的刑法典，虽然颁布了个别单行刑法，但办案主要靠政策。① 刑法在国家政治和社会生活中没有重要地位，在需要时即可被政策取代。

值得注意的是，新中国成立初已开始了刑法典草案的起草准备工作。当时的中央人民政府法制委员会组织专家论证提出了两个刑法文本：1950 年 7 月 25 日的《刑法大纲草案》、1954 年 9 月 30 日的《刑法指导原则（初稿）》，但这两个文本都未向社会公布征求意见、未进入立法程序，停留在草创阶段。② 1954 年 9 月第一届全国人民代表大会召开，此后由全国人大办公厅法律室负责刑法起草工作，至 1957 年 6 月 28 日，已草拟出第 22 稿。但由于 1957 年下半年"反右派"运动影响，刑法起草工作又停了下来。直到 1962 年 3 月，毛泽东同志针对立法工作指出："不仅刑法要，民法也需要，现在是无法无天，没有法律不行，刑法、民法一定要搞。"③ 全国人大常委会法律室在第 22 稿的基础上重启修订工作，至 1963 年 10 月 9 日，已写出第 33 稿刑法草案。④ 然而，由于新的政治运动开始，这一稿刑法草案被搁置，刑法典的制定工作再次受到重大挫折，一拖就是十几个年头。

第二节　刑事法治的新生与提高
（1978—1996）

一　刑法立法的重启与新生

在历经频繁政治运动之后，法治对国家长治久安的重要意义受

---

① 参见高铭暄《中华人民共和国刑法的孕育诞生和发展完善》，北京大学出版社 2012 年版，第 1 页。

② 同上。

③ 《第二届全国人民代表大会（1962 年）》，人民网（www.people.com.cn/GB/14576/28320/35193/35195/2704777.html），2019 年 7 月 22 日访问。

④ 高铭暄口述，黄薇整理：《见证新中国第一部刑法诞生的艰辛》，《文史参考》2011 年第 7 期。

到重视。邓小平同志在 1978 年 10 月一次谈话中明确提到刑法草案被政治运动耽搁，应组织起草有关法律。① 中央开始组织力量对刑法草案第 33 稿进行修改完善。1978 年以后，国家开始实行改革开放政策，集中力量进行社会主义现代化建设。1979 年 3 月全国人大常委会法制委员会在彭真同志主持下，又回到刑法草案第 33 稿上来，参照各国刑法作了较大修改，累计 38 稿，终于在 1979 年 7 月 1 日获得人大通过，于 1980 年 1 月 1 日施行。②

　　1979 年刑法典（以下简称"79 刑法"）的通过是新中国刑事法治中的一件大事。刑法典的出台，不仅使国家惩治犯罪有法可依，还为刑法立法的立法模式提供了一个法典化范例。

　　"79 刑法"共有 192 个条文，129 个罪名。刑法典规定了刑法的指导思想、任务、适用范围、犯罪成立的一般条件和特殊形态、刑种、刑罚具体运用以及反革命罪、危害公共安全罪、破坏社会主义经济秩序罪、侵犯公民人身权利民主权利罪、侵犯财产罪、妨害社会管理秩序罪、妨害婚姻家庭罪、渎职罪等，既吸纳了犯罪成立的一般原理，又使刑法规范具有相当的覆盖面，使惩治国家、社会生活的诸多方面发生的犯罪都有了明文依据，这无疑是一个重大的进步。

　　"79 刑法"的制定，立足于中国实际，汲取了以往司法经验，同时参考了许多外国刑法典，但主要借鉴的是苏联刑法。"新中国初期进行了刑法起草工作，所完成的刑法草案主要移植了苏联模式，具体体现在强调刑法的阶级性，明确规定刑法任务、犯罪概念和刑罚目的，排斥罪刑法定主义原则，确立类推制度和规定刑法具有溯及力等方面。"③ 所谓"刑法的阶级性"，是指新生的社会

---

　　①　参见高铭暄《中华人民共和国刑法的孕育诞生和发展完善》，北京大学出版社 2012 年版，第 2 页。

　　②　参见高铭暄口述，黄薇整理《见证新中国第一部刑法诞生的艰辛》，《文史参考》2011 年第 7 期。

　　③　李秀清：《新中国刑事立法移植苏联模式考》，《法学评论》2002 年第 6 期。

主义国家刑法的阶级本质是作为统治阶级的无产阶级进行阶级斗争的统治工具，旨在把社会主义国家刑法与资本主义国家刑法相区别。1919 年 12 月通过的《苏俄刑法指导原则》规定，"刑法的规范首先是依照 1918 年宪法揭示在从资本主义向社会主义过渡条件下与犯罪作斗争法律规范的社会阶级本质。刑法的任务是保护工农兵的国家"。[①] 1922 年 6 月 1 日生效的苏俄刑法典规定，"保护工农国家免受犯罪的侵害被明确地公开地宣布为刑法典的任务（第 5 条）"。[②] 我国"79 刑法"第二条则规定："中华人民共和国刑法的任务，是用刑罚同一切反革命和其他刑事犯罪行为作斗争，以保卫无产阶级专政制度，保护社会主义的全民所有的财产和劳动群众集体所有的财产，保护公民私人所有的合法财产，保护公民的人身权利、民主权利和其他权利，维护社会秩序、生产秩序、工作秩序、教学科研秩序和人民群众生活秩序，保障社会主义革命和社会主义建设事业的顺利进行。"强调刑法的阶级性，较为集中地反映了"79 刑法"的刑法观，即刑法是阶级斗争的工具。再考虑到犯罪概念、类推制度、反革命罪的相关规定，可以说，"79 刑法"仍是"革命驱动型刑法"。

二　刑法法治的补充与提高

1978 年中国迎来改革开放的新时期，以经济建设为中心进行社会主义现代化建设的国家发展思路被长期坚持下来。"改革"的一大成果是中国的经济体制逐步发生从计划经济到市场经济的转轨，"开放"则使新中国逐步在政治、商业和社会等方面不同程度地融入了国际社会。这对中国刑法产生了两个方面的影响：一是新的问题需要用刑法进行应对，二是原有的某些刑法规范不再符合国家建设的

---

① ［俄］Н. Ф. 库兹涅佐娃、Й. М. 佳日科娃：《俄罗斯刑法教程（总论）》，黄道秀译，中国法制出版社 2002 年版，第 31 页。

② 同上书，第 35 页。

新需求，需要对其进行补充和完善。

　　"79 刑法"实施以后，国家陆续又制定了 24 部单行刑法，在 107 个非刑事法律中设置了附属刑法规范，新增加刑法性质条文 572 条，新增罪名 133 个，罪名总数达到 262 个。① 除 1981 年通过的《惩治军人违反职责罪暂行条例》是在"79 刑法"通过前一并规划的外，其他单行刑法均是在新形势下补充"79 刑法"不足而出台。这些单行刑法和大量附属刑法规范大大提高了刑法回应国家和社会发展的能力，同时也生动反映了中国社会在现代化初期和提高阶段犯罪态势的发展要求。

　　像其他国家的现代化进程一样，在开启现代化进程之初，中国遭遇了一波犯罪高峰。中国的暴力犯罪在改革开放之初呈快速上升态势，因此国家出台了一批旨在严打犯罪的单行刑法。犯罪形势的恶化与刑法立法的严厉化如影随形。1981 年 6 月 10 日第五届全国人民代表大会常务委员会第十九次会议通过《关于死刑案件核准问题的决定》，把部分犯罪死刑核准权由最高人民法院下放到各高级人民法院；同日，全国人大常委会还通过了《关于处理逃跑或者重新犯罪的劳改犯和劳教人员的决定》，对两劳人员逃跑或再犯者严惩不贷；1982 年 3 月 8 日全国人大常委会通过并颁布了《关于严惩严重破坏经济的罪犯的决定》；特别是 1983 年 9 月 2 日发布《关于严惩严重危害社会治安的犯罪分子的决定》成为严打运动的标志性立法。②

　　由于经济体制改革的逐步展开，一些"79 刑法"中未作规定的新的犯罪类型不断出现，这推动国家出台了一批单行刑法以惩治犯罪。全国人大常委会通过的这方面的单行刑法主要有：《关于惩治偷

---

　　① 参见高铭暄《中华人民共和国刑法的孕育诞生和发展完善》，北京大学出版社 2012 年版，第 3 页。

　　② 具体评述请参见陈兴良《回顾与展望：中国刑法立法四十年》，《法学》2018 年第 6 期。

税、抗税犯罪的补充规定》《关于惩治假冒注册商标犯罪的补充规定》《关于惩治生产、销售伪劣商品犯罪的决定》《关于惩治侵犯著作权的犯罪的决定》《关于惩治违反公司法的犯罪的决定》等。公司犯罪、金融犯罪、知识产权犯罪等在实施市场经济体制之前基本没有存在的空间，通过单行刑法对公有经济、私有经济均进行保护，保障了市场经济改革的顺利进行。

对外开放对刑法的发展、提高也起到了重要推动作用。新中国国门打开以后，参加了一些重要的国际条约并承担了惩治条约所确定的国际犯罪的义务，这要求国内刑法上对相关罪名也作出规定。我国先后加入《关于在航空器内的犯罪和其他某些行为的公约》《关于制止非法劫持航空器的公约》《关于制止危害民用航空器安全的非法行为公约》《关于防止和惩处侵害应受国际保护人员包括外交代表的罪行的公约》《制止危及海上航行安全非法行为公约》《联合国禁止非法贩运麻醉药品和精神药物公约》等国际公约。这就要求我国在反恐、禁毒等方面的刑法规定必须与之相适应。全国人大常委会陆续发布《关于惩治劫持航空器犯罪分子的决定》《关于禁毒的决定》等单行刑法对于非法劫持航空器和危害国际民用航空安全的行为、毒品犯罪行为作了专门规定。此外，对外开放还带来一些新情况新问题，也要求刑法规范的补充和完善。对外开放后国内兴起"出国热"，而属于非法出境的偷渡现象日渐突出。[①] 全国人大常委会发布《关于严惩组织、运送他人偷越国（边）境犯罪的补充规定》，为更全面地严惩偷渡相关行为提供了法律依据。

还需指出，"79 刑法"中有的规定因改革开放和社会变迁已不能再适用或受到质疑。例如，第一百二十条规定了伪造、倒卖计划供应票证罪，把"以营利为目的，伪造或者倒卖计划供应票证，情节严重的"行为纳入犯罪圈。这个罪名在国家实行计划经济的年代

---

① 参见陈兴良《回顾与展望：中国刑法立法四十年》，《法学》2018 年第 6 期。

具有现实意义，而在计划经济为市场经济所取代后，这一罪名已完全失去现实基础和存在必要。又如第一百一十七条规定了投机倒把罪，把"违反金融、外汇、金银、工商管理法规，投机倒把，情节严重的"行为作为犯罪处理。但是，随着社会的发展，转包渔利、买空卖空等行为也不能一概作为投机倒把，而是有利于搞活经济的正常市场行为。①

三　"79 刑法"与工具刑法观

1979 年刑法典出台，告别了新中国 30 年一直没有刑法典的历史。较之以往办案主要靠政策的局面，这无疑是一个重大进步；但由于国家仍长期以计划经济为基本经济手段，靠政府力量集中管控社会的思维盛行，"工具刑法观"处于主导地位。在后来饱受批评的问题主要是，"79 刑法"并没有规定罪刑法定原则，反而规定了类推制度，还存在流氓罪、投机倒把罪、玩忽职守罪等"口袋罪"，这就使有权机关能够轻易出入人罪，公民的自由得不到较好保障。应指出的是，从革命时期到建设时期，中国社会必然会经历一个过渡阶段，相应地这一时期的刑法观也具有某种过渡性，不可能行之久远；中国社会进入常态阶段以后，中国刑法观必然面临重大转变。有学者评价"79 刑法"时指出：它篇幅简短、基本体系和结构比较科学、法定刑轻缓、基本符合当时实际情况；但粗疏、滞后的特点也十分明显。② 尽管通过单行刑法和附属刑法，在很大程度上从刑法内容上补充、完善了"79 刑法"，但刑法观的更新所依赖的仍是执政党政治观念的解放、经济体制改革和工业社会的发展。

---

① 参见王作富主编《中国刑法适用》，中国人民公安大学出版社 1987 年版，第 368 页。

② 参见刘守芬《关于"97 刑法"与"79 刑法"若干问题的比较》，《中外法学》1997 年第 3 期。

第三节　刑事法治的转型与发展
（1997—2011）

在政治观念更加解放、经济体制转轨全面铺开的背景下，中国社会不断从农业社会向工业社会转变，中国刑法也逐步实现了从"革命驱动型刑法"向"建设驱动型刑法"的现代转型。1997 年全面修订的刑法典（以下简称"97 刑法"），集中反映了刑法观和刑法类型的转变。

一　"97 刑法"修订的社会治安背景与立法过程

对"79 刑法"进行修订的考虑，与当时的社会治安形势也有直接关系。有学者指出，除了 1983 年开展的为期三年的"严打"战役期间刑事案件发案率明显下降外，"严打"前后基本上都是逐年上升的；重大刑事案件特别是严重暴力犯罪、经济犯罪、流窜犯罪、团伙犯罪、国家工作人员渎职犯罪、拐卖人口等情况日益严重或蔓延，反革命案件大幅减少。[1] 反革命案件数量的下降和其他案件的上升，恰好说明整个社会政治化程度的下降和以建设为中心的常态社会的发展。有学者提出，"79 刑法"中的反革命罪"从章名到具体规定已不能适应新的形势的需要，应进行全面的改革"；认为"反革命"是一个政治概念而不是法律概念，使用该罪名不符合法律的规范化；该罪要求的反革命目的在司法实践中难以认定，容易导致主观归罪或客观归罪。[2] 这样的主张，反映出人们对于在刑法中去除不必要的政治化色彩之要求，推动着刑法向专业化、科学化的方向转变。还

---

[1]　参见何秉松《我国的犯罪趋势、原因与刑事政策》，《政法论坛》1989 年第 5 期。

[2]　参见欧阳涛《论中国刑法的改革》，《中国人民公安大学学报》（社会科学版）1992 年第 1 期。

有学者指出：从立法形式上看，大量单行刑法在刑法典之外的积存，形成对刑法典的侵蚀与破坏；从立法内容上看，单行刑法的颁布并不仅是对刑法典的修改和补充，有的规定实际上架空了刑法典，使其部分内容作废。① 由此，刑法典、单行刑法、附属刑法并立的刑法立法方式在立法实践中是存在弊端的。

从 1988 年起，刑法典的修订工作被纳入全国人大常委会的立法规划，意在制定一部比较完备的统一的刑法典。其背景是，经过 20 世纪 80 年代后"法制还是法治"的学术大讨论，依法治国的思想逐渐深入人心。依法治国陆续被写入全国人大的报告、党的十五大报告、宪法修正案。在这样的背景下，1997 年 3 月全面修订后的新刑法典颁布，于当年 10 月 1 日起施行。"97 刑法"共 452 条、412 个罪名。其中，源自"79 刑法"罪名 116 个，源自单行刑法和附属刑法罪名 132 个，修订中新设罪名 164 个。② 由于这次刑法修订的立法指导思想是确保法律的稳定性和连续性，没有大问题的就不要进行变动，③ "97 刑法"基本上吸纳了"79 刑法"以及此后的所有单行刑法和附属刑法规定，并增加大量新规定。它在立法模式上放弃了刑法典、单行刑法、附属刑法并存的分散立法方式，力图制定一部统一完备的刑法典。"这是新中国历史上最完备、最系统、最具有时代气息并具有里程碑意义的刑法典。"④

二 "97 刑法"的时代进步

"97 刑法"在刑法观念上与世界刑法立法共同的观念取向保持

---

① 参见陈兴良《回顾与展望：中国刑法立法四十年》，《法学》2018 年第 6 期。

② 参见高铭暄《中华人民共和国刑法的孕育诞生和发展完善》，北京大学出版社 2012 年版，第 4 页。

③ 参见毛乃纯、何天翔主编《中国刑法——在祛魅中前行的中国刑事法律研究》，王波等译，中国大百科全书出版社 2018 年版，第 30 页。

④ 高铭暄：《中华人民共和国刑法的孕育诞生和发展完善》，北京大学出版社 2012 年版，第 4 页。

了一致性。第二次世界大战结束以后，世界上大多数国家对于人权保障给予了共同的关切和赞同。联合国的《世界人权宣言》《经济、社会和文化权利国际公约》《公民权利和政治权利国际公约》，对世界范围内的人权立法产生了重要影响。

在刑法领域是否规定罪刑法定原则，是人权保障制度水准高低的一个重要标志。"97 刑法"对罪刑法定原则作出了规定，这是一大进步和亮点。《刑法》第三条规定：法律明文规定为犯罪行为的，依照法律定罪处刑；法律没有明文规定为犯罪行为的，不得定罪处刑。

罪刑法定原则的经典表述，是"法无明文规定不为罪，法无明文规定不处罚"，它仅从消极意义上强调国家刑罚权的限度以彰显人权保障的机能。我国《刑法》第三条后半段正是罪刑法定原则的内容。但是，第三条前半段却是从积极意义上作出的规定，这就容易引发歧义。有学者认为，第三条前半段并不是罪刑法定原则内容的规定，而是针对我国刑法分则的特点，为了防止司法人员随意出罪所作出的规定，以突出刑法的法益保护机能。①

"97 刑法"的另一大进步，是取消了"79 刑法"关于类推制度的规定。"79 刑法"第七十九条规定：本法分则没有明文规定的犯罪，可以比照本法分则最相类似的条文定罪判刑，但是应当报请最高人民法院核准。这一制度在"79 刑法"条文十分有限的情况下，可以保持刑法的灵活性，方便刑法的广泛适用；但在以人权保障为旨趣的刑法观念下，它与罪刑法定原则的要求直接相悖。取消类推制度，是"97 刑法"告别"革命驱动型刑法"的重要表现之一。

从刑法分则上来看，"97 刑法"也发生了重要转变。"79 刑法"规定的反革命罪，被修订为危害国家安全罪；三大"口袋罪"——流氓罪、投机倒把罪、玩忽职守罪，被分解为行为类型更为明确的具体罪名。

---

① 张明楷：《刑法学》（第五版），法律出版社 2016 年版，第 48 页。

　　除前述学界已有较大共识的认识外，还应特别指出，在刑法的指导思想、立法目的与根据、刑法任务等规定上，"97 刑法"与"79 刑法"相比也发生了重大改变。

　　"97 刑法"第一条简要地规定：为了惩罚犯罪，保护人民，根据宪法，结合我国同犯罪作斗争的经验及实际情况，制定本法。第二条关于刑法的任务规定为用刑罚同一切犯罪行为作斗争……以保卫人民民主专政的政权……保障社会主义建设事业的顺利进行。这里"无产阶级专政"的表述变成了"人民民主专政"，"反革命"犯罪、"社会主义革命"等表述没有了，原来与"社会主义革命"连用的"社会主义建设"之表述则保留了下来。

　　"97 刑法"的这一转型，还更为具体地表现在刑法分则的相关规定里。最有代表性的当属第三章破坏社会主义市场经济秩序罪的规定。在"79 刑法"中，第三章的章名为"破坏社会主义经济秩序罪"，这与当时国家仍实行计划经济体制有关。在国家实行市场经济体制以后，"97 刑法"就明确把"社会主义市场经济"用于章名之中，为市场经济提供刑法保障的立法意图十分清晰，也鲜明反映出以经济建设为中心进行社会主义现代化建设之国家发展思路对刑法的深刻影响。从"97 刑法"第三章的具体内容来看，"它以 1979 年刑法分则第三章破坏社会主义经济秩序罪为基础，以 1979 年刑法颁布后全国人大常委会相继制定的近 10 个有关惩治经济犯罪的《决定》和《补充规定》为主干，吸收有关民事、经济、行政法律中的附属刑法内容，并针对保护社会主义市场经济的实际需要，增加了 30 余个新的罪名"①。

　　"79 刑法"第三章只规定了 15 个条文，一共 13 个罪名；"97 刑法"第三章则规定了 92 个条文，设 8 个罪节，罪名达到 96 个。8 个罪节涉及生产、销售伪劣商品罪，走私罪、妨害对公司、企业的管

---

　　①　刘仁文、刘淼：《破坏社会主义市场经济秩序罪若干问题探讨》，《中国法学》1997 年第 4 期。

理秩序罪、破坏金融管理秩序罪、金融诈骗罪、危害税收征管罪、侵犯知识产权罪、扰乱市场秩序罪等类罪，较为广泛地覆盖市场经济运行的各个方面，有力地起到了刑法保障作用。还应指出的是，"97 刑法"在第二章第四节专门规定了单位作为独立的刑事责任主体及双罚制处罚原则，这也是适应市场经济发展需要的一个重要的立法完善。"我国刑法规定的是单位犯罪而不是法人犯罪，主要考虑到在我国现行体制下，还存在着大量的不具有法人资格的单位、团体，这些非法人的单位、团体的犯罪行为，对社会具有同样的危害性。"①

三　刑法修正案与刑法扩张

刑法需要随着经济社会的发展而发展，随着国际国内形势的变迁而与时俱进地完善。新刑法典于 1997 年 3 月 14 日公布，全国人大常委会于 1998 年 12 月 29 日又颁布了《关于惩治骗购外汇、逃汇和非法买卖外汇犯罪的决定》。这部单行刑法出台的背景，是 1997 年 7 月 2 日始自泰国的亚洲金融危机的爆发。"在亚洲金融危机中，骗购外汇、非法截留外汇、转移和买卖外汇的活动十分猖獗，发案量急剧增加。"② 此时出台单行刑法有利于稳定局势，避免引发更大金融混乱乃至社会不稳定情形的出现。

1999 年 12 月，全国人大常委会通过了《刑法修正案》，对刑法有关条文作了补充修改，从此开启以修正案方式修改、完善刑法的新阶段。修正案式立法的好处是，虽然对刑法规范作出实质修改，但修改后的条文可以插到刑法典原来的章节条文中，这样就在很大程度上维护了刑法典的统一性，具有单行刑法所没有的优势。

截至 2017 年 11 月新的修正案出台，全国人大常委会先后通过十个《刑法修正案》，公布了 13 个立法解释。虽然刑法典形式上仍

---

① 郭自力：《论我国新刑法的基本原则和主要特点》，《北京大学学报》1998 年第 5 期。

② 陈兴良：《回顾与展望：中国刑法立法四十年》，《法学》2018 年第 6 期。

是 452 个条文，但通过"某某条之一"等方式，实质意义上的条文已增加至 490 条；[①] 其中新增罪名 58 个，除嫖宿幼女罪被废除外，罪名由 412 个增加到 469 个。除了新增罪名，还通过增设新的行为构成、规定抽象危险犯、预备犯、帮助犯，扩大行为主体，兼容更多罪过形式，降低定罪量刑门槛等方式，使刑法介入空间扩大。这一阶段，刑法典以扩张为主要趋向。

　　从增设罪名的情况看，较为清晰地反映了"建设驱动型刑法"的新发展。为了与《会计法》的修订相配合，1999 年 12 月通过的第一个《刑法修正案》增设了隐匿、故意销毁会计凭证、会计账簿、财务会计报告罪（第一百六十二条之一）；该修正案还修改增设国有公司、企业、事业、单位失职罪和国有公司、企业、事业单位人员滥用职权罪（第一百六十八条）以弥补立法漏洞。2002 年 12 月通过的《刑法修正案（四）》增设了走私废物罪（第一百五十二条第二款），雇佣童工从事危重劳动罪（第二百四十四条之一）。2005 年 2 月通过的《刑法修正案（五）》增设了妨害信用卡管理罪（第一百七十七条之一）。2006 年 6 月通过的《刑法修正案（六）》增设虚假破产罪（第一百六十二条之二）、背信损害上市公司利益罪（第一百六十九条之一），增设骗取贷款、票据承兑、金融票证罪（第一百七十五条之一）、背信运用受托财产罪（第一百八十五条之一）。2009 年 2 月通过的《刑法修正案（七）》增设了利用未公开信息交易罪（第一百八十条第四款），增设组织、领导传销活动罪（第二百二十四条之一）。2011 年 2 月通过的《刑法修正案（八）》增设虚开发票罪（第二百零五条之一）、持有伪造的发票罪（第二百一十条之一），增设拒不支付劳动报酬罪（第二百七十六条之一）等。

　　前述新增罪名主要是为了应对市场经济和对外开放中的新情况新问题而规定的。例如，增设虚开发票罪、持有伪造的发票罪，就

---

　　① 参见颜九红《二十年刑法修正：成就与期许》，《北京政法职业学院学报》2017 年第 4 期。

是因为"近年来，虚开增值税专用发票的违法犯罪行为得到有效遏制，不法分子把违法犯罪目标和重点转向其他发票，虚开普通发票的行为泛滥猖獗"。增设拒不支付劳动报酬罪，则与我国城市化进程加快，大量农民进城务工有关。恶意欠薪案件多发于劳动密集型行业的个体或中小企业，被拖欠工资的主要是进城务工的农民工，处理不当易引发群体性事件而影响地方稳定。① 尽管前文列明的新增罪名未尽完全，入罪的原因也可能并不单一，但是总体来看，这些刑法规范仍属"建设驱动型刑法"之范畴。

还应指出的是，随着刑法的频频修正，中国刑法的刑罚结构发生了重大变化。"97 刑法"存在较多死刑罪名，刑罚结构总体偏重，呈现"厉而不严"的特征；在刑法的修正中，逐渐减少死刑加重生刑，轻罪、未成年人、老人犯罪刑罚更加轻缓，刑罚结构趋向于呈现"严而不厉"的特征。

"97 刑法"中的死刑罪名主要源自"79 刑法"及以后的单行刑法之规定。"79 刑法"规定了 28 个死刑罪名，总体上是比较宽缓的，但后来经单行刑法多次补充，死刑罪名在 1997 年刑法全面修订前达到 75 个。② 从 1979 年到 1996 年间，死刑罪名一直呈增加趋势。立法上死刑罪名的减少开始于"97 刑法"——减少了 7 个死刑罪名，还剩 68 个。2006 年死刑复核权收回最高人民法院，死刑实际适用规模得到更好控制，刑法立法上减少死刑罪名的条件更趋成熟。2013 年刑法上减少 13 个非暴力犯罪死刑，2015 年再次减少 9 个死刑罪名。目前，中国刑法中的死刑罪名还有 46 个。严格控制死刑，逐步减少死刑罪名仍然是中国刑法的发展方向。

《刑法修正案（八）》提高了数罪并罚时刑罚上限，对因犯数罪被判处有期徒刑，总和刑期在 35 年以上的，将其有期徒刑的上限由

---

① 参见颜九红《二十年刑法修正：成就与期许》，《北京政法职业学院学报》2017 年第 4 期。

② 参见陈兴良《回顾与展望：中国刑法立法四十年》，《法学》2018 年第 6 期。

20 年提高到 25 年；将死缓考验期满无故意犯罪减为有期徒刑 15 年到 20 年之规定，修改为减为 25 年有期徒刑。对老年人犯罪的刑事责任、缓刑、适用死刑都作了更为宽缓的规定；未成年人犯罪在累犯、缓刑、前科报告也作了新的宽缓规定。

　　刑法犯罪圈的扩张与现代化建设是同步的，刑罚圈的结构性调整变得更加轻缓。在社会主义现代化建设日趋深入的进程中，刑罚的轻缓化人道化发展，是改革开放的一个重要成果。

第四节　刑事法治的挑战与未来
（2012 年以来）

　　2012 年以来，中国政治、经济社会发展与犯罪态势与以往相比，发生了重大变化，刑事法治特别是刑法发展面临新的挑战，同时也拥有新的机遇。

一　新时代刑法的政治背景：政治改革的新阶段

　　党的十八大召开，中国政治改革迎来新阶段。以往的历史表明，当执政党的政治路线正确，改革有力时，经济社会就健康快速发展。改革开放政策的实施，中国迎来了持续 40 多年的快速发展，在工业化、城镇化、科技创新、农业现代化获得长足进展，中国的 GDP 已稳居世界第二位，这说明经济改革已经取得重大成功。但是，政治改革同时也走到了深水区，以往容易改的地方都改过了，剩下的都是难啃的硬骨头。不改革，中国难以迎来经济社会的新发展；改革，必然触及一部分人的既得利益。尤其是在某些领域某些环节，权力和资本以种种扭曲方式结合在一起，严重妨碍社会的健康发展；贪污腐败情况较为严重和普遍，权钱交易、"围猎"干部层出不穷，营商环境较差，法治规则不彰。与此同时，中国的 GDP 增速告别两位数时代，人口红利逐渐减退，经济发展方式亟待转换，经济下行压力增大，生态环境问题突出，协调改革、发展与稳定的压力巨大。

在这种背景下，以习近平同志为核心的党中央开启了"四个全面"的伟大事业。党的十八大以来，反腐败工作以"零容忍""无禁区"的态度有力展开，为深化改革提供了重要支持；中国经济降速换挡提质，注重提升科技创新对经济发展的贡献率，实施创新驱动发展战略；全面推进依法治国，全面从严治党，为全面建成小康社会、实现中华民族伟大复兴提供有力保障。

二　新时代刑法面临新形势

中国特色社会主义进入新时代，我国社会主要矛盾已经转化为人民日益增长的美好生活需要和不平衡不充分的发展之间的矛盾。这与以往的论断形成了鲜明对比。回顾改革开放以来社会变迁，更有益于理解当下历史方位。1978 年开始的改革开放事业，它首先意味着"告别革命"，国家和社会得以相对平稳下来，能够有条件展开以发展经济为中心的现代化建设，这才使中国社会逐渐从一个农业社会转变为以工业社会为主导的社会。中国社会主要矛盾的重大变化，则意味着"告别短缺"，它反映着中国的工业社会达到颇为成熟的程度，能够为社会提供较为充足的各种物质产品。在这样的时代条件下，中央提出在 2020 年全面建成小康社会才具可能性和及时性。还应指出，改革开放 40 多年来所取得的成就，固然与社会主义市场经济建设存在重要关系，但科学技术作为生产工具变革中的关键因素具有十分重要的地位，它通过与劳动者的结合，对社会生产力水平的提高有着直接意义，对当下中国社会发展的影响也日益显著。党的十八大提出，要实施创新驱动发展战略，科技创新是提高社会生产力和综合国力的战略支撑，必须摆在国家发展全局的核心位置。中国特色社会主义新时代，不仅是一个工业体系健全的工业化时代，也是一个科学技术发达的信息化时代。

21 世纪以来，特别是在美国"9·11 恐怖袭击事件"发生以后，恐怖主义、环境污染、食品药品问题、网络犯罪等新问题、新风险越来越多地在中国涌现并进入公共舆论空间，成为我们无从回避的时代难题。2014 年 4 月 15 日，习近平总书记在中央国家安全委员会第一次会议上提出"总体国家安全观"，要求构建包括十一种安全在内的国家安全体系。2017 年，党的十九大明确要求："更加自觉地防范各种风险，坚决战胜一切在政治、经济、文化、社会等领域和自然界出现的困难和挑战。"中国当下的社会从科技革命角度观察，从正面来看，它存在信息社会的侧面；从反面来看，它同时也存在风险社会的侧面。在政治改革、科技革命、社会变迁的推动下，中国的犯罪态势正发生着显著而具有根本性的改变，这对当下刑法观和刑法类型正发生着深刻的影响。

随着现代化的推进，中国的刑事案件总数仍然呈上升趋势，但犯罪类型结构的变化清晰反映了社会形态发展演变的影响。颇具典型性的表现是严重暴力犯罪数量的下降和借助高科技手段侵犯财产案件犯罪数量之上升。改革开放之初，社会治安案件特别是严重暴力犯罪快速上升。那时的中国是一个落后的农业社会，没有实行市场经济，科技水平相当落后，所以基本上不存在破坏市场经济的犯罪和高科技手段特征明显的犯罪。在工业社会走向成熟以后，高科技手段特征明显的犯罪数量快速增加了，严重暴力犯罪数量则连年下降。这是中国的社会形态由农业社会向工业社会、由工业社会向后工业社会或风险社会变迁的重要表征。有研究成果显示，2014 年以来，全国"八类严重暴力"犯罪案件数量连年下降的趋势十分明显；2014 年同比下降 0.88%，2015 年同比下降 6.98%，2016 年同比下降 1.24%，2017 年上半年进一步同比下降 2.31%[①]；2017 年 1 月至 11 月，全国放火、爆炸、杀人、伤害、强奸、绑架、抢劫等严重暴力案件数量同比下降 15.6%，比 2012 年下降 51.8%。"2016 年，我国每 10 万人中发生命案 0.62 起，是世界上命案发案率最低的国家之一。"

[①] 参见《最高法发布司法大数据研究成果：严重暴力犯罪案连年下降趋势明显》，《法制日报》2017 年 12 月 1 日第 1 版。

借助高科技手段侵犯财产案件不断表现出新的特点，犯罪态势较为严重。2012 年，在电信、互联网普及的背景下，诈骗犯罪持续高发。"网络诈骗每年给网民造成的损失不低于 308 亿元，遭遇欺诈的网民规模已达 6169 万人。"2013 年，电信诈骗经历了两年的下降后，高发势头重抬，电信诈骗又成为诈骗犯罪的主要类型。① 电信、网络诈骗涉众性强、影响面广，成为人民群众生活中的痛点。国家采取多种措施，建立了打击、防范和整治三位一体的治理机制，2016 年 9 月以后，发案势头得到一定程度遏制。② 这种下降态势持续到 2017 年，但情况仍然较为严重，诈骗模式从"地毯式诈骗"向"精准式诈骗"转型。③

还应注意的是，恐怖分子以现代交通工具为目标或工具、借助高科技手段实施的暴力恐怖犯罪引人注目。在恐怖主义犯罪方面，2012 年 6 月发生的暴力恐怖分子劫持航空器案备受关注，2013 年巴楚县暴恐袭击案、北京金水桥暴恐袭击案、新疆喀什暴恐袭击案频频发生，2014 年新疆乌鲁木齐火车站"4·30"暴恐爆炸案、新疆乌鲁木齐早市"5·22"暴恐爆炸案连续发生；2015 年 9 月新疆阿克苏拜城县暴恐袭击案后果严重。2015 年全国政法机关进行专项整治活动，成效显著，暴恐案件得到较好控制。

在环境污染犯罪方面，较长时间内存在着污染形势严重，而全国刑事案件查处严重不足的情况，2015 年之后情况发生重大改观。从适用《刑法》第三百三十八条的情况看，2006 年之前，相关案件数不超过 10 件，可以称之为一位数；2007—2012 年，相关案件数基本徘徊在 20 件左右，可以称之为两位数；2013 年，相关案件数达到

---

① 参见靳高风《2013 年中国犯罪形势分析及 2014 年预测》，《中国人民公安大学学报》（社会科学版）2014 年第 2 期。

② 靳高风：《2016 年中国犯罪形势分析及 2017 年预测》，《中国人民公安大学学报》（社会科学版）2017 年第 2 期。

③ 参见靳高风《2017 年中国犯罪形势分析及 2018 年预测》，《中国人民公安大学学报》（社会科学版）2018 年第 2 期。

104 件，首次达到三位数；2014 年，相关案件数达到 988 件，逼近
四位数；2015 年，相关案件数达到 1691 件，达到四位数；2016 年，
相关案件数达到 1886 件，继续保持四位数。① 需要指出的是，2011
年《刑法修正案（八）》把第三百三十八条规定的"重大环境污染
事故罪"修订为"污染环境罪"，使之在罪名的成立上摆脱了对结
果、实害的依赖和因果关系的判断，从而该罪名部分地被改造成了
抽象危险犯，这就在司法上改变了很难适用第三百三十八条的状况，
案件数量快速实现了从全国每年一二十件到上千件的增长。② 学者考
察了 2018 年环境污染案件情况后指出："在污染环境罪的 14 种入罪
标准中，重金属与危险废物等的超标排放是最重要的入罪方式，两
者合计达 74.31%。"③

　　2012 年以来，食品药品犯罪发展态势较为严峻。根据公安机关
统计，全国公安机关年均侦破食品犯罪案件数持续大幅度增长，已
从 2010 年前的几百起，上升到 2011 年的 5200 多起、2012 年的 9700
多起。④ 政法机关逐步加大对食品药品犯罪的惩治力度，特别是
2014 年、2015 年，公安机关侦破的案件均在 2 万多起。食品药品犯
罪借助网络电商、物流快递等作为重要犯罪渠道，有的案件中使用
新的化学添加剂以逃避打击。

　　还应注意到，在市场经济日渐发达的背景下，破坏社会主义市
场经济秩序的犯罪规模也长期处于高位，有的犯罪也与高科技手段
存在紧密关系。例如，2015 年以来 P2P 网络借贷平台频频"爆雷"，

---

① 参见喻海松《环境资源犯罪案件的审理路径》，《人民司法·案例》2018 年第
8 期。

② 参见焦旭鹏《现代刑法的风险转向》，《中国社会科学报》2017 年 7 月 25 日法
学版。

③ 焦艳鹏：《我国污染环境犯罪刑法惩治全景透视》，《环境保护》2019 年第
6 期。

④ 参见靳高风《2012 年中国犯罪形势与刑事政策分析》，《中国人民公安大学学
报》（社会科学版）2013 年第 2 期。

非法吸收公众存款、非法经营、组织领导传销活动等犯罪高发；这些犯罪利用互联网的便利快捷，涉众性强、行为方式复杂隐蔽、资金池巨大，造成了很大的金融和社会稳定风险。

在前述各种高科技特点明显的新型犯罪中，涉众性、蔓延性特点较为明显，对公共安全和人民群众的生命财产造成重大严重后果。随着科技革命不断深入、风险社会不断发展，这种犯罪发展态势表现得日益突出，推动着中国刑法必须做出有力应对。

三 新时代刑法的观念转换与规范转型

2012 年以来，在中国工业社会日渐成熟，风险社会不断深化、拓展的背景下，中国刑法的观念转换与规范转型已悄然发生。"97刑法"所体现的那种古典自由主义刑法观和"建设驱动型刑法"，逐渐变得不能单独指导与解释中国刑法新的发展状况和趋势。在风险社会的推动下，一种更加注重自由和安全平衡、调和的社会本位立场的风险刑法观更贴近中国社会变迁的背景，更有利于提出对刑法立法具有解释和指导意义的刑法理论。从中国刑法立法发展的状况来看，在"建设驱动型刑法"继续完善的同时，"风险驱动型刑法"已成为新的立法发展趋势。

2015 年 8 月《刑法修正案（九）》的通过，在很大程度上反映了"风险驱动型刑法"的立法发展，也为风险刑法观提供了作为解释和评判对象的新类型刑法规范。《刑法修正案（九）》一共有 52个条文，是继 2011 年《刑法修正案（八）》（50 个条文）之后对刑法典又一次较大规模修订。由于 2017 年 11 月通过的《刑法修正案（十）》仅有一个条文（增设了侮辱国歌罪），《刑法修正案（九）》的作用和意义更受各界关注。

《刑法修正案（九）》在恐怖主义犯罪和网络犯罪方面扩充的相关罪名广受关注。该修正案增设了准备实施恐怖活动罪（第一百二十条之二），增设宣扬恐怖主义、极端主义、煽动实施恐怖活动罪（第一百二十条之三），增加利用极端主义破坏法律实施罪（第一百二十条之四），增加强制穿戴宣扬恐怖主义、极端主义服饰、标志罪（第一百二十条之五），增设非法持有宣传恐怖主义、极端主义物品罪（第一百二十条之六）；修改补充帮助恐怖活动罪（第一百二十条之一），对组织、领导、参加恐怖组织罪增加财产刑（第一百二十条）。

自美国2001年发生的"9·11恐怖袭击事件"以来，更具组织性、致命性、针对平民的新恐怖主义受到全世界的广泛警惕，中国在2001年12月通过《刑法修正案（三）》专门作出制度应对。在"疆独"恐怖主义频发的背景下，《刑法修正案（九）》进一步扩充了相关罪名，把预备行为、帮助行为、持有行为等距离实害结果较远的行为也作为独立罪名作出规定，进一步严密了法网，加大了惩治恐怖主义犯罪的力度。

恐怖主义犯罪危害大、影响广，具有"巨灾"意义上的政治效应，不能等到造成实害以后再用刑法进行介入，预防的价值远高于事后惩罚。关于恐怖主义立法的发展反映出了这种指导思路，但新的刑法规范是否有效，是否平衡好自由和安全，还值得观察和检讨。

互联网对国家和社会生活具有广泛、深刻影响，网络犯罪涉众性强、传播快、变化多，相关案件容易形成地方或举国关注的政治"巨灾"效应。在《刑法修正案（七）》就公民个人信息保护、计算机信息系统保护作出专门规定的基础上，《刑法修正案（九）》又就网络相关犯罪作出进一步规定。《刑法修正案（七）》增设侵犯公民个人信息罪（第二百五十三条之一），《刑法修正案（九）》把行为主体由特殊主体扩大为一般主体，并将"违反国家规定"修改为"违反国家有关规定"，同时规定了从重处罚的原则。《刑法修正案（七）》增设非法获取计算机信息系统数据、非法控制计算机信息系统罪（第二百八十五条第二款），提供侵入、非法控制计算机信息系统程序、工具罪（第二百八十五条第三款），《刑法修正案（九）》将其行为主体扩大为也包括单位犯罪。《刑法修正案（九）》还增设拒不履行信息网络安全管理义务罪（第二百八十六条之一）、非法利用信息网络罪（第二百八十七条之一）、帮助信息网络犯罪活动罪（第二百八十七条之二）等。

　　在网络诈骗高发、食品药品等方面的犯罪也借助互联网渠道的背景下，国家进一步对网络犯罪严密法网有其必要性。把帮助行为正犯化作独立规定，能够回避帮助行为与正犯行为之间在犯意联络证明上的困难，但这也使刑法介入空间大为扩大，应充分考虑技术能力、商业正常运作的边界要求从严适用。

　　还应注意，《刑法修正案（九）》还进一步加强了人权保障，废除了 9 个罪名的死刑，同时又对强制猥亵罪、虐待罪、绑架罪、侮辱罪、诽谤罪等涉及公民个人法益的罪名作出了修改完善，进一步提高了公民人身权利的保障水平。特别值得一提的是，2013 年劳动教养制度废除，这是人权保障事业的又一进步。但是，该制度对于介于《刑法》和《治安管理处罚法》调整范围之间的轻微越轨行为具有一定控制机能，劳教废除以后这类行为的控制就将向《治安管理处罚法》和《刑法》"分流"，以免造成明显处罚漏洞。《刑法修正案（九）》在某种程度上反映了这种"分流"效应。例如，"多次抢夺"的行为，被增加为抢夺罪（第二百六十七条）的构成要件"……废止了劳动教养制度，对于多次抢夺没有达到数额较大或者情节严重的，只能给予治安管理处罚，难以适应打击和震慑这类违法行为的需要……有必要将这类行为纳入刑法予以惩治"①。

四　中国刑法的未来

　　新时代中国工业社会总体上走向成熟，并开始处于人工智能、大数据、云计算、生物科技所推动的新一轮科技、产业革命的浪潮之中。这将对未来中国经济社会发展产生重要而深远的影响，也对

---

①　王爱立：《中华人民共和国刑法修正案（九）、（十）解读》，中国法制出版社 2018 年版，第 136 页。

刑事法治提出了新的时代课题。结合科技革命推动下社会的发展，对中国刑法立法科学化的未来，可作出以下展望。

（一）刑法立法在较长时段内仍将采取适度的犯罪化

在科技革命的推动下，中国社会在步入后工业社会之后将长期存在风险社会的侧面。科技发展和社会变迁会带来人们活动空间的扩宽，同时在新的社会领域还可能出现新的严重越轨行为、新的保护法益，在较长的一个时段内适度的犯罪化将适应社会发展的实际要求。

（二）刑法立法应从集中立法模式转变为分散立法模式

以刑法修正案方式来修订刑法典的做法目前已暴露出很多问题，包括刑法典修改频繁影响其稳定性和权威性、"打补丁"式修订造成刑法体系解释上的自相矛盾、统一法典化立法不能兼顾不同社会形态在稳定性和适应性上的特别要求等。越来越多的学者主张中国的刑法立法模式应该告别集中立法模式，而要像德国、日本等大陆法系国家那样采取分散立法模式。有学者业已指明："我国刑法立法单一法典化的趋势并不符合世界刑法立法的现代发展趋势。因为现代刑法立法出现了'解法典化'的趋势。"[1] 刑法立法应采取刑法典、单行刑法、附属刑法均可直接规定罪刑条文的分散立法模式。具体来说，或可考虑把杀人、抢劫、强奸等自然犯以及刑法适用范围、刑罚一般条件、刑种及保安处分的一般性内容归入核心刑法的范畴，以刑法典的方式进行规定并基本维持不变；把网络犯罪、经济犯罪等行为类型复杂多样、变化较快的犯罪根据行业特色或专业依赖程度以附属刑法的方式进行规定，由此适应不同行业或专业领域内的快速发展和特殊要求；对于生态风险、恐怖主义、人工智能等领域个性显著、内容丰富多样的新型风险，则以单行刑法的方式专门进行规定，由此形成核心刑法、单行刑法、附属刑法并行的刑法立法模式。此外，在必要时仍可以修正案方式对刑法典、单行刑法进行

---

① 童德华：《我国刑法立法模式反思》，《法商研究》2017 年第 6 期。

补充或调整。经过一个相对较长的时期之后，还可进行系统的刑法编纂，促使不同刑法渊源和刑法规范之间更为协调和完备，避免分散立法模式可能的弊端。①

（三）刑法立法应注重从风险类型区分角度完善罪名体系布局

当下中国刑法在核风险、恐怖主义风险、生物风险以及环境风险的刑法规制中，缺少从风险类型角度的总体安排，更多地表现为以具体问题为导向。在美国"9·11 恐怖袭击事件"发生以后，我国近年来"疆独"等恐怖主义也比较活跃，有关恐怖主义的刑法修正就更受立法者重视，刑法基本实现了对该类风险生产、传播的全链条覆盖。在核风险、生物风险等问题上，刑法规制则隐而不彰，甚至部分地栖身于恐怖主义犯罪的相关条文中，专门的刑法规定较为匮乏。以风险类型的区分为基础，进而展开特定类型下的罪名体系布局，这是刑法立法发展进步的必由之路。②

（四）刑法立法的刑罚结构应进一步优化

由于未来刑法立法风险预防思维将继续发挥重大影响，轻罪的比重将上升，刑罚结构应进一步朝着"严而不厉"的方向完善。我国刑法现存的 46 个死刑罪名，应当进一步减少；应增加刑法中保安处分措施，强化刑罚、保安处分的二元制刑事责任后果体系；提高社区矫正的实施水平，使受刑人更好复归社会。

（五）刑法立法中轻罪比重将上升，应科学配置刑罚的附随后果

随着中国刑法立法中风险预防思维的凸显，预备犯、抽象危险犯、持有犯等尚未造成实害的行为以及帮助行为都被规定为独立的犯罪。这些风险刑法规范意义上的犯罪较之实害犯而言社会损害性

① 参见焦旭鹏《现代刑法的风险转向——兼评中国当下的刑法观》，《西南民族大学学报》（人文社会科学版）2018 年第 12 期。

② 同上。

更轻，刑法上匹配的刑罚也会较轻。但是，这样的轻罪在刑罚结构中比重的上升，会使刑罚的附随后果问题变得更为突出。由于中国大量行政法律和其他社会规范中都对曾受刑罚处罚者规定了较为严厉的刑罚附随后果，这就会出现虽然行为人被判处的刑罚不重，但刑罚的附随后果却比刑罚更为严厉的情况。"我国存在大量的包括'职业禁止''资格限制'等在内的非刑罚性禁止或限制措施，散见于不同层阶的制度，内容分散，标准不一，依据不明确，前置条件与后果的逻辑关联性不强，加上对受过刑罚的人员的个别价值评价性做法，使得受过刑罚处罚人员回归社会面临许多难题。"[①] 科学配置刑罚的附随后果是未来理应深入研究的重大议题。

（六）刑法应进一步提高国际化水平，适应"一带一路"建设需要

全球化是当下世界各国发展的大趋势，但同时出现了"逆全球化"的现象。在这种国际背景下，中国继续深入推进"一带一路"合作建设意义重大。中国刑法应当进一步加强与国际条约的衔接，还应注意与"一带一路"沿线国家的刑法之间的异同，加强国际商事合作中企业刑事合规风险的评估与审查，提高新时代背景下中国刑法的国际化水平与国际刑事司法合作的效率。

---

① 王瑞君：《我国刑罚附随后果制度的完善》，《政治与法律》2018 年第 8 期。

第十二章

新中国国际法治 70 年

2019 年是新中国成立 70 周年。70 年来，随着中国逐渐融入国际社会，参与国际法治进程，中国国际法治建设取得了显著成就，但其发展道路并不平坦。

中国国际法及其国际法治的发展，在 1978 年改革开放之前后，有着明显的不同。事实上，改革开放以前，中国国际法的理论研究和实践的发展是缓慢的和曲折的，触角也是较为狭窄的；改革开放以后，中国国际法理论研究和国际法律实践的广度、深度和速度均大幅度提升，同时，中国也积极参与并推进国际法治的进程。

第一节 新中国国际法理论与实践的
探索(1949—1978)

1949 年中国人民政治协商会议第一届全体会议通过的《共同纲领》，确立了新中国成立初期的大政方针。《共同纲领》第三条宣布："中华人民共和国必须彻底取消帝国主义国家在中国的一切特权。"《共同纲领》第七章确定了新中国的外交政策。这就是在平等、互利及互相尊重领土主权的基础上，与对中华人民共和国采取友好态度的外国政府谈判，建立外交关系；在平等和互利的基础上，与各外国政府和人民恢复并发展通商贸易关系。《共同纲领》第五十五条则明确规定了处理旧条约的原则，即采取区别对待的方针："对于国民党政府与外国政府所订立的各项条约和协定，中华人民共和国中央政府应加以审查，按其内容，分别予以承认，或废除，或修改，或重订。"

1954年宪法序言开宗明义，表明"我国根据平等、互利、互相尊重主权和领土完整的原则同任何国家建立和发展外交关系的政策，已经获得成就，今后将继续贯彻。在国际事务中，我国坚定不移的方针是为世界和平和人类进步的崇高目的而努力"。依据《共同纲领》和1954年宪法，国际法理论和实务界开始了新中国成立之初的国际法学术理论研究及国际法律实践。

此后的1975年宪法和1978年宪法也均在序言中表明：在国际事务中，在互相尊重主权和领土完整、互不侵犯、互不干涉内政、和平共处五项原则的基础上，发展与各国的关系。

可以说，《共同纲领》和宪法成为新中国成立后至改革开放，我国研究国际法问题，发展国际关系，以及参与国际法律实践和介入国际法律秩序的依据，抑或指针。

一　国际法理论的探索

新中国成立后，国际法学者即开始对一系列国际法重大理论和实践问题进行研究。周鲠生、王铁崖、李浩培、倪征燠、陈体强等众多国际法学者为新中国国际法理论的建构作出了杰出贡献。他们是新中国国际法学的奠基人和开拓者。

（一）国际法学理论探讨

自新中国成立起，中国国际法学者就致力于国际法学科的建构，并运用国际法的基本原理，有针对性地对新中国所面临的并亟待探讨和应对的国际法理论和实践问题进行研究，并发表了诸多成果。学者们所探讨的实践问题涉及承认、继承、条约、划界、领海、国籍、国际司法管辖等诸多领域。这里仅撷取几个方面加以梳理和论述。

周鲠生的《国际法》。这部著作脱稿于 1969 年，1976 年由商务印书馆出版。该书对近现代国际法重要理论学说作了系统阐述；对新中国的国际法实践问题作了分析，并阐明了观点。这些实践问题涉及平等互利原则、国家承认、国家责任、双重国籍、领海制度等。该书为新中国的国际法学奠定了基础。这部著作也是中国最具影响、最有代表性的国际法著作。

倪征燠的《国际法中的司法管辖问题》。这部著作由世界知识出版社于 1964 年出版。此书以各国立法、司法实践及国际条约的规定为据，系统论述了涉外案件中的司法管辖问题；对刑事管辖、民事管辖及同行使管辖权有关的问题作了国际法意义上的分析。这是一部对于新中国研究国际司法管辖问题及指导司法实践有着重大意义的著作。

李浩培的《条约法概论》。因 1969 年《维也纳条约法公约》的订立，以及条约法之于国际关系的重要性，李浩培先生于 1973 年开始写作这部著作。这部著作"兼重理论和实际"①，并主要以 1969 年的《维也纳条约法公约》所载规定为据，对条约法的各项原则、规则进行了论述及阐明。此书还对各派学术观点作了详尽阐述。这部著作是条约法的经典之作。

此外，陈体强于 1951 年以英文写成出版的《关于承认的国际法——英国与美国的实践》② 一书，也是受到中外国际法学者高度评价的学术著作。

（二）条约的梳理和研究

条约是国际法的重要渊源，也是各国交往中重要的国际法律文件，对于新中国也不例外。为了给国家参与国际关系和对外交往提

---

① 李浩培：《条约法概论》，法律出版社 1987 年版，"序"第 1 页。

② Ti-chiang Chen, *The International Law of Recognition: With Special Reference to Practice in Great Britain and the United States*, New York, Praeger, 1951.

供充分和可靠的国际法律依据，中国国际法学者也适时并有针对性地对条约和条约法加以研究。

新中国成立之初，面临的紧迫问题之一，即是处理旧条约。因而，对于 1949 年新中国成立以前的旧条约进行全面梳理，不仅是研究条约和条约法的一项基础工作，也是为新中国开展条约实践活动提供史料支持之所需。

这里要提及的是，王铁崖和北京大学法律系国际法教研室所编的《中外旧约章汇编》共三册。该三册《汇编》先后由三联书店于 1957 年、1959 年和 1962 年出版。它们包括了从 1689 年 9 月的《尼布楚条约》到 1949 年 8 月的《关于贸易关系的换文》，共计 1182 件条约。这些条约均为旧中国与外国签订的条约。其中，有很多是不平等条约。1842 年 8 月英国强迫中国签订的《南京条约》是第一个强加于中国的不平等条约。此后，中国又被强加了一系列不平等条约，例如，1858 年《中俄瑷珲条约》、1860 年《北京条约》、1895 年《马关条约》、1901 年《辛丑条约》，以及 1915 年日本胁迫中国签订的"二十一条"等。《中外旧约章汇编》为国际法和国内法学者们探究中国的条约史，分析不平等条约的历史状况，开展新中国的条约法实践提供了翔实的资料和充分的依据。

随着 1950 年 2 月 14 日新中国与苏联的第一个条约，即《中华人民共和国与苏维埃社会主义共和国联盟友好互助条约》（以下简称《中苏友好同盟互助条约》）的签署，条约逐渐成为新中国对外交往中重要的国际法律文件。

国际法基本理论的探索和研究，为新中国的国际法律实践活动提供了理论支持。

二　国际法律实践活动

自 1949 年新中国成立起，即开始采取较为多元的及多路径的方式与世界各国发展友好合作关系；并随着国际关系的发展，逐渐扩展参与国际法律实践活动的领域。

（一）建立外交关系

外交关系属"国家对外关系的范畴"。"作为国际法规律的对象，外交关系就是国与国间进行国际交往，运用谈判、会议和订约的方法，以及互设常驻代表机构形成的关系。"[①] 新中国自成立起，即依据《共同纲领》确定的原则，与其他国家建立外交关系。

1949 年 10 月 2 日，中国与苏联建交。苏联成为第一个承认并与新中国建交的国家。随后，1950 年 5 月，印度与新中国建交，它成为当时非社会主义国家中第一个与新中国建交的国家。

自 1949 年新中国成立至 1978 年 12 月，与亚洲、非洲、欧洲、美洲和大洋洲国家的 116 个国家建立了外交关系。中国的国际地位也不断提高。

从新中国建交历程看，其发展大致有三个时间段。

1. 20 世纪 50 年代初期。这一时期，新中国同苏联、东欧社会主义国家和邻近的一些亚洲民族主义国家建立了外交关系。

2. 20 世纪 50 年代后期至 60 年代末。此期，与新中国建交的国家快速增多。至 1969 年年底，与中国建交的国家达 50 个。[②] 但在与新中国建交的国家中，除法国外，均为亚洲、非洲和拉丁美洲国家。

3. 20 世纪 70 年代。这一时期，中国与第三世界国家的关系无论是广度还是深度都发展迅速，中国外交也打开了新的局面。此期，中国与 26 个非洲国家建立了外交关系。中国与拉丁美洲国家的关系也有了突破性发展，先后与 13 个拉丁美洲国家建立了外交关系。此外，1972 年 9 月，中国和日本两国政府经过谈判，发表《建交联合声明》。1978 年 8 月，中日两国签署了《中日和平友好条约》，中日关系得到了进一步的发展。同期，中国与欧洲国家间也出现了建交高潮。自 1970 年起，中国先后与意大利、奥地利、比利时、希腊、

---

① 周鲠生：《国际法》（下册），商务印书馆 1976 年版，第 505—506 页。

② 同上。

联邦德国、冰岛、卢森堡、西班牙、葡萄牙、爱尔兰等欧洲国家建立了外交关系。中国与英国、中国与荷兰的关系则升格为大使级外交关系。1975 年，中国还与欧洲共同体建立了正式关系。与此同时，中国与加拿大、澳大利亚、新西兰实现了关系正常化。[①]

（二）倡导和平共处五项原则

《共同纲领》在其确定的新中国的外交政策中，包含着和平共处五项原则的主要内容。

实践中，中国依循睦邻与和平共处的政策，解决与近邻印度和缅甸之间历史遗留的悬而未决的问题。1954 年 4 月，中国与印度《关于中国西藏地方和印度之间的通商和交通协定》的序言中首次提出和平共处五项原则，作为指导两国关系的原则。这五项原则是：互相尊重领土主权、互不侵犯、互不干涉、平等互惠及和平共处。此后，1954 年 6 月 28 日及 29 日，中国和印度、中国和缅甸分别发表联合声明，确认以和平共处五项原则作为指导两国之间关系的原则，并倡议这一原则也适用于一般国际关系。这两个联合声明中的五项原则略有改变，即为：互相尊重主权和领土完整、互不侵犯、互不干涉内政、平等互利、和平共处。

和平共处五项原则对其后的印度尼西亚万隆亚非会议最后公报的十项原则，以及《国际法原则宣言》和《各国经济权利和义务宪章》列举的国际经济关系基本原则有积极和重要的影响。和平共处五项原则已成为国际法基本原则的重要组成部分。

（三）缔结国际条约

新中国自成立起就开始了条约的缔结工作。而与新中国建立外交关系的工作相应，缔结条约在中国的对外交往中也愈加重要。

新中国以缔结多边和双边国际条约的方式参与国际关系和进行对外交往。就多边条约的缔结来看，1961 年 4 月《维也纳外交关系公约》于维也纳签订，于 1964 年 4 月 24 日生效。中国于 1975 年 11

[①]　周鲠生：《国际法》（下册），商务印书馆 1976 年版，第 505—506 页。

月加入《维也纳外交关系公约》（以下简称《公约》），该《公约》于 1975 年 12 月 25 日对中国生效。但总的来说，新中国成立初期所缔结的条约还是多为双边条约。据统计，自 1949 年至 1978 年的 29 年间，中国对外缔结条约 5370 余项，平均每年缔约 180 余项。[①] 所涉及的领域主要为友好合作、邮政、民航、通信、贸易、边界、文化等。其中又以涉及国家关系的政治类条约为多，如友好合作类条约等。

（四）参加国际组织

国际组织是国家间多边合作的产物。它也是国家间多边合作的一种有效的法律形式。各国往往会借助参加国际组织，扩大国际交往和多边合作。但新中国自 1949 年成立至改革开放前的这一时期，因首要的考虑是政权的巩固和国家的生存，故对外交往有限，乃至参加的国际组织也很少。但在这一时期，最为重要的是中国恢复了在联合国的合法席位。

联合国成立于 1945 年。它是世界上最具普遍性和权威性的国际组织。中国是联合国的创始会员国之一。但直到 20 世纪 70 年代初，中华人民共和国在联合国的合法席位遭到了剥夺。至 1971 年 10 月 25 日，第 26 届联合国大会通过了关于"恢复中华人民共和国在联合国组织中的一切权利"的第 2758 号决议，承认中华人民共和国政府的代表是中国在联合国组织的唯一合法代表。

自此，中国始终坚定地维护联合国的权威，支持联合国在维护和平、促进发展方面发挥的重要作用，并坚定维护以联合国为核心的国际秩序和国际体系。

三　新中国成立至改革开放前国际法理论与实践发展的特点

新中国的成立，为国际法理论的研究和国际法律实践带来了契

---

①　参见徐宏主编《中国国际法实践案例选编》，世界知识出版社 2018 年版，第 82 页。

机和推动力。这一时期，不论是国际法理论研究还是实践均有长足的发展。然而，由于新中国工作重心或目标的考虑，以及"文化大革命"等因素的影响，国际法学术理论研究及实践的发展也呈现出一些特点。

就国际法理论研究而言，虽然这一时期国际法研究领域和触及的问题均具有开拓性，并为构建新中国的国际法学奠定了基础，但研究触角仍显较少，范围也有限。加之受"文化大革命"等因素的影响，国际法学术理论研究逐渐陷入低谷，甚至停滞。

就国际法实践活动而言，根据《共同纲领》等确定的外交政策，其表现出的特点主要有：其一，建立外交关系的国家范围有限。这一时期，与中国建交的国家主要是苏联等社会主义国家和亚非拉美的第三世界国家。其二，条约缔结的数量较少。这主要原因是这一时期的目标是巩固新生政权，满足国家生存的基本需要。[①] 其三，缔结条约的类型和领域有限。缔结的条约主要是双边条约，涉及领域更多的是友好合作、邮政、贸易、边界勘定等。其四，参加的国际组织有限。与前述"其二"相关，这一时期中国参加的国际组织有限。

综上所述，这一时期，虽有国际法学术理论的探索及国际法实践活动，但均有一定的局限性，且尚不能说已有国际法治理念。

1978年开启了中国改革开放的征程。至今，改革开放已40多年。这也是中国融入国际社会，参与国际法治进程的40多年。紧随着改革开放的步伐，中国国际法学术理论研究和国际法律实践不断丰富和深化。同时，伴随着国际法治理念的产生与发展，中国也开始了参与和推进国际法治的进程。

以下各节将对改革开放以来中国国际法治理念的产生，以及中国参与、融入、推进国际法治进程的主要方面予以论述。

---

① 参见徐宏主编《中国国际法实践案例选编》，世界知识出版社2018年版，第81—82页。

第二节 国际法治理念在中国的
缘起与演进

"法治是政治文明发展到一定历史阶段的标志，凝结着人类智慧，为各国人民所向往和追求。"① 法治应包括国内和国际法治。

鉴于联合国是一个普遍性国际组织，至 2019 年 5 月，其会员国已为 193 个。中国是联合国会员国，并且始终维护联合国的权威和地位。此外，更为重要的是，促进国家和国际两级法治是联合国使命的核心；《联合国宪章》是国际法的基础，同时也是国际法治的依据。因此，这里对于国际法治理念的缘起和演进将以联合国为主线予以探索并展开。

一 联合国国际法治理念的出现和发展

联合国自成立起就积极推动建设国际法治。法治原则植根于《联合国宪章》（以下简称《宪章》）中。这也就是说，《宪章》本身即是国际法律；各国应依据《宪章》规定，开展国家之间的关系；联合国各主要机构的职能和作用，以及其采取的行动也均需以《宪章》的规定为准。

在国际法领域，联合国的法治活动更多地集中在支持制定和实施国际法规范和标准，以及促进国家和国际法治的进程方面。

2000 年 9 月，在联合国千年首脑会议上，与会各国领导人一致通过了《联合国千年宣言》（以下简称《宣言》）。该《宣言》重申：《联合国宪章》是创建一个更加和平、繁荣和公正的世界所必不可少的依据。我们将不遗余力，促进民主和加强法治，并尊重一切

---

① 参见中华人民共和国国务院新闻办公室《中国的法治建设》白皮书，2008 年 2 月 28 日，人民网（http://politics.people.com.cn/GB/1026/6937110.html），2019 年 6 月 20 日访问。

国际公认的人权和基本自由，包括发展权。《联合国千年宣言》成为联合国国际法治进程中的重要里程碑。

2004年8月，时任联合国秘书长的科菲·安南在其报告《冲突中和冲突后社会的法治和过渡司法》中对法治作了如下阐释：对联合国而言，"法治概念指的是这样一个治理原则：所有人、机构和实体，无论属于公营部门还是私营部门，包括国家本身，都对公开发布、平等实施和独立裁断，并与国际人权规范和标准保持一致的法律负责。这个概念还要求采取措施来保证遵守以下原则：法律至高无上、法律面前人人平等、对法律负责、公正适用法律、三权分立、参与性决策、法律上的可靠性、避免任意性以及程序和法律透明"①。

2005年的《世界首脑会议成果文件》将法治作为一项价值观和基本原则，呼吁在国家和国际两级全面遵守和实行法治。该《成果文件》重申维护《联合国宪章》的宗旨和原则以及国际法，并维护以法治和国际法为基础的国际秩序。②

2005年，时任联合国秘书长科菲·安南在《大自由：实现人人共享的发展、安全和人权》的报告中指出：保护和促进法治、人权及民主等普遍价值观，本身就是目标。同时，这些价值观也是一个公正、充满机遇、稳定的世界不可或缺的。秘书长报告还指出，《联合国千年宣言》重申了所有国家对法治的承诺，将法治视为促进人类安全和繁荣的一个极其重要的框架。但仅有法治的概念是不够的。因此，一方面，必须制定新的法律；另一方面，现有的法律必须付诸实施。该报告还强调，必须通过普遍参与多边公约加强对法治的支持。③

---

① 参见联合国秘书长报告《冲突中和冲突后社会的法治和过渡司法》，2004年8月3日，联合国网站（https://www.un.org/zh/documents/view_doc.asp?symbol=S/2004/616），2019年6月20日访问。

② 参见《2005年世界首脑会议成果文件》，2005年10月24日，联合国网站（https://www.un.org/chinese/ga/60/docs/ares60_1.htm），2019年6月20日访问。

③ 参见联合国秘书长报告《大自由：实现人人共享的发展、安全和人权》，2005年9月，联合国网站（https://www.un.org/chinese/largerfreedom/），2019年6月20日访问。

2006 年，时任联合国秘书长科菲·安南在《汇聚我们的力量：加强联合国对法治的支持》的报告中指出，联合国的法治活动由三个部分组成：一是国际一级的法治，包括有关《联合国宪章》、多边条约、国际争端解决机制、国际刑事法院及国际法方面的宣传、培训和教育问题。二是冲突和冲突后局势中的法治，包括过渡司法及加强国家司法制度和机构。三是长期发展背景下的法治活动，旨在确保连贯性。联合国人权标准和规范被纳入了这一部分。无疑，《联合国千年宣言》《世界首脑会议成果文件》，以及联合国秘书长关于《冲突中和冲突后社会的法治和过渡司法》的报告、《大自由：实现人人共享的发展、安全和人权》的报告及《汇聚我们的力量：加强联合国对法治的支持》的报告，是体现联合国国际法治理念，以及联合国推动国际法治进程的关键性文件。

此外，联合国主要机构的有关法治活动也促进了国际法治理念的丰富。自 1992 年以来，联合国大会即开始考虑将法治作为其议程之一进行审议。而自 2006 年以来，联合国大会对法治问题重新予以关注。大会在 2006 年、2007 年和 2008 年的三届会议上，通过了关于"国内和国际的法治"的三项决议。这三项决议均重申：维护《联合国宪章》的宗旨和原则及国际法，强调它们是一个更和平、更繁荣、更公正的世界所不可或缺的基础；人权、法治和民主相互关联、相互加强，是普遍和不可分割的联合国核心价值和原则的一部分；必须在国内和国际上遵守和实行法治，并维护以法治和国际法为基础的国际秩序；而法治、国际法和公正原则是为国家间和平共处及合作所不可或缺的。联合国安全理事会则多次举行了关于法治的专题辩论，并通过了若干决议，对妇女、和平与安全、武装冲突中的儿童、保护武装冲突中的平民等领域的法治问题予以关注。

这里，还有联合国 2015 年的《变革我们的世界：2030 年可持续发展议程》（以下简称《议程》）。在《千年发展目标》确定的目标期即将结束之际，为了巩固和发展千年发展目标，也为了完成千年发展目标尚未完成的事业，2015 年 9 月 25 日，联合国可持续发展峰会通过了《变革我们的世界：2030 年可持续发展议程》的成果文件。这项新的议程强调，遵循《联合国宪章》的宗旨和原则，充分尊重国际法；以《世界人权宣言》、各项国际人权条约、《联合国千年宣言》和 2005 年《世界首脑会议成果文件》为依据，并参照了《发展权利宣言》等其他文书。该《议程》表明，其愿景即是"创建一个普遍尊重人权和人的尊严、法治、公正、平等和非歧视，尊重种族、民族和文化多样性，尊重机会均等以充分发挥人的潜能和促进共同繁荣的世界"。为此，要达到的目标之一就是创建和平、包容的社会以促进可持续发展。这一目标包括在国家和国际层面促进法治，以及扩大和加强发展中国家对全球治理机构的参与。①

二　中国国际法治理念的演进

"国际法治"一语在中国的出现和使用虽较晚，但中国以秉持《联合国宪章》的宗旨和原则的姿态，以及和平发展的主张回应并践行了国际法治。

中国恪守《联合国宪章》的宗旨和原则，并作为国际法治的坚定维护者和积极建设者，提出了关涉国际法治的理念——从和谐世界到人类命运共同体。

2005 年 4 月，胡锦涛同志在印度尼西亚首都雅加达举行的亚非峰会上发表《与时俱进，继往开来，构筑亚非新型战略伙伴关系》的重要讲话，指出"综观当今世界，和平、发展、合作已成为时代潮流"；并呼吁"推动不同文明友好相处、平等对话、发展繁荣，共同构建一个和谐世界"②。这应是首次提出建设"和谐世界"的

---

① 参见《变革我们的世界：2030 年可持续发展议程》，2016 年 1 月 13 日，中华人民共和国外交部官方网站（https：//www. fmprc. gov. cn/web/ziliao _ 674904/zt _ 674979/dnzt_674981/qtzt/2030kcxfzyc_686343/t1331382. shtml），2019 年 6 月 20 日访问。

② 胡锦涛：《与时俱进，继往开来，构筑亚非新型战略伙伴关系——在亚非峰会上的讲话》，《人民日报》2005 年 4 月 23 日第 1 版。

理念。

2005 年 9 月，胡锦涛同志在联合国成立 60 周年首脑会议上的讲话中再次提出了"建设和谐世界"的理念，强调坚持多边主义，实现共同安全；坚持互利合作，实现共同繁荣；坚持包容精神，共建和谐世界；坚持积极稳妥方针，推进联合国改革。①

2008 年 2 月，《中国的法治建设》白皮书发布。该白皮书表明，中国遵行了国际法规则。《中国的法治建设》白皮书在其第三部分"尊重和保障人权的法律制度"中阐明，中国参加了 22 项国际人权公约，并认真履行所承担的相关义务，积极提交履约报告，充分发挥国际人权公约在促进和保护本国人权方面的积极作用。该白皮书在其第四部分"规范市场经济秩序的法律制度"中强调，中国十分重视资源节约和环境保护领域的国际合作，缔结或参加了《联合国气候变化框架条约》《京都议定书》《生物多样性公约》《联合国防治荒漠化公约》等 30 多项国际环境与资源保护条约，并积极履行所承担的条约义务。该白皮书在其第八部分"法治建设的国际交流与合作"中指明，中国与许多国家和国际组织建立了平等互惠的司法合作关系，接受和采纳国际上通行的司法合作规则。例如，《刑事诉讼法》将国际条约和互惠原则确立为中国司法机关对外开展刑事司法协助的基础；《引渡法》吸收国际上通行的引渡合作规则，规定了中国与外国开展引渡合作的具体准则、条件和程序。② 事实上，这也表明了国内法治与国际法治间的互动和联系。

2011 年 9 月发布的《中国的和平发展》白皮书在对"和平发展道路"予以阐释时指明，"和平发展道路归结起来就是……同国际社

① 参见胡锦涛《努力建设持久和平、共同繁荣的和谐世界——在联合国成立 60 周年首脑会议上的讲话》（2005 年 9 月 15 日），中国国际法学会主编《中国国际法年刊（2005）》，世界知识出版社 2007 年版，第 387—392 页。

② 参见中华人民共和国国务院新闻办公室《中国的法治建设》白皮书，2008 年 2 月 28 日，人民网（http://politics.people.com.cn/GB/1026/6937110.html），2019 年 6 月 20 日访问。

会一道努力，推动建设持久和平、共同繁荣的和谐世界"。该白皮书还表明，中国坚持在和平共处五项基本原则的基础上同所有国家发展友好合作；并且，作为国际社会负责任的国家，中国遵循国际法和公认的国际关系准则，认真履行应尽的国际责任；以积极姿态参与国际体系变革和国际规则制定，参与全球性问题治理；以命运共同体的新视角，以同舟共济、合作共赢的新理念，寻求多元文明交流互鉴的新局面，寻求人类共同利益和共同价值的新内涵，寻求各国合作应对多样化挑战和实现包容性发展的新道路。① 该白皮书不仅再次强调建设"和谐世界"，而且提出了"命运共同体"的理念。

2014 年以来，国际法治的理念更多地进入了主流话语。2014 年6 月，习近平主席在和平共处五项原则发表 60 周年纪念大会上提出："我们应该共同推动国际关系法治化。推动各方在国际关系中遵守国际法和公认的国际关系基本原则，用统一适用的规则来明是非、促和平、谋发展。"② 2015 年 4 月，李克强总理在亚非法协第 54 届年会开幕式上作了题为《加强亚非团结合作　促进世界和平公正》的主旨讲话。他指出，"当今世界，和平与发展仍然是时代的主题，合作共赢更是大势所趋，推进国际法治是人心所向"。2014 年 10 月，外交部部长王毅发表了题为《中国是国际法治的坚定维护者和建设者》的文章。③ 这些论述全面阐述了中国的国际法治理念。

近期，中国国际法治理念又有了新的进展。党的十九大提出：

---

① 参见中华人民共和国国务院新闻办公室《中国的和平发展》白皮书，2011 年9 月，中央政府门户网站（http://www.gov.cn/jrzg/2011 – 09/06/content_1941204. htm），2019 年 6 月 20 日访问。

② 习近平：《弘扬和平共处五项原则　建设合作共赢美好世界——在和平共处五项原则发表 60 周年纪念大会上的讲话》，《人民日报》2014 年 6 月 29 日第 2 版。还可参见中国国际法学会主办《中国国际法年刊（2014）》，法律出版社 2015 年版，第744—745 页。

③ 王毅：《中国是国际法治的坚定维护者和建设者》，《光明日报》2014 年 10 月24 日第 2 版。

坚持和平发展道路，推动构建人类命运共同体和新型国际关系；秉持共商共建共享的全球治理观，倡导国际关系民主化；以及继续发挥负责任大国作用，积极参与全球治理体系改革和建设，不断贡献中国智慧和力量。

2018 年 3 月 23 日，联合国人权理事会第 37 届会议通过了中国提出的"在人权领域促进合作共赢"的决议。该决议强调，各国应坚持多边主义，促进人权领域的对话与合作，实现合作共赢。该决议还采纳了"两个构建"的中国主张，亦即：构建相互尊重、公平正义、合作共赢的国际关系；以及构建人类命运共同体。毋庸置疑，中国提出的建设和谐世界、构建新型国际关系和人类命运共同体的理念与《联合国宪章》的宗旨和原则是相吻合的，与国际法治的目标是相一致的。

三 中国国际法学界关于国际法治的讨论

中国学者关于国际法治的研究和讨论是在进入 21 世纪后才逐渐多了起来的。但学者们分析和研讨的视角和内容还是丰富的。学者们的著述论及国际法治的基本理论、全球化背景下的国际法治、和谐世界与国际法治、全球治理与国际法治，等等。

谈及国际法治的研究，还需提及成立于 1980 年 2 月的中国国际法学会。作为一个研究国际法的全国性学术团体，中国国际法学会的主要宗旨，就是加强国际法学术活动，促进我国国际法科学的发展，为我国社会主义现代化建设和国际和平交往服务。[①] 中国国际法学会在中国国际法治理念演进，以及关于国际法治的研讨过程中有着积极的作用。自中国国际法学会成立起，即关注并论证作为法律的国际法的作用；探讨作为国际法治基础或依据的国际法对于构建和谐社会、维护国际社会秩序的作用，以及《联合国宪章》的性质

---

① 参见徐鹤皋《中国国际法学会的成立及其活动》，中国国际法学会主编《中国国际法年刊（1982）》，中国对外翻译出版公司 1982 年版，第 305 页。

和意义；探寻国际法治与国际秩序的关系。

中国学者对于国际法治概念的界定也有诸多讨论和争鸣。有学者将国际法治界定为："国际社会接受公正的法律治理的状态。"而国际法治的内在要求即："第一，国际社会生活的基本方面接受公正的国际法的治理；第二，国际法高于个别国家的意志；第三，各国在国际法面前一律平等；第四，各国的权利、自由和利益非经法定程序不得剥夺。"①

还有学者主张，前述时任联合国秘书长科菲·安南在其《冲突中和冲突后社会的法治和过渡司法》报告中关于联合国法治概念的阐释，实际就是对国际法治的界定。②

另有学者界定为："国际法治是指国际社会各行为体共同崇尚和遵从人本主义、和谐共存、持续发展的法律制度，并以此为基点和准绳，在跨越国家的层面上约束各自的行为、确立彼此的关系、界定各自的权利和义务、处理相关的事务的模式与结构。"国际法治要求"良法"和"善治"。良法即指"国际社会所遵守和运行的法律规范都符合良好的价值要求，包含形式价值和实体价值"。善治即指"法律规范得到了良好的遵守和运行"③。

虽然前述三种界定的表述有所不同，且概念的内涵也有所扩展，但是，它们内中体现的要素其实均是"良法"和"善治"。

第三节　中国践行国际法治的路径

纵观改革开放以来的实践，不难看出，中国主要是通过参与国

---

① 车丕照：《法律全球化与国际法治》，高鸿钧主编《清华法治论衡》（第3辑），清华大学出版社2002年版，第139页。

② 曾令良：《中国践行国际法治30年：成就与挑战》，《武大国际法评论》2011年第1期。

③ 何志鹏：《国际法治论》，北京大学出版社2016年版，第44页。

际立法及实践国际法律两条路径来践行国际法治的。

一　国际立法

一般来说，国际立法包括国际法的编纂、国际规则的制定和国际条约的缔结。改革开放以来，中国参与国际立法的路径主要是通过国际规则的制定及缔结国际条约来达成的。

（一）参与国际条约规则的制定

国际条约是国际法的主要渊源，也是各国交往合作的重要国际法律文件。基于此，自1949年新中国成立起，即以缔结多边和双边国际条约的方式参与国际关系和进行国际交往。

联合国也不断吁请各国参加多边条约，以通过普遍参加多边条约加强对法治的支持。当然，这是对国际法治和国内法治的双向促进。自1978年改革开放以来，中国通过参与草拟、谈判等国际条约的缔结环节，参与了多个领域国际条约规则的制定，并履行相应的条约义务。

1. 参与《联合国海洋法公约》的谈判。在联合国的主持下，国际海洋法的编纂取得了很大成绩。联合国在1958年和1960年先后两次召开了海洋法会议，讨论了领海和毗连区、公海的一般制度、公海渔业养护、大陆架和内陆国出海等问题。1973年12月第三次联合国海洋法会议召开，其任务是"通过一项公约，处理一切有关海洋法的问题"①。中国参加了这次会议，并表明了立场，为建立公正、合理的国际海洋秩序作出了积极贡献。1982年12月中国签署了作为会议成果的《联合国海洋法公约》。1996年5月中国批准该公约；1996年6月交存批准书。1996年7月《联合国海洋法公约》对中国生效。

为在国内实施《联合国海洋法公约》，中国制定了一系列有关海洋的立法，涉及海洋环境保护、海洋科学研究、海上交通安全、渔

---

① 参见第28届联合国大会第3067号决议（1973年1月16日）。

业、领海及毗连区、专属经济区和大陆架等领域。

2. 参与多边刑事法律类条约的谈判。中国始终以积极的态度参与多边刑事司法合作，推进国际刑事司法合作的不断发展。截至2011年，中国已参加了20余项含有刑事司法协助内容的国际公约。① 其中，有两项重要的公约，即《联合国打击跨国有组织犯罪公约》和《联合国反腐败公约》。中国参加了两公约的谈判，并提出了诸多积极建议，在两公约的谈判和制定过程中发挥了建设性的作用。

中国于2000年12月签署《联合国打击跨国有组织犯罪公约》，2003年8月批准该公约，2003年9月交存批准书。2003年10月《联合国打击跨国有组织犯罪公约》对中国生效。中国于2003年12月签署《联合国反腐败公约》，2005年10月批准该公约，2006年1月交存批准书。2006年2月《联合国反腐败公约》对中国（包括香港特别行政区和澳门特别行政区）生效。

3. 参与有关国际环境条约的谈判。20世纪70年代以来，有关国际环境保护的法律原则、规则和制度迅速发展，逐渐形成了国际法的新分支——国际环境法。1972年，联合国在斯德哥尔摩举行的人类环境会议被认为是国际社会重视生态保护的一个重要里程碑，也是国际环境法发展史上的转折点。这次大会通过了《联合国人类环境宣言》。此后，联合国相继制定了数个具有法律拘束力的国际环境条约。例如，《联合国海洋法公约》《南极条约》《控制危险废物越境转移及其处置巴塞尔公约》《联合国气候变化框架公约》《京都议定书》《联合国防治荒漠化公约》等。

中国自1978年改革开放，尤其是20世纪90年代以来，积极参与了诸多国际环境条约的谈判，并提出了积极的和建设性的主张。这里要特别提及的是，中国在参加始于1991年的《联合国气候变化框架公约》的谈判进程中，提出了一份完整的公约草案提案。这也

---

① 参见段洁龙主编《中国国际法实践与案例》，法律出版社2011年版，第238页。

是中国首次在多边条约谈判中提出完整的公约草案案文。此后，中国提出的公约草案案文与印度所提出的公约草案案文一道被作为"七十七国集团加中国"公约草案提案的蓝本，成为重要的基础性谈判文件。①

中国迄今参加了 30 余项国际环境条约，内容涉及国际环境保护的若干重要方面，例如，大气、海洋、生物、生态、极地，以及危险物质的控制与管理等。中国参加的这些国际环境条约主要有：1992 年 11 月批准的《联合国气候变化框架公约》、1992 年 11 月批准的《生物多样性公约》、1996 年 5 月批准的《联合国海洋法公约》、1996 年 12 月批准的《联合国防治荒漠化公约》、1983 年 6 月对中国生效的《南极条约》、1992 年 8 月对中国生效的《控制危险废物越境转移及其处置巴塞尔公约》等。中国在批准国际环境条约后，采取了立法、行政等措施，履行条约义务。例如，制定或完善国内立法，成立跨部门的协调机制，以及及时编制履约报告，等等。

（二）参与国际组织规则的制定

国际组织是现代国际生活中国家间合作的一种重要的法律形式。20 世纪以来，国际组织的大量出现对国际法全方位的发展产生了巨大的影响，不仅使国际法主体的范围有实质性的扩大，而且也影响着国际法几乎一切领域的发展。在现代国际法及当今国际法治的发展进程中，国际组织具有重要的意义。

国际组织的作用不容忽视。一方面，国际组织的多边合作机制可以为国家间的合作与发展提供广泛的路径；另一方面，国际组织，尤其是以联合国为旗帜的现代国际组织，以其实践，成为影响和促进国际法发展的主要动力之一。②

---

① 参见徐宏主编《中国国际法实践案例选编》，世界知识出版社 2018 年版，第207—208 页。

② 参见饶戈平主编《国际组织法》，北京大学出版社 1996 年版，第 21—24 页；饶戈平主编《全球化进程中的国际组织》，北京大学出版社 2005 年版，第 16—17 页。

随着 1978 年的改革开放，中国开始全面参与各种国际组织，加强同世界各国的交流、联系，在参与国际组织方面出现了一个高潮。截至 2011 年 9 月，中国参加了 100 多个政府间国际组织。这些组织包括国际和区域性国际组织，其类型覆盖政治、经济、文化、教育、科学技术、金融、贸易、青年等领域。中国积极参与了国际组织规则的制定。但从过往和未来可能的影响力考虑，故而选取上海合作组织和北极理事会为例。

1. 上海合作组织。上海合作组织是哈萨克斯坦共和国、中华人民共和国、吉尔吉斯共和国、俄罗斯联邦、塔吉克斯坦共和国、乌兹别克斯坦共和国于 2001 年 6 月在中国上海宣布成立的永久性政府间国际组织。上海合作组织也是迄今为止唯一一个在中国境内成立、以中国城市命名、总部设在中国境内的区域性政府间国际组织。

2001 年 6 月的《上海合作组织成立宣言》和 2002 年 6 月的《上海合作组织宪章》规定了上海合作组织的宗旨、原则：恪守《联合国宪章》的宗旨和原则；加强成员国的相互信任与睦邻友好；维护和加强地区和平、安全与稳定，共同打击恐怖主义、分裂主义和极端主义、毒品走私、非法贩运武器和其他跨国犯罪；开展经贸、环保、文化、科技、教育、能源、交通、金融等领域的合作；推动建立民主、公正、合理的国际政治经济新秩序；平等互利，通过相互协商解决所有问题。

2004 年 12 月，上海合作组织获联合国大会观察员地位。

2. 北极理事会。北极理事会 1996 年成立于加拿大渥太华，迄今只包括加拿大、丹麦、芬兰、冰岛、挪威、俄罗斯、瑞典和美国 8 个创始国。其宗旨是保护北极地区环境，促进该地区在经济、社会等方面的持续发展，探讨相关各国在北极的行为准则。

随着全球气候变暖而导致的北极地区冰雪覆盖区范围的快速消退，无论在传统安全领域，还是在非传统安全领域，北极地区都已日益成为国际社会的关注焦点。基于此，中国于 2006 年开始向北极理事会提出申请，希望成为北极理事会永久观察员国。

2013 年 5 月，北极理事会接纳中国为理事会永久正式观察员国。这对中国参与合作应对北极问题，确保北极的和平、稳定和可持续发展有着积极的意义。

（三）缔结国际条约

缔结国际条约是遵守和实行国家和国际法治的重要路径。在当代国际关系急速发展的背景下，中国缔结多边和双边条约的速度和数量均逐年上升，尤其是近年来更呈快速增长态势。中国已成为国际法治的参与者、贡献者和践行者。

1. 多边条约的缔结。多边条约在建设国际法治中发挥着不可替代的作用。中国积极参与多边条约制定，并善意履行多边条约义务。

截至 2018 年 12 月，中国缔结了 400 多项多边条约。其中，改革开放以来缔结的条约大约为 362 项。条约的内容涉及人权、经济、边界边境、文化、民航、外空、核能、邮政、电信、和平解决国际争端、环境、禁止恐怖主义、司法协助、知识产权、投资、金融、国际人道法等各个领域。

2. 双边条约的缔结。据统计，截至 2017 年 12 月，中国缔结的双边条约 24770 余项。其中，1979 年以来缔结的双边条约 19400 余项。

就司法协助条约而言，据统计，截至 2019 年 1 月，中国已与 77 个国家缔结了引渡条约、司法协助条约、资产返还和分享协定、打击"三股势力"协定及移管被判刑人条约共 161 项。其中，131 项已生效。在司法协助条约中，引渡条约 55 项，已有 39 项生效；刑事司法协助条约 45 项，已有 36 项生效；民刑事司法协助条约 19 项，已全部生效；民商事司法协助条约 20 项，已有 18 项生效；资产返还和分享协定 1 项，尚未生效；打击"三股势力"协定 7 项，已全部生效。司法协助双边条约均为改革开放后所缔结。

二 国际法律实践

"良法"和"善治"对于国际法治缺一不可。"善治"就意味着善意并良好地遵守和实施国际法律。

（一）履行条约义务

根据已批准的相关国际条约的规定，中国采取了制定或修改国内法律、制订国家行动计划、提交履约报告等方式履行条约义务。

1. 经贸类法律的修改和制定。2001年，中国加入世界贸易组织（WTO）。为履行承诺，自1999年年底以来，中国开始对有关法律、法规、行政规章进行清理、修改，并制订了立、改、废计划。据此，全国人民代表大会及其常务委员会首先对《中外合资经营企业法》《中外合作经营企业法》《外资企业法》《海关法》《商标法》《专利法》《著作权法》7部法律进行了修改，完成了中国正式成为WTO成员之前修改法律的承诺。加入世界贸易组织以后，中国根据其在《中华人民共和国加入世界贸易组织议定书》中的承诺，全面梳理相关国内立法，并通过废止、停止或修改与WTO协定不一致的法律法规，以及制定新的法律法规的方式，履行其在WTO协定下的条约义务。为了适应入世后的需要，中国制定或修订了若干法律法规，包括《对外贸易法》《保障措施条例》《反倾销条例》《反补贴条例》等，以便加速同国际接轨。

2. 环境立法。国际环境条约在赋予缔约国权利的同时，规定了缔约国应承担的义务，即采取立法、行政等措施保护环境。中国在批准国际环境条约后，采取多种方式履行条约义务。例如，制定或完善国内立法，提交信息通报，发布国家方案，及时编制履约报告，以及参与国际合作。

就立法而言，1989年12月通过了《环境保护法》。该法后经修订，于2014年4月24日通过。作为一部综合性的环境保护法，修订后的《环境保护法》第一条规定："为了保护和改善环境，防治污染和其他公害，保护公众健康，推进生态文明建设，促进经济社会可持续发展，制定本法。"第六条规定："一切单位和个人都有保护环境的义务。"第十七条规定："国家建立、健全环境监测制度。国务院环境保护主管部门制定监测规范，会同有关部门组织监测网络，统一规划国家环境质量监测站（点）的设置，建立监测数据共享机制，加强对环境监测的管理。"此外，中国还制定了一系列有关环境保护的专门法律，如《水污染防治法》《大气污染防治法》《固体废物污染环境防治法》《环境噪声污染防治法》《清洁生产促进法》《节约能源法》等。

3. 海洋立法。随着中国的改革开放，海洋立法提上了议事日程。《联合国海洋公约》的签署进一步推动了中国的海洋立法工作。需要特别提及的是，中国于 1992 年 2 月通过了《领海及毗连区法》，以及于 1998 年 6 月 26 日通过了《专属经济区和大陆架法》。这两部法律奠定了中国海洋立法的基础。

4. 人权保障立法及其他举措。（1）立法。中国保障人权的法律首先是宪法。我国现行宪法规定了 29 项公民的权利和 23 种类型的宪法权利主体。这较之 1954 年、1975 年、1978 年宪法有很大扩展。[①] 无疑，"八二宪法"所规定的"公民的基本权利"构筑了中国公民应享有的宪法和法律权利的基础。而经 2004 年修正后的宪法，一个突破性的发展和变化就是将人权写入其中。2004 年《宪法修正案》第三十三条明确规定："国家尊重和保障人权。"这是中国第一次将保护人权的条款写进宪法。以宪法为基础，中国制定了若干部对人权有重要影响的法律。例如，《民法通则》《物权法》《刑法》《刑事诉讼法》《婚姻法》《未成年人保护法》《妇女权益保障法》《劳动法》《就业促进法》，等等。（2）其他举措。为多途径地切实保障人权，中国通过制订国家人权行动计划、向国际人权条约机构提交国家履约报告、接受人权机构审议等方式，履行保障人权的义务。

---

① 据统计，1954 年宪法规定了 23 项公民的基本权利，15 种类型的宪法权利主体；1975 年宪法规定了 17 项公民的基本权利，12 种类型的宪法权利主体；1978 年宪法规定了 20 项公民的基本权利，15 种类型的宪法权利主体。参见莫纪宏等《人权法的新发展》，中国社会科学出版社 2008 年版，第 180 页。

中国于2009年、2012年和2016年先后制定了三个《国家人权行动计划》。2016年9月发布的最新的《国家人权行动计划（2016—2020年）》，其目标既包括保障各项人权，也包括积极参与国际人权工作。亦即，认真履行人权条约义务，深入参与联合国人权机制的工作；以及积极推进国际人权的交流与合作。

此外，作为联合国成员国，中国积极参与联合国人权理事会的工作。2006年3月人权理事会成立，中国即当选为人权理事会成员。此后，又于2009年、2013年、2016年当选人权理事会成员。中国积极参与人权理事会的人权普遍定期审议。同时，中国根据已批准的国际人权公约的规定，履行其报告义务。

（二）参与国际司法机构的工作

国际司法机构的建立不仅标志着国际法的发展，同时也表明了国际法治从理念到实践的演进。中国支持并积极参与了国际司法机构的工作。

1. 国际法院。国际法院是联合国的主要司法机关。它根据《联合国宪章》设立，以实现联合国的主要宗旨之一："以和平方法且依正义及国际法之原则，调整或解决足以破坏和平之国际争端或情势。"国际法院于1946年开始工作。国际法院依据《国际法院规约》及其本身的规则运作。《国际法院规约》是《联合国宪章》的一部分，它规定了国际法院组织构成、职权范围、程序规则等项。

国际法院通过司法手段解决国际争端，其判决和咨询意见阐明了国际法的有关原则和规则，丰富和发展了国际法。

国际法院法官为15名。根据《国际法院规约》，他们系从品格高尚并在本国具有最高司法职位任命资格或公认的国际法学家中选出。倪征燠是新中国第一位国际法院法官（1985—1994年）。之后，中国担任国际法院法官的有史久镛和薛捍勤。其中，史久镛曾于2003—2006年担任国际法院院长。这是国际法院成立以来首位担任院长的中国籍法官。薛捍勤为现任法官。

2009年4月，中国应国际法院要求，就"科索沃临时自治机构单方面宣布独立是否符合国际法案"向法院提交书面意见。这是新中国成立后，首次参与国际法院的咨询程序。

2. 国际刑事法院。随着纽伦堡国际军事法庭（1945 年）和远东国际军事法庭（1946 年）的建立，联合国大会确认有必要建立一个常设国际刑事法院，以起诉灭绝种族等暴行。为此，联合国作了多年努力，并经历了漫长过程。1993 年建立的前南斯拉夫国际刑事法庭，以及 1994 年建立的卢旺达国际刑事法庭成为创立国际刑事常设机制的驱动力。

经过数年谈判，联合国于 1998 年 6 月 15 日在意大利罗马召开建立国际刑事法院全权代表外交大会。1998 年 7 月 17 日，《国际刑事法院罗马规约》获得通过。2002 年 7 月 1 日，《国际刑事法院罗马规约》生效，国际刑事法院建立。国际刑事法院管辖四类最严重的犯罪，即种族灭绝罪、危害人类罪、战争罪和侵略罪。国际刑事法院的最终目标就是执行国际正义；为了"不让犯罪者逍遥法外"。[①] 时任联合国秘书长的科菲·安南将国际刑事法院的建立称为"朝着向普遍人权和法治迈进的巨大一步"。

中国一直支持国际社会加强合作，以惩治最严重的国际犯罪行为。自 1994 年联合国大会设立特设委员会到筹备委员会讨论建立国际刑事法院问题，直至罗马外交大会，中国均积极参与了制定《国际刑事法院罗马规约》（以下简称《规约》）的全过程。但因该《规约》没有充分考虑中国对一些问题的严重关切，故中国投了反对票，未批准《国际刑事法院罗马规约》。

3. 国际海洋法法庭。国际海洋法法庭根据《联合国海洋法公约》（以下简称《公约》）于 1996 年 10 月成立。该法庭为独立的司法机构，主要负责有关公约解释或适用争端的审理和裁决。法庭由 21 名法官组成。他们由《公约》缔约国会议从享有公平和正直的最高声誉、在海洋法领域具有公认资格的人士中选出。

---

① 《国际刑事法院规约》序言。

1996 年 8 月，在第 5 次《公约》缔约国会议上举行的法庭首任法官选举中，赵理海当选。此后，许光建、高之国先后也就任过海洋法法庭法官。

4. 特设国际刑事法庭。1993 年，联合国安理会鉴于前南斯拉夫境内发生的违反国际人道法的行为，并断定这一局势对国际和平与安全构成了威胁，故审议和通过了第 808 号和第 827 号决议，并据此设立前南斯拉夫国际刑事法庭。前南斯拉夫国际刑事法庭也开创了由国际法庭审理国内战争罪犯的先例。"同时，也是通过安理会的决定，第一次在联合国的范围内将有关国际刑法的理论付诸实施。"①

1994 年 4 月，卢旺达境内发生了大规模的种族屠杀及其他严重违反国际人道法的行为。安理会断定，卢旺达所发生的事件已构成对"国际和平与安全的威胁"，并应采取措施防止局势的进一步恶化。为此，安理会通过第 955 号决议，设立卢旺达国际刑事法庭。

前南斯拉夫国际刑事法庭和卢旺达国际刑事法庭均为联合国安全理事会根据《联合国宪章》第七章特设的国际刑事法庭。这也是联合国安全理事会为积极预防和解决地区冲突所设立的特设刑事法庭。其主要目的即是把违反国际人道法和人权法的个人绳之以法，通过法治手段，维护国际和平与安全。

中国参与了前南斯拉夫国际刑事法庭的工作，并一直关注卢旺达国际刑事法庭的工作。李浩培、王铁崖先后担任了前南斯拉夫国际刑事法庭法官。现任法官为刘大群。

（三）参与联合国维持和平行动

和平是人类共同的愿望和崇高的目标。联合国维持和平行动的目标就是帮助遭受冲突的国家创造促进持久和平的各种条件。维持和平行动迄今成为联合国推动并维持国际和平与安全最有效的手段之一。联合国维持和平行动始于 1948 年。截至 2019 年 5 月，联合

---

① 朱文奇：《国际人道法》，中国人民大学出版社 2007 年版，第 409 页。

国已部署了 71 个维和行动。其中，已完成的维和行动为 57 个；目前正在进行的维和行动为 14 个。联合国部署的维和行动遍及非洲、美洲、亚洲和太平洋地区、欧洲和中东。① 另据统计，有超过 100 万名男女联合国维和人员帮助冲突各国实现了和平与稳定。维和是一股独特的正义力量。②

中国支持并积极参与联合国的维持和平行动。中国是联合国五个常任理事国中派出维和部队最多的国家。中国于 1988 年 12 月加入联合国维持和平行动特别委员会。此后，中国以特派专家、特遣队、参谋、单派警察、建制警察部队的形式参与联合国维和行动。1990 年 4 月，首次派出军事观察团；1992 年首次派遣成建制部队参与维持和平行动；2000 年 1 月，首次派遣维和警察参与维和行动。2001 年 12 月，中国国防部维和事务办公室成立，旨在负责统一协调管理中国军队参与联合国维和行动工作。2002 年 2 月，中国正式加入联合国一级维和待命安排机制。截至 2019 年 5 月，中国军队已累计派出维和军事人员 3.5 万余人次，先后参加了 24 项联合国维和行动，被国际社会誉为"维和行动的关键因素和关键力量"③。

第四节　中国国际法治建设的展望

自新中国成立尤其是改革开放以来，中国的国际法治建设成就显著。但是，从进一步参与和推进国际法治进程来看，中国作为国际法治的参与者、维护者和建设者，依然任重而道远。此处仅是对未来中国国际法治建设的一点思考。这也是本章的结语。

---

① 参见联合国网站（peacekeeping. un. org）相关介绍。
② 参见联合国网站（peacekeeping. un. org/zh/service-and-sacrifice）相关介绍。
③ 同上。

一 完善国际法理论体系

国际法随国际关系的发展而发展。国际关系的发展、变化必然会带来国际法理论的新触点。反之，分析并应对复杂的又有着不确定性的国际关系，则需要国际法理论的阐述和支撑。

在国际形势千变万化，且同时在构建人类命运共同体的背景下，中国国际法理论界的一项重要任务，就是将国际法理论研究与实践更为有机地结合，拓展国际法理论研究领域，完善国际法理论体系，为国际法律实践提供理论支撑；并更进一步地夯实国际法作为国际法治的依据，以及构建人类命运共同体和维护国际社会秩序基础或前提的作用。

二 有效参与国际立法和决策

国际规则是国际法治的基础。就参与国际组织规则的制定来说，中国参加的国际组织数目有限，在多数组织中地位也不高，因而，在已参加的国际组织中发挥的作用也有限，故影响力尚待加强。[①] 中国参加国际组织的这种现况无疑也将限制或影响中国对国际立法和决策的深度参与。为作出改变，中国在参与国际法治的过程中，仍需提升话语权。但前提是需不断加强自身的话语能力，这样才能有效表达主张，维护国家利益，强化国际合作。

三 厘清国际法与国内法的关系

由于在中国现行法律体系框架下，国际法与国内法的关系，抑或是国际条约与国内法的关系尚未从立法上厘清或明确，主要是我国现行宪法没有规定国际法与国内法关系的原则，而作为宪法相关法的《立法法》也对此保持了沉默。因此，就国际条约在中国国内

[①] 参见饶戈平主编《全球化进程中的国际组织》，北京大学出版社2005年版，第19页。

的适用而言，一直存在着一些不确定因素。这些不确定因素包括：一是国际条约是否是中国法律体系的组成部分尚未确定；二是国际条约在中国法律体系中的地位尚未确定；三是国际条约在中国国内的适用方式尚未确定；四是中国法院可否援引国际条约作为其判案依据尚不确定。因而影响着国际法与中国国内法关系的理顺。同时也带来了实践中的困惑。

此外，为推进中国国际法治的建设，一项紧迫的任务就是培养实践需要的国际法人才。也就是，通晓国际法规则，并能够用之处理国际法律事务的国际法人才。与此相关，多方式、多途径地进行国际法的宣教，也是一项重要的任务。

综上，这些既是中国国际法治建设的重要任务，也是中国进一步推进国际法治进程，完善国际法治建设面临的挑战。不言而喻，它们也是中国继续参与、推进国际法治进程的动力。

第十三章

70 年法治建设的中国经验

中华人民共和国 70 年法治建设的历史，既是新中国革命、建设和改革 70 年历史发展的重要组成部分，也是新中国 70 年历史变迁的一个重要缩影。在追求和实现中华民族伟大复兴的历史进程中，在探索、坚持和发展中国特色社会主义的伟大实践中，法治建设有过探索的曲折和深刻的教训，甚至发生过"文化大革命"严重破坏法制的历史悲剧，但我们党果断结束"以阶级斗争为纲"，重新确立马克思主义的思想路线、政治路线、组织路线，拨正了驶向社会主义彼岸的航向，引领共和国走上中国特色社会主义发展的康庄大道，法治建设迈出历史性步伐，依法治国事业取得历史性成就，积累了弥足珍贵的中国经验。

第一节　坚持中国共产党的集中统一领导

中国共产党领导是中国特色社会主义最本质的特征，是社会主义法治最根本的保证。1949 年中华人民共和国的成立，开启了中华民族和中国法治建设的新纪元。没有中国共产党团结带领中国人民完成革命、推进建设和改革，就没有中华人民共和国的诞生，就没有中国特色社会主义道路的开辟，就没有新中国法治的创建和发展。

毛泽东同志曾深刻指出："中国共产党是全中国人民的领导核心，没有这样一个核心，社会主义事业就不可能胜利。"邓小平同志在改革开放之初也指出："中国由共产党领导，中国的社会主义现代化建设事业由共产党领导，这个原则是不能动摇的；动摇了中国就要倒退到分裂和混乱，就不可能实现现代化。"历史已经并将继续证明，没有中国共产党的领导，民族复兴必然是空想。党政军民学，东西南北中，党是领导一切的。①

其一，党的领导是社会主义法治的灵魂。办好中国的事情，关键在党。② 坚持党的领导，是社会主义法治的根本要求，是全面推进依法治国的题中应有之义。对中国的法治建设来说，最关键的就是坚持中国共产党的坚强领导。为什么我国能保持长期稳定，没有乱？根本的一条就是我们始终坚持共产党领导。党的领导是党和国家事业不断发展的"定海神针"。③ 中国共产党的领导是"中国模式"成功的根本政治因素，是中国沿着社会主义方向发展的重要保证。只有坚持中国共产党的领导，才能形成法治的功效推动中心，保障法治各项事业的最终完成。西方法治建立在多党制、三权分立的基础上，而中国特色社会主义法治的一个重要前提和政治基础是坚持中国共产党的领导……动摇了党的领导，就动摇了社会主义法治的根基，动摇了社会主义法治最重要的保证，就不可能建设社会主义法治国家。④

其二，宪法确立了党的领导地位。我国宪法以根本法的形式反映了党带领人民进行革命、建设、改革取得的成果，确立了在历史和人民选择中形成的中国共产党的领导地位。只有在党的领导下依

---

① 参见习近平《决胜全面建成小康社会　夺取新时代中国特色社会主义伟大胜利》，人民出版社 2017 年版，第 16、20 页。

② 参见习近平《在庆祝改革开放 40 周年大会上的讲话》，《人民日报》2018 年 12 月 19 日第 1 版。

③ 参见习近平《加强党对全面依法治国的领导》，《求是》2019 年第 4 期。

④ 参见朱景文《中国法理学的探索》，法律出版社 2018 年版，第 20、21 页。

法治国、厉行法治，人民当家作主才能充分实现，国家和社会生活法治化才能有序推进。2018 年 3 月十三届全国人大一次会议"修改宪法……强化了党总揽全局、协调各方的领导地位"，强化了党的领导地位的法律权威，有利于增强全国各族人民、一切国家机关和武装力量、各政党和各社会团体、各企业事业组织坚持党的领导、维护党的领导的自觉性，有利于对反对、攻击和颠覆党的领导的行为形成强大震慑，并为惩处这些行为提供明确的宪法依据。"宪法修改后各方面反响很好。"①

其三，坚持"三者有机统一"。坚持三者有机统一，是我国社会主义法治建设的一条基本经验。党的领导是人民当家作主和依法治国的根本保证，人民当家作主是社会主义民主政治的本质特征，依法治国是党领导人民治理国家的基本方式，三者统一于我国社会主义民主政治伟大实践。② 坚持三者有机统一，应当以保证人民当家作主为根本，以增强党和国家活力、调动人民积极性为目标，以全面推进依法治国为保障，三者有机统一，形成合力，共同规定并促进中国特色社会主义民主政治的全面发展。人民代表大会制度是坚持党的领导、人民当家作主、依法治国有机统一的根本制度安排。任何时候都"不能把坚持党的领导同人民当家作主、依法治国对立起来，更不能用人民当家作主、依法治国来动摇和否定党的领导"③。

其四，把党的领导贯彻落实到依法治国全过程和各方面。依法治国是我们党提出来的，把依法治国上升为党领导人民治理国家的基本方略也是我们党提出来的，而且党一直带领人民在实践中推进依法治国。一方面，要坚持党总揽全局、协调各方的领导核心作用，

---

① 习近平：《加强党对全面依法治国的领导》，《求是》2019 年第 4 期。

② 参见习近平《决胜全面建成小康社会　夺取新时代中国特色社会主义伟大胜利》，人民出版社 2017 年版，第 36 页。

③ 习近平：《在中央政法工作会议上的讲话》（2014 年 1 月 7 日），中共中央文献研究室编《习近平关于全面依法治国论述摘编》，中央文献出版社 2015 年版，第 19 页。

统筹依法治国各领域工作，确保党的主张贯彻到依法治国全过程和各方面。另一方面，党要坚持依法治国、依法执政，自觉在宪法法律范围内活动，发挥好各级党组织和广大党员、干部在依法治国中的政治核心作用和先锋模范作用。当前，我国正处于实现"两个一百年"奋斗目标的历史交汇期，坚持和发展中国特色社会主义更加需要依靠法治，更加需要加强党对全面依法治国的领导。[①]

其五，推进依法执政。坚持党对全面依法治国的领导，不是一句空的口号，必须具体体现在党领导立法、保证执法、支持司法、带头守法上。[②] 这是党坚持依法执政的"十六字方针"。这四个方面相辅相成、相互关联，是一个有机整体。应当从体制和机制上统筹处理好依法执政"十六字方针"与依法治国"新十六字方针"的关系。

其六，党中央对全面依法治国的集中统一领导。党中央决定组建中央全面依法治国委员会，这是我们党历史上第一次设立这样的机构，目的是加强党对全面依法治国的集中统一领导，统筹推进全面依法治国工作。[③] 当前，立法、执法、司法、守法等方面都存在不少薄弱环节，法治领域改革面临许多难啃的硬骨头，迫切需要从党中央层面加强统筹协调。应当充分发挥中央全面依法治国委员会在全面依法治国顶层设计、总体布局、统筹协调、整体推进、督促落实等方面的重要作用，统筹协调全面依法治国工作，统筹推进科学立法、严格执法、公正司法、全民守法，协调推进中国特色社会主义法治体系和社会主义法治国家建设，健全党领导全面依法治国的制度和工作机制，继续推进党的领导制度化、法治化，为全面建成小康社会、全面深化改革、全面从严治党提供长期稳定的法治保障。

其七，党对政法工作的绝对领导。习近平总书记明确提出："要坚持以新时代中国特色社会主义思想为指导，坚持党对政法工作的

---

① 参见习近平《加强党对全面依法治国的领导》，《求是》2019 年第 4 期。

② 参见习近平《加快建设社会主义法治国家》，《求是》2015 年第 1 期。

③ 参见习近平《加强党对全面依法治国的领导》，《求是》2019 年第 4 期。

绝对领导，坚持以人民为中心的发展思想，加快推进社会治理现代化，加快推进政法领域全面深化改革……不断谱写政法事业发展新篇章。"① 2018 年 12 月颁布实施的《中国共产党政法工作条例》，全面阐述了党的领导与政法工作的关系，为新时代坚持和加强党对政法工作和政法队伍的绝对领导，提供了直接依据，提出了明确要求。

第二节　坚持以人民为中心，维护社会公平正义

人民是共和国的坚实根基，人民是我们党执政的最大底气。为中国人民谋幸福，为中华民族谋复兴，是中国共产党人的初心和使命，也是建立新中国、实行改革开放的初心和使命。1948 年 9 月，毛泽东同志在中央政治局的报告中指出：我们是人民民主专政，各级政府都要加上"人民"二字，各种政权机关都要加上人民二字，如法院叫人民法院，军队叫人民解放军，以示和蒋介石政权不同。1954 年，毛泽东同志在关于"五四宪法"草案的讲话中说："我们的宪法草案，原则基本上是两个：民主原则和社会主义原则。我们的民主不是资产阶级的民主，而是人民民主，这就是无产阶级领导的、以工农联盟为基础的人民民主专政。人民民主的原则贯串在我们整个宪法中。"②

我们党来自人民、扎根人民、造福人民，履行全心全意为人民服务的根本宗旨。党的十九大强调，必须"坚持以人民为中心。人民是历史的创造者，是决定党和国家前途命运的根本力量。必须坚

---

① 《习近平出席中央政法工作会议并发表重要讲话》，2019 年 1 月 16 日，新华网（www. xinhuanet. com/politics/leaders/2019 – 01/16/C_ 1123999899. htm），2019 年 7 月 27 日访问。

② 毛泽东：《关于中华人民共和国宪法草案》，《毛泽东文集》第 6 卷，人民出版社 1999 年版，第 326 页。

持人民主体地位，坚持立党为公、执政为民，践行全心全意为人民服务的根本宗旨，把党的群众路线贯彻到治国理政全部活动之中，把人民对美好生活的向往作为奋斗目标，依靠人民创造历史伟业"[1]。

"治国有常，而利民为本。"[2] 坚持以人民为中心，就必须多谋民生之利、多解民生之忧，在发展中补齐民生短板、促进社会公平正义……保证全体人民在共建共享发展中有更多获得感，不断促进人的全面发展、全体人民共同富裕。建设平安中国，加强和创新社会治理，维护社会和谐稳定，确保国家长治久安、人民安居乐业。[3]

坚持以人民为中心，把人民对美好生活的向往作为法治发展的奋斗目标，依靠人民创造法治中国建设的历史伟业。社会主义法治是为了人民、依靠人民、造福人民、保护人民的法治，它以人民为主体，以依法治权、依法治官为手段，以保障人民根本权益为出发点和落脚点，保证人民依法享有广泛的权利和自由、承担应尽的义务，维护社会公平正义，促进共同富裕，不断提升人民群众在全面依法治国实践中的获得感、幸福感、安全感。

公平正义是社会主义的本质要求，是社会主义核心价值观的重要内容，是执政党、国家和人民的共同追求。新中国成立以来，党领导人民治国理政，经过努力先后解决了使中国人民"站起来"和"富起来"的问题，当下迫切需要解决的根本问题是如何"分配好蛋糕"，努力使中国社会更加"公平正义起来"。用马克思主义经典作家的观点来解读，社会主义社会要实现人的全面解放，包括政治解放、经济解放和社会解放。如果说，1949 年人民夺取全国政权，翻身做主人"站起来了"，所解决的是"人的政治解放"问题；1978 年人民通过改革开放"富起来了"，所解决的是"人的经济解

---

① 习近平：《决胜全面建成小康社会　夺取新时代中国特色社会主义伟大胜利》，人民出版社 2017 年版，第 21 页。

② 《淮南子·氾论训》。

③ 参见习近平《决胜全面建成小康社会　夺取新时代中国特色社会主义伟大胜利》，人民出版社 2017 年版，第 23 页。

放"问题；那么，今后和未来要实现"公平正义起来"，所解决的就是"人的社会解放"问题。只有完成这"三大解放"，才能真正实现人的彻底解放，实现人的自由而全面发展。由此可见，实现公平正义是我国社会主义社会发展的必然要求，是我们党不忘初心、牢记使命的时代担当，是中国特色社会主义法治建设的根本职责。

　　公平正义是法治的灵魂，是人民的期盼。"进入新时代，我国社会主要矛盾已经转化为人民日益增长的美好生活需要和不平衡不充分的发展之间的矛盾。"① 人民群众对美好生活的向往更多向民主、法治、公平、正义、安全、环境等方面延展。法治建设应当以维护公平正义、增进人民福祉为出发点和落脚点。"公正是法治的生命线。公平正义是我们党追求的一个非常崇高的价值，全心全意为人民服务的宗旨决定了我们必须追求公平正义，保护人民权益、伸张正义。全面依法治国，必须紧紧围绕保障和促进社会公平正义来进行。"② 在任何情况下，社会主义法治建设要为了人民、依靠人民、造福人民、保护人民；"必须牢牢把握社会公平正义这一法治价值追求，努力让人民群众在每一项法律制度、每一个执法决定、每一宗司法案件中都感受到公平正义"③。

第三节　坚持走中国特色社会主义
法治道路

　　新中国从站起来的法制建国、富起来的法治富国、迈向强起

---

　　① 参见习近平《决胜全面建成小康社会　夺取新时代中国特色社会主义伟大胜利》，人民出版社 2017 年版，第 11、23、39 页。

　　② 习近平：《在省部级主要领导干部学习贯彻党的十八届四中全会精神全面推进依法治国专题研讨班上的讲话》（2015 年 2 月 2 日），中共中央文献研究室编《习近平关于全面依法治国论述摘编》，中央文献出版社 2015 年版，第 38 页。

　　③ 习近平：《加强党对全面依法治国的领导》，《求是》2019 年第 4 期。

来的法治强国，70 年的伟大实践证明，方向决定前途，道路决定命运。我们党在革命、建设、改革各个历史时期，坚持从我国国情出发，探索并形成了符合中国实际的新民主主义革命道路、社会主义改造和社会主义建设道路、中国特色社会主义道路。从中国的国情和实际出发，矢志不渝地走中国特色社会主义法治道路，是深刻总结我国法治建设成功经验和深刻教训作出的重大抉择。

1954 年，刘少奇同志在"五四宪法"草案报告中指出："我国近代历史中，人们曾经长期争论过的一个根本问题——中国的出路是什么，是资本主义呢，还是社会主义？对于这一个问题，五年以来我国发生的巨大变化已经作了生动的解答。五年以来的生活充分证明，由目前复杂的经济结构的社会过渡到单一的社会主义经济结构的社会，即由目前的新民主主义社会过渡到社会主义社会，是我国应当走的唯一正确的道路。""我国走社会主义的道路，是确定不移的。除此以外，没有其他的路可走……从中华人民共和国成立以后，我国已经走上了社会主义的道路。"[①] 只有社会主义才能救中国，这是中国各族人民从一百多年来的切身体验中得出的不可动摇的结论，也是新中国成立 70 年来最基本的历史经验。

一个国家走向法治之路要与这个国家的经济基础、社会发展水平、文化历史传统、集体心理行为等相契合、相适应，简单生硬地照搬照抄不仅想不通，还会引发更严重的问题。[②] 从我国法治发展的历史脉络来看，新民主主义法制是中国特色社会主义法治道路的前奏，从新中国成立初期到党的十一届三中全会 30 年间，社会主义法制建设的初步经验和深刻教训为中国特色社会主义法治道路的形成

---

① 刘少奇：《关于中华人民共和国宪法草案的报告》，1954 年 9 月 15 日在第一届全国人民代表大会第一次会议上所作的报告。

② 参见辛鸣《论法治中国的实践逻辑》，《中国特色社会主义研究》2015 年第 1 期。

奠定了根本政治前提和法制基础。① 改革开放是决定当代中国命运的关键一招。② 改革开放不仅改变了中国的面貌，走出了一条中国特色社会主义道路，为中华民族的未来开辟了光明前景，而且终结了以阶级斗争为纲、以政治运动群众运动作为治国理政主要方式的惨痛历史，走出了一条中国特色社会主义法治发展道路，为把我国建设成为社会主义现代化法治强国指明了前进方向。中国特色社会主义法治道路，是中国特色社会主义道路的重要组成部分，本质上是中国特色社会主义道路在法治领域的具体体现。③

综观世界各国的法治经验，凡是法治搞得比较成功的国家，无一不是走对了路，举对了旗，定对了制。④ 中国 70 年法治建设的基本经验和重要成果，就是开辟和拓展了中国特色社会主义法治道路。党的十八届四中全会有一条贯穿全篇的红线，这就是坚持和拓展中国特色社会主义法治道路。中国特色社会主义法治道路是一个管总的东西。具体讲我国法治建设的成就……归结起来就是开辟了中国特色社会主义法治道路这一条。⑤ 坚定不移走中国特色社会主义法治道路，是新中国成立以来尤其是改革开放 40 多年来社会主义法治建设成就和经验的集中体现，是建设社会主义法治国家的唯一正确道路。

走什么样的法治道路、建设什么样的法治体系，是由一个国家的基本国情决定的。全面推进依法治国，必须从我国实际出发，同推进国家治理体系和治理能力现代化相适应，既不能罔顾国情、超

---

① 参见张文显《论中国特色社会主义法治道路》，《中国法学》2009 年第 6 期。

② 参见习近平《在庆祝改革开放 40 周年大会上的讲话》，《人民日报》2018 年 12 月 19 日第 1 版。

③ 参见习近平《领导干部要做尊法学法守法用法的模范带动全党全国共同全面推进依法治国》，《人民日报》2015 年 2 月 3 日第 1 版。

④ 参见徐显明《坚定不移走中国特色社会主义法治道路》，《法学研究》2014 年第 6 期。

⑤ 参见习近平《加快建设社会主义法治国家》，《求是》2015 年第 1 期。

越阶段，也不能因循守旧、墨守成规。"建设中国的社会主义法治必须立足中国的历史条件、考虑中国的国情和中国的经济、文化发展水平。否则，离开中国实际情况的法治只能是纸上谈兵。"① 在中国特色社会主义法治道路形成和发展过程中，始终伴随着"反封建""反极左""反西化"的思想斗争和政治斗争。这在各国法治建设历史上是十分独特的现象。② 70 年法治建设的实践证明，推进全面依法治国，建设法治中国，既不能走封闭僵化的老路，也不能走改旗易帜的邪路，必须坚定不移走中国特色社会主义法治道路。

　　中国特色社会主义法治道路，是新中国法治建设历史逻辑、实践逻辑、理论逻辑的集中体现，是共和国 70 年法治发展历史与现实相统一、理论与实践相结合的产物。在历史方位的四个坐标上，中国特色社会主义法治道路有自己的时空定位和时代特色：一是相对于英国、法国、德国、美国等资本主义国家的法治模式和法治道路而言，我们所走的是社会主义法治道路，在本质和定性问题上，我们的法治姓"社"，它们的法治姓"资"。这是两种性质根本不同的法治道路和法治模式。二是相对于苏联、东欧等原社会主义国家和现在越南、古巴等社会主义国家的法治模式和法治道路而言，我们所走的是"中国特色"的社会主义法治道路。中华民族的历史基因和历史沿革，中国的历史文化传统、现实国情和社会条件等综合因素，决定了我们的法治只能走自己的具有中国特色的社会主义法治道路，只能学习借鉴而绝不能克隆复制苏联、越南等社会主义国家的法治模式。三是相对于马克思主义经典作家关于理想社会主义社会及其国家与法的愿景构想，我们现在是处于并将长期处于社会主义初级阶段的社会，我国法治是社会主义初级阶段的法治，因此"同党和国家事业发展要求相比，同人民群众期待相比，同推进国家治理体系和治理能力现代化目标相比，法治建设还存在许多不适应、

---

① 李龙：《法治模式论》，《中国法学》1991 年第 6 期。

② 参见张文显《法治与法治国家》，法律出版社 2011 年版，第 65 页。

不符合的问题"。四是相对于我国历史上的中华法系模式，我们今天
所走的是一条现代化的法治发展道路，是代表先进生产力、先进生
产关系和先进文化的法治类型，是面向世界、面向未来、学习借鉴
人类法治文明有益成果的现代化产物。

　　坚持从我国实际出发，走中国特色社会主义法治道路，不等于
关起门来搞法治。法治是人类文明的重要成果之一，法治的精髓和
要旨对于各国国家治理和社会治理具有普遍意义，我们要注意研究
借鉴国外法治的有益经验，学习借鉴世界上优秀的法治文明成果。①
新中国成立初期，我们"请进来""走出去""一边倒"，全面学习
移植苏联的法律制度。例如，我国"五四宪法"基本上是以苏联
1936 年宪法为蓝本制定的。刘少奇同志在关于"五四宪法"草案的
报告中指出："我们所走过的道路就是苏联走过的道路。宪法关于人
民代表大会制度的规定就是根据革命根据地政权建设的经验，并参
照苏联和各人民民主国家的经验规定的。"我们的宪法草案结合了中
国的经验和国际的经验。当时苏联的法治理论、法治模式和司法制
度等，成为构建新中国法治的重要渊源。改革开放以后，我们在制
定各项法律时，大胆地吸收和借鉴外国和国际上的立法经验：在民
商法领域，《民法通则》《物权法》《合同法》等法律，兼采普通法
系和大陆法系国家的诸多基本制度，吸收了国际通行的私法精神与
立法原则；在行政法领域，吸收了现代行政法治中通行的比例原则、
信赖保护等原则；在刑事法领域，刑法和刑事诉讼法借鉴和吸收了
国外罪刑法定和公开审判等现代刑事法治的基本原则和精神；在知
识产权保护和环境保护的立法方面，也吸收了不少国外的立法经验。
注意研究借鉴国外立法有益经验，吸收世界法治文明先进成果，体
现了中国特色社会主义法治道路的包容性和开放性。

　　但是，学习借鉴不等于是简单的拿来主义，必须坚持以我为主、
为我所用，认真鉴别、合理吸收，不能搞"全盘西化"，不能搞

_____

　　①　参见习近平《加快建设社会主义法治国家》，《求是》2015 年第 1 期。

"全面移植"，不能简单照搬照抄。世界法治发展史反复证明，法治建设必须立足本国的历史文化国情和现实经济社会条件，走符合本国实际的法治发展道路，因为"第一，没有普适性的法治道路，法治道路是对一般性法治原理进行创造性转化的产物；第二，适应性、适宜性是法治道路的基本特征，没有最好的法治道路，只有最适合的法治道路；第三，西方的法治道路救不了非西方国家，强行移植势必事与愿违，无法带来天下大治，反而导致天下大乱"①。中国近代以来变法图强的实践也已证明，照抄照搬他国的政治制度行不通，会水土不服，会画虎不成反类犬，甚至会把国家前途命运葬送掉。②全面推进依法治国必须走对路。要从中国国情和实际出发，走适合自己的法治道路，绝不能照搬别国模式和做法，绝不能走西方"宪政""三权鼎立""司法独立"的路子。③

第四节　坚持以正确思想理论引领 法治建设

思想有多远，我们才能走多远。理论有突破，法治才能有发展。新中国成立70年来，我们党和国家对法治建设和依法治国问题的认识，经历了一个不断深化的过程。

以毛泽东同志为主要代表的中国共产党人，把马列主义基本原理同中国革命具体实践结合起来，创立了毛泽东思想，团结带领全党全国各族人民，完成了新民主主义革命，建立了中华人民共和国，

---

① 汪习根：《法治中国的道路选择——党的"十九大"全面依法治国思想解读》，《法学杂志》2018年第1期。

② 参见习近平《在庆祝全国人民代表大会成立60周年大会上的讲话》（2014年9月5日），中共中央文献研究室编《十八大以来重要文献选编（中）》，人民出版社2016年版，第60页。

③ 参见习近平《加强党对全面依法治国的领导》，《求是》2019年第4期。

成功实现了中国历史上最深刻最伟大的社会变革。我们党在领导人民建立新中国的同时，抓紧建设社会主义法治，积极探索新中国法治建设理论，提出了要重视司法工作，不能废除死刑和建立死缓制度，宪法是治国安邦的总章程，搞宪法是搞科学，处理国际法律关系的和平共处五项原则，专政要继续民主要扩大，依法办事是加强法制的中心环节，正确区分两类不同性质的矛盾等重要法治观点，奠定了社会主义法治的基础。

党的十一届三中全会以后，以邓小平同志为主要代表的中国共产党人，深刻总结我国社会主义建设正反两方面经验，借鉴世界社会主义历史经验，创立了邓小平理论，在成功开创中国特色社会主义的过程中，提出了发展社会主义民主，健全社会主义法治；法治建设要从国情出发，坚持四项基本原则；有法可依、有法必依、执法必严、违法必究的基本方针；用法律措施维护安定团结的政治局面，搞法制更靠得住；法制教育要从娃娃抓起；一手抓建设，一手抓法制；"一国两制"法治构想等重要法治思想，推动马克思主义法治理论中国化，开创了改革开放新时期法治建设新局面，开辟了中国特色社会主义法治道路。

党的十三届四中全会以后，以江泽民同志为主要代表的中国共产党人，加深了对什么是社会主义、怎样建设社会主义和建设什么样的党、怎样建设党的认识，积累了治党治国新的宝贵经验，形成了"三个代表"重要思想，在把中国特色社会主义成功推向 21 世纪的过程中，提出了市场经济是法治经济，依法治国是治国理政基本方略，建设社会主义法治国家，依法治国与以德治国相结合等重要法治思想，继续推进马克思主义法治理论中国化，翻开了社会主义法治国家建设新篇章，丰富了中国特色社会主义法治道路的时代内涵。

党的十六大以后，以胡锦涛同志为主要代表的中国共产党人，坚持以邓小平理论和"三个代表"重要思想为指导，根据新的发展要求，深刻认识和回答了新形势下实现什么样的发展、怎样发展等重大问题，形成了科学发展观，在坚持和发展中国特色社会主义新的历史起点上，提出了坚持党的领导、人民当家作主、依法治国有机统一，坚持民主执政、科学执政和依法执政，和谐社会是法治社会，全面落实依法治国基本方略、建设法治政府等重要法治理念，进一步推进马克思主义法治理论中国化，形成了以"三者有机统一"为本质特征的中国特色社会主义法治道路。

党的十八大以来，以习近平同志为核心的党中央团结带领全党全国各族人民，深刻回答了新时代坚持和发展什么样的中国特色社会主义、怎样坚持和发展中国特色社会主义这个重大时代课题，形成了习近平新时代中国特色社会主义思想，开启了中国特色社会主义新时代。新时代在推进全面依法治国、建设法治中国的伟大实践中，形成了以"十个坚持"为核心要义的习近平总书记全面依法治国新理念新思想新战略。"法治三新"是马克思主义法治思想中国化的最新成果，是全面依法治国的科学指南和根本遵循。"法治三新"坚持和发展了中国特色社会主义法治理论体系，开启了法治中国建设新征程，引领了全面依法治国新实践，极大地丰富和拓展了中国特色社会主义法治道路。

与西方近代以来资本主义"先有法治理论、再有法治实践"的法治创立发展路径的一个显著区别，是新中国社会主义法治的建立和发展，首先不是来自一整套先定现成的法学或法治理论体系，因为在马克思主义经典作家那里找不到现成完整的指导社会主义建设的法治理论，而是来自中国共产党把马克思主义普遍原理同中国革命、建设和改革开放实践相结合，团结带领全国各族人民治国理政、建设社会主义现代化国家对法治实践和理论的双重探索，来自中华民族从站起来、富起来迈向强起来 70 年积累的成功经验和吸取的深刻教训，来自中国特色社会主义历史逻辑、实践逻辑和理论逻辑 70 年发展对法治和依法治国的内在要求，来自马列主义、毛泽东思想、邓小平理论、"三个代表"重要思想、科学发展观、习近平新时代中国特色社会主义思想对中国法治建设的正确指导和引领。"法治兴则国家兴，法治衰则国家乱。什么时候重视法治、法治昌明，什么时候就国泰民安；什么时候忽视法治、法治松弛，什么时候就国乱民怨。"① 这是我们党用惨痛教训换来的真知灼见，是新中国法治建设的至理名言，是新时代坚持和发展中国特色社会主义的一条宝贵经验。

第五节　坚持依法治国与以德治国
　　　　相辅相成

我们党和国家在推进新中国法治建设的同时，高度重视社会主义精神文化和思想道德建设。《共同纲领》宣告帝国主义、封建主义和官僚资本主义在中国的统治时代已经结束、废除国民党反动政府一切压迫人民的法律、法令和司法制度，同时规定了新中国破旧立新的任务，明确提出"肃清封建的、买办的、法西斯主义的思想、发展为人民服务的思想为主要任务"；"有计划有步骤地改革旧的教育制度、教育内容和教学法"；"提倡爱祖国、爱人民、爱劳动、爱科学、爱护公共财物为中华人民共和国全体国民的公德"。

"五四宪法"明确规定：一切国家机关工作人员必须效忠人民民主制度，服从宪法和法律，努力为人民服务；公民必须遵守宪法和法律，遵守劳动纪律，遵守公共秩序，尊重社会公德。刘少奇同志在关于"五四宪法"草案的报告中解释说：在我们的国家里，人民的权利和义务是完全一致的。任何人不会是只尽义务，不享受权利；任何人也不能只享受权利，不尽义务。宪法草案规定公民必须遵守宪法和法律……尊重社会公德……宪法草案所规定的这些义务都是

---

① 习近平：《在党的十八届四中全会第二次全体会议上的讲话》（2014年10月23日），中央文献研究室编《习近平关于全面依法治国论述摘编》，中央文献出版社2015年版，第8页。

每一个公民无例外地必需遵守的。宪法草案的这些规定，将进一步地提高人民群众对于我们伟大祖国的庄严的责任感。因为我们的国家是人民的国家，国家和人民的利益完全一致，人民就自然要把对国家的义务看作自己应尽的天职。任何人如果企图逃避这些义务，就不能不受到社会的指责。[①]

现行宪法在明确规定"依法治国，建设社会主义法治国家""全国各族人民，一切国家机关和武装力量、各政党和各社会团体、各企业事业组织，都必须以宪法为根本的活动准则"的同时，专门规定"公民必须遵守宪法和法律……尊重社会公德"，"国家通过普及理想教育、道德教育、文化教育、纪律和法制教育，通过在城乡不同范围的群众中制定和执行各种守则、公约，加强社会主义精神文明的建设"；"国家倡导社会主义核心价值观，提倡……爱社会主义的公德"。1982 年 11 月，彭真同志在《关于中华人民共和国宪法修改草案的报告》中解释说：这是新中国成立初期的《共同纲领》中关于国民公德的"五爱"要求的发展。《共同纲领》提出的"五爱"要求，鲜明、朴实，起过很好的教育作用，广大人民对它有深刻的印象。在当时的历史条件下，还没有向全国人民提出"爱社会主义"的要求。现在，提出这样的要求就是理所当然的了，因此原来"五爱"中的"爱护公共财物"现在改为"爱社会主义"。"爱社会主义"不是抽象的，爱护公共财物正是爱社会主义的一项重要内容。[②]

改革开放以来，我们把依法治国确定为党领导人民治理国家的基本方略，走出了一条中国特色社会主义法治道路，这条道路的一个鲜明特点，就是坚持依法治国和以德治国相结合，强调法治和德

---

① 参见刘少奇《关于中华人民共和国宪法草案的报告》，1954 年 9 月 15 日在第一届全国人民代表大会第一次会议上所作的报告。

② 参见彭真《关于中华人民共和国宪法修改草案的报告》，1982 年 11 月 26 日在第五届全国人民代表大会第五次会议上所作的报告。

治两手抓、两手都要硬。这既是对历史经验的科学总结，也是对治国理政规律的深刻把握。法律与道德、法治与德治、依法治国与以德治国，是现代国家治国理政通常采用的两种基本规范、基本方式和基本方略。两者不可或缺，相辅相成。

法律是成文的道德，道德是内心的法律。法律和道德作为基本行为规范，都具有调节社会关系、规范社会行为、维护社会秩序的作用，在国家和社会治理中都有其重要地位和功能。法律是准绳，任何时候都必须遵循；道德是基石，任何时候都不可忽视。法律是社会主义道德的底线和后盾，凡是法律禁止的，通常也是社会主义道德反对的；凡是法律鼓励的，通常也是社会主义道德支持的。社会主义道德是法律的高线和基础，是法律具有合理性、正当性与合法性的内在依据。法律的价值、精神、原则等大多建立在社会主义道德的基础上，道德所要求或者禁止的许多行为，往往是法律作出相关规定的重要依据，而多数调整社会关系和规范社会行为的立法，都是道德法律化的结果。例如，国家立法规定：禁止杀人放火、禁止抢劫盗窃、杀人偿命、借债还钱、赡养父母、抚养子女等，总体上都反映或体现了道德的基本要求。正因为法律和道德在意志属性、规范特征、实现方式等方面的区别，所以法律不能取代道德，道德也不能取代法律，两者必须相互融合，相得益彰。法安天下，德润民心。法律有效实施有赖于道德支持，道德践行也离不开法律约束。一方面，道德是法律的基础，只有那些合乎道德、具有深厚道德基础的法律才能为更多人所自觉遵行；另一方面，法律是道德的保障，可以通过强制性规范人们行为、惩罚违法行为来引领道德风尚。

法治与德治就如车之两轮、鸟之双翼，不可偏废，国家和社会治理需要法律和道德协同发力，需要法治和德治两手抓。有效实施社会主义法律，自觉遵守社会主义道德，是法治与德治的必然要求。在全面推进依法治国的过程中，必须坚持一手抓法治、一手抓德治……以法治体现道德理念、强化法律对道德建设的促进作用，以道德滋养法治精神、强化道德对法治文化的支撑作用，实现法律和道德相辅相成、法治和德治相得益彰。从治理的主体来看，法治侧重于多数人的民主之治，德治侧重于少数人的精英之治；从治理的过程来看，法治侧重于程序之治，德治侧重于人情之治；从治理的角度来看，法治侧重于外在控制之治，德治侧重于内在约束之治；从治理的标准来看，法治侧重于低度行为规范之治，德治侧重于高度行为要求之治；从治理的手段来看，法治侧重于国家强制之治，德治侧重于社会教化之治；从治理的重点来看，法治重在治官，德治重在治民。正因为法治与德治存在诸多区别，同时又有许多内在一致性，因此法治不能否定德治，德治不能取代法治，两者相互作用、有机统一。同时，法治不应当规范和调整人们的思想意志，对于思想范畴的问题往往表现得无能为力；而对于道德沦丧、良心泯灭之徒的行为，思想道德的约束也常常无济于事。正所谓"寸有所长，尺有所短"。所以，既要反对以法治完全取代德治的做法，也要反对重视德治而忽视法治的倾向，而应当将依法治国与以德治国紧密结合起来、有机统一起来。

新时代更加注重推进依法治国与以德治国相结合，把社会主义核心价值观融入法治建设。一方面，大力弘扬社会主义核心价值观，弘扬中华传统美德，培育社会公德、职业道德、家庭美德、个人品德，更加重视发挥道德的教化作用，提高全社会文明程度，为全面依法治国创造良好人文环境；在社会主义道德体系中体现法治要求，发挥道德对法治的滋养作用，努力使道德体系同社会主义法律规范相衔接、相协调、相促进；在道德教育中更加突出法治内涵，注重培育人们的法律信仰、法治观念、规则意识，引导人们自觉履行法定义务、社会责任、家庭责任，营造全社会都讲法治、守法治的文化环境，不断强化社会主义道德对依法治国的支撑作用。

另一方面，更加重视发挥全面依法治国的作用，以法治体现道德理念、强化法律对道德建设的促进作用，把道德要求贯彻到法治建设中。在立法上，法律应当树立鲜明的道德导向，弘扬美德义行，推进社会主义道德的法律化，把实践中广泛认同、较为成熟、操作性强的道德要求及时上升为法律规范，用法治强化对社会文明行为的褒奖，对失德行为的惩戒，引导全社会崇德向善。在执法司法上，要体现社会主义道德要求，坚持严格执法，弘扬真善美、打击假恶丑，让败德违法者受到惩治、付出代价，坚持公正司法，发挥司法断案惩恶扬善功能，使社会主义法治成为良法善治。在守法上，要把全民普法与公民道德建设工程紧密结合起来，把全民普法和全民守法作为依法治国的基础性工作，使全体人民成为社会主义法治的忠实崇尚者、自觉遵守者、坚定捍卫者，同时要深化群众性精神文明创建活动，引导广大人民群众自觉践行社会主义核心价值观，树立良好道德风尚，争做社会主义道德的示范者、良好风尚的维护者，努力构建崇德尚法的社会主义法治社会。

第六节　坚持重视法治作用，恪守法治原则

法治作为人类创造的政治文明成果，在经济社会发展中越来越显示出不可或缺的重要作用。新中国成立 70 年的实践证明，凡是法治建设得到重视的时候，法治就发展进步，就能在社会主义现代化建设中发挥"法治兴则国兴，法治强则国强"的重要作用；凡是法治建设被忽视，宪法和国家法治被践踏破坏的时候，法治就会徒有其名、形同虚设，甚至成为"文化大革命"政治运动的"婢女"。

在新中国成立后的 30 年时间里，法治建设本来有可能得到很好的发展，但却经历挫折并在"文化大革命"中被重创，究其原因之一，是没有正确认识法治建设在整个国家革命和现代化建设中的重要地位。正如《建国以来若干历史问题的决议》指出的：逐步建设高度民主的社会主义政治制度，是社会主义革命的根本任务之一。新中国成立以来没有重视这一任务，成了"文化大革命"得以发生

的一个重要条件，这是一个沉痛教训。必须根据民主集中制的原则加强各级国家机关的建设，使各级人民代表大会及其常设机构成为有权威的人民权力机关……必须巩固人民民主专政，完善国家的宪法和法律并使之成为任何人都必须严格遵守的不可侵犯的力量，使社会主义法制成为维护人民权利，保障生产秩序、工作秩序、生活秩序，制裁犯罪行为，打击阶级敌人破坏活动的强大武器。绝不能让类似"文化大革命"的混乱局面在任何范围内重演。

党的十八届四中全会指出，我们党高度重视法治建设。长期以来，特别是党的十一届三中全会以来，我们党深刻总结我国社会主义法治建设的成功经验和深刻教训，提出为了保障人民民主，必须加强法治，必须使民主制度化、法律化，把依法治国确定为党领导人民治理国家的基本方略，把依法执政确定为党治国理政的基本方式，积极建设社会主义法治，取得历史性成就。习近平总书记说："党的十八大以来，我是很看重依法治国的，讲得也比较多。"① 党的十八届四中全会制定了推进全面依法治国的顶层设计、路线图、施工图，按下了建设法治中国的"快进键"；党的十九大把全面依法治国提升到习近平新时代中国特色社会主义思想的新高度，对新时代推进全面依法治国提出了新任务，明确到 2035 年基本建成法治国家、法治政府、法治社会的奋斗目标。中国共产党执政 70 年来，虽历经坎坷但对法治矢志不渝……"我们党越来越深刻认识到，治国理政须臾离不开法治。"②

建设法治中国，坚持把法治普遍原理原则与走中国特色社会主义法治发展道路相结合，坚持党的领导、人民当家作主、依法治国有机统一，坚持科学立法、严格执法、公正司法和全民守法全面加强，坚持依法治国、依法执政、依法行政共同推进，坚持法治国家、法治政府、法治社会一体建设，切实维护宪法和法律权威，有效规

---

① 习近平：《加强党对全面依法治国的领导》，《求是》2019 年第 4 期。

② 同上。

范和制约权力，充分尊重和保障人权，依法维护社会公平正义，努力建设富强民主文明和谐的现代化法治国家。

建设法治中国，是中国人民对自由平等、人权法治、公平正义、安全秩序、尊严幸福等法治价值的崇高追求，是坚持理论自信、道路自信、制度自信和文化自信，完善和发展中国特色社会主义制度，推进国家治理体系和治理能力现代化，实现国家各项工作法治化的实践过程，是人民依照宪法和法律管理国家、治理社会、配置资源、保障人权、保护产权、驯化公权的良法善治。

建设法治中国，是实现中国梦的必由之路。建设法治中国是全面建成小康社会、实现中华民族伟大复兴中国梦的有机组成部分和重要法治保障，是完善市场经济、发展民主政治、建设先进文化、构建和谐社会、实现生态文明、加强执政党建设的内在要求，是维护国家统一与民族团结、维护社会秩序与公平正义、维护人的权利自由与尊严幸福、推进全面深化改革与创新发展、巩固党的执政地位与执政基础的根本法治保障，有利于把我国建设成为富强民主文明和谐美丽的现代化强国、实现中华民族伟大复兴的中国梦。

新中国成立 70 年来，尤其是党的十八大以来，法治中国建设取得长足进展，形成了广泛的法治共识，确立了以下法治原则。

一是宪法和法律至上原则。习近平总书记说："坚持党的事业至上、人民利益至上、宪法法律至上，永葆忠于党、忠于国家、忠于人民、忠于法律的政治本色。"[1] 我国宪法和法律是由党领导人民制定的，由于党始终代表中国最广大人民的根本利益，是全心全意为人民服务而无任何自己私利的工人阶级政党，因此党所代表的利益与人民所要求的利益是同一的，党的意志与人民的意志是一致的。

---

① 《习近平出席中央政法工作会议：坚持严格执法公正司法》，2014 年 1 月 8 日，中国共产党新闻网（cpc. people. com. cn/n/2014/0108/c64094 - 24063359. html），2019 年 7 月 22 日访问。

我国宪法和法律在以国家意志的形式汇集和反映人民意志的同时，也体现和反映了党的意志。所以，坚持宪法和法律至上，就是坚持党的意志与人民意志的统一和至上，就是坚持人民利益高于一切。"维护宪法权威，就是维护党和人民共同意志的权威。"① 坚持和维护宪法法律的至高权威和至上地位，实际上是确认党的领导权威、执政地位的至上性，是用法治方式维护党的权威、坚持党的领导。党的十九大明确提出，必须"树立宪法法律至上、法律面前人人平等的法治理念"②。建设法治中国，坚持宪法和法律至上，要破解"权大于法"的难题，着力解决以言代法、以权压法、徇私枉法，个人意志凌驾于宪法法律之上，一个人或少数人说了算，领导人说的话就是"法"，领导人的看法和注意力改变了，"法"也就跟着改变；朝令夕改，法律无稳定性、规范性、连续性和权威性，用政策、文件、命令、指示等取代法律规范，使法律和制度形同虚设；把法律和法治当作对付群众的手段和惩治他人的工具，以法治民、以法治群众、以法治老百姓，而不是依法治权、依法治官、依法治己等问题，把权力关进制度和法律的笼子里，从制度和法治上确保"党在宪法和法律范围内活动"。

二是法律面前人人平等原则。坚持平等是社会主义法律的基本属性。我国宪法明确规定了"公民在法律面前一律平等"的原则。法律面前人人平等，是实施和遵守法律、维护法律权威的一个基本前提，是法律对其实施机关和每一个公民的基本要求。坚持法律面前人人平等原则，对于反对特权，保障公民权利，实现依法行政，维护公正司法，具有重要意义。如果不能做到法律面前人人平等，就难以实现法律公平和正义的价值；如果允许法外特权的存在，法

① 习近平：《在首都各界纪念现行宪法公布施行30周年大会上的讲话》（2012年12月4日），《人民日报》2012年12月5日第2版。
② 习近平：《决胜全面建成小康社会　夺取新时代中国特色社会主义伟大胜利》，人民出版社2017年版，第39页。

律权利和权力就会失去保障；如果法律可以恣意妄为地实施，共和国就将没有规矩和方圆；如果法律不能公正有效地实施，成为一纸空文，社会主义法治国家将无从建设。建设法治中国，坚持法律面前人人平等，必须坚持宪法和法律至上，必须维护国家法制统一、尊严、权威，切实保证宪法法律有效实施，全面保障人权、平等保护产权、有效制约公权，以规范和约束公权力为重点，加大监督力度，做到有权必有责、用权受监督、违法必追究，坚决纠正有法不依、执法不严、违法不究行为。

三是科学立法原则。科学立法是建设法治中国的前提条件。科学立法的核心在于尊重和体现客观规律，民主立法的核心在于为了人民、依靠人民，依法立法的核心在于程序和内容合法。建设法治中国，以良法引领改革、促进发展和保障善治，应当大力推进民主立法、科学立法、依法立法，深化立法体制和机制改革，推进立法体制和立法能力现代化，提高立法质量和效率，着力解决重立法数量轻立法质量、重立法形式轻立法实效，行政部门主导立法、特殊利益群体牵制立法、大公司财团渗透立法，以及立法过程中"行政权力部门化、部门权力利益化、部门利益合法化"等"立法不当"的问题，从体制机制和工作程序上有效防止部门利益和地方保护主义法律化，努力完善以宪法为核心的中国特色良法体系。

四是依法行政原则。依法行政是建设法治中国的关键环节，它要求行政机关只能行使法律授予的与其职能相当的权力，对于行政机关及其工作人员来说，凡是法律未允许的，都是禁止的；行政权的行使，必须以法律为依据，不得与法律相抵触；没有法律依据，不得使人民承担义务或免除特定人应负的义务，不得侵害人民的权利或为特定人设定权利；在法律允许行政机关作出自由裁量的情况下，其决定应当合理，不得超过法律规定的范围和界限。坚持依法行政，要进一步落实到严格执法上。"政府是执法主体，对执法领域存在的有法不依、执法不严、违法不究甚至以权压法、权钱交易、徇私枉法等突出问题，老百姓深恶痛绝，必须下大力气解决。"① 建设法治中国，推进严格执法，必须在深化"放管服"改革基础上，着力解决产生多头执法、多层执法、不执法、乱执法以及钓鱼执法、粗暴执法、寻租性执法、限制性执法、选择性执法、运动式执法、疲软式执法、滞后性执法等执法不严的体制、机制和程序问题。

五是公正司法原则。"公正司法是维护社会公平正义的最后一道防线。所谓公正司法，就是受到侵害的权利一定会得到保护和救济，违法犯罪活动一定要受到制裁和惩罚。"② 司法机关行使司法权，其直接目的在于使出现的纠纷得以调处，失控的权力得以驾驭，侵害的权利得以救济，紊乱的秩序得以恢复；其根本目的在于维护人民的利益、党的领导和法律秩序，保证党和国家长治久安。建设法治中国，实现公正司法，要通过深化司法改革，切实解决"司法不公、冤假错案以及金钱案、权力案、人情案"等司法腐败问题，解决司法地方化、司法行政化的"两化"问题，解决人民群众打官司面临的立案难、胜诉难、执行难的"三难"问题，让人民群众在每一宗司法案件中感受到公平正义。

六是人权保障原则。人权是共产党人和社会主义的旗帜。党领导人民推翻三座大山，建立社会主义新中国，实现民族解放和国家独立，就是从根本上维护了人民主权，保障了人民的生存权、发展权和当家作主的其他权利。推进全面依法治国，坚持宪法法律至上、法律面前人人平等、依法行政和公正司法等，也都是为了保障和充分实现各项人权。要从我国实际出发，充分发挥社会

---

① 习近平：《关于〈中共中央关于全面推进依法治国若干重大问题的决定〉的说明》（2014 年 10 月 20 日），中共中央文献研究室编《十八大以来重要文献选编（中）》，中央文献出版社 2016 年版，第 150 页。

② 习近平：《在十八届四中全会政治局第四次集体学习时的讲话》（2013 年 2 月 23 日），中共中央文献研究室编《习近平关于全面依法治国论述摘编》，中央文献出版社 2015 年版，第 67 页。

主义的制度优势，为人权的实现提供经济、政治、文化和制度保障，体现人权保障的平等性、普遍性和广泛性。建设法治中国，尊重保障人权，应当进一步完善宪法人权保障机制，推进现行宪法基本权利的法律化；完善司法人权保障机制，严把死刑案件质量关，防止冤假错案，落实非法证据排除规则，推进司法文明建设；完善社会权利保障体系，着力解决"上学难""看病难""住房难""贫富不均""环境污染""社会保障"等老大难问题，不断实现更加充分的社会主义人权。

第七节　坚持统筹国内法治与国际法治两个大局

中国的发展离不开世界，世界的发展也需要中国。建立新中国，建设社会主义现代化法治强国，必须立足中国，放眼世界，统筹国内法治与国际法治两个大局。早在1945年6月，董必武同志受中共中央委派，作为解放区的代表参加中国代表团在《联合国宪章》上签字，展现了我们党对国际法治的参与和重视。新中国成立前夕，《共同纲领》把"另起炉灶""打扫干净屋子再请客"和"一边倒"三大决策法律化，确立了新中国"为保障本国独立、自由和领土主权的完整，拥护国际的持久和平和各国人民间的友好合作，反对帝国主义的侵略政策和战争政策"，明确规定对于国民党政府与外国政府所订立的各项条约和协定，中华人民共和国中央人民政府应加以审查，按其内容，分别予以承认，或废除，或修改，或重订；凡与国民党反动派断绝关系并对中华人民共和国采取友好态度的外国政府，中华人民共和国中央人民政府可在平等、互利及互相尊重领土主权的基础上，与之谈判，建立外交关系；中华人民共和国可在平等互利的基础上，与各国的政府和人民恢复并发展通商贸易关系。截至2017年6月，世界上有 174 个国家与我国建立了外交关系。

"五四宪法"进一步明确了新中国的外交政策,继续发展和巩固我国同苏联、各人民民主国家、全世界爱好和平的人民的友谊;贯彻根据平等、互利、互相尊重主权和领土完整的原则同任何国家建立和发展外交关系的政策;在国际事务中的方针是为世界和平和人类进步的崇高目的而努力。我国提出的"互相尊重主权和领土完整、互不侵犯、互不干涉内政、平等互利、和平共处"五项原则,1955 年在万隆会议上被写进《关于促进世界和平与合作的宣言》,新中国为国际法治建设作出了重要贡献。

现行宪法与时俱进,明确规定中国革命、建设、改革的成就是同世界人民的支持分不开的。中国的前途是同世界的前途紧密地联系在一起的。中国坚持独立自主的对外政策,坚持互相尊重主权和领土完整、互不侵犯、互不干涉内政、平等互利、和平共处的五项原则,坚持和平发展道路,坚持互利共赢开放战略,发展同各国的外交关系和经济、文化交流,推动构建人类命运共同体;坚持反对帝国主义、霸权主义、殖民主义,加强同世界各国人民的团结,支持被压迫民族和发展中国家争取和维护民族独立、发展民族经济的正义斗争,为维护世界和平和促进人类进步事业而努力。

改革开放是中国人民和中华民族发展史上一次伟大革命。改革开放带来进步,闭关锁国必然落后。中国的发展离不开世界,世界的繁荣也需要中国。我们统筹国内国际两个大局,坚持对外开放的基本国策,实行积极主动的开放政策,形成全方位、多层次、宽领域的全面开放新格局,为我国创造了良好国际环境、开拓了广阔发展空间。[①] 我国以缔结多边和双边国际条约等多种方式,积极参与国际法治建设。截至 2017 年 12 月,中国缔结了 400 多项多边条约

---

① 参见习近平《在庆祝改革开放 40 周年大会上的讲话》,《人民日报》2018 年 12 月 19 日第 1 版。

（其中改革开放以来缔结的条约大约 360 项）；缔结双边条约有 20000 余项。截至 2017 年 2 月，中国已与 70 个国家缔结了司法协助条约、资产返还和分享协定、引渡条约和打击"三股势力"（民族分裂势力、宗教极端势力和暴力恐怖势力）协定，共 135 项（其中 108 项已生效）。

中国特色社会主义进入新时代，这是我国日益走近世界舞台中央、不断为人类作出更大贡献的时代。中国致力于构建人类命运共同体，建设持久和平、普遍安全、共同繁荣、开放包容、清洁美丽的世界；主张尊重世界文明多样性，以文明交流超越文明隔阂、文明互鉴超越文明冲突、文明共存超越文明优越。中国将继续发挥负责任大国作用，积极参与全球治理体系改革和建设，不断贡献中国智慧和力量。

在参与推进世界法治文明的领域，我们中国担负重大使命和责任。一是积极参与国际规则制定，推动依法处理涉外经济、社会事务，增强我国在国际法律事务中的话语权和影响力，运用法律手段维护我国主权、安全、发展利益；二是强化涉外法律服务，维护我国公民、法人在海外及外国公民、法人在我国的正当权益，依法维护海外侨胞权益；三是深化司法领域国际合作，完善我国司法协助体制，扩大国际司法协助覆盖面；四是加强反腐败国际合作，加大海外追赃追逃、遣返引渡力度；五是积极参与执法安全国际合作，共同打击暴力恐怖势力、民族分裂势力、宗教极端势力和贩毒走私、跨国有组织犯罪；六是善于提炼法治理论具有标识性、标志性的概念，打造易于为国际社会所理解和接受的法治新概念、新范畴、新表述，积极参与和推进世界法治理论、法治观念和法治话语的创新发展。

统筹国内法治与国际法治两个大局，必须高度重视和继续加强国际法治理论研究。中国走向世界，以负责任大国参与国际事务，必须善于运用法治。在对外斗争中，我们要拿起法律武器，占领法治制高点，敢于向破坏者、搅局者说不。全球治理体系正处于调整变革的关键时期，我们要积极参与国际规则制定，做全球治理变革进程的参与者、推动者、引领者。① 中国法治在国际上要发挥这样的作用，达成习近平总书记要求的上述目标，一项重要任务是从世界法治视角加强中国特色国际法治理论研究。当前，在国际法治理论方面，迫切需要加强和深化以下方面的研究：一是加强习近平总书记关于全球治理与国际法治思想的研究，以优化全球治理体系为宗旨的推动创新国际法，以提高全球治理效率为目的的强化遵从国际法和以实现全球治理价值为归宿的公正适用国际法。② 二是加强关于国际关系法治化的研究，各国应当坚持公平正义，在国际关系中遵守国际法和公认的国际关系基本原则，用统一适用的规则来明是非、促和平、谋发展，共同推动国际关系法治化。③ 三是加强维护国际法治秩序，保证国际法实施机制的研究。在国际社会中，法律应该是共同的准绳，没有只适用他人、不适用自己的法律，也没有只适用自己、不适用他人的法律。适用法律不能有双重标准。我们应该共同维护国际法和国际秩序的权威性和严肃性，各国都应该依法行使权利，反对歪曲国际法，反对以"法治"之名行侵害他国正当权益、破坏和平稳定之实。④ 四是加强对"一带一路"法治建设的有关国际法治和区域法治问题研究，开展相关经贸投资法律制度研究，提升企业法律风险防控意识和能力，有效预防和妥善化解贸易和投资争端，平等保护各方当事人合法权益，营造稳定、公平、透明、可预期的法治化营商环境。五是加强推进国内法治与国际法治良性互动的研究，探讨新时代中国国内法与国际法的关系问题，推动国际法在中国

---

①　参见习近平《加强党对全面依法治国的领导》，《求是》2019 年第 4 期。

②　参见黄进《习近平全球治理与国际法治思想研究》，《中国法学》2017 年第 5 期。

③　参见习近平《弘扬和平共处五项原则建设合作共赢美好世界——在和平共处五项原则发表 60 周年纪念大会上的讲话》，《人民日报》2014 年 6 月 29 日第 2 版。

④　同上。

国内有效合理有序地实施。^① 六是加强国际法学理论研究，努力构建具有中国元素、中国智慧、中国贡献的国际公法学、国际私法学、国际经济法学、国际人权法学、全球治理法学的理论话语和教材体系。

---

① 参见赵骏《全球治理视野下的国际法治与国内法治》，《中国社会科学》2014年第 10 期。

第十四章

开启新时代法治中国建设新征程

第一节　新时代全面推进依法治国的
　　　　思想指引

党的十九大明确指出，"经过长期努力，中国特色社会主义进入了新时代，这是中国发展新的历史方位。中国特色社会主义进入新时代，意味着近代以来久经磨难的中华民族迎来了从站起来、富起来到强起来的伟大飞跃"，实现了从新纪元、新时期到新时代的历史巨变。1949 年中国共产党领导人民推翻了帝国主义、封建主义、官僚资本主义这"三座大山"，取得了新民主主义革命胜利，建立了中华人民共和国，中国人民从此站起来，中国的历史从此进入一个新纪元；1978 年党的十一届三中全会，重新确立了解放思想、实事求是的思想路线，作出了把党和国家工作重点转移到社会主义现代化建设上来和实行改革开放的战略决策，实现了全党工作重点从"以阶级斗争为纲"到"以经济建设为中心"的战略转移，中国进入改革开放的历史新时期。如果说，进入"新纪元"的基本标志是建立中华人民共和国，根本目标是使中华民族站起来；进入"新时期"的基本标志是实行改革开放，根本目标是使中华民族富起来，那么，进入"新时代"的基本标志就是开启全面建设社会主义现代化国家新征程，根本目标是使中华民族强起来。从新纪元到新时期再到新时代，镌刻了中华民族从站起来、富起来到强起来的"三大历史坐标"，践行了马克思主义从政治民主、经济民主到社会民主的"三大民主构想"，标识了从人的政治解放、经济解放到社会解放进而实现人的全面自由发展的"三大解放轨迹"。党的十九大指出，中国特色社会主义新时代，就是在新的历史条件下继续夺取中国特色社会主义伟大胜利的时代，是决胜全面建成小康社会、进而全面建设社会主义现代化强国的时代，是全国各族人民团结奋斗、不断创造美好生活、逐步实现全体人民共同富裕的时代，是全体中华儿女勠力同心、奋力实现中华民族伟大复兴中国梦的时代，是中国日益走近世界舞台中央、不断为人类作出更大贡献的时代。[①]

中国特色社会主义现代化建设进入新时代的重大战略判断，进一步确立了全面推进依法治国、建设法治中国新的历史方位，不仅为法治中国建设提供了理论指引，而且对深化依法治国实践提出了一系列新任务新要求，指明了全面依法治国的战略发展方向和实践发展方略，开启了中国特色社会主义法治新征程。总体来看，党的十九大从历史与逻辑两个大的维度，对建设法治中国作出了战略安排和基本规定：一是历史维度——党的十八大以来的五年，中国共产党领导人民推进全面依法治国，中国特色社会主义民主法治建设迈出重大步伐，在八个方面取得显著成就；全面依法治国是"四个全面"战略布局的重要组成部分，未来要坚定不移推进全面依法治国，加快建设社会主义法治国家。二是逻辑维度——建设社会主义现代化强国，必须坚持全面依法治国，加快建设中国特色社会主义法治体系、建设社会主义法治国家，必须把党的领导贯彻落实到依法治国全过程和各方面，坚定不移走中国特色社会主义法治道路，

---

①　参见习近平《决胜全面建成小康社会　夺取新时代中国特色社会主义伟大胜利——在中国共产党第十九次全国代表大会上的报告》，人民出版社2017年版，第10—11页。

发展中国特色社会主义法治理论，从八个方面深化依法治国实践。我们必须深刻领会党的十九大报告的逻辑体系和精神要义，立足新时代、坚持新思想、把握新矛盾、瞄准新目标，努力开启中国特色社会主义法治新征程。

一　坚持以习近平新时代中国特色社会主义思想为指导思想和行动指南

开启中国特色社会主义法治新征程，必须坚持以习近平新时代中国特色社会主义思想为指导思想和行动指南。中国共产党紧密结合新的时代条件和实践要求，以全新的视野深化对共产党执政规律、社会主义建设规律、人类社会发展规律的认识，进行艰辛理论探索，取得重大理论创新成果，形成了新时代中国特色社会主义思想。党的十九大对习近平新时代中国特色社会主义思想，提出了"八个明确"。其中，"明确全面推进依法治国总目标是建设中国特色社会主义法治体系、建设社会主义法治国家"[①]，进一步坚持和重申了中国共产党全面推进依法治国的总目标。这表明，开启中国特色社会主义法治新征程，并不是要改弦更张、另起炉灶，而是要求我们必须一如既往地坚持中国特色社会主义法治道路，贯彻中国特色社会主义法治理论，在习近平新时代中国特色社会主义法治思想指导下，深入贯彻落实党的十八大以来以习近平同志为核心的党中央在全面依法治国方面作出的一系列战略决策、顶层设计和改革部署，把全面依法治国这项长期战略任务和系统工程持之以恒地深入推行下去，不达成建成中国特色社会主义法治体系、建成社会主义法治中国的目标绝不停留罢休。

习近平新时代中国特色社会主义思想提出的其他"七个明确"，

[①]　参见习近平《决胜全面建成小康社会　夺取新时代中国特色社会主义伟大胜利——在中国共产党第十九次全国代表大会上的报告》，人民出版社 2017 年版，第 19 页。

也都从不同角度不同方面对推进全面依法治国具有指导和引领作用，开启新时代中国特色社会主义法治新征程，应当全面系统深刻地理解和坚持。例如，"明确坚持和发展中国特色社会主义，总任务是实现社会主义现代化和中华民族伟大复兴，在全面建成小康社会的基础上，分两步走在本世纪中叶建成富强民主文明和谐美丽的社会主义现代化强国"①。这就要求法治建设必须紧紧围绕党的十九大提出的这个"总任务"和"两步走"的战略目标来设计和展开，进一步明确法治建设领域的总任务，确立法治中国建设"两步走"的法治战略。又如，"明确全面深化改革总目标是完善和发展中国特色社会主义制度、推进国家治理体系和治理能力现代化"②。这就需要根据党的十九大的新思想新要求，把全面依法治国与全面深化改革更加有机统一地结合起来，与时俱进地处理好改革与法治的关系，重大改革不仅要于法有据，而且更要于宪有据；处理好国家治理现代化与法治化的关系，以法治化确认、引领和保障现代化的实现；处理好完善和发展中国特色社会主义制度与通过全面依法治国推进政治体制改革的关系，在宪法框架下和法治轨道上实现有组织有领导积极稳妥循序渐进地深化政治体制改革，实现中国特色社会主义制度的自我完善、自我发展、自我更新。再如，"明确中国特色社会主义最本质的特征是中国共产党领导，中国特色社会主义制度的最大优势是中国共产党领导，党是最高政治领导力量，提出新时代党的建设总要求，突出政治建设在党的建设中的重要地位"③。这就要求根据党的十九大的新概括新表述进一步提高对社会主义法治建设坚持党的领导的认识，从"三个最"——"最本质的特征""最大优势"和"最高政治领导力量"来深化和拓展党领导全面依法治国的新理

---

①　参见习近平《决胜全面建成小康社会　夺取新时代中国特色社会主义伟大胜利——在中国共产党第十九次全国代表大会上的报告》，人民出版社 2017 年版，第 19 页。

②　同上。

③　同上书，第 20 页。

论内涵和新时代意义，把全面依法治国与党的政治建设紧密结合起来，把依法治国与依规治党有机统一起来，在"四个全面"战略布局中充分发挥全面依法治国对新时代中国特色社会主义现代化建设的引领、促进和保障作用。我们要处理好"一个明确"与"七个明确"的关系，绝不能把"八个明确"割裂开来或者分别孤立起来理解。"八个明确"是一个逻辑清晰、目标明确、主线突出、相互依存、不可分割的有机整体。坚持习近平总书记全面依法治国新理念新思想新战略对推进全面依法治国的指导地位，必须完整统一地理解"八个明确"的深刻内涵，全面准确地贯彻落实"八个明确"的核心要义。

开启中国特色社会主义法治新征程，自觉坚持习近平新时代中国特色社会主义思想对法治的指导，必须深刻领会新时代中国特色社会主义思想的精神实质和丰富内涵，在各项工作中全面准确贯彻落实"十四个坚持"的坚持和发展中国特色社会主义的基本方略。我们要正确理解和深刻把握习近平新时代中国特色社会主义思想中"八个明确"与"十四个坚持"的关系。"八个明确"主要是从理论层面来讲，是习近平新时代中国特色社会主义思想的基本内涵、四梁八柱、核心要义；"十四个坚持"主要是回答怎样坚持和发展中国特色社会主义，它告诉我们坚持和发展中国特色社会主义的目标、路径、方略、步骤等。"八个明确"和"十四个坚持"两者之间是相辅相成的关系，一个是从理论上回答"是什么"的问题，即我们要坚持和发展的是什么样的社会主义；一个是从实践层面回答"怎么办"的问题，即在新的历史方位中怎样坚持和发展中国特色社会主义，是讲方略、办法、路径的问题。

二　全面领会新时代坚持和发展中国特色社会主义的基本方略

党的十八大以来，我们党更加重视发挥依法治国在治国理政中的重要作用，更加重视通过全面依法治国为党和国家事业发展提供根本性、全局性、长期性的制度保障，专门作出全面推进依法治国的决定，提出并形成"四个全面"战略布局，把党领导人民治理国家的依法治国基本方略提到了"四个全面"战略布局的新高度。我们必须坚持把依法治国作为党领导人民治理国家的基本方略、把法治作为治国理政的基本方式，不断把法治中国建设推向前进。在纪念现行宪法颁布施行 30 周年大会上的讲话中，习近平总书记明确要求："落实依法治国基本方略……必须全面推进科学立法、严格执法、公正司法、全民守法进程。"[①]

党的十九大明确提出，新时代坚持和发展中国特色社会主义，必须坚持党对一切工作的领导，坚持以人民为中心，坚持全面深化改革，坚持新发展理念，坚持党的领导、人民当家作主、依法治国有机统一，坚持全面依法治国，坚持社会主义核心价值体系，坚持在发展中保障和改善民生，坚持人与自然和谐共生，坚持总体国家安全观，坚持党对人民军队的绝对领导，坚持"一国两制"和推进祖国统一，坚持推动构建人类命运共同体，坚持全面从严治党。这"十四条，构成新时代坚持和发展中国特色社会主义的基本方略。全党同志必须全面贯彻党的基本理论、基本路线、基本方略，更好引领党和人民事业发展"。[②]

那么，"十四个坚持"与依法治国基本方略是什么关系？我们认为，依法治国是中国共产党领导人民当家作主、管理国家、治理社会、治国理政的基本方略，是坚持和发展中国特色社会主义若干方面中适用于一个方面的基本方略，是中国特色社会主义现代化建设采用若干基本方略中的一种基本方略。依法治国基本方略是党领导人民治国理政的基本方略，同时也是新时代坚持和发展中国特色社会主义"十四个坚持"的一个重要组成部分。依法治国基本方略与

① 习近平：《习近平谈治国理政》，外文出版社 2014 年版，第 139—140 页。

② 习近平：《决胜全面建成小康社会　夺取新时代中国特色社会主义伟大胜利——在中国共产党第十九次全国代表大会上的讲话》，人民出版社 2017 年版，第 26 页。

"十四个坚持"，两者的内涵外延不尽相同。前者是小概念，后者是大概念，前者是后者的有机组成部分、存在于后者之中、从属于后者、服从于后者，后者包括前者、统辖前者、规定前者；前者是一条基本方略，后者是"十四个坚持"。任何时候都不能用依法治国基本方略取代或者否定新时代坚持和发展中国特色社会主义的基本方略，任何时候依法治国基本方略统一于"十四个坚持"之中。

　　"十四个坚持"明确宣告，全面依法治国是中国特色社会主义的本质要求和重要保障，建设中国特色社会主义现代化国家，必须"坚持全面依法治国"。依法治国，是坚持和发展中国特色社会主义的本质要求和重要保障，是实现国家治理体系和治理能力现代化的必然要求，事关我们党执政兴国，事关人民幸福安康，事关党和国家长治久安。党的十八大以来民主法治建设迈出重大步伐、全面依法治国取得显著成就的实践充分证明，以习近平同志为核心的党中央作出全面推进依法治国若干重大问题的决定，把全面依法治国纳入"四个全面"战略布局，坚定不移地推进全面依法治国，解决了法治领域许多长期想解决而没有解决的难题，办成了法治建设许多过去想办而没有办成的大事，推动党和国家治国理政事业发生历史性变革。2017 年 7 月 10 日习近平总书记在对司法体制改革重要指示中强调指出："党的十八大以来，政法战线坚持正确改革方向，敢于啃硬骨头、涉险滩、闯难关，做成了想了很多年、讲了很多年但没有做成的改革，司法公信力不断提升，对维护社会公平正义发挥了重要作用。"① 党的十九大明确提出：中国特色社会主义进入新时代，不仅意味着近代以来久经磨难的中华民族迎来了从站起来、富起来到强起来的伟大飞跃，意味着科学社会主义在 21 世纪的中国焕发出强大生机活力，意味着中国特色社会主义道路、理论、制度、文化不断发展，而且意味着中国特色社会主义法治建设和全面依法治国进入新时

---

　　① 习近平：《坚定不移推进司法体制改革　坚定不移走中国特色社会主义法治道路》，《人民日报》2017 年 7 月 11 日第 1 版。

代，"必须把党的领导贯彻落实到依法治国全过程和各方面，坚定不移走中国特色社会主义法治道路，完善以宪法为核心的中国特色社会主义法律体系，建设中国特色社会主义法治体系，建设社会主义法治国家，发展中国特色社会主义法治理论，坚持依法治国、依法执政、依法行政共同推进，坚持法治国家、法治政府、法治社会一体建设，坚持依法治国和以德治国相结合，依法治国和依规治党有机统一，深化司法体制改革，提高全民族法治素养和道德素质"。①

总之，"十四个坚持"紧紧围绕新时代怎样坚持和发展中国特色社会主义这一重大时代课题，就治党治国治军、改革发展稳定、内政外交国防等各方面作出深刻的理论分析和具体的政策指导，是新时代夺取中国特色社会主义伟大胜利的任务表和路线图，是一个有机统一整体。坚持全面依法治国基本方略，必须与新时代坚持和发展中国特色社会主义的基本方略有机结合起来、完整统一起来，必须在"十四个坚持"的理论指引下和整体格局中，重新认识和把握依法治国基本方略的现实定位和科学内涵。

第二节　新时代全面推进依法治国的战略目标

新思想领航新时代，新时代开启新征程，新征程呼唤新实践。党的十九大指出：改革开放之后，中国共产党对中国社会主义现代化建设作出战略安排，提出"三步走"战略目标。解决人民温饱问题、人民生活总体上达到小康水平这两个目标已提前实现。在这个基础上，中国共产党提出，到建党一百年时建成经济更加发展、民

---

① 习近平：《决胜全面建成小康社会　夺取新时代中国特色社会主义伟大胜利——在中国共产党第十九次全国代表大会上的报告》，人民出版社 2017 年版，第 22—23 页。

主更加健全、科教更加进步、文化更加繁荣、社会更加和谐、人民生活更加殷实的小康社会，然后再奋斗三十年，到新中国成立一百年时，基本实现现代化，把中国建成社会主义现代化国家。① 道路决定方向、决定命运，目标决定实践、决定前途。在全面建成小康社会的基础上，把建设社会主义现代化强国分为"两步走"，即从2020年全面建成小康社会，到2035年基本实现现代化，再到2050年左右全面建成社会主义现代化强国，是新时代坚持和发展中国特色社会主义的总体战略安排和时间表路线图，同时也是新时代全面推进依法治国、努力建设法治中国、到2050年左右实现法治强国的根本战略引领和时间表路线图。

一　法治中国建设第一步战略目标

2012年，党的十八大围绕"全面推进依法治国，加快建设社会主义法治国家"的战略目标，确认法治是治国理政的基本方式，强调要更加注重发挥法治在国家治理和社会管理中的重要作用；明确提出"科学立法、严格执法、公正司法、全民守法"的法治建设"新十六字方针"；明确提出到2020年法治建设五大阶段性目标任务，即依法治国基本方略全面落实，法治政府基本建成，司法公信力不断提高，人权得到切实尊重和保障，国家各项工作法治化；明确提出要"提高领导干部运用法治思维和法治方式深化改革、推动发展、化解矛盾、维护稳定能力"；重申"任何组织或者个人都不得有超越宪法和法律的特权，绝不允许以言代法、以权压法、徇私枉法"。

建设法治中国，实现法治强国，是实现"两个一百年"奋斗目标和"两个阶段"发展战略的必由之路和题中应有之义。2013年习近平总书记首次提出了"建设法治中国"的宏伟目标。党的十八届

---

① 习近平：《决胜全面建成小康社会　夺取新时代中国特色社会主义伟大胜利——在中国共产党第十九次全国代表大会上的报告》，人民出版社2017年版，第27页。

三中全会明确提出了"推进法治中国建设"的战略任务。党的十八届四中全会把"向着建设法治中国不断前进"和"为建设法治中国而奋斗"作为法治建设的长期战略目标和治国理政的重大号召。建设法治中国，既是全面推进依法治国、建设社会主义法治国家的目标内涵，也是全面建成小康社会、实现中华民族伟大复兴中国梦的有机组成部分和重要法治保障，是维护国家统一与民族团结、维护社会秩序与公平正义、维护人的权利自由与尊严幸福、推进全面深化改革与创新发展、巩固党的执政地位与执政基础的根本法治基础。

推进国家治理体系和治理能力现代化，实现"两个一百年"奋斗目标和现代化建设"两步走"战略，到2050年把中国建设成为民主富强文明和谐美丽的社会主义现代化强国，必须加强和推进法治中国建设，全面实施法治强国战略。法治兴则国兴，法治强则国强。"法治强国战略"的基本含义是：一方面，坚定不移走法治强国之路，通过全面推进依法治国、加快建设中国特色社会主义法治体系和法治国家，不仅使中华民族富起来，而且要使中华民族和中华人民共和国强（强盛、强大、富强）起来；另一方面，把包括法治硬实力、软实力和巧实力在内的法治实力建设，作为建设社会主义现代化强国的一项十分重要的内容、作为国家治理现代化的一个不可或缺的重要指标，纳入现代化建设的评价指标体系，成为现代化强国建成与否的重要衡量标准。通过全面依法治国和中国特色社会主义法治的目标指引、规范促进、过程实施和根本保障，落实法治强国战略，实现法治强国梦想。

根据党的十九大要求和"两个一百年"国家发展总战略、中华民族伟大复兴中国梦的总目标，在新中国社会主义法治建设取得显著成就和成功经验、依法治国事业迈出新步伐的时代背景下，全面推进依法治国，努力建设法治中国，不断推进国家治理现代化和法治化，应当确立建设法治中国"两步走"的发展战略，开启新时代中国特色社会主义法治建设新征程。

从党的十九大到二十大，是"两个一百年"奋斗目标的历史交汇期。我们既要全面建成小康社会、实现第一个百年奋斗目标，又要乘势而上开启全面建设社会主义现代化国家新征程，向第二个百年奋斗目标进军。在这个历史交汇期，我们推进法治中国建设，到2020年全面建成小康社会时，应当首先实现"法治小康"。建设"法治小康"的基本目标是：科学立法、严格执法、公正司法、全民守法的基本要求得到贯彻落实，依法治国、依法执政、依法行政共同推进的国家治理体系得以初步建立，法治国家、法治政府、法治社会一体建设的主要指标基本达到，依法治国基本方略得到全面落实，中国特色法律体系更加完善，法治政府基本建成，司法公信力不断提高，人权得到切实尊重和保障，国家各项工作实现法治化。在实现"法治小康"的基础上，再用30年的时间，全面推进依法治国，加快实施建设法治中国"两步走"的发展战略。

建设法治中国第一步，从2020年全面建成小康社会到2035年，在基本实现社会主义现代化的同时，基本建成法治中国。党的十九大指出，第一个阶段，从2020年到2035年，在全面建成小康社会的基础上，再奋斗15年，基本实现社会主义现代化。到那时，中国经济实力、科技实力将大幅度跃升，跻身创新型国家前列；人民平等参与、平等发展权利得到充分保障，法治国家、法治政府、法治社会基本建成，各方面制度更加完善，国家治理体系和治理能力现代化基本实现；社会文明程度达到新的高度，国家文化软实力显著增强，中华文化影响更加广泛深入；人民生活更为宽裕，中等收入群体比例明显提高，城乡区域发展差距和居民生活水平差距显著缩小，基本公共服务均等化基本实现，全体人民共同富裕迈出坚实步伐；现代社会治理格局基本形成，社会充满活力又和谐有序；生态环境根本好转，美丽中国目标基本实现。[①]

① 参见习近平《决胜全面建成小康社会　夺取新时代中国特色社会主义伟大胜利——在中国共产党第十九次全国代表大会上的报告》，人民出版社2017年版，第28—29页。

第一步基本建成法治中国的战略目标是：到 2035 年，中国共产党和国家顶层设计提出的全面建设法治中国的各项战略任务和重大改革举措顺利完成，新时代中国特色社会主义的法治道路建设、法治理论建设、法治体系建设、法治文化建设和全面依法治国事业达成预定目标，一整套更加完善的制度体系基本形成，党和国家治理体系和治理能力现代化基本实现。把经济建设、政治建设、文化建设、社会建设、生态文明建设纳入法治轨道，用法治思维和法治方式推进全面深化改革、全面依法治国、全面从严治党、全面从严治军取得新成就，在基本实现社会主义现代化的同时，基本建成法治国家、法治政府、法治社会，基本建成法治中国。

第一步基本建成法治中国的总体要求是：在价值层面追求的是以人民为中心的自由平等、民主法治、公平正义、幸福博爱、和谐有序，充分实现人权与人的尊严；在制度层面追求的是人民主权、宪法法律至上、依宪治国、依法执政、依法行政、公正司法、依法治权，完善以宪法为核心的中国特色社会主义法律体系，建成中国特色社会主义法治体系，努力实现国家治理现代化和法治化；在实践层面追求的是有法必依、执法必严、违法必究和依法办事，把权力关到法律制度的笼子里，让人民群众对公平正义有更多的获得感，努力实现良法善治。与此同时，法治中国建设又通过厉行法治等制度安排、规范手段、教育强制功能，为基本实现社会主义现代化提供良好的法治环境和有效的法治保障。

二　法治中国建设第二步战略目标

建设法治中国第二步，从 2035 年到本世纪中叶中华人民共和国成立一百周年时，在把中国建成富强民主文明和谐美丽的社会主义现代化强国的同时，全面建成法治中国。党的十九大指出，从 2035 年到本世纪中叶，在基本实现现代化的基础上，再奋斗 15 年，把中国建成富强民主文明和谐美丽的社会主义现代化强国。到那时，中国物质文明、政治文明、精神文明、社会文明、生态文明将全面提升，实现国家治理体系和治理能力现代化，成为综合国力和国际影响力领先的国家，全体人民共同富裕基本实现，中国人民将享有更加幸福安康的生活，中华民族将以更加昂扬的姿态屹立于世界民族之林。①党的十九大报告在描述到本世纪中叶建成社会主义现代化强国时，虽然没有直接提到"全面建成法治中国"等法治建设方面的目标，甚至与2035年"法治国家、法治政府、法治社会基本建成"的提法不衔接、不匹配，但是我们认为"法治属于政治建设、属于政治文明"，建设法治国家与建设政治文明是既有一定区别又有高度重合的两个概念：政治文明是一个上位概念，政治文明建设包括法治国家建设；法治国家是一个下位概念，从属于政治文明范畴，是现代政治文明的重要内容。政治文明的核心是制度文明，法治国家则既是各种政治制度的载体，又是政治制度的集中表现。因此，建设社会主义法治国家，主要意味着建设制度文明，意味着法治国家建设是社会主义政治文明建设不可或缺的重要组成部分。党的十九大报告提出的"三个文明全面提升"当然包括法治文明和法治中国全面提升；由于法治现代化是国家治理体系和治理能力现代化的重要内容和基本标志，因此党的十九大报告提出的到本世纪中叶"实现国家治理体系和治理能力现代化"，必然包括建成法治国家、法治政府和法治社会等内容在内的中国法治现代化，全面建成法治中国。

第二步全面建成法治中国的战略目标是：国家科学立法、严格执法、公正司法、全民守法、有效护法的各项制度得到全面贯彻，党领导立法、保证执法、支持司法、带头守法、监督护法的各项要求得到全面落实，依法治国、依法执政、依法行政、依法办事共同推进的现代化国家治理体系全面建成，法治国家、法治政府、法治社会、法治经济一体建设的各项指标全面达到，国家治理能力显著

---

① 参见习近平《决胜全面建成小康社会　夺取新时代中国特色社会主义伟大胜利——在中国共产党第十九次全国代表大会上的报告》，人民出版社2017年版，第29页。

提高，治党治国治军的制度体系更加完善更加成熟更加定型更有效能，依法治国基本方略得到全面深入落实，法治体系、法治权威、法治秩序全面发展，法治文化、法治精神、法治思想深入人心，在把中国建成社会主义现代化强国的同时，全面建成富强民主文明和谐美丽幸福的法治中国。

第三节　新时代全面推进依法治国的决策部署

　　党的十九大对现阶段法治建设提出的基本任务，是"深化依法治国实践"。这是对改革开放新时期法治建设基本方针的继承和发展，更是对党的十八大以来新时代坚定不移推进全面依法治国战略部署的坚持和深化，是法学研究和法治建设当前和今后一段时间的主要任务和主攻方向。党的十八届四中全会指出：党的十一届三中全会以来，中国共产党和国家积极建设社会主义法治，取得了"中国特色社会主义法律体系已经形成，法治政府建设稳步推进，司法体制不断完善，全社会法治观念明显增强"的历史性成就。党的十八以来的五年，"我们坚定不移全面推进依法治国，显著增强了我们党运用法律手段领导和治理国家的能力"，[1] 中国特色社会主义民主法治建设迈出重大步伐，全社会法治观念明显增强；国家监察体制改革试点取得实效，行政体制改革、司法体制改革、权力运行制约和监督体系建设有效实施[2]，全面推进依法治国取得了前所未有的新

────────────

　　① 《习近平在省部级主要领导干部"学习习近平总书记重要讲话精神，迎接党的十九大"专题研讨班开班仪式上发表重要讲话》，2017 年 7 月 27 日，新华社（http：//www. gov. cn/xinwen/2017 –07/27/content_ 5213859. htm），2017 年 11 月 5 日访问。

　　② 参见习近平《决胜全面建成小康社会　夺取新时代中国特色社会主义伟大胜利——在中国共产党第十九次全国代表大会上的报告》，人民出版社 2017 年版，第4 页。

成就。

一　新时代全面推进依法治国的课题与任务

但是也应当看到，全面落实依法治国基本方略，深化依法治国实践，加快建设法治中国，还存在一些问题需要研究解决。一方面，全面推进依法治国前的一些法治建设的问题尚未真正解决，即党的十八届四中全会指出的"同党和国家事业发展要求相比，同人民群众期待相比，同推进国家治理体系和治理能力现代化目标相比，法治建设还存在许多不适应、不符合的问题"，虽然得到一定程度解决，但离人民的期待和党中央的要求还存在许多不足，与建成法治中国的宏伟目标相比还有相当大的差距。另一方面，进入新时代以来在全面推进依法治国、加强法治建设方面又出现了一些新情况新问题。例如，中国共产党作出全面推进依法治国的各项战略部署和改革举措，在实践中还存在发展不平衡、推进不协调、改革不深入、实施不到位等新问题；充分发挥法治对于社会主义现代化建设的引领、促进和保障作用有待进一步加强，宪法权威和宪法实施监督保障有待进一步强化；立法质量不高、立法数量不足的老问题未根本解决，又出现了违法立法（违背上位法，与上位法相抵触，违背立法程序规范等）、立法不作为等新问题；法治政府建设相对滞后，到2020 年难以如期达成基本建成法治政府的目标；① 司法体制改革有待进一步巩固扩大成果、深入细致推进、深化综合配套改革；社会主义核心价值观融入法治建设刚刚起步，有待加快推进和拓展；法治文化建设进展缓慢，全民守法格局尚未形成，国家宪法和社会主

---

① 党的十八报告、党的十八届五中全会报告、国家"十三五"规划纲要、国务院《法治政府建设实施纲要（2015—2020 年）》，都明确要求（提出）到 2020 年全面建成小康社会时要"基本建成法治政府"。这一重要目标的实现在党的十九大报告中被表述为到 2035 年"法治国家、法治政府、法治社会基本建成"。2004 年国务院颁布的《全面推进依法行政实施纲要》曾经明确提出"经过十年左右坚持不懈的努力，基本实现建设法治政府的目标"，然而我们目前仍然在朝着这个目标努力。

义法治缺乏应有权威，等等。

2017 年 10 月 26 日，时任国务院法制办公室党组书记、副主任袁曙宏在回答记者提问时说："我们的法治建设还存在很多问题，相对于'四个全面'战略布局的其他三个全面——全面建成小康社会、全面深化改革、全面从严治党来说，全面依法治国相对比较薄弱。党的十九大报告当中有一句话：全面依法治国任务依然繁重，我认为这就留下了伏笔，要对全面依法治国更加重视。"① 相对于深化司法体制改革、完善法律体系、加快党内法规体系建设而言，建设法治政府的力度和深度还有待加强；相对于整个司法体制改革而言，司法行政体制改革相对比较薄弱；相对于法治经济和法治社会建设而言，法治文化建设还是短板弱项……

习近平总书记指出，作出全面依法治国的顶层设计，要"坚持改革方向、问题导向，适应推进国家治理体系和治理能力现代化要求，直面法治建设领域突出问题，回应人民群众期待，力争提出对依法治国具有重要意义的改革举措"，要"直面我国法治建设领域的突出问题……有针对性地回应了人民群众呼声和社会关切"。要推动我国经济社会持续健康发展，不断开拓中国特色社会主义事业更加广阔的发展前景，就必须全面推进社会主义法治国家建设，从法治上为解决这些问题提供制度化方案。党的十九大报告在讲到"我们的工作还存在许多不足，也面临不少困难和挑战"时，对依法治国方面的不足和挑战表述为："社会矛盾和问题交织叠加，全面依法治国任务依然繁重，国家治理体系和治理能力有待加强。"虽然寥寥数语，但却对全面依法治国进入新时代、开启中国特色社会主义法治新征程提出了更高的要求，对推进全面依法治国、建设社会主义法治国家提出了八个方面的"深化依法治国实践"新要求新任务。我

---

① 袁曙宏：《成立中央全面依法治国领导小组十分必要》，2017 年 10 月 26 日，中国新闻网（https://finance.chinanews.com/gn/2017/10 - 26/8360936.shtml），2017年 11 月 5 日访问。

们从党中央确立和推进依法治国 20 年的历史进程，可以更好理解党的十九大把"深化依法治国实践"作为法治建设领域新要求新任务的重大意义。习近平总书记指出，党的十五大提出依法治国、建设社会主义法治国家，强调依法治国是党领导人民治理国家的基本方略，是发展社会主义市场经济的客观需要，是社会文明进步的重要标志，是国家长治久安的重要保障。党的十六大提出，发展社会主义民主政治，最根本的是要把坚持党的领导、人民当家作主和依法治国有机统一起来。党的十七大提出，依法治国是社会主义民主政治的基本要求，强调要全面落实依法治国基本方略，加快建设社会主义法治国家。① 党的十八大强调，要更加注重发挥法治在国家治理和社会管理中的重要作用，全面推进依法治国，加快建设社会主义法治国家；党的十八届四中全会对全面推进依法治国若干重大问题作出史无前例的专门部署。党的十九大提出，坚定不移推进全面依法治国，深化依法治国实践。从 1997 年党的十五大确立依法治国基本方略，到 2002 年党的十六大提出"三者有机统一"基本方针，2007 年党的十七大提出全面落实依法治国基本方略，2012 年党的十八大提出全面推进依法治国，再到 2017 年党的十九大提出深化依法治国实践，不仅表明了中国共产党坚定不移走中国特色社会主义法治道路、始终不渝坚持和推进全面依法治国的决心信心、勇气能力，而且表明党的十九大以后全面依法治国的工作重点，不仅要提出更多的新战略、作出更多的新部署、设计更多的新举措，而且要全面深入具体扎实地贯彻落实党的十八大以来关于全面依法治国的各项决策部署，尤其要深入贯彻落实《中共中央关于全面推进依法治国若干重大问题的决定》，把全面依法治国的总蓝图付诸实践，把法治建设的施工图付诸实施，把中国共产党对人民的法治承诺变成现实，这就是党的十

---

① 习近平：《关于〈中共中央关于全面推进依法治国若干重大问题的决定〉的说明》（2014 年 10 月 20 日），中共中央文献研究室编《十八大以来重要文献选编（中）》，中央文献出版社 2016 年版，第 147 页。

九大对全面依法治国的根本期待、基本要求和主要部署。

二　全面依法治国的体制机制创新及其重大意义

深化依法治国实践，最有新意的顶层制度安排，是成立中央全面依法治国委员会。党的十九大提出：全面依法治国是国家治理的一场深刻革命，必须坚持厉行法治……成立中央全面依法治国领导小组，加强对法治中国建设的统一领导。成立中央全面依法治国委员会，是以习近平同志为核心的党中央适应把党的领导贯彻到全面推进依法治国全过程各方面新形势作出的顶层制度设计和重大战略安排，是全面推进党和国家治理体系和治理能力现代化的又一大动作和大手笔，具有重大意义。

其一，成立中央全面依法治国委员会是坚持习近平新时代中国特色社会主义思想的重要体现。党的十九大在新时代中国特色社会主义思想的科学内涵中，明确了中国特色社会主义事业总体布局是"五位一体"、战略布局是"四个全面"。全面依法治国作为"四个全面"战略布局的重要内容和战略地位得到充分肯定，依法治国作为党领导人民治国理政的治国基本方略得到充分肯定；明确了全面推进依法治国总目标是建设中国特色社会主义法治体系、建设社会主义法治国家。把坚持习近平新时代中国特色社会主义思想对全面依法治国的指导落实到制度上和行动中，就必须从党和国家工作大局和战略全局出发，加强党对全面推进依法治国的集中统一领导，从最顶层的制度设计上克服地方保护主义的障碍，冲破部门利益的藩篱，保证国家法治统一，维护党和国家集中统一的崇高法治权威。

其二，成立中央全面依法治国委员会是适应中国特色社会主义新时代法治建设作出的重大战略安排。党的十九大从深入分析中国和世界的历史方位和历史逻辑出发，基于党的十八大以来党领导人民取得改革开放和社会主义现代化建设的历史性成就的现实逻辑，着眼"两个一百年"的奋斗目标，作出了"经过长期努力，中国特色社会主义进入了新时代，这是我国发展新的历史方位"的重大判断。中国特色社会主义进入新时代，中国社会主要矛盾已经转化为人民日益增长的美好生活需要和不平衡不充分的发展之间的矛盾。中国稳定解决了十几亿人的温饱问题，总体上实现小康，不久将全面建成小康社会，人民美好生活需要日益广泛，在民主、法治、公平、正义、安全、环境等方面的要求日益增长。人民群众日益增长的美好生活七个方面的新诉求，都直接或间接关涉法治及其涵盖的民主自由、公平正义、安全环保等内容，实质上都是全面依法治国要关注、保障和解决的重大问题。成立中央全面依法治国委员会，统筹推进全面依法治国，不仅更加凸显了法治在治国理政中的重要地位，体现了党中央将全面依法治国向纵深推进的决心和勇气，而且更加体现新时代以人民为中心，更加关注人民福祉维护人民权利，针对人民群众对中国特色社会主义法治社会、法治秩序、法治公正等日益增长和不断丰富的新需求，超越部门和地方的局限，由党中央统一领导，统一规划，统筹安排，统一应对，有组织有领导循序渐进地加以满足和解决。

其三，成立中央全面依法治国委员会是全面推进依法治国政治体制改革性质的必然要求。全面推进依法治国是一个系统工程，是国家治理领域一场广泛而深刻的革命。全面推进依法治国，是关系党执政兴国、关系人民幸福安康、关系国家长治久安的重大战略问题，是完善和发展中国特色社会主义制度、推进国家治理体系和治理能力现代化的重要方面。全面依法治国归根结底是法律上层建筑的重大变革，是一场"法律的革命"，具有十分明显的政治体制改革的特征和性质。党的十八届三中全会在作出全面深化改革战略部署时，明确提出要"紧紧围绕坚持党的领导、人民当家作主、依法治国有机统一深化政治体制改革，加快推进社会主义民主政治制度化、规范化、程序化，建设社会主义法治国家，发展更加广泛、更加充分、更加健全的人民民主"。在全面深化改革覆盖的经济、政治、文化、社会、生态文明、党的建设"六个紧紧围绕"的改革领域中，依法治国是与政治体制改革紧密联系在一起的，本质上属于政治体制改革的范畴。2014年1月习近平总书记在中央政法工作会议的讲话中明确指出："司法体制改革是政治体制改革的重要组成部分，对推进国家治理体系和治理能力现代化具有十分重要的意义。要加强领导、协力推动、务求实效，加快建设公正高效权威的社会主义司法制度，更好坚持党的领导、更好发挥中国司法制度的特色、更好促进社会公平正义。"① 司法体制改革属于中国政治体制改革的重要组成部分，立法体制改革、行政执法体制改革、法律监督体制改革、全民守法体制改革、党领导法治建设的体制改革等，同样属于政治体制改革的性质。成立中央全面依法治国委员会，有助于确保执政党在宪法框架下和法治轨道上，通过法律上层建筑的立、改、废、释、授权等途径，有组织有领导积极稳妥循序渐进地推进中国政治体制的自我完善和改革发展。

其四，成立中央全面依法治国委员会是加强和深化党对法治中国建设领导的必然要求。党的领导是中国特色社会主义最本质的特征，是社会主义法治最根本的保证。坚持党对社会主义法治建设的领导，必须把党的领导贯彻到全面依法治国的全过程各方面，必须具体体现在党领导立法、保证执法、支持司法、带头守法上。党既要坚持依法治国、依法执政，自觉在宪法法律范围内活动，又要发挥好党组织和广大党员、干部在依法治国中的政治核心作用和先锋模范作用。全面依法治国必须加强和改善党的领导，充分发挥党总揽全局、协调各方的领导核心作用，提高党的领导水平和执政能力，才能确保全面依法治国的顺利推进，确保顺利建成法治中国。根据党的十九大的新部署，成立中央全面依法治国委员会，负责全面推进依法治国的总体设计、统筹协调、整体推进、督促落实，有利于从党领导依法治国事业的体制上机制上进行改革创新，把党领导一

---

① 《习近平出席中央政法工作会议：坚持严格执法公正司法》，2014年1月8日，人民网（http://politics.people.com.cn/n/2014/0108/c1024 - 24063365.html），2017年11月5日访问。

切工作的原则贯彻落实到全面依法治国的全过程和各方面；有利于强化以习近平同志为核心的党中央的权威和集中统一领导，强化宪法和法治的权威；有利于保证党和国家宪法法律的令行禁止，保证全面依法治国各项改革措施得以贯彻落实。

其五，成立中央全面依法治国委员会是推进全面依法治国基本方略、深化依法治国实践的重大举措。党的十八大以来全面依法治国的力度明显加大、范围明显拓展、内容明显增加。但在党的十九大之前全面依法治国的具体实践中，中央层面的法治建设实际上被分为四个板块：一是全国人大及其常委会板块，主要负责推进民主科学立法、完善法律体系、履行宪法实施解释监督职能；二是国务院板块，主要负责推进依法行政、建设法治政府；三是政法系统板块（包括公安机关、检察院、法院、司法行政机关和国家安全机关），在中央政法委员会领导下主要负责推进司法体制改革、保证公正司法、建立公正高效权威的中国特色社会主义司法制度，让人民群众在每一个司法案件中感受到公平正义；四是党建系统板块，主要在中纪委和中央办公厅主导下负责推进依宪依法执政、全面从严治党、依规治党、加强党内法规体系建设。应当说，中央层面法治建设这种中央统一顶层设计、各板块分别负责实施推进的依法治国模式，能够把推进法治建设的权责统一起来，充分调动各板块积极性主动性。但是，这种推进模式也容易产生各板块的具体举措不协调、力度进度不统一、发展不平衡等弊端。成立中央全面依法治国委员会，有利于从领导体制和机制上防杜上述弊端，确保中央层面的法治统一。依法治国的根基在基层。① 在全面推进依法治国历史新起点上，各个地方进一步加强了党委对法治建设的领导，整合了地方法治建设的资源和力量，有力地领导和推动了地方法治建设和依

---

① 《习近平同中央党校县委书记研修班学员座谈并发表重要讲话》，2015 年 1 月 13 日，中共中央党校（国家行政学院）网站（www.ccps.gov.cn/tpxw/201812/t20181212_125081_2.shtml），2019 年 9 月 5 日访问。

法治理工作。然而，以各个地方党委为主导的地方层面法治建设，由于各个地方经济社会发展不平衡、面临的阶段性主要任务不一致、各个地方主要领导对法治建设认识安排不统一等原因，导致地方层面法治建设推进不统一、发展不平衡、成效不一致；更为突出的问题是，各个地方党委集中统一领导推进本地方法治建设的领导体制，与中央层面依法治国"板块状"实施形成不对称不衔接状况，地方法治建设遇到重大问题需要中央出面协调解决，往往是各个板块分别作出回应，中央缺少统筹中央与地方、地方与地方等方面的集中统一的领导体制和实施机制。时任国务院法制办袁曙宏副主任介绍说："党的十九大报告在调研起草过程中，征求了全国各省市自治区、中央国家机关各部门的意见，很多地方和部门都提出，建议中央成立全面依法治国领导小组，加强对全面依法治国的集中统一领导。"① 成立中央全面依法治国委员会，有利于加强党中央对全国各个系统、各个部门、各个地方、各个领域、各个环节的法治建设的集中统一领导，有利于从党和国家工作大局和战略全局角度加强对法治中国建设的坚强有力集中统一的规划、协调、推进、保障和监督，有利于统筹推进依法治国与从严治党、依规治党、制度治党，实现党内法规体系与国家法律体系的有机统一，有利于从体制上机制上解决科学立法、严格执法、公正司法以及法治国家、法治政府、法治社会建设中的某些部门保护主义和地方保护主义等问题。

习近平总书记在成立中央全面依法治国委员会第一次会议上强调指出：全面依法治国具有基础性、保障性作用……要坚持以全面依法治国新理念新思想新战略为指导，坚定不移走中国特色社会主义法治道路，更好发挥法治固根本、稳预期、利长远的保障作用。中共中央关于《深化党和国家机构改革方案》阐明：为加强党中央

---

① 袁曙宏：《成立中央全面依法治国领导小组十分必要》，2017年10月26日，中国新闻网（https://finance.chinanews.com/gn/2017/10-26/8360936.shtml），2017年11月5日访问。

对法治中国建设的集中统一领导，健全党领导全面依法治国的制度和工作机制，更好落实全面依法治国基本方略，组建中央全面依法治国委员会，负责全面依法治国的顶层设计、总体布局、统筹协调、整体推进、督促落实，作为党中央决策议事协调机构。按照党的十九大提出的战略目标和绘就的宏伟蓝图，坚持习近平新时代中国特色社会主义思想为指导，开启全面建设社会主义现代化国家新征程，在中央全面依法治国委员会的统一领导下，坚定不移推进全面依法治国，矢志不渝深化依法治国实践，加快建设社会主义法治体系和法治国家，一定能够全面开启中国特色社会主义法治新征程，赢得法治中国建设的新胜利。

回顾新中国成立 70 年来的发展历程，社会主义法治建设也曾历经坎坷，但我们党对法治的追求矢志不渝，从"五四宪法"到现行宪法；从"社会主义法制"到"社会主义法治"；从"有法可依、有法必依、执法必严、违法必究"到"科学立法、严格执法、公正司法、全民守法"，我们党越来越深刻地认识到，治国理政须臾离不开法治。全面推进依法治国是关系我们党执政兴国、关系人民幸福安康、关系党和国家长治久安的重大战略问题，是新时代坚持和发展中国特色社会主义制度、推进国家治理体系和治理能力现代化的重要方面，是国家治理领域一场广泛而深刻的革命。习近平总书记多次强调，在"四个全面"中，全面依法治国具有基础性、保障性作用。在统筹推进伟大斗争、伟大工程、伟大事业、伟大梦想，全面建设社会主义现代化国家的新征程上，要善于运用制度和法律治理国家，不断提高党科学执政、民主执政、依法执政水平，更好发挥法治固根本、稳预期、利长远的保障作用。

参考文献

一 马列主义经典著作及中国国家领导人著作、文章

《马克思恩格斯选集》第 4 卷，人民出版社 1995 年版。

《毛泽东选集》第 4 卷，人民出版社 1991 年版。

《刘少奇选集》上卷，人民出版社 1981 年版。

《邓小平文选》第 1 卷，人民出版社 1994 年版。

《邓小平文选》第 2 卷，人民出版社 1994 年版。

《邓小平文选》第 3 卷，人民出版社 1993 年版。

《邓小平思想年谱》，中央文献出版社 1998 年版。

习近平：《习近平谈治国理政》，外文出版社 2014 年版。

习近平：《习近平关于全面依法治国论述摘编》，中央文献出版社 2015 年版。

习近平：《决胜全面建成小康社会　夺取新时代中国特色社会主义伟大胜利——在中国共产党第十九次全国代表大会上的报告》，人民出版社 2017 年版。

习近平：《习近平谈治国理政》第 2 卷，外文出版社 2017 年版。

习近平：《在庆祝中国共产党成立 95 周年大会上的讲话》，《人民日报》2016 年 7 月 2 日。

习近平：《坚定不移推进司法体制改革　坚定不移走中国特色社会主义法治道路》，《人民日报》2017 年 7 月 11 日。

习近平：《在庆祝改革开放 40 周年大会上的讲话》，《人民日报》2018 年 12 月 19 日。

习近平:《加快建设社会主义法治国家》,《求是》2015 年第 1 期。

习近平:《加强党对全面依法治国的领导》,《求是》2019 年第 4 期。

习近平:《关于坚持和发展中国特色社会主义的几个问题》,《求是》
　2019 年第 7 期。

二　著作、文集

蔡定剑:《历史与变革——新中国法制建设的历程》,中国政法大学
　出版社 1999 年版。

陈光中主编:《刑事诉讼法学五十年》,警官教育出版社 1999 年版。

陈甦主编:《民法总则评注》,法律出版社 2017 年版。

陈泽宪主编:《当代中国国际法研究》,中国社会科学出版社 2010
　年版。

崔建远主编:《合同法》(第 5 版),法律出版社 2010 年版。

《董必武法学文集》,法律出版社 2001 年版。

《董必武选集》,人民出版社 1985 年版。

《董必武政治法律文集》,法律出版社 1986 年版。

段洁龙主编:《中国国际法实践与案例》,法律出版社 2011 年版。

范健、王建文:《商法的价值、源流及本体》(第 2 版),中国人民
　大学出版社 2007 年版。

高铭暄:《中华人民共和国刑法的孕育诞生和发展完善》,北京大学
　出版社 2012 年版。

关怀、林嘉主编:《劳动与社会保障法学》,法律出版社 2013 年版。

国务院新闻办公室:《中国的司法改革》白皮书,2012 年 10 月 9 日。

国务院新闻办公室:《国家人权行动计划(2016—2020)》白皮书,
　2016 年 9 月 30 日。

国务院新闻办公室:《中国的法治建设》白皮书,2008 年 2 月 28 日。

韩延龙主编:《中华人民共和国法制通史》(下),中共中央党校出
　版社 1998 年版。

何志鹏:《国际法治论》,北京大学出版社 2016 年版。

贾俊玲主编：《劳动法与社会保障法学》，中国劳动社会保障出版社 2005 年版。

姜明安：《行政法》，北京大学出版社 2017 年版。

李步云主编：《中国法学——过去、现在和未来》，南京大学出版社 1988 年版。

李浩培：《条约法概论》，法律出版社 1987 年版。

李洪雷：《行政法释义学》，中国人民大学出版社 2014 年版。

李林主编：《新中国法治建设与法学发展 60 年》，社会科学文献出版社 2010 年版。

李林主编：《中国法治建设 60 年》，中国社会科学出版社 2010 年版。

李林主编：《中国法治 1978—2018》，社会科学文献出版社 2018 年版。

梁慧星主编：《中国民法典草案建议稿附理由》，法律出版社 2013 年版。

刘翠霄：《中华人民共和国社会保障法治史（1949—2011 年）》，商务印书馆 2014 年版。

马怀德主编：《完善国家赔偿立法基本问题研究》，北京大学出版社 2008 年版。

《彭真传》，中央文献出版社 2012 年版。

彭真：《论新时期的社会主义民主与法制建设》，中央文献出版社 1989 年版。

彭真：《论新中国的政法工作》，中央文献出版社 1992 年版。

全国人大常委会办公厅编：《人民代表大会制度建设四十年》，中国民主法制出版社 1991 年版。

饶戈平主编：《国际组织法》，北京大学出版社 1996 年版。

史探径：《社会法学》，中国劳动社会保障出版社 2007 年版。

王爱立：《中华人民共和国刑法修正案（九）、（十）解读》，中国法制出版社 2018 年版。

王家福主编：《经济法要义》，中国财政经济出版社 1988 年版。

吴大英、刘瀚等:《中国社会主义立法问题》,群众出版社 1984
　　年版。

许崇德:《中华人民共和国宪法史》,福建人民出版社 2005 年版。

于安、江必新、郑淑娜编著:《行政诉讼法学》,法律出版社 1997
　　年版。

张恒山等:《依法执政:中国共产党执政方式研究》,法律出版社
　　2012 年版。

张明杰主编:《改革司法》,社会科学文献出版社 2005 年版。

张明楷:《刑法学》(第五版),法律出版社 2016 年版。

张文显:《法治与法治国家》,法律出版社 2011 年版。

章武生、左卫民主编:《中国司法制度导论》,法律出版社 1994
　　年版。

中共中央文献研究室编:《十八大以来重要文献选编(上)》,中央
　　文献出版社 2014 年版。

中共中央文献研究室编:《十八大以来重要文献选编(中)》,中央
　　文献出版社 2016 年版。

中国社科院法学所编:《中国法治 30 年:1978—2008》,社会科学文
　　献出版社 2002 年版。

周鲠生:《国际法》(下册),商务印书馆 1976 年版。

朱景文:《中国法理学的探索》,法律出版社 2018 年版。

朱文奇:《国际人道法》中国人民大学出版社 2007 年版。

三　期刊论文

陈兴良:《回顾与展望:中国刑法立法四十年》,《法学》2018 年第
　　6 期。

顾功耘:《经济法治的战略思维》,《法制与社会发展》2014 年第
　　5 期。

乔晓阳:《十八大以来立法工作的新突破》,《求是》2017 年第 11 期。

史际春、赵忠龙:《中国社会主义经济法治的历史维度》,《法学家》

2011 年第 5 期。

佟柔：《民法通则——我国民主与法制建设的一个重要里程碑》，《河北法学》1986 年第 4 期。

王家福：《一部具有中国特色的民法通则》，《法学研究》1986 年第 3 期。

谢怀栻：《正确阐述民法通则以建立我国的民法学》，《法律学习与研究》1987 年第 4 期。

谢增毅：《我国劳动关系法律调整模式的转变》，《中国社会科学》2017 年第 2 期。

徐显明：《坚定不移走中国特色社会主义法治道路》，《法学研究》2014 年第 6 期。

袁曙宏：《改革开放大潮中的全面依法治国壮丽诗篇》，《求是》2018 年第 22 期。

张守文：《税制变迁与税收法治现代化》，《中国社会科学》2015 年第 2 期。

赵骏：《全球治理视野下的国际法治与国内法治》，《中国社会科学》2014 年第 10 期。

后　　记

　　没有中国共产党，就没有新中国，就没有新中国的法治建设。1949 年中华人民共和国宣告成立，开创了中华民族历史的新纪元。70 年来，在中华民族从站起来、富起来迈向强起来的伟大历史进程中，在新中国革命、建设和改革的伟大实践和理论探索过程中，法治建设虽曾历经坎坷曲折，但在改革开放以后，我们党深刻总结我国社会主义法治建设的成功经验和惨痛教训，开启了建设法治国家的新时期，开辟了中国特色社会主义法治发展道路。党的十八大以来，党和国家更加重视法治在现代化建设中的重要地位和引领作用，坚定不移走中国特色社会主义法治道路，矢志不渝推进全面依法治国，坚持依宪治国、依宪执政，坚持党领导立法、保证执法、支持司法、带头守法，科学立法、严格执法、公正司法、全民守法协调发展，法治国家、法治政府、法治社会建设相互促进，依法治国、依法执政、依法行政深入推进，中国特色社会主义法治体系日益完善，执法和司法体制改革有效实施，全社会法治观念明显增强，社会主义法治国家建设迈出重大步伐，取得历史性成就。

　　法治兴则国兴，法治强则国强。为了全面总结新中国成立 70 年社会主义法治国家建设的实践探索、重大成就、历史经验、基本规律，展示新时代推进全面依法治国的新理念新思想新战略新成就，规划到 2035 年基本建成法治国家、法治政府、法治社会的阶段性任务，展望到本世纪中叶把我国建设成为社会主义现代化法治强国的战略目标，在学部委员、高培勇副院长的领导下，中国社会科学院法学研究所组织了专门课题组，集中力量对新中国 70 年法治国家建设问题进行大纵深和全景式的深入研究，完成了向中华人民共和国成立 70 周年献礼的学术成果——《新中国法治建设 70 年》。

　　《新中国法治建设 70 年》，是中国社会科学院《庆祝中华人民共和国成立 70 周年书系》之一。本书由高培勇和李林负责整体设计，李林具体组稿统稿和修改定稿；各章作者撰写分工如下：第一章、第十三章，李林；第二章，李林、翟国强、李忠；第三章，翟国强；第四章，刘小妹；第五章，李洪雷；第六章，熊秋红；第七章，谢鸿飞；第八章，陈洁；第九章，陈甦、席月民、管育鹰；第十章，谢增毅；第十一章，焦旭鹏；第十二章，朱晓青；第十四章，李林、翟国强。今年年初本书课题启动以后，各位作者为了保证书稿质量，认真负责、精益求精；为了按期交稿，夜以继日、竭尽全力。在此，我们对各位作者在撰稿过程中表现出来的敬业精神、职业伦理和无私奉献，表示最崇高的敬意和最衷心的感谢！

　　中国社会科学院法学研究所科研处张锦贵副处长、卢娜女士全力以赴、加班加点，在课题立项、组织落实、沟通协调、评审结项等方面付出了非同寻常的心血，为本书的顺利出版作出了积极贡献；中国社会科学院法学研究所宪法与行政法研究室的朱学磊博士后不辞辛苦、任劳任怨，在本书的编辑校对、注释核准、体例完善等方面做了大量事无巨细的工作。在本书付梓之际，还要特别向中国社会科学出版社的赵剑英社长、魏长宝总编辑、王茵总编辑助理、李溪鹏编辑和其他所有为本书出版付出辛劳的同人表示最诚挚的敬意和感谢！

高培勇　李　林

2019 年 6 月 30 日